GÉNÉALOGIE
HISTORIQUE
DE LA
MAISON DE SAINT-MAURIS,
DU COMTÉ DE BOURGOGNE,

DEPUIS LE COURANT DU XI.e SIÈCLE,

ÉPOQUE JUSQU'À LAQUELLE ELLE A PROUVÉ SA FILIATION EN 1786, POUR ÊTRE ADMISE AUX HONNEURS DE LA COUR DE FRANCE;

Accompagnée de Notices sur la plupart des Degrés, ainsi que sur l'Origine et les Illustrations des Maisons avec lesquelles elle a contracté des Alliances directes, au nombre de 125.

QUI TIENT A SES AYEUX
EST LOIN D'EN DÉROGER.

SACHE ÊTRE FIER DE TES PÈRES
SI TU VEUX QUE TES FILS PUISSENT L'ÊTRE DE TOI.

PAR C.-E.-P. M.is DE SAINT-MAURIS,

PAIR DE FRANCE,

Maréchal des Camps et Armées du Roi, Inspecteur général de Gardes nationales, Chevalier de l'Ordre militaire de Saint-Louis, Chef et Gouverneur de celui de noblesse de Saint-Georges, Chevalier de Saint-Jean de Russie, etc.; qui en a recueilli et mis en ordre tous les Titres et Blasons, au nombre d'environ SEPT CENTS, qui constatent cette Preuve.

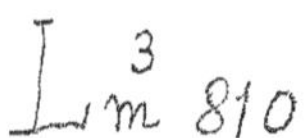

ARMOIRIES
DE LA MAISON DE SAINT-MAURIS,
AVEC LEURS ATTRIBUTS.

Primitive Devise :

De la MOR je me RIS.

Antique Adage :

LÉALETÉ DE S.[T] MORRIS.

TABLE GÉNÉRALE.

AVERTISSEMENT.

La généalogie de la Maison de Saint-Mauris étant établie par plus de sept cents titres, dont un grand nombre très-volumineux, il serait fastidieux, même presque impraticable, d'entreprendre d'en transcrire des copies littérales. On se bornera donc à donner cet ouvrage en deux parties distinctes. La première, imprimée, contiendra, 1.° le frontispice portant une vignette où se voient les armes de la Maison de Saint-Mauris avec leurs accessoires, devises, cris, primitive devise et anciens adages; 2.° la gravure des armoiries de cette Maison, ornées de tous leurs attributs; 3.° la table des matières contenues dans la première partie; 4.° le présent avertissement, contenant des observations utiles pour l'intelligence et prévenir les critiques de l'ouvrage; 5.° un avant-propos relatant les motifs qui ont donné lieu à ce travail, et ses bases; 6.° un précis ou résumé généalogique et historique de la Maison de Saint-Mauris, de son origine, son antiquité, et ses illustrations; 7.° la liste de ses alliances; 8.° celle des trente-deux quartiers qu'elle prouve aujourd'hui; 9.° le tableau des armoiries coloriées desdites alliances; 10.° celui, aussi colorié, desdits quartiers; 11.° un arbre généalogique de ses cent vingt-huit quartiers; 12.° une suite d'explications et gravures des sceaux et monumens depuis l'an 1288 jusqu'à ce jour, constatant subsidiairement l'identité de toutes ses branches; 13.° citation d'anciens vers et antiques adages vulgaires sur les anciennes Maisons de la province, faisant mention de celle-ci; 14.° une liste des terres titrées, châteaux et maisons fortes, hôtels, fiefs et seigneuries qu'elle a possédés en différens siècles; 15.° autre liste des auteurs, chroniques et manuscrits qui en ont fait mention ; 16.° le corps de la généalogie de cette Maison et de toutes les branches connues qui en sont sorties, divisées selon la série des degrés successifs, avec sommaire en tête de chacun desdits degrés, faisant connaître leurs grades, illustrations, alliances et possessions, et quelques-uns des principaux traits historiques avérés qui les caractérisent, qu'on a pu recueillir ; 17.° des notices abrégées sur chacune de ses alliances, donnant une idée de leur rang, de leur ancienneté et de leur lustre, suivies de renvois indiquant les pages où se trouvent détaillés les développemens de ces extraits et de leurs armoiries ; 18.° récapitulation des seigneurs de ce nom qui ont été élevés à la dignité de chevalier, aux honneurs ou aux places de la cour, ou admis dans différens ordres de chevalerie, chapitres ou colléges de noblesse ; 19.° aperçu des preuves exigées pour être admis à ces honneurs et dans ces corps ; 20.° un relevé de toutes les Maisons et familles nobles de race ou anoblies, qui se trouvent mentionnées dans le courant de l'ouvrage.

Pour aller au-devant des plus ingénieuses critiques, on croit devoir insérer ici la remarque qu'il ne pourra échapper sans doute à aucun observateur judicieux et éclairé, que toutes les chartes et titres des dépôts d'actes de la province qui énoncent le nom de Saint-Mauris (l'identité n'en fût-elle même pas démontrée), ne peuvent se rattacher qu'à la Maison de Saint-Mauris-en-Montagne, du moins quant à ceux antérieurs à l'an 1300, puisqu'il est prouvé, par plusieurs titres originaux, que celle de Saint-Mauris, du bailliage d'Orgelet, la seule qui aurait pu y jeter quelque incertitude, n'a adopté ce nom que postérieurement à cette époque, ayant jusque-là conservé celui de Crilla, son nom primitif, comme on le verra ci-après. On dit la *seule*, parce qu'on ne peut mettre en doute qu'on ne remarque l'absurdité palpable que l'industrieuse malveillance pourrait chercher à induire d'une phrase vaguement hasardée dans Dunod, tome III, page 181 de son Recueil de notes, inexactes, décousues et tronquées, improprement appelées nobiliaires, où il dit, avec une légéreté répréhensible (et désavoué même par une de ses lettres), à l'occasion de la Maison de Saint-Quentin, ces mots : « L'on trouve aussi dans des chartes des onzième et douzième siècles une famille qui portait le nom de Saint-Mauris, *probablement* à cause du patronage de cette église....... » On ne peut qu'être surpris qu'un auteur judicieux, et surtout sur un article sur lequel l'envie est toujours prête à saisir avidement les plus invraisemblables équivoques, ait pu se permettre de hasarder un *probablement*, fruit isolé de son imagination ; en matière surtout où tout gît en preuves, et dont la supposition est d'autant plus étrange et inconséquente chez lui, que, quelques pages plus loin, il conduit la filiation (tronquée) de la Maison de

Saint-Mauris-en-Montagne jusqu'au douzième siècle. N'était-il donc pas bien plus probable (et même tout naturel) de lui attribuer ces chartes contemporaines, que de supposer et créer une famille imaginaire pour l'en doter si gratuitement sans preuves, sans titres, sans indices ni vraisemblances quelconques? Car il ne cite et ne pourrait rien alléguer à l'appui, étant constant qu'aucun titre, auteur, cartulaire, inventaire, manuscrit, armorial, ni notes généalogiques, n'ont jamais fait mention de cette prétendue Maison, ni d'armoiries qui en indiquassent l'existence, tandis qu'au contraire cet ingénieux *probablement* devient tout-à-fait absurde lorsque l'on remarque et rapproche que la Maison de Saint-Mauris ayant donné plusieurs chanoines à Saint-Jean, Saint-Etienne, aux douzième et treizième siècles, il est simple de penser qu'eux et leurs parens ont dû paraître acteurs et témoins dans des chartes à ces époques; 2.° que toutes ces chartes sont en effet sous les noms de Richard, Bernard, Jean, Pierre et Hugues de Saint-Mauris, noms qui se sont constamment perpétués dans cette Maison, et que l'on trouve également fréquemment rappelés, depuis les commencemens des douzième et treizième siècles, dans les nombreuses chartes du Lieu-Croissant, de Belchamp, Bellevaux, Theuley, Vaucluse, Clairefontaine, etc., dont M. Dunod heureusement a bien voulu ne pas disposer....; 3.° que Gollut, qui vivait il y a *trois cents ans*, et qui a relaté les Maisons du pays déjà éteintes alors, au nombre de plus de deux cents, n'en fait mention nulle part, ni comme existante ni comme éteinte; 4.° qu'il est incontestable que dans toutes les chartes des onzième, douzième et treizième siècles, toutes les Maisons de cette cité n'omettaient jamais d'ajouter après leurs noms la désignation *de Besançon* ou de *citoyen de Besançon*, circonstance qui ne se trouve dans aucune de celles nombreuses qui rappellent des seigneurs de la Maison de Saint-Mauris; 5.° que, sans nul doute, une Maison qui eût été assez puissante pour fonder une telle église, nécessairement aurait laissé de nombreuses traces de son opulence, y aurait eu sa sépulture, des monumens, ses armoiries, et se trouverait rappelée, mentionnée dans toutes les chartes importantes de cette cité, ce qui n'existe pas, etc. etc. On ne peut donc concevoir par quel motif cet auteur, parfois si bénévole, a si mal traité cette famille, quand on le voit surtout en identifier si obligeamment d'autres nonobstant la différence totale de leurs armoiries, qu'il énonce lui-même et sans se donner la peine d'expliquer ses motifs, et de plus, en outre, malgré l'absence même des noms patronimiques, mais suppléés de sa part par un autre *probablement* plus propice..... Il était mieux disposé, faut croire, pour cette dernière, qui cependant n'avait pas besoin non plus de son assertion pour être également réputée une des plus anciennes et illustres de la province.

Le même motif suggère de prévenir la remarque que la généalogie de la Maison de Saint-Mauris rappelle plus de chevaliers de Saint-Georges que l'on n'en trouve de portés dans les exemplaires (non corrigés) du livre contenant les statuts et listes des chevaliers de cet ordre, imprimé en 1768, et d'en exprimer la raison.

L'auteur anonyme de cet ouvrage non autorisé par ce corps, dirigé par de bonnes intentions, mais peu versé dans la connaissance des anciennes Maisons de la province, dans l'art héraldique et dans celui de déchiffrer les anciennes écritures, par cette dernière cause surtout, a rempli ce recueil d'une multitude d'erreurs, de transpositions et surtout d'omissions fâcheuses pour les familles, mais dont ne se sont aperçus Messieurs de Saint-Mauris que longtemps après l'impression, attendu qu'ils n'avaient plus à cette époque aucun chevalier de Saint-Georges de leur nom existant; mais dès qu'ils en eurent connaissance (en 1783), ils réclamèrent, près de ce corps illustre, contre les nombreuses erreurs qui les concernaient, et en demandèrent rectification par une requête pressante et précise, qu'ils accompagnèrent de titres justificatifs, de plusieurs attestations authentiques et d'un relevé général en bonne forme de tous les chevaliers reçus; pièces calquées sur leurs propres registres, dont ils invoquaient de nouveau la plus scrupuleuse vérification, ainsi que celle des écus des défunts chevaliers de Saint-Georges, qui se trouvaient tous suspendus à l'église des Carmes; justice qui leur fut pleinement accordée par l'assemblée générale, qui nomma instamment quatre chevaliers commissaires pour procéder, dans l'année, à ces vérifications et en rendre compte à l'assemblée suivante, laquelle, sur leur rapport et verbal détaillé, leur délivra attestation circonstanciée, dûment signée, scellée, authentisée, et transcrite sur leurs registres, de la parfaite justice de toutes leurs réclamations, en énonçant ne pouvoir certifier de nouveau l'époque de la réception de Marc, Thiébaud et Jean de Saint-Mauris, premiers reçus de leur nom, quoique déjà prouvés par les attestations susdites, attendu que leurs registres originaux antérieurs à ceux de 1448 ne se trouvaient plus à ce moment dans leurs archives; accordant, en conséquence, à Messieurs de Saint-Mauris, pour rendre plus ostensible cette délibération, de faire réparer, même reconstruire au besoin et replacer à leurs rangs d'ancienneté dans l'église les écus de leurs ancêtres qui pourraient être altérés ou tombés de vétusté, ce qui fut ponctuellement et publiquement exécuté; enjoignant, en conséquence, par cette même délibération, à leur généalogiste et secrétaire de corriger à la main, sur tous les exemplaires de cet ouvrage qu'il pourrait se procurer, lesdites erreurs avérées, en attendant une édition plus correcte qu'il se proposait de faire imprimer; circonstance qui fut mal observée, mais qui explique la cause du grand nombre de corrections que l'on trouve dans la plupart desdits exemplaires.

On observera aussi, dans le cours de cette généalogie, que l'orthographe du nom de cette Maison, de même que ceux des village, fiefs et seigneurie de ce nom, leurs apanages, ont souffert de légères variations, sans néanmoins en changer la prononciation; mais que cependant en général il s'est assez constamment écrit *Saint-Moris* jusqu'au seizième siècle, et dès-lors presque toujours *Saint-Mauris*, et en latin *Sancto Mauricio;* que le surnom distinctif que toutes ses branches, et dans tous les siècles, ont unanimement conservé, est celui de *Saint-Mauris-en-Montagne*, comme étant celui de la souche primitive et commune, apparemment pour distinguer cette antique race d'une autre ancienne Maison qui était une branche issue de celle de Crilla, qui s'est éteinte au siècle dernier, que l'on désignait aussi Saint-Moris ou Mauris de Salins, de Choye, de Saint-Vy ou d'Orgelet, issue de Guillaume de Saint-Mauris, fils de Regnier de Crilla, qui, au commencement du quatorzième siècle, bâtit un château au village de Saint-Mauris du bailliage d'Orgelet, qu'il tenait en fief, et dont il prit et transmit le nom à ses descendans, qui ont toujours porté pour armoiries, de gueules au chevron d'argent, accompagné de deux étoiles en chef, et une rose en pointe de même; différentes en tous points de celles de la Maison dont on suit ici la généalogie, ce qui confirme qu'elles n'avaient entre elles rien de commun que l'exacte conformité de leur nom patronimique, sans aucune identité d'origine, quoiqu'étant toutes deux parfaitement étrangères à une famille de la même province, originaire de Dôle, connue depuis 1550, et désignée par plusieurs généalogistes sous le nom de Saint-Maurice dit Montbarrey, d'Augerans, Bosjean, Le Muids et Faletans; laquelle s'est illustrée dans ce siècle par de belles alliances et de grandes charges, et qui s'est éteinte dans les princes de Montbarrey, qui portaient de gueules à la croix trèflée (dite croix de Saint-Maurice), d'argent au chef cousu d'azur chargé d'un aigle d'or, qui leur a été accordé par l'empereur, en place du chef d'azur chargé de trois cœurs d'or, que cette branche portait auparavant, ainsi que toutes les autres branches moins connues de cette famille l'ont toujours porté.

La seconde partie n'étant proprement qu'un inventaire général de toutes les chartes, titres, actes, monumens, auteurs, chroniques et autres manuscrits ou documens authentiques formant le corps de preuves des faits et circonstances énoncés dans la première, contiendra en outre: 1.° des notes sommaires extraites des auteurs et anciens manuscrits qui ont traité avec détail ou fait mention de la Maison de Saint-Mauris; 2.° l'analyse de ses titres honorifiques originaux, indiquant leur cote dans la preuve ou dans le dépôt où ils reposent; 3.° celle de plus de sept cents titres originaux et authentiques qui concourent à former la preuve littérale de la filiation consécutive de la ligne directe et de toutes les branches connues qui en sont issues depuis le courant du onzième siècle, en forme d'inventaire détaillé, résumant scrupuleusement la substance et le sens important de cette multitude d'actes, trop nombreux et volumineux pour être rapportés littéralement; ornée des dessins exacts des anciens sceaux existans, tombeaux et monumens, qui constatent les identités, et suivie de la cote des titres relatés, pour la facilité d'y recourir au besoin; 4.° un relevé alphabétique de toutes les Maisons chevaleresques, même des familles anoblies, rappelées dans le cours de l'ouvrage ou dans les titres produits ou cités, avec indication des pages et cotes qui en font mention pour l'utilité desdites familles.

Cette seconde partie, formant un volume assez considérable, ne sera point imprimée, mais chaque individu de la famille en possédera un exemplaire manuscrit très-exact, auquel on pourra avoir recours pour toutes recherches ou vérifications désirées.

AVANT-PROPOS.

Placé de bonne heure, par des pertes sensibles, à la tête d'une famille chérie, dans un temps où l'esprit du moment exigeait des preuves pour préalable indispensable à toutes espèces de demandes de places ou d'avancement, je me vis forcé de comprimer un attrait excessif pour le plaisir et la dissipation, nourri par les habitudes, le luxe et la frivolité des jeunes militaires, pour m'absorber dans la poussière des archives et tâcher d'y découvrir et d'en retirer quelques actes qui pussent suppléer à ceux nombreux qui lui avaient été enlevés par plusieurs incendies, mais plus encore par l'insouciance de ses ancêtres; apathie commune à presque tous leurs contemporains du même rang, qui, se reposant sur l'opinion publique et leur admission, de toute antiquité, dans les différens ordres et chapitres de noblesse, du soin d'établir leur origine, n'attachaient aucun prix à la possession des titres qui la constatent. Convaincu par mes premières recherches dans ses propres archives, qu'en effet il n'y restait que quelques très-anciens titres épars, sans suite, et à peine de quoi établir une filiation suivie de sept à huit générations, la nécessité me força à me dévouer à un travail qui m'était alors particulièrement répugnant.

Mes premières recherches furent dirigées vers le dépôt immense et précieux des actes publiés à l'officialité, qui seul m'eût fournit, sans nul doute, beaucoup au-delà de ce qui était exigé pour les preuves de la cour; mais l'entrée de ce cahos, qui renfermait des richesses que d'atroces moteurs du désordre et du crime ont consumées sans qu'on les eût connues (puisqu'une faible portion seulement avait été inventoriée), me fut formellement interdite par l'effet des scrupules exagérés du respectable mais faible prélat qui en avait le dépôt, et la désobéissance, la paresse et l'incapacité d'un sous-ordre orgueilleux qui en tenait les clefs. Réduit donc à m'en rapporter à la prétendue exactitude d'un salarié inepte préposé à ces sortes de recherches, je sacrifiai, selon l'usage, beaucoup de temps et d'argent pour obtenir peu, et fus obligé de recourir aux archives particulières des Maisons auxquelles celle de Saint-Mauris a l'honneur d'appartenir ou dont ses possessions ont relevé, pour y glaner en détail ce que j'aurais dû trouver en masse dans ce premier dépôt, qui proprement devait être sa co-propriété comme celle de toutes les anciennes Maisons de la province; et (je m'honore de le publier) c'est à la bonté, à la confiance et à l'extrême obligeance de M. le prince de Montbéliard, de M.me la princesse de Marsans, de M.me la duchesse de Lorges, de MM. les marquis de Grammont, de Faletans et de Champagne, et comtes de Montjoye, de Scey, de Grivel et de Beaurepaire, de MM. les supérieurs des abbayes des Trois-Rois, de Bellevaux, de Vaucluse, et curés de Saint-Mauris, de Mathay et autres, que je dois principalement le recouvrement de près de sept cents chartes et titres qui forment ce Recueil, et ma profonde reconnaissance me fait une jouissance comme un devoir de la faire partager à tous les miens.

Jaloux à l'excès de l'honneur de ma Maison et de coopérer à y perpétuer cette pureté intacte qui l'honore, je conçus le projet (après mon admission aux honneurs de la cour) de lui transmettre le résultat de mes recherches et formai à cet effet ce petit inventaire par extrait détaillé des titres de chaque branche et degré, précédé d'un sommaire, fidèlement historique, des faits bien constatés par titres, chroniques, auteurs, manuscrits ou notes et traditions, et monumens notoires; fastidieux sans doute pour les indifférens, mais de quelqu'intérêt pour la famille et ses descendans, et propre peut-être à stimuler en eux un germe inné, seul but de mon plan, l'honneur d'un nom n'étant qu'une tache pour quiconque y déroge.

Je résolus donc (mais une foule de catastrophes s'y opposèrent) de soumettre cet amas de matériaux à une plume exercée, afin de lui donner un ensemble historique et de le faire imprimer, non par orgueil ou vanité, comme je viens de le dire avec vérité, mais pour laisser aux descendans de cette Maison des modèles et des exemples utiles, et les imprégner des maximes sévères que professèrent d'une manière si distinguée constamment leurs aïeux, qui les conservèrent purs de morale comme de sang, lustre dont je suis mille fois plus orgueilleux que de leurs titres, et les portèrent à fuir les grands théâtres de corruption, à mépriser l'intrigue, la fortune, l'ambition, et rester fidèles sans dévier à leurs principes de fierté, fermeté, loyauté et délicatesse, à l'honneur, en un mot..., à l'honneur ! qui fut et doit être à jamais le phare et l'idole d'un gentilhomme; précieuse exaltation, si nécessaire pour lutter contre l'immoralité et les dégoûtans exemples de bassesse et de prostitution que l'on est révolté de voir si multipliés dans ce siècle, où l'égoïsme et l'orgueil, sous le masque imposteur d'une fausse philosophie tortueuse et perverse, se couvrent et abreuvent de fange pour sucer un peu d'or qu'on y verse......! Quel contraste déplorable et humiliant de ces temps de bassesse à ceux aussi regrettables que purs, où ces mêmes aïeux pouvaient dire avec orgueil et vérité : L'honneur couvre de lauriers le berceau de la noblesse. De là le gentilhomme s'avance à pas fermes et fiers à travers les périls et la gloire; sa vertu, les regrets le suivent au tombeau; mais son nom lui survit et devient l'étoile, le phare de ses descendans....! Telles étaient les images qu'elle représentait, cette généreuse noblesse intacte alors de parjure et de souillure, lorsqu'il éclata sur la malheureuse France cet infernal orage que précédait l'hideuse calomnie, précurseur à gages de tous les crimes ligués contre cet infortuné pays, ainsi que contre ce roi juste et martyr et toute son auguste famille, et sa fidèle noblesse, sur qui elle vomit tous ses venins pour la diffamer, disperser, éloigner, hélas! bien pis encore, et la corrompre!..... pour parvenir à la détruire; préalable indispensable pour le succès d'attentats bien plus atroces encore qu'ils méditaient, et n'ont que trop honteusement exécutés! Scènes hideuses! tache indélébile pour notre malheureuse patrie, que l'ame sensible, bourrelée, doit repousser de sa pensée pour ne pas en prendre toute la population en horreur! Quoi de plus propre à l'en distraire et à la raffraîchir que de l'arrêter sur des tableaux qui honorent l'humanité autant que de pareilles horreurs la dégradent : tel que celui des différens âges que parcourut cette classe distinguée, si cruellement dépouillée et persécutée aujourd'hui par le crime, l'ingratitude et l'envie, mais dont néanmoins les rejetons restés purs conservent encore, conserveront à jamais tant qu'ils sauront en rester dignes, en dépit des traits furtifs et empoisonnés de la vile et perfide envie, cette empreinte ineffaçable que réfléchit sur eux la longue série d'éclat, de vertus et de services de leurs aïeux! Qu'on les suive, ces preux, au sortir du berceau : on les verra, dédaignant déjà la mollesse de leur âge, s'endurcir aux injures de l'air et des saisons, hâter le développement de l'énergie de l'âme et des forces du corps, en bravant des dangers, en souffrant sans se plaindre, et se livrant aux exercices les plus rudes et les plus violens! Cependant, pour modérer et asservir de bonne heure au devoir ces âmes fortes et éviter qu'une fierté farouche, défaut qui en est l'écueil, n'en ternisse les grands mouvemens, on les place, sous le nom de page, près d'un chevalier marquant pour en recevoir des leçons d'honneur, d'intrépidité, de générosité, de vertu, de respect pour Dieu, et d'amour pour les dames; grands sentimens que leur exemple constant gravait et imprimait dans leurs âmes tendres, mais avides d'exaltations vers le sublime. Ces pages rendaient aux chevaliers, leurs patrons, tous les hommages et les services de la plus sainte piété filiale; après Dieu, l'honneur et l'amour devenaient l'objet du culte de ces âmes fortes, généreuses et sensibles, sur lesquelles la précieuse amitié avait aussi les droits les plus sacrés, comme l'attestent ces fraternités d'armes (ou adoptions d'honneur en frères) qui se faisaient avec des cérémonies authentiques et sous des sermens, que la mort seule pouvait rompre, de mettre en commun sa fortune, sa gloire, sa vie, son honneur même ... Montaient-ils au rang d'écuyer, ils recevaient de leurs chevaliers, sous les auspices de la religion dans tout son appareil, l'écu et l'épée dont ils devaient la défendre, ainsi que leur patrie; dès cet instant, le nouvel écuyer s'identifiait à son chevalier. Dans les combats, placé à ses côtés, partageant ses périls, il lui frayait le chemin de la victoire, soutenant le choc de ses ennemis, parait même de son corps les coups qu'on lui portait. De là cette multitude étonnante d'exemples de zèle et de dévouement héroïque de ces intrépides écuyers, pour sauver, défendre et venger les héros qu'ils servaient, respectaient et chérissaient.

Tant d'actions d'éclat leur avaient-elles mérité la gloire de pouvoir aspirer à *pénétrer dans le temple d'honneur* (à la chevalerie, cette institution si admirable et imposante de nos pères, ce sublime effort de l'enthousiasme et de la vertu, qui, surtout en temps d'anarchie, était le supplément des lois, le sanctuaire et la sauvegarde de l'honneur et des droits les plus chers, la gloire de nos annales, le type des vertus aimables et attachantes qui, quoique trop dégénérées, font encore l'ornement de l'homme distingué et le charme de la société: franchise, loyauté, désintéressement, fidélité, galanterie.... *Honneur* donc! oh *à jamais honneur et gloire à la chevalerie!*); notre écuyer, dis-je, avait-il acquis par sa valeur et ses vertus des titres à cette élévation suprême, l'âge de majorité devenait de rigueur comme la naissance, sans dérogeance ni forlignement, soit de sa personne, soit de ses aïeux; la cérémonie aussi pompeuse que religieuse exprimait, imprimait le respect dû à cette sublime dignité et exaltait le nouveau chevalier à la hauteur du rôle éclatant qu'il était appelé à remplir. Son premier vœu était de se dévouer par serment (et ceux-là étaient sacrés, étant libres et volontaires, et dictés par l'honneur) à la défense de la religion, de la patrie, de l'opprimé et de l'innocence. De ce moment, l'Etat, le prince et tous les malheureux injustement opprimés, avaient titres à réclamer son bras et son courage, et jamais ne le faisaient en vain! car *office de chevalier était de maintenir femmes veuves, orphelins et hommes mésaisés, malheureux et non puissans.* Ils recevaient l'accolade par un preux sans reproche en face des autels. Armés par les dames les plus distinguées par leur rang et leurs vertus, ils brûlaient de se montrer dignes de tant d'honneur par des actions d'éclat; mais si leur patrie n'avait alors pas besoin de leurs bras, ils s'associaient pour venger des opprimés, exterminer des brigands et des monstres, et, comme délassement, les tournois leur offraient l'occasion d'exercer et signaler leur courage, leur force, leur adresse et leur galanterie. Au milieu d'une réunion brillante et choisie de guerriers et de dames du plus haut rang, les combattans, au bruit des fanfares et des acclamations, étaient introduits dans la lice, souvent par leurs dames et attachés de chaînes qu'elles n'ôtaient à leurs fiers esclaves qu'au moment du combat.

Si un jeune chevalier débutait, le héros stimulait son courage en lui retraçant les exploits de ses ancêtres : *La gloire*, lui disait-il, *est un dépôt qu'il faut que tu leur rendes aussi pur et éclatant que tu l'as reçu d'eux; souviens-toi de qui tu es fils et ne forligne pas.* Les dames, avant le combat, donnaient aux chevaliers des faveurs ou livrées de leur parure, attachées à leurs armes, et qui devenaient leur couleur, et parfois celle héréditaire de leurs livrées, et un indice, ainsi que leurs armoiries, pour se faire reconnaître. Leurs suffrages, de concert avec celui des vieux chevaliers, juges du camp, décidaient de la répartition des prix, qu'elles distribuaient elles-mêmes, et l'équité qui présidait cet aréopage était telle que jamais les vaincus ne se plaignirent de leur arrêt.

Un baiser de sa dame, des éloges, des titres, une armure, un casque, une épée, un cheval, étaient les plus hautes récompenses de ces vainqueurs, comme des chevaliers qui s'étaient distingués dans les actions les plus périlleuses, qui n'étaient riches que de leur gloire, et qui savaient enchaîner les suffrages et comprimer même la vile et basse envie en couronnant eux-mêmes et relevant la vaillance des vaincus, leur première maxime étant: *Le chevalier est ravisseur du bien d'autrui qui les prouesses d'autrui tait, et celui est réprouvé vanteur qui révèle les siennes:* aussi s'est-il vu communément deux champions, rivaux, ennemis même, après avoir combattu à outrance, refuser et se renvoyer mutuellement et obstinément le prix destiné au vainqueur, puis finir par s'embrasser et devenir amis inséparables.

Comparant ces faibles récompenses aux effrayans châtimens réservés aux chevaliers déloyaux ou qui se déshonoraient, combien plus encore cela fait ressortir l'héroïsme épuré de cette sublime institution, en prouvant l'horreur que lui inspirait l'artifice, le mensonge et la calomnie. Un déloyal chevalier était-il convaincu de ces vices, le coupable était traîné sur un échafaud; là son armure était mise en pièces et foulée aux pieds; les hérauts d'armes vomissaient contre lui toutes sortes d'outrages; des prêtres récitaient sur lui les vigiles des morts comme si son âme cessant d'être vertueuse fût rentrée dans le néant; trois fois le roi ou héraut d'armes demandait le criminel, trois fois le poursuivant d'armes le nommait, et le héraut répliquait toujours que ce n'était pas le nom de celui qui était devant ses yeux, puisqu'il ne voyait en lui qu'un *déloyal et traître foy mentie.* On le portait à l'église couvert d'un drap mortuaire; le concours des chants lugubres du cortége et de tant d'ignominie portait, avec la terreur dans son ame, le souvenir éternel qu'il eût mieux valu pour lui mourir mille fois que de se déshonorer.

En tout, les mœurs, les vertus de cette classe d'hommes distingués semblent les faire appartenir de plus près à l'honneur et à la générosité par là même que leur état est plus supérieur aux faiblesses de l'humanité; le mépris souverain de la mort, l'amour insatiable de la gloire, le dédain profond des richesses, l'habitude des dangers, le courage intrépide, l'extrême galanterie, ou mieux l'hommage que la force et l'intrépidité rendaient aux grâces et à la vertu, le sentiment de l'amour, d'autant plus ardent qu'on est toujours plus près de le perdre ou de quitter ce qu'on aime : telles étaient les essences qui composaient ces caractères nobles, élevés, imposans, étrangers à toutes bassesses et sordide intérêt, à cette foule de faiblesses qui dégradent et déshonorent l'humanité, et qui n'ont que trop progressivement reconquis leur empire sur elle depuis le funeste déclin de cette si sublime institution, déclin qui à jamais excitera mon étonnement comme mes plus déchirans regrets! Eh! quel être sensible n'est pas vivement pénétré que si quelques institutions humaines paraissaient devoir laisser de longues traces dans les siècles, c'était sans doute la chevalerie....! Quoi de plus noble, de plus séduisant, de plus propre à électriser une imagination ardente, une âme énergique, susceptible d'un enthousiasme surnaturel, que ce délire d'héroïsme et de galanterie! Elle me paraît, j'en suis trop pénétré pour ne pas me faire gloire de le dire, une de ces institutions les plus imposantes qui aient jamais brillé sur la terre; la plus propre à enflammer, exalter délicieusement pour l'honneur, l'amour, la vertu et la loyauté, comme à inspirer le plus d'horreur pour les passions basses et hideuses, telles que la lâcheté, la cupidité, la fausseté, l'égoïsme; étant propre à refouler au fond des comptoirs cet intérêt sordide, cette soif de l'or si souvent le moteur de tant d'actions dégoûtantes qui flétrissent, avilissent l'espèce humaine, qu'elles ont déjà tant dégradée.

Ce serait déroger d'aïeux que je révère et trahir mon propre sentiment le plus intime, que d'omettre de rendre hommage au sexe enchanteur qui, de tous les temps, mais surtout dans ces siècles généreux, fut non-seulement le plus bel ornement, le charme et le bonheur de l'humanité, mais aussi le véhicule de toutes ses plus grandes actions et de ses plus beaux mouvemens, et de taire que l'histoire du beau sexe de ces siècles ne serait pas moins intéressante que celle de ces chevaliers, y trouvant d'aussi grands élans d'héroïsme, de courage, d'honneur, de vertu et de fierté sublime; son âme élevée, trempée sans cesse par les dangers que courait ce qu'elles avaient de plus cher, s'identifiait à leur gloire. Les demoiselles de la plus haute naissance ne rougissaient pas d'étudier l'art de guérir les blessures, de panser et d'arroser de leurs larmes celles de leurs amans, percés de coups, et faisaient trophée de rendre hommage aux vertus héroïques en allant au-devant des chevaliers distingués qui arrivaient dans les châteaux, leur exprimant leur haute considération, les armant elles-mêmes les jours de combats comme à leur réception, sorte de culte à la vertu qu'elles rendaient à l'envi, avec autant de zèle que de décence, à l'exemple des dames chez lesquelles elles étaient placées : car, comme les pages et dans le même esprit et but, les demoiselles aussi étaient confiées à la vertu pour lui rendre des soins et en recevoir sans cesse des leçons et des exemples! Je ne fais que le répéter, mais je le sens profondément, *malheur! oui, malheur au siècle où les femmes perdent leur ascendant, et où leurs jugemens ne sont plus rien aux hommes....!* Cette décadence nécessairement entraîne celle des vertus des deux sexes; l'un s'élève par l'autre, et l'on n'éprouve que trop que sans ce véhicule exaltant le guerrier n'est bientôt plus qu'un satellite cruel et mercenaire, le magistrat un salarié pédant, empesé, ou libertin cynique; le commerçant, ce qu'il fut et sera toujours, spéculateur avide, tout à son intérêt, nul pour la gloire de son pays; et la multitude un essaim crapuleux et dégradé, et en dépit des longues phrases ampoulées et des prospectus boursoufflés sur l'éducation, l'âme et le cœur y étant négligés, on n'en verra sortir que des être suffisans et immoraux et de mauvais citoyens, et l'on arrivera, si déjà l'on n'y touche, à une sorte de barbarie policée, expression hasardée, mais dont le contraste apparent ne rend que trop ce dont l'on est sans cesse froissé dans la société du moment. Eh! s'il nous faut toujours des exagérations, préférons donc du moins celles qui élèvent et épurent l'âme. Les désordres et la corruption portés à leur comble dans ce siècle à prétentions de lumières, ne justifieraient-ils pas à un certain point que la morale est, pour l'homme parfaitement honnête, une science superflue, et que, quand le cœur est droit, l'âme honnête, élevée et sensible, l'esprit a peu besoin de lumières.

Sans doute les préventions que les infâmes ennemis de la gloire et de la tranquillité de la France cherchent à propager contre la noblesse, voueront au ridicule et disposeront à traiter de délire orgueilleux l'exaltation en faveur de cet ordre; mais qu'ils rentrent en eux-mêmes, ces venimeux détracteurs de mauvaise foi : ils y trouveront ce vil motif qui perce à travers leurs phrases entortillées, et qui est le véritable moteur de leur antipathie! Qu'ils sachent que ses apologistes au contraire n'y tiennent que par la conviction que cet ordre est la plus puissante sauve-garde préservatrice de toute lâcheté pour ceux qui en font partie ou ceux qui y aspirent, et le plus actif véhicule des cœurs bien placés, pour les porter aux belles et aux bonnes actions, outre la persuasion qu'il est indispensable dans toute monarchie, pour la soutenir, la défendre et en maintenir l'équilibre; car il faut, sans nul doute, une institution qui élève à un rang supérieur pour éviter que la considération, déjà trop accordée par le vulgaire aux richesses, ne repose pas exclusivement sur elles seules : que de bassesses enfanterait cet abus! Déjà leur appât n'est que trop séducteur pour la multitude par son imposteur éclat extérieur qui l'éblouit et l'égare, et excite encore son ardeur à les acquérir. Que serait-ce donc si elles donnaient de droit le premier rang dans l'Etat et que l'on n'admît rien au-dessus? Quel véhicule, quel but digne d'eux pourrait-on offrir à la valeur distinguée, aux éclatans services, aux grandes qualités, aux mérite et talent très-éminens, au dévouement sans bornes à Dieu, au roi et à sa patrie? Quel prix pourra récompenser les âmes fières et généreuses? Et quel attrait assez puissant pourra-t-on faire apercevoir à celles froides, faibles ou apathiques, pour les électriser vers l'honneur? Eh! serait-ce un peu d'or? Vous exaspéreriez les premières et aviliriez les autres au lieu de les récompenser et exalter. Et faut-il encore vous répéter que la honteuse passion des richesses est celle qui plonge le plus communément l'homme dans la dépravation, tandis que la gloire et l'honneur, chemin qui mène à la noblesse, sont celles qui le rendent le plus supérieur à lui-même! Que l'on voie donc l'opulent financier, lorsqu'il n'a point d'autre mérite, céder le pas au pauvre mais intact gentilhomme, et cette prééminence développera dans toutes les âmes bien nées ce germe d'élévation qui doit les guider sans cesse sur cette route honorable qui conduit à la noblesse, et elles abandonneront avec dédain à celles douées de ce divin phlogistique tous les sentiers fangeux qui mènent à la fortune par des emplois méprisables, des alliances honteuses et dégradantes, et des spéculations mercantiles, moyens que nos preux et lucides aïeux avaient si judicieusement jugés incompatibles avec les fonctions magnanimes d'un gentilhomme, abaissant et rétrécissant l'âme, endurcissant le cœur et l'absorbant d'idées de profit et de gain aux dépens de la délicatesse, et trop souvent des infortunés; et elles s'élanceront dans les professions généreuses, où celle des armes occupe le premier rang, comme mettant l'homme à chaque instant dans le cas de sacrifier tout pour servir et défendre son Dieu, son roi, l'honneur et son pays!

Que la noblesse donc soit à jamais au-dessus de la richesse, puisque celle-ci n'est communément que l'effet du hasard et trop souvent le prix d'actions coupables et méprisables; mais que cette noblesse ne puisse s'acquérir que par la vertu, le mérite et des actions distinguées, dont elle doit être le prix et l'aliment, et qu'elle soit aussi essentiellement transmissible, l'apanage et la propriété la plus sacrée comme la plus précieuse de la postérité! Car, quoi de plus absurde, inique et révoltant, que de chercher à faire admettre que l'or corrupteur, la fortune, si souvent mal acquise, fussent les seules propriétés héréditaires? Il est bien souverainement méprisable et égoïste, bien étranger aux nobles sentimens de la reconnaissance et de la gloire, celui qui y attache assez peu de prix pour interdire qu'elle ne reflue sur les descendans de l'homme marquant qui l'aura acquise au prix de son sang, de sa vie peut-être, ou par une rare valeur, des services, des vertus, des sacrifices, des talens ou un mérite éclatans! Que compte-t-il donc leur offrir, cet être abject, aux descendans de ce héros pour les dédommager de sa perte? De l'or sans doute encore, et toujours de l'or, son idole unique et chérie! Heureux pour lui s'il n'est repoussé qu'avec mépris....! Et en effet si l'honneur sans tache peut être recompensé ici-bas, n'est-il pas sensible que ce ne peut être que par la considération et des honneurs, et, pour l'être vraiment sensible, des honneurs transmissibles; car en isolant sans cesse l'homme, on aggrave en lui ce trop fatal penchant à l'égoïsme.

C'est donc la plus odieuse des expropriations, la plus honteuse pour une nation, que de dépouiller des enfans d'un lustre, d'un rang, prix du sang, des services, des sacrifices et des vertus de leurs pères, de ce si juste tribut de la reconnaissance de leur patrie. Les êtres atroces qui osent porter une main sacrilége sur une propriété aussi sacrée, s'affichent avec cynisme comme de vils et orgueilleux égoïstes, dégoûtans d'ingratitude, qui ne tentent sans doute d'entraîner dans ce premier essai de dépravation et de spoliation, à la faveur des excès et fureurs révolutionnaires, que pour disposer à les frustrer successivement de toutes successions héréditaires, et de ramener à leur délirante et monstrueuse loi agraire et à son odieux cortége, et achever d'isoler tous les êtres et d'anéantir tous les liens et rapports sociaux. Offrons donc aux hommes, au contraire, un but noble et élevé pour qu'ils s'élèvent pour y atteindre et s'y soutenir; cherchons à les identifier à la postérité, puisque c'est un attrait de plus pour les âmes délicates comme un frein de plus pour celles vicieuses, et ménageons aux êtres magnanimes et sensibles la jouissance inappréciable de penser qu'ils travaillent pour des enfans et des descendans qui béniront leur mémoire, et qu'en les illustrant ils leur tracent et imposent le devoir de s'en rendre dignes par des actions utiles à leur pays et à leur propre gloire.

Tous moyens qui tendent à élever, à épurer une portion de la population, ne sont-ils pas précieux pour en améliorer la masse? Quiconque d'ailleurs connaît le cœur humain peut-il douter que tel qui se distingua dans un rang élevé, par des actions remarquables, eût été faible, lâche même peut-être, dans l'obscurité? Concluons donc de ce pénible aveu que, si *de glorieuses actions conduisent à la noblesse*, *la noblesse à son tour conduit ses descendans aux actions glorieuses.*

Puissent les nôtres, dignes de leurs aïeux, dont ils doivent révérer la mémoire, se pénétrer que le sang de cette antique et sublime chevalerie qui coule dans leurs veines, leur prescrit impérieusement de n'en déroger sous aucune acception, et de se conserver dignes de cet honneur, en remplissant religieusement tous les devoirs difficiles qu'elle leur impose et que la devise de leur Maison leur retrace sans cesse, ainsi que l'ancien adage vulgaire qui leur fut dévolu! Qu'ils soient donc à jamais comme eux, sans dévier, *fiers* pour repousser l'audace, l'orgueil, la hauteur, l'oppression, l'injustice, la séduction, et protéger les faibles; *sans tache* sur tout ce qui a trait à l'honneur, au courage, à la loyauté, et la rigoureuse fidélité à son Dieu, son roi, sa patrie, ses sermens; mais évitant d'ailleurs tout autre caractère de supériorité qui pourrait blesser ou humilier leurs semblables, et manifestant en toutes circonstances, constamment, les sentimens généreux de désintéressement, de franchise, de bienfaisance, d'aménité, de politesse, et des manières aimables et accueillantes, et autres nuances émanées d'une extrême délicatesse, qui seules doivent caractériser et faire remarquer l'homme d'une classe ou d'un rang distingué, et tout particulièrement envers les malheureux et les êtres modestes ou obscurs, étant constant que tout gentilhomme lâche, dur, arrogant, hautain, déloyal, vexateur ou dédaigneux, n'est qu'un intrus ou un dégénéré, l'ennemi le plus dangereux de son ordre, odieux à tout ce qui est honnête et sensible, et qui mérite d'être honteusement repoussé de sa classe surtout, et de la société.

Il m'est doux de penser que les mânes révérés de ces preux leurs aïeux, qui planeront à jamais sur leur existence, ne feront pas en vain retentir dans leurs âmes ces mots, qui furent toujours le type de leur conduite et deviendront, j'espère, celui de la leur: *Religion*, *honneur*, *vaillance* et *loyauté*, dont le développement leur fixe d'avoir toujours l'honneur pour but, la vertu pour guide, et la bienfaisance pour jouissance et délassement, sans jamais s'alarmer des conséquences ni s'inquiéter des résultats; que le bonheur d'avoir toujours fait son devoir est le seul à l'abri des vicissitudes humaines et la seule infaillible récompense digne d'un vrai gentilhomme; enfin, qu'à jamais donc ils suivront la noble maxime: *Toujours fais que dois*, *advienne que pourra*, et se pénétreront de l'axiôme: *Qui tient à ses aïeux est loin d'en déroger*, étant constant que *qui ne tient compte de ses ancêtres*, *n'en tient nul de ses descendans.*

PRÉCIS GÉNÉALOGIQUE

DE LA MAISON DE SAINT-MAURIS.

La Maison de Saint-Mauris, dont l'origine se perd dans l'obscurité des siècles reculés, élevée à la pairie en 1827, est une des plus anciennes et des plus illustres de celles de la haute noblesse d'antique race chevaleresque du comté de Bourgogne, dont elle est originaire. Elle paraît avoir donné son nom à trois villages des montagnes du bailliage de Baume, dont un à château-fort, sur le Dessoubre, dit Saint-Mauris-en-Montagne, contigu à celui de Court-les-Saint-Mauris, peu distant du troisième, appelé Saint-Mauris-sur-le-Doubs, aussi à tours et maison forte; fiefs, châteaux et seigneuries, qu'on lui voit posséder depuis le douzième siècle jusqu'en 1792, excepté Saint-Mauris-sur-Doubs, qui, depuis l'extinction vers 1530 de la branche qui le possédait, se trouve avoir passé au domaine sans qu'on ait pu en découvrir la cause; mais les deux autres seigneuries ont été tenues jusqu'à la fatale révolution par la branche des marquis de Saint-Mauris dite des barons de Châtenois, seule subsistante de cette Maison, dont les descendans, ainsi qualifiés et titrés depuis dix générations, furent admis aux honneurs de la cour de France en vertu de leurs preuves, certifiées par M. Chérin, généalogiste des ordres du roi, qui affirme avoir reconnu qu'ils prouvent la noblesse de leur Maison jusqu'au onzième siècle par foule de titres originaux sur chacun des degrés de filiation qu'il y rapporte successivement, avec énonciations de leurs grades, possessions et grandes alliances, tels qu'on les voit aussi rapportés ci-après dans cette généalogie. En effet elle remonte, par près de sept cents titres, presque tous originaux, sa filiation suivie jusqu'à Richard de Saint-Mauris, chevalier, et Adeline de Montjoye sa femme, faisant de concert des dons aux églises dans le courant du onzième siècle, que l'on voit être le septième aïeul de Monseigneur Jean III de Saint-Mauris, chevalier, que Monseigneur Jean comte de La Roche dota de fiefs et de droits honorifiques à perpétuité sur toutes ses terres, comme étant son parent et l'ayant suivi en guerre aux croisades, en le mariant en l'an 1302 à Simonne de Vennes, d'une illustre Maison baronnale, aussi parente de Marguerite de Neufchâtel sa femme.

Dès cette époque on voit les frères et les fils dudit Jean III de Saint-Mauris au nombre des gentilshommes de la Maison des ducs de Bourgogne, et notamment Richard III de Saint-Mauris, chevalier, son fils aîné, être un des grands seigneurs et grands du pays qui composaient le conseil de régence durant la minorité du duc Philippe-le-Rouvre en 1349; lequel Richard III se trouve être le douzième aïeul des marquis de Saint-Mauris barons de Châtenois d'aujourd'hui, comme il est prouvé par les extraits de titres, chartes, brevets et attestations, qui sont relatés dans l'inventaire sommaire et raisonné de ses preuves, qui suit. On y remarque que cette Maison a donné, dans les onzième, douzième, treizième, quatorzième siècles et les suivans, outre grand nombre de chevaliers et d'hommes d'armes, des conseillers d'état, membres du conseil de régence, des capitaines, des chambellans, écuyers d'écurie, écuyers pannetiers, gentilshommes de la chambre, capitaines des gardes-du-corps, et autres grands-officiers de la cour des rois de France et des ducs de Bourgogne et de Lorraine, et chefs dans leurs armées;

Qu'elle a été reçue à Saint-Georges dans le courant du quatorzième siècle, lors de la première restauration de ce corps illustre de noblesse, auquel elle a donné dès-lors deux gouverneurs, chefs de l'ordre, et vingt-sept chevaliers; que dès le douzième siècle et les suivans elle a été jurée et reçue dans les chapitres métropolitains de Saint-Jean et de Saint-Etienne, et dans tous les chapitres nobles d'hommes et de femmes de la province, auxquels elle a donné plusieurs grands-prieurs et plusieurs abbesses, ainsi que dans les hauts chapitres de Remiremont (où elle a eu huit chanoinesses de son nom), de Lyon, de Mürbach, Guebwillers, Lure, Maubeuge, Liége; qu'elle a de même, depuis trois siècles, donné dix chevaliers ou commandeurs à l'ordre de Malte, des commandeurs et quatorze chevaliers à l'ordre royal militaire de Saint-Louis dès sa fondation, et de l'époque de sa création, plusieurs membres à l'ordre de la Croix-Etoilée de Marie-Thérèse, etc. etc.; et qu'elle a fourni aux armées plusieurs lieutenans-généraux, généraux-majors de bataille, maréchaux-de-camp, sergens-majors de bataille, et brigadiers des armées du roi de France et d'Espagne, ainsi que des inspecteurs-généraux de toute leur cavalerie et dragons, des inspecteurs-généraux et particuliers d'infanterie, des majors-généraux, adjudans-généraux et maréchaux-généraux-des-logis de cavalerie et de l'armée, et quinze colonels ou mestres-de-camp d'infanterie, cavalerie et dragons, en France, en Espagne, en Bourgogne et en Lorraine; un commandant-général des Iles-du-Vent et des commandans à l'Alsace et au comté de Bourgogne, ainsi que de toute la Franche-Montagne, et à plusieurs villes, forteresses et châteaux; des gouverneurs de Neuf-Brisack, du Vieux-Brisack, de Gray, de Péronne, du comté de La Roche et de la Franche-Montagne du comté de Bourgogne, et des villes et châteaux de Lille, de Saint-Hyppolite, Maiche, Neufchâtel, Oricourt, Châteauneuf, Châtillon, La Tour-du-May, etc. etc.; des gentilshommes d'honneur et un capitaine des gardes-du-corps des ducs de Lorraine, et enfin une foule de chefs de brigade, lieutenans-colonels, et des capitaines de cinq cents hommes, de deux cents hommes, et de cent hommes de pied, ainsi que de cavalerie, dragons, chevau-légers, chasseurs, cuirassiers, carabiniers, lanciers, arquebusiers, de même que de villes, châteaux et forteresses.

Dès le quinzième siècle on voit cette Maison posséder de vastes châteaux-forts, si importans qu'elle y avait pour capitaines et pour châtelains d'anciens gentilshommes à sa solde; qu'en 1420 les seigneurs de Saint-Mauris, par suite de différens avec les seigneurs de Vaudrey et de Chilley, en étant venus aux mains par force d'armes, à la tête de leurs vassaux et adhérens, y ayant eu de part et d'autre un Saint-Mauris et un Chilley pris prisonniers, le duc, pour mettre fin à ces hostilités, condamna les deux parties à une amende, par patente de 1423; qu'une de ses branches, établie en Lorraine vers 1550, y prit rang tant à la cour qu'aux assises et états du pays (depuis cette époque jusqu'à son extinction), parmi la haute noblesse, dans le corps illustre de l'ancienne chevalerie de Lorraine; et, enfin, que cette Maison réunit à toutes ces illustrations et ces avantages celui peu commun d'avoir toujours conservé la pureté de sa noble et antique origine par les nombreuses et grandes alliances qu'elle a constamment contractées, et celui de n'y compter, ainsi que dans ses trente-deux quartiers, que des noms illustres et de race chevaleresque, la plupart du haut baronnage, et plusieurs même d'origine souveraine, comme on peut le voir ci-après. L'on voit, dès le courant du onzième siècle, cette Maison divisée en plusieurs branches également distinguées, circonstance considérée par les généalogistes éclairés comme un lustre, étant un caractère infaillible d'une antique et illustre origine, savoir : 1.° celle issue d'Albert de Saint-Mauris, de laquelle sortit Marguerite de Saint-Mauris, mariée à Richard II de Saint-Mauris, chevalier, son parent, vers 1250; 2.° celle des seigneurs de Saint-Mauris-sur-le-Doubs, qui prirent parfois le sobriquet de Sauvaget, provenant d'un de leurs fiefs, dit la Côte-Sauvaget; 3.° celle des seigneurs châtelains de Mathay, de Roye, de Bermont, de Bustal, d'Allenjoye, lesquels ajoutèrent aussi souvent à leur nom patronimique ceux de ces seigneuries, et en outre, durant deux ou trois générations, le sobriquet de Berchenet, dérivé, comme le prouvent plusieurs actes du quatorzième siècle, scellés de leurs armes, encore distinctes, du nom de baptême de Berchin de Saint-Mauris, chevalier, qui en était la tige. Mais, quoique toutes ces branches se fussent souvent distinguées entre elles par lesdits surnoms et sobriquets, suivant l'usage fort commun dans ces temps là parmi les anciennes Maisons, on remarque qu'elles ont toujours et constamment, néanmoins, tenu à honneur de constater et perpétuer leur identité d'origine, ce que démontre le soin qu'elles ont toutes eu d'ajouter le surnom de *en Montagne* à leur nom de Saint-Mauris, quels que fussent leurs autres surnoms et sobriquets, et de conserver les mêmes armoiries, ce que constate une multitude de titres, actes, monumens et tombeaux de toutes lesdites branches, des treizième, quatorzième et quinzième siècles et suivans, auxquels pendent ou sont placardés leurs sceaux bien conservés, et l'empreinte des mêmes armes et timbres que portent encore leurs descendans.

Les ARMOIRIES de la Maison de Saint-Mauris-en-Montagne ou Châtenois sont, ainsi qu'on les voit représentées par la gravure qui se trouve à la page VII, après le frontispice de cet ouvrage, de sable à deux fasces d'argent, timbrées d'une couronne de marquis sommée d'un heaume grillé d'argent damasquiné d'or; ornées d'une couronne antique de baron et de ses lambrequins, et ayant pour cimier un Maure (ou Nègre) naissant, tenant de la main dextre un badelaire menaçant, et de la senestre une banderolle flottante de sable, portant en lettres d'argent le cri : *Plus de deuil que de joie;* pour tenans deux Maures (ou Nègres) ceints et tortillés d'argent, comme le cimier, tenant d'une main l'écu et une bannière en pennon au blason de l'écu, et de l'autre un badelaire nu, et autour ou au-dessous de l'écu, la devise : *Antique*, *fier et sans tache*; le tout, pour la branche aînée (comme élevée à la pairie), posé sur un grand manteau de pair, de velours bleu, brodé d'or, doublé d'hermine, sommé de la toge ou bonnet de pair, aussi en velours bleu, à houppe d'or, cerclé de la couronne de marquis.

La LIVRÉE : habit écarlate, paremens et collet de velours noir, doublure blanche; l'habit galonné sur toutes les coutures et orné de brandebourgs, terminé par des houppes de franges, d'un galon de soie blanc et noir, où sont figurées les armoiries; boutons d'argent, empreints des armes étampées; veste rouge, galonnée d'argent; culotte noire; chapeau bordé d'or.

On remarque que la primitive devise était : *De la mor je me ris*, par allusion sans doute aux deux syllabes qui composent son nom, et que parmi les anciens adages décernés dans les quinzième et seizième siècles aux plus antiques Maisons du pays, celui constamment dévolu à celle-ci fut toujours : *Léaleté* (loyauté) *de Saint-Mauris.*

VERS ANCIENS

RAPPELANT LES PRINCIPALES MAISONS DU COMTÉ DE BOURGOGNE.

Cil qui veult savoir cognoissance
Du vaisselaige et soffisance
Du noble comté de Bourgongne,
Jà n'est besoin qu'il s'embesongne :
Si le verra par cet escript
Que Jean Le Roux en rime a mis.
Premier Montagu, Beffroimont,
Saint-George, Vergy, Tholongeon,
Pontailler et Chastel-Guyon,
Tous frères au noble toison.
Neufchatel, Cusance, Chalon,
Oyselet, de Ryë et Granson,
De Ray, Villers, Joux, Estrabon,
Sont du pays les grands barons.
Montmartin, Andelot, Vaudrey,
Cicon, Beaujeu, Longevy, d'Achey,
Chateauvillain, Rupt, de Scey,
Thoraise, Grammont, Chauvirey,
Si preux et si hardy en guerres,
Aux barons ne redoivent gueres.
Rochefort, de Vy et Clairon,
Chissé, Montrichard, Aigremont,
Poloigny, du Prel, Vellefaux,
Le Beugre, Usie, Vellemoz,
SAINT-MAURIS, Salins, Flammerans,
Grachaux, Dampierre, Les Fortans,
La Rochelle, Ygny, Trestondans,
Molprey, Cotefer, Falerans,
Jacquelain, Montureux, Quingey,
Boujailles, Corcondray, Jussey,
Blettrans, Faulquier, Champdivers,
Amance, Chaffoy, Vautravers,
Vesoul, Groson, les Duvernais,
Sont escotés au même bois,
Et ne cuide, sans vanterie,
Qu'il soit meilleure chevalerie.
Encore, sans trop me tourmenté,
Peux-je finer en le comté,
Parmi les nobles compaignons,
D'Arbonnay, Lavans, les Macons,
Fauchier, Grospain, Buffegnécourt,
Laubépin, Villaffans, Raincourt,
Les Friants, Coinctet, Accolans,
Palouset, Saint-Germain, Aroz,
Pleurs, Bressey, Faletans, Brevos,
Latour, Villeneuve, et Champagne,
Cressia, Morel, et Chassagne,
Taillant, Longeville et Crosey,
Laplatiere, Cernans, Mailley,
Domprey, Lavoncourt, Epenoys,
Augerans, Moustier, Nozeroy,
Ectaille, Mauffans, Bolandoz,
Le Bois-Bouchard, Le Blanc-le-Veau,
Villeneuve, Estavayer, Saulvaige,
Et autres de noble lignaige,
Qui es assauts et es batailles,
Et dans les jouxtes et les tournois,
Se montrent vaillants et courtois,
Dont souvent emportent le prix
Sur gens d'armes d'autres pays;
Et pour ce dit-on qu'en Bourgongne,
Honneur et loyauté foisongne;
Or ce n'a besoin de traicté,
Et ce finis par brievcté.

ANTIQUES ADAGES,

ADAGES ET DEVISES,

DE DIVERS SEIGNEURS, BARONS, CHEVALIERS ET NOBLES HOMMES,

DE LA COMTÉ DE BOURGOGNE.

Outrecuydance de Neufchâtel.
Aulmonerie de Vergiez.
Grandeur des de Vienne.
Coups de Lance des Vaudrey.
Clergie de Boiffremont.
Forfaiture de Granson.
Noblesse de Poitiers.
Féaleté de Tholongeon.
Loyal Cœur de Chastel Guyon.
Roberie de Chalon.
Prud'hommie de Champdivers.
Convoitise de Chauvirey.
Générosité de Ryë.
Chevance de Rougemont.
Ingéniosité de Falerans.
Beauté de Grammont.
Vaillantise de Rupt.
Entêtement de La Rochelle.
P.lise de Cicon.
Sagesse de Molprey.
Piété d'Achey.
Chevalerie d'Andelot.
Prudence de Poloigny.
B.ie de Buffegnécourt.
Biendisance d'Oiselet.
Gravité de Montrichard.
Honneur de Willaffans.

Astuce de Courcelle.
Gentillesse de Belvoir.
Jurement de Montagu.
Batardise de Maigret.
Vanité de Scey.
Bistocade de Vismaux.
Accueillance de Villers.
Fierté de Chatelvillain.
Atour de Chantrans.
Souvenance de Beaurepaire.
Bonté de Trestondans.
Lasciveté de Joux.
Momerie de Mailley.
Folie des Usie.
Accortise de Salins.
Chicheté de Mugnans.
Débordement de Monnet.
Gracieuseté de Ray.
Haut a la main de Chissey.
Chaille de Lentenne.
Patenostres de Saint-Remy.
Hardiesse de Boujailles.
Ancienneté des Courvierres.
Pétulance des Vy.
Hancunieux de Fertans.
Magnanimité des Fouquier.
Cautelle de Lambrey.

Ménage de Faletans.
Amabilité d'Estrabonne.
Joyeuseté des Maréchal.
Rebenne de Chaffoy.
Margaige de Chateauvert.
Ribauderie de Vernois.
Conduicte de Grognedent.
Insolence de Rochefort.
Affiterie de Bouveret.
Léaleté de SAINT-MAURIS.
Prouesse de Beaumotte.
Reluisance de Terrans.
Encré d'Auricourt.
Spieglerie de Lombart.
Bonne amitié d'Asnel.
Rebufferie de Lavoncourt.
Continence de Raincourt.
Bon bruit de Pontailler.
Naiveté de Leugney.
Saloperie de Virchatel.
Renom de Beaujeu.
Franchise de Clairon.
Patelinage de Raolin.
Force de Cambaron.
Humblesse de Marnix.
Estorderye d'Epenoys.

On disait dans les deux Bourgognes nobles de Vienne, preux de Vergy, fiers de Neufchatel, fidèles de Willerslafaye, et les bons barons de Bauffremont.

POSSESSIONS.

MARQUISATS, COMTÉS, BARONNIES, CHATEAUX, FORTERESSES, MAISONS FORTES,

BOURGS, VILLAGES, FIEFS, SEIGNEURIES ET HÔTELS,

Que la Maison de SAINT-MAURIS a possédés dans le cours de plusieurs siècles.

LE marquisat de Saint-Mauris, les marquisats de Genevrey et de Spincourt en Lorraine, le comté de Saulx, le comté de Lambrey, la baronnie de Châtenois, la baronnie de La Villeneuve, les vastes châteaux-forts de Mathay, de Bermont, de Roye, de Châtenois, de La Villeneuve, d'Allenjoye, de Bambrouch aux Pays-Bas, et autres moins considérables, tels que ceux de Saint-Mauris-en-Montagne, de Saint-Mauris-sur-Doubs, de Sainte-Marie, de Lambrey, de Genevrey, de Courcelle, du Châtelot, de Belmont, de Sancey, la forte maison sous Belvoir, de Tantonville en Lorraine.

Et les villages et seigneuries de Saint-Mauris-en-Montagne, Saint-Mauris-sur-le-Doubs, Court-les-Saint-Mauris, Sancey, Châtenois, Châteney, Saulx, Crevency, La Villeneuve, Villory, Genevrey, Servigney, La Grandgoutte, La Vagère, La Méchère, La Maise, Bellenoye, Belmont, Chevillon, Les Barraques, Vellefrie, Auxon, Equevilley, Gressoux, Courcelle près Vesoul, Courcelle-en-Montagne, Lambrey, Purgerot, Augicourt, Gesincourt, Port-d'Atelier, Meurcourt, La Motte, Sainte-Marie, Amage, La Proselière, La Lanterne, Fessez-Dessus, Fessez-Dessous, Saint-Germain, Mont-Saint-Germain, Bohans, Amblans, Pomoy, Contréglise, La Gillerie, Combeaufontaine, Faulx, Valesme, Bifontaine, La Mer, Arbecey, Le Saulcy, Breuchotte, Molay, Belonchamp, Bermont, Bustal, Roye-les-Lure, La Côte-les-Roye, La Côte-Sauvaget, Battenant, Lomont, Belherbe, Fleurey, Mezandans, Orgeans, Allenjoye, Colombier, Savoureux, Valevans, Vellerot, Longevelle, Ville-sous-le-Mont, Le Mont, Huanne, Romain, Dambelin, Belin, Mont-de-Vougney, Vauclusotte, La Grosse-Maison, Courchaton, Guyonvaux, Boans, Charmoille, Provenchère-en-Montagne, Orves, à Courcelle et Dung, Chevros, Amancey, Villers-sous-Escot, Jasney, Melisey, Torpes, Bretigney, Montécheroux, Chassey, Menotey, Raynans, Gredisans, Vellot, Bief, Liebvillers, Mancenans, Valleroy, Montenois, Bourguignon, Recleré, Orbes, Laviron, Pierrefontaine, Montgirard, Les Maires-du-Bois, fiefs de la mairie et prevôté de Mathay et dépendances, Valonne, Villers-sous-Blamont, La Bruyère, Combernon, Le Friolois, Chaux, Mercey, Les Forges, Saulny, Le Châtelot, Faimbe, Belmont près Montbéliard, Varogne, Fayx, Montussaint, Monturcin, Germonveaux, Délezevy, Glay.

Fiefs à Scellières, à Ray, à Montjoye, Rahon près Dôle, Rahon près Belvoir, Spincourt, Sauvigny, Passavant, à Neufchâtel, à Lisle, au Val de Montmartin, à Baume, à Vallengin, à Saint-Hyppolite, Chassey, Le Magny, Varin, Créancey, Recologne, Vaîte, Maiche, Gleres, Trévillers, Sainte-Susanne, Saichent, Droitfontaine, Modun, Beaumotte, Lomontot, Boncourt, Lougne, Liebvillers, Accolans, Vaucluse, Breuche, La Grange, Friolois, Breuchotte, Chaisot, Provenchère.

Hôtels à Besançon, à Dôle, à Luxeuil, à Remiremont, à Lisle, à Vesoul, à Montbéliard, à Saint-Hyppolite, à Mirecourt, à Scellières, à Louvain.

AUTEURS,

OUVRAGES IMPRIMÉS ou MANUSCRITS,

Qui ont rapporté la Généalogie de la Maison de SAINT-MAURIS, ou des notes à son avantage.

D. PLANCHER, *Histoire de Bourgogne.* — GOLLUT, *Mémoires de Bourgogne.* — DUNOD, *Histoire, Nobiliaire, et autres.* — L'abbé GUILLAUME, *Histoire de Salins.* — L'abbé de BILLY, pour servir de suite à Dunod. — PERRECIOT, *De la Condition des Terres.* — *Mémoires pour servir à l'histoire de France et de Bourgogne.* — *Batailles mémorables des François.* — GUICHENON, *Histoire de Savoie.* — *Mémoires de Villars.* — *Histoire d'Alsace.* — *Mémoires de Commines.* — Olivier de la MARCHE, *Guerres du seizième siècle.* — *Dissertation historique sur l'ancienne Chevalerie de Lorraine.* — *Précis sur la Chevalerie de Saint-Georges.* — *Statuts et Liste des Chevaliers de Saint-Georges.* — *Etat de l'illustre Chevalerie de Saint-Georges.* — *Recherches sur la ville de Gray.* — *Tableau de l'Histoire du Département de la Haute-Saône,* par FROISSARD. — *Fameux Procès de la Maison de Ryë.* — *Nobiliaire des Pays-Bas.* — *Dictionnaire de la Noblesse de France,* en sept volumes, de L. C. D. B. — *Dictionnaire universel de la Noblesse de France,* par SAINT-ALLAIS. — *Dictionnaire véridique des Origines des Maisons nobles,* par L'AINÉ. — *Dictionnaire universel de la Noblesse de France,* par le Chevalier de COURCELLE. — *Tableau de la Noblesse,* par le Comte de VAROQUIER. — *Dictionnaire des Généraux François,* par le Chevalier de COURCELLE. — *Tablettes historiques et généalogiques de la Noblesse de France.* — *Tableau généalogique.* — *Biographie des Hommes vivans,* 1819, par MICHAUD. — *Histoire de Malte,* par VERTOT. — *Histoire des Ducs de Bourgogne,* par BARANTE. — *Annuaire du Département du Doubs,* par LAURENS, années 1818, 1826, 1827, 1828.

MANUSCRITS.

Siége et Sac de Faucogney. — *Histoire de la Guerre de dix ans de 1637.* — *Mémoires pour l'Histoire de la Province,* du cabinet de M. de VAUDREY. — *Adages, Vers et Anecdotes des quinzième et seizième siècles, sur la haute Noblesse du Comté de Bourgogne.* — M. CHEVILLARD, historiographe et généalogiste du roi, qui remonte la filiation de la Maison de Saint-Mauris jusqu'à Jean, fils de Jean, chevaliers, vivant en 1221. — *Extrait des Manuscrits des Archives du Royaume,* section historique. — *Registre des Familles admises aux Honneurs de la Cour,* tome sixième, série M, n.° 1144 de ladite section, folio 797, qui remonte la Maison de Saint-Mauris jusqu'à Richard, fils de Jean, chevaliers, vivant au treizième siècle. — *Nobiliaire de* CLERC DE NEUREY, en douze volumes in-4.° — CHIFFLET, où se trouve la généalogie de la Maison de Saint-Mauris jusqu'en 1221. — VARIN d'AUDEUX, *idem.* — Curé de FERTANS, *idem.* — LAMPINET, *idem.* — De la Bibliothèque du Roi, vingt-deux volumes in-fol. — Du conseiller DROZ. — *Extrait des Archives des anciennes Abbayes de la Province.*

DIVERS MANUSCRITS.

Tous les manuscrits suivans font mention d'une manière plus ou moins détaillée de la Maison de Saint-Mauris : — Plusieurs manuscrits généalogiques de l'abbaye de Saint-Vincent, aujourd'hui déposés à la bibliothèque publique de Besançon. — Plusieurs manuscrits du cabinet de M. l'abbé de BILLY. — Manuscrit de DUNOD. — Manuscrits et notes généalogiques des abbayes de Faverney, de Luxeuil, de Bon-Lieu, de Château-Salins, et des cabinets de MM. de CRECY, de VAUDRY, BAVEREL, P. DUNAND, PONCET, l'abbé PELLIER, etc.

LISTE DES ALLIANCES

DE LA MAISON DE SAINT-MAURIS,

Avec leurs Dates,

ET PAGES DES NOTICES SUR LEURS ORIGINES ET ILLUSTRATIONS.

	Date.	Page
igremont	1360	129
gremont	1580	213
lemand	1580	190
nbly	1620	221
ıdelot	1430	133
ıtigney	1432	135
·oz	1565	187
ıcelle	1396	41
ıuffremont	1488	50
:aujeu	1514	177
:rardière (La)	1650	78
andans	1450	47
icterswick	1628	77
euf (Le) de Guyonvel.	1488	173
›ugne	1448	154
›ult	1460	134
·eurey	1408	39
ıstal	1400	128
ıstal	1460	171
ıampagne	1586	69
airon d'Haussonville	1526	181
›inctet de Châteauvert.	1603	73
›lombier	1526	163
›urbessaint	1550	67
›urbessaint	1576	215
›urbessaint	1580	65
·osey	1350	32
osey	1492	57
osey	1590	192
ısance-Belvoir	1594	193
.mbelin	1380	131
esse	1508	179
›lomieu	1827	239
›ncourt	1617	220
ırnes	1419	149
ıenoys	1425	137
hierres	1760	96
nans	1440	43
imbe	1297	125
letans	1593	214
letans	1606	216
lon	1349	30
:chierre (De la)	15..	
urg (Du)	1440	153

	Date.	Page
Gilley	1565	184
Gourcy	1755	233
Grammont-Granges	1450	44
Grammont	1480	159
Grammont	1498	156
Grammont	1557	167
Grammont	1558	184
Grammont	1596	215
Grivel	1672	201
Haubert	1596	217
Houx (Du)	1606	70
Huart	1789	97
Huot d'Ambre	1618	196
Jasney	1388	147
Jouffroy	1640	83
Jussey	1542	65
Lallemand	1707	93
Leugney	1514	178
Leugney	1560	65
Leugney	1580	191
Ligniville	1679	85
Ligniville	1682	229
Marenches	1650	198
Margelle (La)	14..	218
Mathay	1510	56
Mellingen	1521	177
Meligny	1546	183
Montjoye-Ancien	1100	3
Montjoye-Ancien	1318	25
Montrichard	1664	227
Mont-Saint-Ligier	1466	157
Montureux	1520	162
Moustier	1531	178
Moustier	1829	117
Mugnans	1525	59
Mugnans	1558	165
Neuvelin	1600	206
Nogent-le-Roi	1555	211
Noidans	1480	154
Orsans	1483	175
Oyembrughes-Duras	1645	79
Parcey	1140	7

	Date.	Page
Pardessus-Poligny	1602	205
Poligny	1606	194
Porte (La)	1390	50
Precipiano	1728	89
Provenchères	1400	37
Quadt-Landskronn	1738	101
Quenoche	1230	15
Quevert	1630	209
Raigecourt	1752	102
Raigecourt	1777	107
Raigecourt	1788	235
Rénédalle	1417	40
Rougemont	1478	47
Rougemont	1478	53
Saint-Martin	1451	46
Saint-Mauris	1250	21
Saint-Vincent	1630	219
Saulnot	1460	38
Séroz	1520	182
Sibricht de Newerbourg.	1645	199
Tour-Saint-Quentin (La)	1530	
Tramelay	1290	144
Trévillers	1338	33
Trévillers	1438	145
Trévillers	1410	137
Tuillière-Montjoye	1330	33
Tuillière-Montjoye	1550	55
Valonne	1412	128
Vaudrey	1582	64
Vaudrey	1628	223
Vennes	1302	27
Vennes	1329	31
Vennes	1350	31
Verne (La)	1595	71
Villerslafaye	1807	113
Vy	1520	161
Willaffans	1355	35
Willaffans	1564	67

32 QUARTIERS

De CHARLES-EMMANUEL-POLYCARPE marquis de Saint-Mauris,

Marié en 1777 à CHARLOTTE-LÉOPOLDINE marquise de Raigecourt.

aint-Mauris.
Coinctet.
Oyembrughes-Duras.
. Berloo.
5. Ligniville.
6. Du Châtelet.
7. Pouilly.
8. Jacquelain.
9. Lallemand.
10. Chaffoy.
11. Choiseul.
12. Lavaux.
13. Rahon.
14. Bazans.
15. Bachelier.
16. Pilla.
17. Raigecourt.
18. Haraucourt.
19. Bauffremont.
20. Poligny.
21. Des Armoises.
22. D'Urre de Tessière.
23. Haraucourt.
24. Ernecourt.
25. Gournay.
26. Tavagny.
27. Fiquelmont.
28. Gournay.
29. Berghes.
30. Hornes.
31. Renesse.
32. Egmont.

32 QUARTIERS

D'EMMANUEL marquis de Saint-Mauris,

Capitaine de cavalerie, chevalier de Saint-Louis et de Saint-Georges,

Marié à FERDINANDE de Villerslafaye;

De ses sœurs chanoinesses de Remiremont et de Maubeuge; et de ses cousins germains.

1. Saint-Mauris.
2. Oyembrughes-Duras.
3. Ligniville.
4. Pouilly.
5. Lallemand.
6. Choiseul.
7. Rahon.
8. Bachelier.
9. Raigecourt.
10. Bauffremont.
11. Des Armoises.
12. Haraucourt.
13. Gournay.
14. Fiquelmont.
15. Berghes.
16. Renesse.
17. Raigecourt.
18. Bauffremont.
19. Des Armoises.
20. Haraucourt.
21. Gournay.
22. Fiquelmont.
23. Berghes.
24. Renesse.
25. Saint-Ygnon.
26. Pouilly.
27. Roucy.
28. Tige.
29. Haan.
30. Manderscheidt.
31. Cools.
32. Roye.

16 QUARTIERS

D'Edouard et d'Alfred de Saint-Mauris,

Fils de Christophe-Marie-Charles-Emmanuel-Auguste marquis de Saint-Mauris,

Et de Ferdinande comtesse de Villerslafaye.

1. Saint-Mauris.	5. Raigecourt.	9. Villerslafaye.	13. Grammont.
2. Lallemand.	6. Gournay.	10. Des Barres.	14. Berbis.
3. Raigecourt.	7. Saint-Ygnon.	11. Villerslafaye.	15. Scorailles.
4. Gournay.	8. Haan.	12. Des Barres.	16. Pont-Rennepont.

16 QUARTIERS

De Victor-Alexandre, fils de Louis-Emmanuel-Alexandre comte de St.-Mauris,

Et de Gabrielle comtesse de Raigecourt;

Et 16 Quartiers d'Emilie, comtesse de Dolomieu, son épouse.

1. Saint-Mauris.	5. Raigecourt.	9. Raigecourt.	13. Saint-Ygnon.
2. Ligniville.	6. Des Armoises.	10. Des Armoises.	14. Roucy.
3. Lallemand.	7. Gournay.	11. Gournay.	15. Haan.
4. Rahon.	8. Berghes.	12. Berghes.	16. Cools.

1. Dolomieu.	5. Beranger.	9. Montjoye.	13. Reinach.
2. Vuirieux.	6. Simiane.	10. Reinach.	14. Seckingen.
3. Maugiron.	7. D'Orsay.	11. Montjoye.	15. Eptingen.
4. Sassenage.	8. Legrain.	12. Montjoye.	16. Ramschwag.

SCEAUX ET MONUMENS.

Tableau de quelques-uns des Sceaux des titres de la Maison de Saint-Mauris-en-Montagne, tels qu'on les voit encore aujourd'hui, et de quelques Tombeaux et Monumens aussi encore existans ou attestés, rapportés pour constater d'autant plus incontestablement l'identité de toutes ses branches ici rapportées par celle parfaite de leurs armoiries depuis six siècles.

On remarque ici, de même que dans les généalogies de grand nombre d'anciennes Maisons, l'adoption de divers sobriquets et variétés dans les supports, selon les différentes branches, mais toujours la conformité parfaite de l'écu de leurs armoiries.

On remarque en effet que la ligne directe et ses rameaux ont constamment, depuis Jean III de Saint-Mauris, chevalier croisé au treizième siècle, sommé (comme encore aujourd'hui) l'écu de leurs armes d'une tête de Maure (ou Nègre), puis d'un Maure naissant, et, plus tard, pris aussi deux Maures pour tenans ou supports, tels qu'ils les ont conservés tant en mémoire des croisades que par allusion à leur nom patronimique.

La troisième branche des seigneurs châtelains de Mathay, Bermont et Allenjoye, dite quelquefois Berchenet, *prenait des anges pour cimier et tenans.*

La quatrième des seigneurs de Bustal et de Roye, dite aussi quelquefois Berchenet, *avait adopté pour supports des lions, de même que la seconde branche, dite des seigneurs de Saint-Mauris-sur-le-Doubs, et quelquefois* Sauvaget.

EXPLICATION DES PLANCHES V ET VI CI-APRÈS.

Figure I.re Sceau de Jean de Saint-Mauris, chevalier croisé, (fils de Richard sire de Saint-Mauris, chevalier, et de Marguerite de Saint-Mauris); pendant au bas de l'acte de vente qu'il passa en 1288, le samedi avant la Saint-Barthélemy, de ses seigneurie, justice et terre de Lomont, à Regnaud de Bourgogne; ligne directe, degré septième, cote 28.

Figure II. Sceau de Richard III, sire de Saint-Mauris, chevalier du conseil de régence en 1349, fils du précédent et de Simonne de Vennes; pendant au bas d'une reprise de fiefs et dénombrement qu'il donna le 30 mars 1385 au comte de Montbéliard; degré huitième, cote 55.

Figure III. Sceau de Guillaume de Saint-Mauris, fils du précédent, et marié à Jeanne d'Auxelle en 1396; pendant au bas d'un dénombrement qu'il donna en 1424 à Henriette comtesse de Montbéliard; degré neuvième, cote 79.

Figure IV. Fronton de la porte extérieure de la chapelle de Sainte-Marie, fondée par Pierre de Saint-Mauris, baron de Châtenois, et Philiberte de Willaffans, sa femme, en 1564; de quatre pieds carrés, où se trouvent encore ses armes et celles de sa femme, très-bien sculptées; degré treizième, ligne directe. Les mêmes armoiries existaient sur les portes et le puits du château-fort qu'il avait bâti audit lieu, détruit dans la révolution.

Figure V. Sceau d'Adam de Saint-Mauris, baron de Châtenois, colonel de cavalerie, commandant de la Franche-Montagne en 1616, fils du précédent; apposé à un acte; degré quatorzième, cote 164.

Figure VI. Grande pierre polie, parfaitement sculptée, de six pieds sur cinq, encore existante, ayant formé le fronton du château-fort de Châtenois au-dessus du pont-levis, et qui y avait été placée en 1647 par François de Saint-Mauris, fils du précédent, baron de Châtenois, général-major de bataille, commandant au comté de Bourgogne, et Hermeline d'Oyembrughes de Duras, sa femme, lorsqu'ils le réparèrent après son incendie; ligne directe, degré quinzième.

Figure VII. Clef de la voûte de la chapelle de Sainte-Hermeline à Châtenois, fondée par les susdits François de Saint-Mauris et d'Oyembrughes de Duras, sa femme, en 1647.

Figure VIII. Armoiries sculptées sur la tombe de Charles-Emmanuel comte de Saint-Mauris, baron de Châtenois, maréchal-de-camp, mort en 1719, et de Françoise de Ligniville, sa femme, placées devant la sainte table, sous le grand crucifix de ladite église, et d'Antoine-Pierre de Saint-Mauris, son frère, commandeur de Malte, colonel de cavalerie, mort en 1703, gisant sous la même tombe que le susdit François de Saint-Mauris et Hermeline d'Oyembrughes, sa femme, leurs père et mère, morts en 1680 et 1683.

Figure IX. Armoiries de Paul-François (fils du précédent), marquis de Saint-Mauris, capitaine des cuirassiers du roi; écartelées de Ligniville, accolées de celles de Bernardine comtesse de Lallemand, sa femme, écartelées de Choiseul; sculptées sur le devant d'autel de la chapelle de cette église.

Figure X. Armoiries sculptées sur la tombe de Charles-Emmanuel-Xavier marquis de Saint-Mauris, officier-général, fils du précédent, et de Françoise marquise de Raigecourt, son épouse, 1774.

Figure XI. Armoiries sculptées sur la tombe de Charles-César marquis de Saint-Mauris, lieutenant-général, commandeur de l'ordre de Saint-Louis, commandant de l'Alsace; écartelées de Poligny; fils d'Hermanfroy et de Claudine de Sibricht; gisantes au milieu de la chapelle au nord de ladite église; mort en 1704, âgé de cinquante ans; et de Charles-Emmanuel comte de Saint-Mauris-Châtenois, lieutenant-général, gouverneur de Péronne, commandant-général aux colonies, gisant sous la même tombe devant l'autel de la chapelle au nord de cette église; mort en 1787.

Ces cinq monumens ont été mutilés durant la révolution.

Figure XII. Sceau de Jean IV de Saint-Mauris, seigneur de Saint-Mauris-sur-le-Doubs, fils de Jean de Saint-Mauris dit *Sauvaget*, jadis chevalier; pendant au bas d'une reprise de fiefs et dénombrement donnés en 1368 à Thiébaud sire de Neufchâtel; troisième branche, huitième degré, cote K.

Figure XIII. Sceau en cire verte de Jean IV de Saint-Mauris-en-Montagne, seigneur châtelain de Mathay (dit Berchenet), mari de Jeanne de Jasney et fils de Berchin de Saint-Mauris, chevalier, pendant au bas d'une reprise de fiefs et dénombrement qu'il donna à Jean sire de Belvoir le 23 mai 1390; autre semblable, du 16 juin 1390, d'un dénombrement donné par le même au seigneur de Neufchâtel; un troisième semblable, en cire rouge, sur un dénombrement donné par le même et Jeanne de Jasney, sa femme, au seigneur de Montmartin le 4 novembre 1390; troisième branche, degrés huitième et neuvième, cotes 6, 7 et 8.

Figure XIV. Sceau de Thiébaud I.er de Saint-Mauris, mari de Jeanne de Durnes, fils du précédent, dit Berchenet, seigneur châtelain de Mathay; pendant au bas d'une reprise de fiefs qu'il donna, de sa forteresse de Mathay, à l'abbesse de Baume, du 1.er mars 1423. Autre d'un dénombrement par lui donné à la comtesse Henriette de Montbéliard en 1437. Un troisième, à peu près semblable, d'un dénombrement donné au duc de Würtemberg en 1455.

Nota que dans les deux premiers il s'intitule *Thiébaud Berchenet* de Mathay, et dans le dernier *Thiébaud de Saint-Mauris-en-Montagne*. Degré dixième, cotes 12, 13, 14.

FIGURE XV. Sceau de Thiébaud II, mari d'Henriette de Bougne, fils du précédent, s'intitulant Thiébaud Berchenet de Saint-Mauris-en-Montagne; pendant au bas de son dénombrement donné au duc de Würtemberg, comte de Montbéliard, en 1472; degré onzième, cote 17.

FIGURE XVI. Sceau de Thiébaud III de Saint-Mauris-en-Montagne, seigneur des châteaux-forts de Mathay, Bermont, Allenjoye, Roye, fils d'Adrien et de Marie de Grammont et petit-fils du précédent; appliqué en placard sur un dénombrement donné au comte de Montbéliard le 18 octobre 1544; un second au même, la même année, pour d'autres fiefs; et un troisième sur une vente qu'il fit, de concert avec Claudine de Colombier, sa femme, au comte de Montbéliard, de leur château-fort et seigneurie d'Allenjoye et d'une maison à Montbéliard, le 30 juillet 1559; degré treizième, cotes 53, 54, 63.

FIGURE XVII. Sceau de Jean V de Saint-Mauris, seigneur de Bustal, Roye, gouverneur de Neufchâl,et mari de Jeanne d'Orsans, fils de Gerard et d'Agnès de Bustal; en cire rouge, pendant à queue de parchemin au bas d'un acensement de l'an 1506; branche quatrième, degré douzième, cote 7.

FIGURE XVIII. Sceau de Marc de Saint-Mauris, mari de Pierrette de Clairon et fils du précédent, seigneur de Bustal, Mathay, etc.; appliqué en grand placard au bas de son dénombrement donné au comte de Montbéliard, daté de son château-fort de Mathay le 30 octobre 1544; un autre, pendant au bas d'une procuration donnée à Thiébaud de Saint-Mauris, seigneur de Bermont, son cousin, en 1551; et un troisième sur un dénombrement donné par Pierrette de Clairon, sa veuve, en 1552; degré treizième, cotes 16, 17, 18.

FIGURE XIX. Sceau de Jean V, gouverneur du comté de la Roche et de la Franche-Montagne, ainsi que son père, seigneur de Saint-Mauris, Sancey, etc., et d'Anne d'Aroz, sa femme; mis au bas d'une vente qu'ils firent de concert d'une maison située à Court-les-Saint-Mauris, en 1580; cinquième branche, treizième degré, cote 11.

FIGURE XX. Sceau d'Hermanfroy de Saint-Mauris, mestre-de-camp de quinze cents montagnards, commandant d'un quartier de la province, seigneur de Saint-Mauris, Sancey, etc., fils de François de Saint-Mauris et de Catherine de Poligny, et petit-fils du précédent; mis au bas d'une donation mutuelle avec ses frères en 1642; et d'une institution de garde pour les terres qu'il tenait dans le Luxembourg de Claudine de Sibricht, sa femme, en 1642; degré quinzième, cotes 41, 48.

FIGURE XXI. Tombeau d'Adrien de Saint-Mauris-Berchenet, seigneur des châteaux-forts de Mathay et de Bermont, Roye, etc., lieutenant pour le roi de Bohême, gouverneur de Neufchâtel et de Lille, et de Marie de Grammont, sa femme, qu'il avait épousée en 1480; fils de Thiébaud II et d'Henriette de Bougne; tel qu'il existe encore aujourd'hui et actuellement gisant dans l'allée du milieu de l'église de Mathay, à dix pas de la porte d'entrée; constaté en outre par un relevé authentique.

FIGURE XXII. Tombeau de Jean V de Saint-Mauris (cousin germain du précédent), seigneur châtelain de Bustal et Roye, gouverneur de Neufchâtel et de Lille, et de Gillette d'Orsans, sa femme, qu'il avait épousée en 1483; fils de Gerard de Saint-Mauris et d'Agnès de Bustal, dernière de sa Maison, en raison de quoi il en écartela les armes; placé près de celui ci-dessus dans l'église de Mathay.

FIGURE XXIII. Tombeau en marbre noir de Charles de Saint-Mauris, chevalier, colonel-lieutenant de cuirassiers au service de l'empereur sous le général de Gallas, et gouverneur de la Franche-Montagne ainsi que ses ancêtres; fils de Marc et de Reine de Pardessus, de la Maison de Poligny; placé à gauche de la sainte table dans l'église de la ville de Saint-Hyppolite, où il possédait un fief et un hôtel.

FIGURE XXIV. Tombe de Paul-François de Saint-Mauris, seigneur de Lambrey, Purgerot, Augicourt, Gesincourt, etc., capitaine des gardes-du-corps, gentilhomme de la chambre du duc de Lorraine, mestre-de-camp d'un terce de cavalerie bourguignone, gouverneur de la ville de Gray, dont il soutint le siége et mourut des blessures qu'il y reçut; fils de Philippe seigneur de Lambrey, etc., chambellan du duc de Lorraine, et de Péronne de Vaudrey, ancienne chanoinesse de Remiremont; placée dans l'église des Cordeliers d'Auxonne par les soins de Louise de Montrichard, sa veuve.

FIGURE XXV. Tombe de Jean de Saint-Mauris, grand-prieur et vicaire-général de l'abbaye noble de Saint-Oyant de Joux, dite de Saint-Claude, et abbé de Notre-Dame du Miroir en 1550; fils d'Hugues de Saint-Mauris, chevalier, et de Claudine de Mugnans; placée au milieu de l'église de Saint-Mauris, où il est sculpté en relief avec une grande barbe, crossé, mitré, en habits sacerdotaux, avec ses armoiries et son épitaphe.

Nota. On voit encore dans cette église la tombe de Jean de Saint-Mauris, capitaine, gouverneur du comté de La Roche, né au château de Saint-Mauris en 1530, et mort en 1617, et celle d'Anne d'Aroz, sa femme; il était fils d'Hugues de Saint-Mauris, chevalier, et de Claudine de Mugnans.

Figure XXVI. Tombe de l'abbaye de Baume, chargée d'un écusson en losange des armes de Saint-Mauris (de sable à deux fasces d'argent), sous laquelle étaient inhumées plusieurs chanoinesses de cette Maison, savoir :

Isabeau de Saint-Mauris, religieuse de Baume en 1355; elle était fille de Richard de Saint-Mauris, chevalier, et de Marguerite de Saint-Mauris;

Jeanne de Saint-Mauris, religieuse de Baume en 1480, morte en 15..; était fille de Thiébaud II et d'Henriette de Bougne;

Isabelle de Saint-Mauris, religieuse de Baume en 1550, morte en 1605; était fille de Thiébaud III de Saint-Mauris, chevalier de Saint-Georges, gouverneur de Neufchâtel, et de Claudine de Colombier;

Jeanne de Saint-Mauris, religieuse de Baume en 1615, inhumée en 1588; était fille de Pierre, chevalier de Saint-Georges, gouverneur de Châtillon, et de Françoise de Rougemont; le tout constaté par un relevé fait par les officiers du bailliage de Baume du 30 avril 1757, produit aux titres honorifiques cote C.

Figure XXVII. Mausolée de Claude-Louis de Saint-Mauris, comte de Lambrey et dépendances, sergent-major de bataille et colonel de cavalerie en Espagne; de Marie-Susanne comtesse de Ligniville, sa femme, ancienne chanoinesse d'Epinal; et de Louis comte de Ligniville, son beau-frère, colonel de cuirassiers au service de l'empereur, dont les épitaphes, en lettres d'or sur marbre noir, étaient plaquées, entourées et enrichies de beaucoup d'ornemens, sculptées contre le premier pilier à droite à l'entrée de l'église de Luxeuil, mais détruites dans la révolution. Ses armoiries se trouvent encore sur son antique hôtel à grand balcon sculpté, qui se trouve dans ladite ville, ainsi que sur la grille de fer du jardin de cet hôtel.

Figure XXVIII. Superbe mausolée de Balthasard comte de Saint-Mauris, capitaine de cavalerie, chevalier de Saint-Louis, fils de Claude-Louis et Marie-Susanne de Ligniville; monument élevé par la dévotion et les regrets de Charlotte comtesse de Gourcy, sa veuve, dame de l'ordre impérial de la Croix-Etoilée, ancienne chanoinesse d'Epinal; élevé contre le pilier près de la sainte table de l'église paroissiale de Remiremont, d'une quinzaine de pieds d'élévation, en marbre blanc et noir, de la plus belle exécution.

Nota. Dans la même église se trouvait aussi l'épitaphe de Paul-François marquis de Saint-Mauris, capitaine des cuirassiers du roi, fils de Charles-Emmanuel, maréchal-de-camp, et de Françoise comtesse de Ligniville, mort à Remiremont, chez ses sœurs, chanoinesses de cet illustre chapitre, le 2 février 1751. La tombe entourée de ses seize quartiers, et au bas étaient ses armoiries écartelées de Ligniville, accolées à celles de Bernardine comtesse de Lallemand, sa femme, écartelées de Choiseul, placées à côté du mausolée précédent; et dans la chapelle collatérale, on voyait aussi l'épitaphe de Claude-Joseph de Saint-Mauris, chevalier de Malte et de Saint-Louis, chef de brigade des carabiniers, avec rang de colonel de cavalerie, frère du précédent, mort à Remiremont le 29 août 1735.

Se trouvaient aussi dans le cimetière qui entourait cette église, destiné à sépulture des chanoinesses de ce chapitre, (qui étaient dames suzeraines, comtesses et seules seigneurs de cette ville, de toutes les communes et immenses forêts et territoires en dépendans), la tombe de dame Marie-Thérèse comtesse de Saint-Mauris-Châtenois, dame comtesse, chanoinesse et grande sonrière de cet insigne et illustre chapitre, et dame lieutenante de S. A. I. princesse de Lorraine, son abbesse, morte le 12 décembre 1759; fille de Charles-Emmanuel comte de Saint-Mauris, baron de Châtenois, maréchal-de-camp en France, et de Françoise comtesse de Ligniville;

Et celle de Louise-Martine comtesse de Saint-Mauris-Lambrey, dame comtesse, chanoinesse et grande trésorière de cet insigne et illustre chapitre, morte le 1.er janvier 1768, fille de Claude-Louis de Saint-Mauris comte de Lambrey, colonel et officier-général de cavalerie en Espagne, et de Susanne comtesse de Ligniville;

La première, élevée de quatre pieds, portant son épitaphe et ses armoiries sculptées et entourées d'une belle grille de fer de cinq pieds de hauteur;

La seconde, au-dessous de la précédente, également élevée, portant l'effigie de la défunte, rustiquement sculptée, en long manteau d'église, doublé d'hermine, et aussi l'épitaphe ci-dessus, et également ses armoiries sur un écu en losange, portant de sable à deux fasces d'argent, aussi supporté par deux Nègres (étant cousine germaine de la précédente).

RICHARD DE S.T-MAURIS.	ADELINE DE MONTJOYE.	ALBERT DE S.T-MAURIS.	N.	HENRY DE S.T-MAURIS.

Les plus anciens titres originaux que la Maison de SAINT-MAURIS ait pu recouvrer, constatent l'existence de trois seigneurs de ce nom, frères et contemporains, vivant au onzième siècle. Le nom de leur père ne se trouve pas rappelé dans les actes, mais la circonstance du nom de Bernard que l'on voit porter à deux de ses petits-fils, sans doute ses filleuls, comme cela se remarque assez constamment, semblerait indiquer qu'il dut s'appeler Bernard. Cette induction, cependant, ne peut être considérée comme une preuve. Ses trois fils furent :

1.° RICHARD, CHEVALIER, 1060.

Richard de Saint-Mauris, chevalier, rappelé dans deux titres, 1.° avec ses fils et petits-fils dans le nécrologe original de Saint-Paul, comme ayant fait, de concert avec Adeline de MONTJOYE, sa femme, des dons à cette abbaye dans le onzième siècle, ratifiés au commencement du douzième par Bernard, son fils, et plus tard par Pierre et Martin, ses petits-fils; 2.° dans une charte de l'archevêque Humbert (siégeant en 1130), portée aux cartulaires de l'abbaye de Bellevaux, produite en original aux preuves, énonçant pour témoins Guy et Evrard de Saint-Mauris, archidiacres, fils de Richard et neveux de Henry de Saint-Mauris, chevalier, lesquels Richard et Bernard furent, comme on le verra ci-après, les premiers degrés prouvés comme tige de la filiation de la branche encore existante de cette Maison; de là sont sorties toutes ses branches connues.

2.° ALBERT, 1060.

Albert de Saint-Mauris, rappelé dans le cartulaire de l'abbaye du Lieu-Croissant, dite depuis des Trois-Rois, par Bernard, son fils, dans ses titres de fondations et autres, vers l'an 1130, lesquels furent souches, comme on le verra page 125, d'une autre branche qui s'éteignit dans la première ci-dessus, en 1250.

3.° HENRY, CHEVALIER, 1060.

Henry de Saint-Mauris, chevalier, rappelé avec Richard, son frère, aussi chevalier, Guy et Evrard de Saint-Mauris, ses neveux, archidiacres, dans une charte de l'archevêque Humbert de 1130, transcrite aux cartulaires de l'abbaye de Bellevaux, en original aux preuves. On ignore dès-lors le sort dudit Henry.

LIGNE DIRECTE.

Ier DEGRÉ.

S.t-MAURIS. — MONTJOYE.

L'an 1060.

RICHARD Ier, CHEVALIER.

Richard Ier de Saint-Mauris, chevalier, vivant vers l'an 1060, épousa vers la fin du onzième siècle, Adeline de Montjoye (*), Maison illustre qui contracta quatre alliances avec celle de Saint-Mauris. Ce seigneur fit au onzième siècle, de concert avec sa dite femme et ses fils, des

(*) MONTJOYE.

L'antique et illustre Maison des anciens hauts barons de Montjoye, très-puissans dès leur origine, cités par les auteurs et manuscrits, comme possédant dès le dixième siècle en souveraineté indépendante, avec tous les droits régaliens, la baronnie et forteresse de ce nom, situées aux confins du comté de Bourgogne et de l'Alsace, fait constaté par les anciennes monnaies frappées à leur coin, encore existantes, s'est éteinte vers l'an 1300, dans une branche de la Maison de Thuillières d'Hardemont, qui était des plus distiuguées et grandement alliée de celles qui composaient le corps illustre de l'ancienne chevalerie de Lorraine, pays dont elle était originaire, et où sa tige a continué à subsister avec éclat jusqu'au dix-septième siècle, par son alliance avec la Maison de Montjoye; elle hérita de ses possessions et prit dès-lors constamment le titre de barons et sires de Montjoye (conservant ce titre en France, et prenant en Allemagne celui de barons de Frohberg), et écartela au premier et quatrième de gueule à la clef d'argent en pal, qui est de Montjoye; au deuxième et troisième de gueule à la clef d'or aussi en pal, accompagnée de neuf billettes, qui sont ses propres armes. Conformité de pièces et d'émaux, qui a pu porter à croire que ce n'était qu'une brisure, et établir une sorte de confusion sur une identité d'origine? Mais l'on doit observer que cette écartelure même indique que ce sont deux Maisons différentes, ce qui est encore confirmé par la remarque que la tige des Thuillières, restée en Lorraine, y conserva ses armoiries primitives. Nonobstant la multitude de titres originaux sur ces Maisons, des douzième, treizième et quatorzième siècles, que l'on trouve encore dans les archives des comtes de Montjoye et marquis de Saint-Mauris, à cause de quatre alliances directes contractées entre leurs Maisons, en 1100, 1318, 1330 et 1550, il règne une confusion dans ces siècles obscurs, qui ne permet pas de renouer les premiers degrés ni d'expliquer un concours remarquable de rapports et d'affinités, qui semble démontrer évidemment une identité d'origine entre les Maisons de Montjoye et de Saint-Mauris, qu'il serait flatteur pour celle-ci de pouvoir constater; tels que l'affectation de Colin de Saint-Mauris, vers l'an 1300 et en 1318, de s'intituler Colin de Saint-Mauris *dit* de *Montjoye*, puis qui épousa Clémence de Montjoye, et qui confirme des fondations de chapelle au *château* et bourg de Montjoye; la circonstance remarquable de Jean de Saint-Mauris, chevalier, son frère, qui déjà précédemment, en 1300, 1302, 1304, 1310, 1317, fait, puis ratifie, de concert avec les barons de Montjoye, des dons et des fondations, notamment de chapelle, non-seulement au bourg, mais encore au *château* même de Montjoye; la possession des fiefs de Monturcin, Glaye, Fay, Montussin, Gléres, etc. (dont les Montjoye étaient suzerains), relevant

dons à l'abbaye de Saint-Paul, de fonds et maisons situés à Nanrray, d'un *canton de vigne dit de Mandélion, sis au Mont-des-Vandales*, dit aujourd'hui Mont-de-Vregille, et du canton appelé de Mandélier.

Richard I.er de Saint-Mauris, chevalier, Henry de Saint-Mauris, aussi chevalier, et Albert de Saint-Mauris, tous frères et vivant dans le courant du onzième siècle, sont les trois premiers degrés de cette Maison, prouvés par titres et chartes (en originaux à ses archives), et datés des années 1130, 1134, 1138, 1140, 1147, 1180, etc., lesquels énonçant leurs fils déjà chevaliers, archidiacres, religieux et établis à cette époque, et rappelant même déjà leurs enfans (petits-enfans dudit Richard I.er), ce qui remonte et fixe nécessairement l'existence desdits Richard, Henry et Albert, vers l'an 1060.

Il est si excessivement rare aujourd'hui de rencontrer un titre du onzième siècle et surtout dans une province aussi constamment désolée par les fléaux de la guerre, de la peste et des incursions, que la Franche-Comté, qu'on ne peut disconvenir que ce ne soit un avantage extrêmement précieux et remarquable pour la Maison de Saint-Mauris, que de pouvoir remonter non-seulement sa noblesse, mais même sa filiation suivie, jusqu'à une époque aussi reculée, par une série consécutive de titres originaux et d'autant plus honorables et remarquables, qu'en remontant malgré l'obscurité des siècles aussi avant que possible vers son origine, elle la base sur un preux! sur Richard de Saint-Mauris, revêtu, ainsi que son frère Henry, dès le courant du onzième siècle, de l'éminente qualité de chevalier! puisqu'il est aussi connu qu'avéré, que cette haute dignité était alors le faîte de la gloire, le plus brillant et le premier des honneurs, les lois sévères de la chevalerie, de cette si sublime institution, si rigoureusement observées dans ces premiers siècles (même jusqu'au seizième), n'y admettant que des héros sans peur et sans reproche, aussi purs et distingués par leur vaillance et leurs vertus sans taches, que par la noblesse de leur race et d'alliances analogues à leur naissance, également sans dérogeance. Ce même Richard I.er s'allie à une Montjoye, Maison marquante du haut baronnage, qui a joui de la souveraineté et des droits régaliens. Il fait des dons et fondations à l'Eglise. Ses fils, petits-fils suivent en tout ses traces! Il est donc constant que cette Maison fut, dès son principe, pure, illustre et dévouée à ces loyales vertus chevaleresques que toujours professèrent ses descendans, dont la filiation est établie sans interruption par une série constante de près de sept cents titres originaux, authentiques, qui constatent l'opinion énoncée de tout temps conforme par les auteurs généalogistes et manuscrits de la province. Malheur donc, malheur..... à l'être indigne d'une telle origine qui pourrait être capable de souiller une source et un cours aussi purs par quelque dérogeance quelconque! On ignore encore si Henry eut postérité, mais Albert fit branche (rapporté page 123), qui paraît devoir être celle dont descendit Marguerite de Saint-Mauris, mariée vers 1250 à Richard II de Saint-Mauris-en-Montagne, chevalier, son parent. Richard I.er fut père de : 1.° Bernard, 1130 ; 2.° Pierre, chanoine de Besançon, mort en 1169; 3.° Hugues, chevalier, chambellan de l'archevêché, 1130, 1140; 4.° Vuillaume, religieux du Lieu-Croissant, 1138; 5.° Rodolphe, chevalier, marié à Dampnetz de Parcey (page 7); 6.° Guy, archidiacre, en 1130; 7.° d'Evrard, archidiacre, en 1130; 8.° Henry, chevalier, en 1142.

---

du château de Montjoye; la multitude d'actes où on les voit se rappeler mutuellement pour témoins, pleiges, arbitres, exécuteurs testamentaires; la conformité assez commune de leurs noms de baptême; leurs affinités et alliances aux mêmes époques, notamment avec les Maisons de la Roche, de Neufchâtel, de Rougemont, d'Orsans, de Montureux, etc; enfin l'extrême voisinage de leurs possessions et habitations et dons de fiefs, etc.

Cette Maison a donné un maréchal de Naples et Sicile dès l'an 1330, des chambellans, gouverneurs de villes et colonels de France, des évêques, etc., des chevaliers de l'Annonciade, d'Alcantara, de Saint-Georges et de Malte et de l'Ordre Teutonique, très-anciennement, ainsi que nombre de chevaliers bannerets et hommes d'armes distingués dans les armées de Bourgogne; fut reçue aux mêmes époques et constamment dans les hauts chapitres de Remiremont, de Lyon et d'Allemagne. En outre de tous ces avantages, on lui vit aussi tenir nombre de terres titrées et de grandes possessions conformes à son rang, qui lui donnaient de grandes mouvances et de nombreux vassaux, notamment l'ancien comté de la Roche, les baronnies d'Hirsingue, d'Eméricourt, de Montron et autres, dont ses descendans ont été dépouillés par les fureurs et spoliations révolutionnaires, mais néanmoins subsistant encore avec lustre en Allemagne.

S.T-MAURIS.

1. **BERNARD** de Saint-Mauris, qui continua la ligne et qui suit.

2. **PIERRE** de Saint-Mauris, chanoine du chapitre métropolitain de Besançon et de Saint-Etienne.

Pierre de Saint-Mauris se voit rappelé dans une charte de l'an 1147 (Dunod), chanoine et chantre de Saint-Etienne en 1154, et grand chantre de Saint-Jean en 1158 (Histoire de Salins et manuscrits du P. Dunand). Il passa en 1169 un traité avec son chapitre, pour lui et ses frères, qui se trouve aux archives de l'église métropolitaine. Enfin, se trouve rapporté dans le nécrologe de Saint-Etienne, comme étant mort à son chapitre, en l'an 1169, et décliné oncle de Pierre de Saint-Mauris, qui suivra, à qui ledit chapitre permit de posséder et jouir, sa vie durant, d'une vigne que son dit oncle avait fait planter sur un terrain appartenant à son dit chapitre.

3. **HUGUES** de Saint-Mauris, chevalier, chambellan de l'archevêché de Besançon, vers l'an 1130, 1140.

Rappelé dans une charte originale aux preuves, avec la qualité de chevalier, parmi nombre d'autres seigneurs, sans date, mais désignée par les noms du pape régnant et des fondateurs de l'abbaye de Belchamp; 2.° avec la qualification de chambellan de l'archevêché, dans une charte de l'archevêque Humbert, vers l'an 1140, transcrite en 1400, dans le grand cartulaire de l'abbaye de Bellevaux, fol. 41, en original aux preuves.

4. **VUILLAUME** de Saint-Mauris, religieux de l'abbaye du Lieu-Croissant, dite depuis des Trois-Rois.

Rappelé comme témoin dans une charte en latin de l'archevêque de Besançon, de l'an 1138, en original aux preuves.

5. **GUY** de Saint-Mauris, archidiacre.

Rappelé comme témoin avec Evrard de Saint-Mauris, aussi archidiacre, son frère, et Richard de Saint-Mauris, son père, et Henry de Saint-Mauris, son oncle, chevaliers, dans une charte de l'archevêque Humbert, de 1130, transcrite en l'an 1400, dans le grand cartulaire de l'abbaye de Bellevaux, fol. 41, en original aux preuves.

6. **EVRARD** de Saint-Mauris, archidiacre.

Rappelé comme témoin avec Guy de Saint-Mauris, archidiacre, son frère, Richard de Saint-Mauris, son père, et Henry de Saint-Mauris, son oncle, chevaliers, dans une charte de l'archevêque Humbert, de 1130, transcrite en l'an 1400, dans le grand cartulaire de l'abbaye de Bellevaux, fol. 41, en original aux preuves.

7. **HENRY** de Saint-Mauris, chevalier, en 1140.

Henricus miles de Sancto Mauricio. Se trouve ainsi rapporté comme témoin d'une donation faite à Bellevaux, transcrite en l'an 1400, au grand cartulaire de cette abbaye, fol. 63, produite en original aux preuves, et au petit cartulaire, page 39; ladite charte sans date, comme il était commun dans ce siècle, mais désignée par la présence de l'archevêque Humbert, qui occupa ce siége dès l'an 1180.

S.T-MAURIS. — PARCEY.

8. **RODOLPHE** de Saint-Mauris, chevalier, épousa Dampnetz de Parcey (*), dont il eut trois fils, rappelés dans trois chartes de l'abbaye de Theuley, contenant nombre de fondations faites par divers seigneurs, parmi lesquelles on remarque celle d'un moulin et de quelques fonds, faite par *Rodolphus de Sancto Mauricio, miles,* du consentement de Dampnetz, sa femme, et de Vuillaume, Henry et Jean, ses fils, en date des années 1142, 1211 et 1222; lesdites chartes en original aux preuves.

Pour expliquer d'où provient la différence de ces dates sur le même fait, il est nécessaire d'expliquer que lesdites chartes faites sous l'autorité de différens évêques et légats du pape dans la plupart des abbayes, avaient pour but, non-seulement d'autoriser et sanctionner toutes les donations faites aux églises, mais encore de les réunir en un seul acte, pour parer à la dispersion des titres et rafraîchir ceux qui pouvaient être déjà altérés par vétusté ou autres causes, en sorte que la date de la charte ne fixe pas celle de la donation, mais prouve seulement qu'elle était antérieure à ladite charte.

Donc ici la donation de Rodolphe était nécessairement antérieure à la charte de l'an 1142,

---

(*) PARCEY.

Cette Maison, de l'antique chevalerie, tirait son nom de sa seigneurie considérable, à château-fort, comprenant deux villages de Parcey, l'un dit le Grand, l'autre le Petit, mais paraissant éteinte depuis cinq siècles; on n'en retrouve quelques traces que par des donations fréquentes aux églises, notamment à Theuley, assez importantes pour faire juger de son rang; vu, surtout, que la plupart des donateurs y prennent la qualité de chevaliers dès l'an 1100, et de seigneurs de Parcey, et aussi de Montfergy, Ysembard, etc.

On ne possède de titres originaux sur cette ancienne Maison, que ceux qui suivent, d'autant que n'ayant découvert que des dernières son alliance avec celle de Saint-Mauris, on n'avait précédemment fait aucune attention à ceux qui la concernaient. Tous ceux ci-après sont du douzième siècle, portés au cartulaire de Theuley, transcrit au quatorzième siècle, en original aux preuves, sous cote P des titres honorifiques; tous donnant des fonds àParcey, Montfergy et Ysembard : Guy, seigneur de Parcey, chevalier, vers l'an 1100, fol. 7; Humbert, fol. 15; Gilbert et Guy de Parcey, chevaliers, frères, fol. 15; Thiébaud, seigneur de Parcey, témoin d'une donation par Rodolphe de Saint-Mauris, chevalier, et Damnaz de Parcey, sa femme, de ce qu'elle tient à Montfergy et Ysembard, en 1140, témoins Thiébaud de Parcey, chevalier, seigneur dudit Parcey, et Corvain de Saint-Mauris, fol. 16; Albéric de Parcey et sa femme, fol. 16; Martin, Pierre, Jean, Henry et Alard, fils d'Albert, fol. 17; Albéric et Engelbert de Parcey, fol. 17; Guy de Parcey, chevalier, 1174, fol. .

Parcey portait de sable au chef d'anché d'or.

quoique rappelée aussi dans celles postérieures de 1211 et de 1222, et autres qui auraient pu être faites dès-lors dans le même but; lesdites chartes, énonçant les mêmes circonstances, sont rapportées fol. 15, 16 et 24 du cartulaire de cette abbaye, aussi produit aux preuves.

Les enfans de Rodolphe, dont jusqu'ici on ignore le sort, étaient donc : 1.° Vuillaume de Saint-Mauris, 1142; 2.° Henry de Saint-Mauris, 1142; 3.° Jean de Saint-Mauris, 1142.

Nota. Selon des notes de famille, ladite Damnaz ou Dannaz était de la Maison de Parcey, ce qui paraît constaté par ces actes, où l'on voit que Thiébaud, seigneur de Parcey, était aussi seigneur au Montfergy, et présent à ces donations.

LIGNE DIRECTE.

2.e DEGRÉ.

S.T-MAURIS.

1130.

BERNARD.

Bernard de Saint-Mauris, seigneur de....., vivait en 1130. Ce seigneur, ainsi que Richard de Saint-Mauris, chevalier, premier du nom, son père, et Adeline de Montjoye sa mère, fit, de concert avec ses fils, des dons à l'abbaye de Saint-Paul; notamment d'une vigne sise au Mont-des-Vandales, dite la vigne de Mandélion, lequel Mont-des-Vandales, comme on l'a déjà dit précédemment, s'appelle aujourd'hui Mont-de-Vregille, et la vigne le canton de Mandélier. Il épousa N... (son nom est encore inconnu), mais nombre de titres prouvent qu'il fut père de cinq enfans : 1.° Pierre, qui suit et qui a continué la lignée; 2.° Martin; 3.° Lambert, chanoine de Saint-Etienne; 4.° Jean, chanoine de Besançon ; 5.° Vuillelme de Saint-Mauris, religieux.

Bernard est prouvé père de Pierre et fils de Richard I.er, par une charte de 1130, en original aux preuves; 2.° par le cartulaire des chartes de l'abbaye du Lieu-Croissant, déposé à la bibliothèque de celle de Saint-Vincent, fol. 88; 3.° par le nécrologe original de Saint-Paul, qui l'énonce fils de Richard et d'Adeline, père de Martin et de Pierre, mort en 1180, et bienfaiteur de cette abbaye.

S.T-MAURIS.

1. **PIERRE** I.er du nom de Saint-Mauris, qui suit.

2. **MARTIN** de Saint-Mauris.

Ce seigneur fut présent à des donations faites par Bernard de Saint-Mauris son père, à l'abbaye de Saint-Paul; fait rappelé dans le nécrologe de l'abbaye de Saint-Paul, où se trouve inscrite la mort dudit Bernard à l'époque du 6 des calendes de février 1180.

Il paraît que ce peut être aussi lui que l'on voit témoin, avec d'autres gentilshommes, d'une donation faite au monastère de Clairefontaine en 1224, dénommé *Martinus de Sancto Mauricio.* (Rapporté dans le cartulaire de cette abbaye, page 111, produit aux preuves en original, cote V.)

3. **LAMBERT** de Saint-Mauris, chanoine du chapitre de Saint-Etienne de Besançon, en 1184.

Rappelé dans un titre de l'abbaye de Saint-Paul de cette date et dans les registres de l'abbaye de Saint-Vincent.

4. **JEAN** de Saint-Mauris, chanoine et garde-des-sceaux de Besançon, mort en 1160.

Rappelé avec ces circonstances dans le nécrologe original de Saint-Etienne.

5. **VUILLAUME** de Saint-Mauris, religieux de l'abbaye du Lieu-Croissant, en 1177.

Vuillelmi de Sancto Mauricio et Petri de Falone, monachorum, etc. Sont rappelés dans une charte en latin passée par Narduin, abbé du Lieu-Croissant, en 1130. Le même Vuillaume est aussi cité comme vivant à cette époque, par l'abbé Guillaume dans son *Histoire de Salins*, tome I.er, page 102.

LIGNE DIRECTE.

3.e DEGRÉ.

S.T-MAURIS.

1169.

PIERRE, PREMIER DU NOM.

Pierre de Saint-Mauris, premier du nom, seigneur de..., épousa N... Il eut de son mariage: 1.° Jean, premier du nom, qui suit et qui a continué la postérité; 2.° Pierre, mort en 1223; 3.° Conrad, rappelé dans une charte de 1189; 4.° Rodolphe, chevalier; et 5.° Humbert, chevalier, 1200. Pierre fut présent, avec Martin son frère, à une donation que Bernard son père, se disant fils de Richard de Saint-Mauris, chevalier, et d'Adeline de Montjoye, fit à l'abbaye de Saint-Paul, de vigne sise au Mont-des-Vandales. (Ainsi rapporté à l'article de l'obiit dudit Bernard, de l'an 1180, sur le nécrologe original de cette abbaye.) Pierre est rappelé, avec Bernard de Saint-Mauris son père, dans un titre de l'abbaye du Lieu-Croissant du douzième siècle.

Pierre obtient en 1169, du chapitre de Saint-Jean et de Saint-Etienne de Besançon, de conserver, sa vie durant, une vigne que feu Pierre de Saint-Mauris son oncle, chanoine dudit chapitre, avait fait planter sur un terrain qu'il tenait de son dit chapitre. (Nécrologe original de Saint-Etienne, année 1169.) Pierre de Saint-Mauris est rappelé dans une charte d'Humbert, archevêque de Besançon, de l'an 1147. (Archives de l'archevêché et du chapitre.)

S.T-MAURIS.

1. **JEAN** de Saint-Mauris, chevalier, premier du nom, qui suit.

2. **PIERRE** de Saint-Mauris, mort en 1223.

L'obiit de Pierre de Saint-Mauris, mort en 1223, se trouve rapporté dans le nécrologe original de Saint-Etienne de Besançon. Dunod le rapporte aussi tome III, page 204.

3. **CONRAD** de Saint-Mauris, en 1189, qualifié *præpositus*, prevôt, dans la charte. Cette qualité à cette époque, selon Trévoux, désignait un juge chargé de connaître des causes civiles; il s'intitulait *præpositus* ou *tribanus*, dans la plus grande partie des provinces; châtelain, en Bourbonnais, Auvergne; vicomte, en Normandie et autres; viguier, en Languedoc, Provence; en effet, dans cette charte il est rappelé avant le comte de Hohembert et Lambert de Vesoul, aussi prevôts.

Conrad se trouve nommé comme témoin de donations faites à l'abbaye de Bellevaux en 1189. (Rapporté fol. 42 du grand cartulaire de cette abbaye, transcrit en 1400, produit en original aux preuves.) Ce Conrad fut vraisemblablement parrain de Conrad son neveu, qui fut chevalier et tige de la branche de Saint-Mauris-sur-Doubs, dite de Sauvaget.

4. **RODOLPHE** de Saint-Mauris, chevalier, 1200.

Rodolphe de Saint-Mauris, chevalier, et Humbert de Saint-Mauris, aussi chevalier, (son frère à ce qu'il paraît), sont rappelés dans deux chartes en original aux preuves, de 1211 et 1222, relatant les donations faites à l'abbaye de Theuley antérieurement à cette date et les noms des donateurs.

5. **HUMBERT** de Saint-Mauris, chevalier, 1200.

Humbert de Saint-Mauris, chevalier, se voit nommé, ainsi que Rodolphe, parmi plusieurs seigneurs bienfaiteurs de l'abbaye de Theuley, dans deux chartes produites en original aux preuves, dans lesquelles le légat du pape, en 1211 et 1222, rappelle les donations faites antérieurement à cette abbaye, ainsi qu'on l'a dit à l'article précédent.

Ledit Humbert de Saint-Mauris est encore rappelé, *Humbertus miles de Sancto Mauricio*, comme témoin d'une donation à Theuley, fol. 11 du cartulaire original de cette abbaye, écrit au quatorzième siècle, produit aux preuves aux titres honorifiques, cote S.

LIGNE DIRECTE.

4.e DEGRÉ.

S.T-MAURIS.

1200.

JEAN, PREMIER DU NOM, CHEVALIER.

Jean de Saint-Mauris, chevalier, premier du nom, seigneur de...., épousa N... La qualification de chevalier, dans un siècle où cette illustre distinction ne s'accordait à la naissance que lorsqu'elle était accompagnée d'alliances pures et de preuves non équivoques de courage, d'actions d'éclat et de qualités remarquables, prouve assez en faveur de Jean I.er, pour suppléer au défaut de détails à ce sujet, dont on est privé, et établir même avec certitude que son aïeul, son père et lui avaient sans nul doute contracté alliance avec des demoiselles de Maisons chevaleresques, quoique leurs noms soient encore ignorés; aussi quatre fils qu'on lui connaît sont-ils tous les quatre qualifiés de chevaliers : 1.° Jean II, qui suit et qui continua la postérité, 1251; 2.° Humbert de Saint-Mauris, chevalier, qui vivait en 1250; 3.° Richard de Saint-Mauris, chevalier, marié vers 1230 à Agnès de Quenoche, vivant en 1248, veuve en 1254; 4.° Thiébaud de Saint-Mauris, chevalier, en 1230.

Jean de Saint-Mauris, premier du nom, est prouvé : 1.° par un titre de l'officialité de l'an 1251, dont une expédition existe au cabinet du roi, dans lequel Jean de Saint-Mauris, deuxième du nom, chevalier, se dit fils de feu M. Jean de Saint-Mauris; 2.° par une attestation de preuve faite à Saint-Georges, où il a été prouvé comme premier ascendant connu dûment en forme, de plus affirmé par quarante gentilshommes les plus illustres du pays; 3.° il est en outre rapporté comme père dudit Jean II, par un grand nombre d'auteurs et d'anciens manuscrits, arbres généalogiques, mémoires, notes, etc. etc., savoir : Dunod, tom. III, page 204; Dictionnaire généalogique de la noblesse de France, tom. III, page 240; Tableau généalogique, t. V, pag. 561; Tablettes historiques, généalogiques et chronologiques, de 1751, tom. IV, page 193, et de 1752, tom. V, page 106; par deux Arbres et Mémoires généalogiques d'écriture, d'environ deux siècles, et par les notes, les généalogies et les extraits relevés anciennement par les Bénédictins, et conservés aux archives des abbayes de Saint-Vincent de Faverney, de Luxeuil, etc. etc.; et dans les manuscrits de M. l'abbé Pellier, du P. Dunand, etc. etc., qui tous placent (comme il est de fait) ledit Jean treizième aïeul de Paul-François marquis de Saint-Mauris, qui obtint en 1705 l'érection des baronnies de Châtenois, la Villeneuve et autres, en marquisat sous son nom.

S.T-MAURIS.

1. **JEAN** de Saint-Mauris, chevalier, deuxième du nom, qui suit.

2. **HUMBERT** de Saint-Mauris, chevalier.
Ledit Humbert est rappelé dans un titre de l'abbaye de Saint-Paul, du 2 juin 1250, par lequel il vend, de concert avec Jean de Saint-Mauris, un grand four qui leur appartient en commun, situé rue du Chatens, à ladite église. Cette circonstance et communauté de biens indivis est une forte présomption pour les croire frères. (Charte originale de ladite abbaye.)

3. **THIÉBAUD** de Saint-Mauris, chevalier, en 1230.
Thiébaud de Saint-Mauris, chevalier, fit des donations à l'abbaye de Saint-Paul de Besançon, par une charte de cette abbaye, de l'an 1230, aussi rapportée dans l'ancien inventaire de ses titres, chez le notaire Landry, ainsi que dans les manuscrits de D. Berthod et du P. Dunand.

S.T-MAURIS. — QUENOCHE.

4. **RICHARD** de Saint-Mauris, chevalier, marié à Agnès de QUENOCHE (*), fille de Huon de Quenoche, chevalier, d'une très-ancienne Maison chevaleresque, éteinte depuis plus de quatre siècles, dont le nom se trouve dans les listes des croisés, et distinguée par le nombre de chevaliers qu'elle a fournis dans les onzième, treizième et quatorzième siècles.

Richard de Saint-Mauris, chevalier, se trouve mentionné dans trois chartes de l'abbaye de Bellevaux, des années 1248, 1248 et 1254, transcrites dans le grand cartulaire de cette abbaye, écrit en 1400, fol. 91, 120 et 108, produit en original aux preuves. On ne connaît pas sa postérité.

(*) QUENOCHE.

La Maison de Quenoche est de celles de très-ancienne race chevaleresque, distinguée par le nombre de chevaliers qu'elle a donnés dès la fin du onzième siècle et dans le courant des douzième, treizième et quatorzième siècles, mais qui s'étant éteinte dès le commencement du quinzième, ainsi que le rapporte Gollut, page 965, laisse peu de renseignemens sur ses illustrations et ses alliances, étant connu que dans ces siècles on prenait peu de qualités dans les actes, et que les femmes n'y énonçaient que très-rarement leur nom patronimique. On connaît seulement par quelques chartes qu'ont épargnées les siècles, qu'elle tirait son nom du château, village et seigneurie de Quenoche, bailliage de Vesoul, qu'elle tenait en fief, et par ledit Gollut, page 399, que des seigneurs de ce nom étaient de la cour et Maison des ducs de Bourgogne, notamment Thiébaud de Quenoche, en 1230. Ces seigneurs firent aussi des donations multipliées et considérables aux églises, principalement aux époques des croisades. On trouve aux archives de la Maison de Saint-Mauris les originaux des donations suivantes faites à la seule abbaye de Bellevaux, par Fromont de Quenoche, chevalier, en 1140; Gilbert, en 1180; Othon et Gilbert, chevaliers, en 1188; Pierre, 1226; Thiébaud, 1230; Thiébaud, 1231; Agnès, fille de Huë, chevalier, et femme de Richard de Saint-Mauris, chevalier, 1247 et 1248; la même Agnès, veuve dudit Richard, 1254; Adrien, 1242; Pierre, 1244; Pierre, frère de Hugues et fils d'Othon, chevalier, 1263; Pierre, fils d'Henry, 1264; Alexandre, 1271; Henry, 1274; Othon, chevalier, qui teste en 1283; Bartholomée jeune, fils d'Alexandre, chevalier, Jean et Etienne, fils de Bartholomée, 1296; Bartholomée vieux, 1290; Othon, chevalier, 1304; Aimon, Hugues, Gilbert, Thiébaud, Vuillaume et Poncie, femme de N... de Say, 1140, et Othon, tous frères et chevaliers; Othe, fils de Gerard, chevalier, 1217, oncle d'Agnès, femme de Pierre de Lavoncourt; Othon, fils de Vuillaume, chevalier, 1225. Quenoche portait d'hermine à la croix engrêlée de gueules.

LIGNE DIRECTE. 5.e DEGRÉ.

S.T-MAURIS.

1220.

JEAN, DEUXIÈME DU NOM, CHEVALIER.

Jean de Saint-Mauris-en-Montagne, chevalier, deuxième du nom, seigneur de Saint-Mauris-en-Montagne près Mouthier, Vaucluse, Court-les-Saint-Mauris, Battenant, Belherbe, Vauclusotte, Accoulans, Modun, Roye, La Coste. Il épousa N... L'on ne peut que répéter, au sujet de Jean II de Saint-Mauris, ainsi qu'on l'a dit pour son père, que la qualité éminente de chevalier, dont on le voit décoré dans ces temps, où l'imposante institution de la chevalerie était dans tout son lustre, était non-seulement une preuve incontestable de noblesse de race pure sans forlignage, mais aussi de vaillance, de vertu et de loyauté sans tache; ce brevet authentique établissant autant le lustre des qualités personnelles des preux, gentilshommes, qui en étaient honorés, que celui de leur naissance, exigeant qu'ils fussent du côté maternel aussi bien que paternel, issus de pure et noble race, de même que leurs épouses. Il eut de son mariage sept enfans, qui suivent, prouvés par titres : 1.° Richard II; 2.° Perrin; 3.° Odat; 4.° Guy, 1241; 5.° Conrad, chevalier, tige de la branche de Saint-Mauris-sur-le-Doubs, dite de Sauvaget (Voy. page 123); 6.° Virgille; 7.° Hugues.

Jean, premier du nom, a dû naître vers la fin du douzième siècle, et être marié vers l'an 1220 environ, puisque l'on voit Jean, troisième du nom, son petit-fils, être déjà chevalier (par conséquent majeur), et vendre une de ses seigneuries en 1288.

Il est rappelé dans une reprise de fief, que Perrin, son fils, fait à Richard, son frère, des terres et seigneuries ci-dessus, le jeudi après la S. Luc, 1300.

Jean de Saint-Mauris et Humbert (qui paraît être son frère) vendent, le 2 juin 1250, un grand four situé rue du Chatens, à l'abbaye de Saint-Paul, etc., titre original de cette abbaye, et qui se trouve aussi rappelé dans l'inventaire de ses titres, fait fort anciennement, et déposé chez le notaire Landry, à Besançon; il est rappelé fils de Jean dans l'Arbre généalogique cité précédemment; le Dictionnaire généalogique, tom. III, page 240, et M. de Varoquier, dans son Tableau généalogique, citent l'un et l'autre des titres où Jean de Saint-Mauris, chevalier, est rappelé avec son père en 1251, et le disent neuvième aïeul de Pierre, deuxième du nom, qui vivait en 1530.

S.T-MAURIS. — S.T-MAURIS.

1. **RICHARD** de Saint-Mauris, chevalier, premier du nom, qui continua la postérité par son mariage avec demoiselle Marguerite de Saint-Mauris, sa parente, et qui suit.

2. **GUY** de Saint-Mauris.

Guy de Saint-Mauris est rappelé comme caution, pleige et témoin, avec Richard, seigneur de Saint-Mauris, son frère, d'un traité porté sur une charte de l'an 1241, produite en original aux preuves. Ce Guy fut vraisemblablement parrain de Guy, chevalier, son neveu, fils de Richard, qui fit des dons à l'abbaye du Lieu-Croissant.

3. **PERRIN** de Saint-Mauris près Vaucluse, écuyer.

Perrin de Saint-Mauris, seigneur de Saint-Mauris près Vaucluse, Court-les-Saint-Mauris, Battenant, Belherbe, Vauclusotte, Accolans, Modun, Roye, La Coste, Trévillers, est prouvé par une reprise de fief, du jeudi après la S. Luc de l'an 1300, en original, où il se dit fils de Messire Jean de Saint-Mauris, chevalier, et où il reconnaît tenir en fief, de Richard de Saint-Mauris, son frère, tout ce qu'il tient audit Saint-Mauris près Vaucluse, Court près dudit Saint-Mauris, Battenant, Belherbe, Vauclusotte, Accolans, Modun près Montmartin, Roye près Lure, et La Coste près dudit Roye, et toutes choses à lui appartenant, soit en justice, seigneuries, hommes et femmes, mainmortes, bois, rivières, et reçues par Deu le fils, chapelain de Belvoir, présens Eric Thiébaud, châtelain de Maiche, et Guegnet de Battenant, châtelain de Saint-Julien-en-Montagne.

4. **CONRAD** de Saint-Mauris, chevalier, seigneur de Saint-Mauris-sur-le-Doubs, La Coste, Sauvaget, et co-seigneur à Saint-Mauris-en-Montagne, etc., marié à N..., fut tige de la deuxième branche de sa Maison, distinguée par les surnoms et sobriquets de Saint-Mauris-sur-Doubs ou de Saint-Mauris-Sauvaget, dérivés du fief de ce nom, mais qui conserva toujours les mêmes armoiries (Voy. page 123). Quoique cette branche ait aussi constamment contracté

de grandes alliances, elle paraît avoir été une des moins riches, et s'être éteinte vers le courant du seizième siècle.

5. **ODAT** de Saint-Mauris, seigneur de Trévillers.

Il est prouvé par une reprise de fief faite par Jean, connétable de Bourgogne, à Jean de Neufchâtel, son cousin, des fiefs que Odat de Saint-Mauris et ses frères tiennent de lui, en la ville et territoire et appartenance de Trévillers, en date de Baume, le dimanche en l'octave de la résurrection, 1286, en copie authentique et légale tirée du cartulaire de Neufchâtel, fol. 420.

6. **VIRGILLE** de Saint-Mauris.

Virgille de Saint-Mauris existait vers le commencement du treizième siècle, puisqu'il est rappelé par ses deux fils, Vuillaume-le-Vieil et Vuillaume-le-Jeune de Saint-Mauris, dans un acte de l'officialité de Besançon (cote 4497), de l'an 1275.

7. **HUGUES** de Saint-Mauris, écuyer et gentilhomme de la Maison de Pierre, duc et comte de Savoie, en 1268.

Ledit Hugues est rappelé en cette qualité comme légataire pour la somme de 50 fr., dans le testament de ce prince, en 1268, avec plusieurs autres seigneurs de la province. Cet acte, en latin, rapporté tout au long par Guichenon, dans son Histoire de Savoie, tom. III, page 76 de l'édition de 1660, et tom. IV, page 76 de celle de 1780.

LIGNE DIRECTE. 6.e DEGRÉ.

S.T-MAURIS. — S.T-MAURIS.

1250.

RICHARD, DEUXIÈME DU NOM, CHEVALIER.

Richard II de Saint-Mauris-en-Montagne, chevalier, seigneur de Saint-Mauris-en-Montagne près Vaucluse, Court-les-Saint-Mauris, Belherbe, Lomont, Roye, Trévillers, Gléres, Rahon, Battenant, La Coste, Accolans, Modun, etc., épousa vers 1250 Marguerite de SAINT-MAURIS (*) près Vaucluse, sa parente, qui paraît devoir être issue d'Albert de Saint-Mauris, frère de Richard I.er, chevalier, cinquième aïeul dudit Richard II; ces deux frères vivant au onzième siècle. Il eut de cette alliance dix enfans : 1.° Jean l'aîné, chevalier, marié à une demoiselle de l'illustre Maison de Tramelay, qui fut tige d'une branche connue sous les surnoms de seigneurs-châtelains de Mathay, de Bermont, de Bustal, et le sobriquet de Berchenet; 2.° Jean-le-Jeune, chevalier, qui suivit aux croisades Jean comte de la Roche, son parent, qui le maria à une demoiselle de l'antique Maison baronnale de Vennes, aussi parente de Marguerite de Neufchâtel, sa femme, qui continua la filiation des marquis de Saint-Mauris-

(*) SAINT-MAURIS.

Marguerite de Saint-Mauris-en-Montagne près Vaucluse, ancienne abbaye (à demi-lieue de Saint-Mauris et de Court-les-Saint-Mauris), et de plus parente de Richard, son mari. Il est évident qu'elle était de la même Maison que lui, ce qui fait qu'on n'a point à donner ici de notes sur son ancienneté et ses illustrations. Mais on observe que cette circonstance indique l'existence d'une branche encore inconnue de cette Maison, se perdant dans la nuit des temps, mais qui paraît devoir être celle dont le premier auteur est Albert de Saint-Mauris, vivant vers l'an 1060, qui fut père de Guy, de Bernard, de Vuillaume, de Lambert et de Corvain, vivant en 1130, 1134, etc. (Voy. page 121), d'un desquels paraît devoir être issue ladite Marguerite; cet Albert, l'un de ses aïeux, étant frère de Richard I.er de Saint-Mauris, chevalier, mari d'Adeline de Montjoye et cinquième aïeul de Richard II ci-dessus.

Châtenois d'aujourd'hui, seuls rejetons de cette Maison; 3.° Hottenin, homme d'armes, puis l'un des gentilshommes de la Maison et de la cour du duc; 4.° Colin de Saint-Mauris, dit de Montjoye, marié à une baronne de Montjoye; 5.° Guy, chevalier, qui fit des dons à l'abbaye du Lieu-Croissant; 6.° Pierre, abbé de la Chartreuse de Bon-Lieu; 7.° Hugues, damoiseau; 8.° Jacquette, abbesse du tiers ordre; 9.° Isabelle, dame de Baume; 10.° et Henry, chevalier, 1312. Par les titres qui prouvent ce degré, on voit que Perrin de Saint-Mauris, damoiseau, son frère, reprit de fief de lui en 1300, où ils se disent fils de Jean; que Marguerite de Saint-Mauris, sa veuve, reprit de fief du comte de La Roche, en 1300 (sans doute à la mort dudit Richard II, son mari); qu'elle vendit en 1304, à titre de mère et tutrice d'Hottenin, son fils mineur, à Jean de Saint-Mauris, aussi son fils, chevalier, sa seigneurie de Belherbe, lequel Jean de Saint-Mauris, chevalier, ayant déjà vendu en 1288, sa terre de Lomont à Regnaud de Bourgogne : cela remonte vers 1250 le mariage de Richard II, son père, sur lequel on trouve aux preuves une charte de 1241, originale, le qualifiant Richard, seigneur de Saint-Mauris, et une de 1278, qui le qualifie *dominus Ricardus, miles de Sancto Mauricio*, fol. 8 V.°, du cartulaire original de l'abbaye de Theuley, aussi produit aux preuves.

S.t-MAURIS. — VENNES.

1. **JEAN III** de Saint-Mauris, chevalier croisé, dit le Jeune, qui suit, marié à Simonne de Vennes, d'une Maison baronnale; placé ici le premier quoique cadet, étant tige de la seule branche qui subsiste.

S.T-MAURIS. — TRAMELAY.

2. **JEAN III** de Saint-Mauris l'aîné, chevalier, seigneur de Mancenans et à Saint-Mauris-en-Montagne, tige de la troisième branche de sa Maison, par son mariage avec Jeanne de Tramelay, Maison baronnale aussi illustre qu'ancienne, dont il eut un fils nommé Berchin de Saint-Mauris-en-Montagne, chevalier, dont la postérité prit, pendant quelques générations, le sobriquet de Berchenet, par allusion à son nom de baptême, mais conserva toujours néanmoins le surnom de Saint-Mauris-en-Montagne, et les armoiries pleines. Cette branche se subdivisa ensuite et fut aussi connue sous les différentes dénominations de Saint-Mauris de Mathay, de Bermont, de Bustal, ayant possédé les seigneuries et châteaux-forts de ces noms.

Cette branche et ses rameaux contractèrent constamment de grandes alliances, et eurent même de plus grandes possessions que toutes les autres; néanmoins on voit par ses reprises de fief qu'elle en était dépendante et vassale. Cette branche s'éteignit vers la fin du seizième siècle dans les Maisons de Grammont-Granges et Meligny-Champagne. (Voy. cette branche, page 143.)

3. **GUY** de Saint-Mauris, chevalier, seigneur à Saint-Mauris-en-Montagne, Court-les-Saint-Mauris, Mancenans, etc.; vivant en 1340, mais dont l'on ignore d'ailleurs la destinée, n'étant connu que par l'acte de donation faite aux religieux du Lieu-Croissant, d'une somme de cent dix livres de bons estevenans pour fondations, qu'il assigne à prendre sur ses dîmes de Mancenans, daté de la veille de la fête S. Denis de l'an 1340, où il s'intitule Guy de Saint-Mauris, chevalier, demeurant à Vaillant.

4. **HOTTENIN** de Saint-Mauris, écuyer, homme d'armes dans les armées de Bourgogne, seigneur de Belherbe, etc., puis un des gentilshommes de la Maison du duc de Bourgogne.

Rappelé comme mineur dans la vente que Marguerite de Saint-Mauris, sa mère, fait en 1304 à Jean, son frère, de la seigneurie de Belherbe (rapporté par Gollut, page 524), comme étant un des gentilshommes de la cour du duc Philippe de Bourgogne, desquels on trouve mémoire au château du Rouvre, et rappelé dans les rôles de revue d'hommes d'armes de la Chambre des comptes de Dijon.

5. **HUGUES** de Saint-Mauris, damoiseau, seigneur de Montussaint, etc., en 1348.

Rappelé dans un testament de 1348 avec Jacquette de Saint-Mauris, sa sœur, du 2 des ides de janvier, et comme témoin en 1346 d'une reprise de fief de Guillaume de Montjoye, pour la terre de Vaufrey (cartulaire de Neufchâtel), avec Jean de La Roche et Jean-le-Bœuf, tous écuyers. On le présume fils de Richard par le rapport des noms, des dates, des seigneuries et de sa vassalité des comtes de Neufchâtel.

Il est aussi prouvé sous la qualification de Hugues de Saint-Mauris, damoiseau, par titre de l'officialité de Besançon, de l'an 1348, cote 5428.

6. **JACQUETTE** de Saint-Mauris, abbesse des Béguines du tiers ordre. Rappelée dans un testament de l'an 1348, 2 des ides de janvier, avec Hugues de Saint-Mauris, damoiseau, ci-devant rappelé titre de l'officialité, cote 5428.

7. **PIERRE** de Saint-Mauris, grand prieur de l'Ordre de la Chartreuse de Bon-Lieu, titres de 1325, 1348 et 1350.

8. **HENRY** de Saint-Mauris, chevalier, 1312.

Rapporté comme témoin d'une reprise de fief par Heymard de la Grange, de ses fiefs de Mancenans, à Thiébaud de Neufchâtel, en 1312; présens Monseigneur Henry de Saint-Mauris, chevalier; Monseigneur Jean Divory de Chaux-sur-le-Doubs, chevalier; et Richard de Mathay, écuyer; transcrite en 1426 dans l'énorme cartulaire de Neufchâtel, fol. 553, et en copie aux preuves.

9. **ISABELLE** de Saint-Mauris, dame de l'abbaye noble de Baume en 1355. Rappelée comme telle dans deux chartes transcrites fol. 77 et 78 de l'énorme cartulaire de Neufchâtel (écrit vers 1426), à l'occasion d'une nomination d'abbesse pour laquelle lesdits seigneurs devaient être consultés en 1355. On remarque parmi les grands noms qui composaient alors ce corps illustre : Guye de Bougne, Guyette et Agnès de Vennes, Jeanne de Leugney.

S.t-MAURIS. — MONTJOYE.

10. **COLIN** de Saint-Mauris, dit de Montjoye, chevalier, seigneur de Monturcin et co-seigneur audit Montjoye.

Il épousa Clémence de Montjoye (*) avant 1318, Maison déjà citée comme antique, baronnale et illustre, et alliée quatre fois à celle de Saint-Mauris.

Il fit des dons et fondations aux chapelles du château et du bourg de Montjoye (le lendemain de l'Apparition, en janvier 1318), qu'avait déjà fondées en 1304 Jean de Saint-Mauris, chevalier, son frère, de concert avec Vuillaume sire de Montjoye; et il rappelle dans cette donation qu'il l'a fait du consentement de ladite dame Clémence sa femme, et qu'il assigne à prendre sur sa seigneurie de Monturcin; ce qui paraît indiquer que les fiefs lui venaient de la dot de sadite femme, ce village étant très-voisin de celui de Montjoye, et une des anciennes possessions de cette Maison, qui, comme on l'a dit précédemment, était une des plus antiques et puissantes du pays.

(*) MONTJOYE.

L'antique Maison de ce nom, illustre et baronnale dès son origine, prouve sa filiation par foule de titres originaux jusqu'au treizième siècle; l'on y voit que depuis le onzième, les seigneurs de Montjoye étaient déjà qualifiés sires et barons dudit Montjoye, qui est une seigneurie à ancien château-fort, aux confins de l'Alsace et du comté de Bourgogne, qui était indépendante, mais dont les seigneurs, dans un moment de crise, se rendirent vassaux du comte de Montbéliard, pour une somme d'argent, dans le treizième siècle; et dès-lors ils lui rendirent foi et hommage. (Titres de Montbéliard et des archives des comtes de Montjoye.)

Se trouvent, en 1330, Antoine-Louis de Montjoye, maréchal de Naples et de Sicile; Louis, en 1410, chevalier d'Alcantara, etc.

On voit ce nom reçu à Remiremont dès l'an 1437, à Saint-Georges en 1504, et de toute ancienneté à Malte, à Lyon, et dans tous les hauts chapitres d'Allemagne, et contracter les plus illustres alliances; enfin réunir toutes les prérogatives et illustrations des autres hauts barons. (Voy. aux archives de Montbéliard, de Neufchâtel, des seigneurs de Montjoye et de Saint-Mauris, et la note précédente sur cette illustre Maison, page 3.)

Les Maisons de Montjoye et de Saint-Mauris se sont alliées quatre fois, en 1100, 1318, 1330 et 1550, et paraissent avoir eu d'intimes affinités dans le treizième et le quatorzième siècle.

Montjoye ancien portait de gueule à une clef d'argent en pal.

LIGNE DIRECTE.

7.e DEGRÉ.

S.t-MAURIS. — VENNES.

1302.

JEAN, TROISIÈME DU NOM, CHEVALIER.

Jean III de Saint-Mauris-en-Montagne, chevalier, dit le Jeune, seigneur de Saint-Mauris-en-Montagne, Court-les-Saint-Mauris, Battenant, Lomont, Belherbe, Gléres, Trévillers, Vellerot, Delezvy, Bief; homme d'armes *(a)*.

Ayant suivi aux croisades Jean comte de La Roche, son parent, son parrain et son suzerain, ce puissant seigneur lui fit épouser, le 9 mars 1302, Simonne de Vennes (*), d'une Maison chevaleresque du haut baronnage, aussi parente de Marguerite comtesse de Neufchâtel, sa

(a) Jean de Saint-Mauris se voit nommé le troisième dans la liste des noms de trente-neuf des principaux seigneurs, rapportés dans l'Histoire de Bourgogne, parmi cent quarante des plus fidèles à leur souverain, qui se réunirent avec leur suite pour servir le duc. Parmi ces trente-neuf, on trouve les suivans, presque tous alliés de la Maison de Saint-Mauris : Thiébaud et Odot de Sancey; Rolin sire de Montjoye; Etienne de Willafans; G. de Pouilly; Perrin de Laverne; J. d'Arguel; H. sire du Chemin; E. de Luques; C. de Longwy; J. d'Arlay; H. de Pesmes; H. d'Estrabonne; H. de Ruffey; G. de Marigny; P. d'Espernay; P. de Crèvecœur, etc.

(*) VENNES.

Antique Maison de la haute noblesse du comté de Bourgogne, de race chevaleresque et d'origine baronnale, qui tirait son nom d'une baronnie composée d'un vaste canton peuplé de nombre de villages et d'un bourg, tous dépendans, dominés et défendus par un château-fort très-considérable du nom de Vennes. On trouve dans les cartulaires de Montfaucon, de Neufchâtel, archives de la Chambre des comptes, de l'officialité, de plusieurs abbayes, et autres particulières : 1.o grand nombre de chartes sur les sires de Vennes, depuis le onzième siècle, notamment des donations faites à l'abbaye

femme, fille de Jacques, baron et sire du fort, château et canton de Vennes, chevalier, et d'Alix de Présentevillers. Par ce contrat lesdits « Mgr. Jean comte de La Roche, chevalier, » et Marguerite de Neufchâtel, sa femme, donnent à perpétuité à Mgr. Jean de Saint-» Mauris, chevalier, son parent, et l'ayant suivi en guerre aux croisades, et à Simonne de » Vennes, aussi parente de sa femme, futurs conjoints, etc., les fiefs, dîmes, moulins et droits » de chasse, de pêche, et tous autres honorifiques, sur toute l'étendue de leur terre; » droits et fiefs dont ont joui dès-lors consécutivement ses descendans de son nom, jusqu'à la funeste révolte générale de 1790; lesdits descendans ayant tenu héréditairement, durant plusieurs siècles et jusqu'à la conquête de la province, les charges de gouverneurs, capitaines et commandans des châteaux et comté de La Roche, de Saint-Hippolyte et de la Franche-Montagne.

Il eut de ce mariage douze enfans, qui contractèrent alliance avec les antiques Maisons de Willaffans, de Vennes, de Montjoye, de Crosey, de La Porte, de Trévillers. Richard son aîné, qui suit, fut un des seigneurs et grands du pays qui composaient le conseil de régence du jeune duc Philippe, en 1349. Etienne fut homme d'armes, puis un des gentilshommes de la Maison et de la cour du duc, en 1361; et quatre furent hommes d'armes dans ses armées.

Jean III est également qualifié de chevalier dans la vente qu'il passa à Regnaud de Bourgogne, en 1288, de sa terre de Lomont, vente scellée de son sceau facé de cinq pièces; dans l'acquisition qu'il fit en 1304 d'Hottenin son frère mineur, autorisé de Marguerite de Saint-Mauris, veuve de Richard de Saint-Mauris, ses père et mère, de la seigneurie de Belherbe; et dans plusieurs fondations qu'il fit en 1302, 1304, 1310, 1314, 1317, 1319, 1321, 1336, notamment de chapelles au château et à l'église de Montjoye, de concert avec Vuillaume sire de Montjoye; et dans d'autres actes, où il se voit médiateur entre les comtes de La Roche et les barons de Montjoye, etc.

Cette qualification de chevalier, si illustre au treizième siècle, jointe à celle de croisé et de fondateur d'églises, renfermant l'éloge le plus complet et le plus incontestable des hautes qualités et vertus guerrières et pieuses de ce seigneur, ne laissant rien à ajouter, on s'arrête seulement à rechercher les causes de cette remarquable quantité d'actes où les Maisons de Montjoye et de Saint-Mauris non-seulement comparaissent ensemble, mais souvent même de concert, notamment pour des fondations de chapelles non-seulement au bourg de Montjoye, mais spécialement au château même dudit Montjoye, ce qui constate une communauté d'intérêts, qui se trouve également dans les actes, où ils sont rappelés arbitres, pleiges, médiateurs,

---

du Lieu-Croissant, de 1130 et 1134; 2.° un traité de paix passé en 1238, entre Monseigneur Othe, sire du fort-château de Vennes, chevalier, et les comte et sire Aimé et Hue de Montbéliard et de Belvoir; 3.° un échange de seigneurie entre Aimé sire de Montbéliard et Guillaume sire de Vennes, en 1264; Othe de Vennes, abbé de Saint-Paul, en 1258; Hugues, sénéchal de cette abbaye, en 1261; Jean de Vennes, reçu chevalier de Saint-Georges à l'époque de la première restauration de ce corps illustre, en 1390; Guyette et Agnès de Vennes, dames de l'abbaye noble de Baume, en 1366. Les auteurs de la province, notamment Gollut, D. Plancher, Dunod, font aussi mention de cette Maison, et ce dernier cite page 161 : « que la terre de Vennes est une ancienne » baronnie du pays composée d'un grand nombre de villages, » dont le château, appelé quelquefois Chastelneuf, est à la » source du Dessoubc, et a pris son nom de Vennes, d'un » mot celtique qui signifie Montagne. »

Cette antique Maison, éteinte dans les commencemens du quinzième siècle, eut une branche qui prit depuis 1250 jusqu'en 1369, le titre de donzel ou damoiseau de Lausanne, et qui, ainsi que l'autre, contracta constamment de grandes alliances. Par sa filiation, on voit un sire de Vennes, chevalier, père de Cuenne, Vivien et Guillaume, lesquels font des donations en 1130 et 1134. Ledit Guillaume, sire de Vennes, père de Villemain, chevalier, sire de la baronnie et forteresse de Vennes, chevalier en 1163; père de Jacques I.er, chevalier, marié à Guyette de Montjoye, vers 1180; père de Jacques II, chevalier, marié à Jacquette d'Aucelle, vers 1220; père de Pierre, qualifié donzel de Lausanne, 1238; père de Vuillaume III, chevalier, marié à Anne de Bauvers, héritière, 1250; père de Jacques III, chevalier, marié à Alix de Présentevillers, vers 1275; père entre autres enfans de : 1.° Simonne de Vennes, mariée en 1302 à Jean de Saint-Mauris, chevalier croisé; 2.° Alix, mariée à Henry, sire de Durnes; 3.° et 4.° de deux filles, religieuses à Baume; 5.° et Vuillaume III, marié à Simonette de Saint-Mauris, en 1320, lequel fut père de Richard I.er, chevalier, marié à Elise de Saint-Mauris, vers 1342; père de Richard II, chevalier, marié à Marie de Rochefort; père de Louis, sire de Vennes, damoiseau, mort sans enfans, de Jeanne de Maréchal, sa femme, veuve de Jean du Châtelet, héritière et dernière de cette ancienne Maison, ne laissant qu'une sœur, Jeanne, mariée à Aubert, sire de Cusance, vers 1425.

exécuteurs testamentaires, témoins d'actes de famille importans, de reprises de fiefs, ainsi que dans le nombre d'alliances communes, de parenté avec les mêmes Maisons, de possessions de fiefs dans les mêmes lieux, de voisinage de domicile et de propriétés, de conformité de noms de baptême, d'alliances multipliées de l'une à l'autre famille, de vassalité, et, enfin, de la dénomination précise de Colin de Saint-Mauris dit *de Montjoye*, que l'on voit donner à ce seigneur dans des actes de 1300. Si l'on rapproche cette union si constante de famille durant plusieurs siècles et d'intérêts communs, ce concours remarquable de circonstances semble indiquer évidemment une identité d'origine qu'il serait flatteur et intéressant de pouvoir découvrir, si l'obscurité de ces siècles reculés, sensiblement aggravée encore par la dilapidation des archives et des titres durant la révolution, n'en augmentait les difficultés.

S.T-MAURIS. — WILLAFFANS.

1. **RICHARD III** de Saint-Mauris, damoiseau, qui continua la postérité par son mariage avec Jeanne de Willaffans.

2. **RICHARD** de Saint-Mauris-le-Jeune (seulement présumé par le surnom de Vieil que prend le précédent dans les actes); puis prouvé comme seigneur de Roche par reprise de fief de 1428, pour Roche et La Coste.

3. **PERRIN** de Saint-Mauris, écuyer, homme d'armes dans les armées de Bourgogne; rappelé en 1417, et, avec Richard et Thiébaud de Saint-Mauris, ses frères, comme tenant plusieurs fiefs indivis entr'eux, en 1372, ces deux titres originaux. Ayant donné des avis et conseils extrêmement importans à la duchesse de Bourgogne, elle le nomma à cette occasion son envoyé extraordinaire près du duc et de la duchesse de Savoie, par patente de 1419.

4. **THIÉBAUD** de Saint-Mauris, seigneur à ...., homme d'armes dans les armées de Bourgogne, etc., rappelé dans un partage de l'an 1372, comme possesseur de fiefs avec ses frères Richard et Perrin. Il est aussi rappelé comme homme d'armes dans un rôle de revue de ladite Chambre des comptes de Dijon.

S.T-MAURIS. — LA PORTE.

5. **MICHEL** de Saint-Mauris, damoiseau, seigneur à Accolans, Rahon, Valevans, etc.; rappelé comme possesseur de ces fiefs avec Richard son frère, dans un dénombrement en original du 5 octobre 1386; lesquelles seigneuries se voient avoir passées audit Richard par d'autres dénombremens de 1406, ce qui semble indiquer que ledit Michel était mort alors. Il avait épousé Etevenette de LA PORTE (*), d'une Maison de l'ancienne chevalerie; prouvée par des actes de 1417 et 1427, où elle se décline sa veuve.

S.T-MAURIS. — FALON.

6. **RENAUD** de Saint-Mauris, damoiseau, épousa Jeannette de FALON (**), fille de Thomas sire de Falon, chevalier, seigneur de Velotte, Arguel, etc. Prouvé par le testament en latin de Jean de Falon, damoiseau (dit Chambellan), de 1349, reposant aux archives de l'archevêché, relaté par extrait dans ses inventaires, et cité par Dunod, pp. 204 et 258; par lequel il fonde des chapelles à l'église de Saint-Pierre, où il élit sa sépulture, et rappelle Jeannette de Villette sa femme, Agnès et Etiennette de Falon ses filles, qu'il institue héritières, leur substituant Hugues de Falon et Renaud de Saint-Mauris (fils de Jean, chevalier), damoiseau, ses frère et beau-frère consanguins, ce dernier ayant épousé Jeannette sa sœur.

(*) LA PORTE.

Aucuns titres ni historiens des deux Bourgognes ne faisant mention de Maison de nom et armes, de race chevaleresque, du nom de La Porte, parmi celles originaires de ces pays, il ne paraît pas douteux que celle-ci, qui en a le caractère et les qualifications dès le quatorzième siècle, ne soit étrangère; mais l'ancienneté de cette alliance ne permettant pas d'espérer des éclaircissemens sur ce point, on ne peut qu'adopter l'opinion, d'après d'anciens mémoires et arbres généalogiques de famille, appuyés de l'identité parfaite du nom et des armoiries, qu'elle eut la même souche et origine que l'ancienne Maison de La Porte dont quelques seigneurs ont fait, vers 1775, leurs preuves pour être admis aux honneurs de la cour de France, puis pour placer leurs sœurs chanoinesses du haut chapitre de S. Louis de Metz; dans lesquelles ils ont prouvé leur filiation consécutive jusqu'au treizième siècle, et une suite d'alliances, de qualifications et de possessions conformes à leur naissance.

ARMOIRIES: D'or à la bande d'azur.

(**) FALON.

Cette antique Maison chevaleresque et distinguée, tirait son nom de son château-fort, village et seigneurie de Falon, du bailliage de Vesoul, éteinte dès l'an 1400 dans celle de Grammont, qui en porta longtemps le surnom. On n'en trouve pas de filiation suivie dans les auteurs, mais beaucoup de titres des douzième, treizième et quatorzième siècles, dans les dépôts d'actes et les archives de diverses abbayes, qui constatent le rang qu'elle occupait. On n'a pu réunir que le fragment de filiation ci-après :

Thomas sire de Falon, chevalier, père de Jeannette, femme de Renaud de Saint-Mauris, de Hugues et de Jean, damoiseaux, marié à Jeanne de Villette, dont il eut Agnès et Estiennette, auxquelles il substitua, en 1349, Hugues de Falon et Renaud de Saint-Mauris, ses frère et beau-frère; lequel Hugues fut père d'Henry, chevalier, vivant en 1370, père d'Hugues qui n'eut qu'une fille, Marguerite de Falon, mariée à Guillaume de Grammont, à qui elle porta les terres de Falon et de Roche-sur-Linotte, dont les descendans prirent le surnom et écartelérent les armes (d'azur à trois besans d'or).

VENNES. — S.T-MAURIS.

7. **SIMONETTE** de Saint-Mauris, dame de Vellerot et Delezvy, épousa, vers 1323, Vuillaume IV sire de Vennes, damoiseau, son oncle maternel, fils de Jacques III sire de Vennes et de Girefontaine, et d'Alix de Présentevillers, qui reprit de fief, en 1338, des fiefs de sa femme.

Il eut de ce mariage : 1.° Richard I.er sire de Vennes, chevalier, qui épousa Alix de Saint-Mauris, sa sœur cadette, vers 1344, qui continua la lignée; 2.° Pernat, qui n'eut qu'une fille mariée à Perrin sire de Vaîte; 3.° Jean IV et Guillaume, chanoines de Saint-Paul.

VENNES. — S.T-MAURIS.

8. **ALIX** de Saint-Mauris, dame de Tournans et Trouvant, épousa, vers 1344; Richard sire de Vennes (*), chevalier, fils de Vuillaume IV sire de Vennes, damoiseau, et de Simonette de Saint-Mauris, sa sœur aînée.

Elle eut de ce mariage : 1.° Richard II sire de Vennes, marié à Marie de Rochefort, vèrs 1372, qui continua la lignée; 2.° Jacques IV, reçu chevalier de Saint-Georges, en 1390, époque de la première restauration de cet ordre de chevalerie; 3.° Jean, conseiller d'état du duc de Bourgogne, désigné par Marie de Châtillon pour être, de concert avec Henry de Montbéliard, exécuteur de son testament.

(*) VENNES.

Cette ancienne Maison du haut baronnage, qui a contracté trois alliances avec celle de Saint-Mauris, étant la même que celle sur laquelle on trouve une notice page 27 précédente, on y renvoie pour prendre une idée du rang marquant qu'elle occupait au comté de Bourgogne.

CROSEY. — S.-MAURIS.

9. **JEANNE** de Saint-Mauris épousa, en 1350, Pierre de Crosey (*), écuyer, seigneur dudit lieu et de Vellerot, fils d'Odat de Crosey, écuyer, et de Louise de Chissey; et en eut Clément, marié à Claudine de Blamont, dont descendent les barons de Crosey d'aujourd'hui, et Thiébaud, qui fit branche; tous issus d'origine chevaleresque, et alliés trois fois dès-lors à la Maison de Saint-Mauris.

10. **GAUTIER** de Saint-Mauris, homme d'armes, en 1349, rappelé et qualifié écuyer dans un titre de l'officialité, cote 6043, comme homme d'armes dans un rôle de revue, avec un Lallemand et autres gentilshommes.

(*) CROSEY.

La Maison de Crosey de nom et d'armes et de l'ancienne chevalerie, dont l'origine se perd dans l'antiquité, encore subsistante au comté de Bourgogne, tire son nom des village et seigneurie de Crosey-en-Montagne, dont elle a possédé constamment les fiefs depuis six siècles, comme le prouvent ses titres et dépôts d'actes attestant suffisamment de son antiquité, connue et révérée dans le pays; et quoique ses descendans soient réduits depuis longtemps à cette seule possession et à servir presque toujours dans les grades de capitaine et de lieutenant par la modicité de leur fortune, qui leur a rarement permis de percer aux grades et honneurs dus à leur naissance, il n'en est pas moins certain que dans les premiers temps de la chevalerie les seigneurs de Crosey jouissaient d'un grand lustre, comme on peut juger par un traité de paix du treizième siècle, fait entre plusieurs barons, où ils figurent avec les plus grands noms du comté de Bourgogne (abbaye de Luxeuil), et que malgré cette médiocrité ils se sont toujours alliés aux meilleures Maisons, et maintenus de toute ancienneté dans les chapitres nobles de la province et dans les ordres de Malte et de Saint-Georges. On trouve aussi (archives de l'abbaye des Trois-Rois) : Borchard, Valérius, Valentin de Crosey, en 1138, 1150 et 1200; Pierre, damoiseau, en 1388. Húat de Crosey, prevôt de Versey, écuyer, acheta, en 1302, la seigneurie de Vellerot; et Jean de Crosey, chevalier, reprend de fief pour Orsans, titres scellés de leur sceau portant un ours rampant. (Archives de la Maison de Saint-Mauris, où se trouvent aussi beaucoup d'autres anciens titres sur cette Maison, avec laquelle elle eut trois alliances.)

Elle établit sa filiation comme il suit : Borchard de Crosey, vivant en 1133, frère de Valère, en 1138, fut père de Valentin, écuyer, seigneur de Crosey, en 1200; père de Pierre, déjà mort en 1261; père de Thiébaud, en 1261; père de Philippe, marié à Françoise de Rognon; père d'Odat, marié en 1302 à Louise de Chissey; père de Pierre II, marié en 1350 à Jeanne de Saint-Mauris; père de Clément, marié à Claudine de Blamont; père de Georges, marié en 1458 à Charlotte de Rognon; père d'Etienne, marié : 1.° à Marguerite de Boult; 2.° à Marguerite de Saint-Mauris, en 1492, dont il eut : 1.° Claude, qui fit branche, qui suivra; 2.° Jean, chevalier, marié en 1544 à Madeleine de Montmartin; père de Simon I.er, marié en 1599 à Denise de Bougne de Thurey; père de Simon II, marié en 1640 à Jeanne-Claude de Jouffroy; père de Claude-François, marié en 1679 à Marguerite de Raincourt; père de François Marcelin, marié en 1708 à Charlotte Aimonet; père de Pierre-Alexis, chevalier de Saint-Georges, marié en 1748 à Agathe, baronne de Roll; père de Gaspard M. B., baron de Crosey, colonel d'infanterie, chevalier de Saint-Louis, marié en 178. à N... Blanchard, dont il eut Gaspard, mort sans alliance. Claude ci-dessus, fils d'Etienne de Crosey et de Marguerite de Saint-Mauris, épousa en 1574 Jeanne de Moustier; il en eut Jacques, marié : 1.° à Jeanne de Saint-Mauris, en 1590; 2.° à Françoise d'Allemand-Molprey; père d'Antoine-François, marié à Peronne de Ronchaux; père : 1.° d'Antoine, dernier de sa branche; 2.° de Claude, chanoine de Baume; et 3.° de Marguerite, femme de Gaspard de Moustier. Ses autres alliances sont : Aroz, Alioncourt, Beaujeux, Cambaron, Châtillon, Grammont, Lapalud, Lomont-Lomont, Leugney, Lanans, Mathay, Maizière, Pierrefontaine, Rosières-Sorans, Valdahon.

Crosey porte d'argent à l'ours rampant de sable lampassé de gueules.

TUILLERT. — S.T-MAURIS. — TRÉVILLERS.

11. **AGNÈS** de Saint-Mauris, dame de Fays, épousa : 1.° Jean de TUILLERT (*), écuyer, fils de Vuillaume baron de Montjoye, d'origine chevaleresque, illustre et baronnale, et de Anne baronne de Rougemont; 2.° Jean de TRÉVILLERS (**), écuyer, d'une Maison marquante d'ancienne chevalerie, fils de Pierre seigneur de Trévillers, Mandeure, Montandon, chevalier.

Prouvée : 1.° par une reprise de fief (en original aux preuves) de sa seigneurie de Fays, du

---

(*) TUILLERT.

Cette Maison, de haute noblesse chevaleresque, était marquante parmi celles qui composaient le corps illustre de l'ancienne chevalerie de Lorraine, dont elle était originaire et où elle subsista jusqu'au dix-huitième siècle, toujours classée au premier rang par son antiquité, ses emplois à la cour et aux armées, et ses brillantes alliances.

Un seigneur de cette Maison, ayant épousé vers 1300 une fille de celle puissante des barons de Montjoye, qui en devint héritière, en prit dès-lors le surnom et écartela les armes, ainsi que font encore aujourd'hui ses descendans, ayant constamment soutenu avec lustre, ainsi que leur tige, l'éclat de leur haute origine par de grandes alliances, leur réception dans les plus hauts chapitres de France et d'Allemagne, et possession de terres considérables et des places éminentes. Ces seigneurs, comme ceux de Montjoye, conservèrent de constantes et remarquables affinités avec la Maison de Saint-Mauris, avec laquelle ils contractèrent quatre alliances directes, en 1100, 1318, 1330, 1550; rapports intimes qui se perpétuèrent jusqu'au dix-septième et au dix-huitième siècle, où l'on voit trois dames de Saint-Mauris, chanoinesses de Remiremont, apprébender trois dames de Tuillert-Montjoye. On trouve à ce sujet une notice détaillée page 4 : on y renvoie donc pour ce qui concerne la Maison de Montjoye ancien. Quant à la branche de la Maison de Tuillert qui perpétua le nom de Montjoye, ses titres subsistent et prouvent sa filiation depuis Vuillaume vivant en 1265, marié à Anne de Rougemont, frère de Clémence chanoinesse de Remiremont, femme en 1318 de Colin de Saint-Mauris dit de Montjoye. Ledit Vuillaume fut père, entr'autres, de : 1.° Jean, marié en 1330 avec Agnès de Saint-Mauris; et 2.° de Guillaume, marié à Catherine comtesse de Neufchâtel; père de Louis, marié à Jacquette de Cly, 1360; père de Jean I.er, marié à Jeanne de Villersexel en 1393; père de Jean-Louis, marié à Isabelle de Tuillert, 1428; père de Didier, marié à Marie d'Arberg, 1451; père de Nicolas, marié en 1530 à Radegonde d'Oiselay, qui fit branche, (il fut père de Catherine, mariée à Hugues de Saint-Mauris en 1550, 2.° et d'Etienne, marié en 1506 à Catherine de Haraucourt); père de Marc, marié en 1582 à une Montmartin; père de Jean II, marié en 1569 à Péronne de Viry; père de Jean-Simon, marié en 1591 à Ursule de Reinach; père de Jean-Georges, marié à Françoise de Montjoye, dont il eut : 1.° Béat-Albert, marié en 1669 à Pauline de Reinach, qui suivra; 2.° Jean-François, marié en 1684 à Marie-Jeanne de Reinach; père de Magnus-Louis, marié en 1730 à Ludivine de Montjoye; père de Jean-Népomucène-François, marié en 1760 à Marianne-Sigismonde de Reinach-d'Hirtzbach; père de Jean-Népomucène-Simon, marié en 18.. à Louise de Furschtenbach; père de Maximilien comte de Montjoye d'Hirsingue, né en 1805. Béat-Albert ci-dessus eut de ladite Pauline de Reinach, Didier I.er, marié en 1701 à Joséphine de Montjoye; père de Béat-Baptiste, marié en 1736 à Claude de Rinck; père de Fidèle-Amant, marié en 1760 à Marie-Anne de Kaguenck; père de N..., marié en 1785 à Louise de Vaërs; père de : 1.° N..., tué en 1816 dans les volontaires royaux; et 2.° N... comte de Montjoye-Vaufrey.

(**) TRÉVILLERS.

L'antique Maison de Trévillers du comté de Bourgogne, passait pour être une branche cadette de celle des illustres comtes de Montbéliard, et c'est aussi l'opinion de plusieurs généalogistes, qui acquiert d'autant plus de vraisemblance, qu'elle en a conservé les pièces d'armoiries (de même que la Maison de Bar et de Franquemont, qui en était pareillement issue); qu'elle a toujours été vassale des comtes de Montbéliard, a contracté de grandes alliances et possédé de grands fiefs, entre autres le bourg de Trévillers-en-Montagne, bailliage de Baume, dont elle a tiré son nom, et la mairie ou prevôté de ce bourg, charge tenue en fief des suzerains, et qui donnait droit de co-seigneurie sur quatorze villages en dépendans. On en trouve des traces sans nombre des treizième, quatorzième et quinzième siècles, dans les archives de Montbéliard, cartulaires de Neufchâtel, de l'officialité, de la Maison de Saint-Mauris, et de celle de Montjoye, et de l'abbaye des

25 janvier 1330, envers noble homme et puissant Guillaume de Montjoye seigneur de Montrond, où elle se dit fille de Monseigneur Jehan de Saint-Mauris, chevalier, et veuve de feu Jehan de Tuillert, écuyer, et déclare avoir précédemment reçu, de concert avec son mari, ensuite de traité, une somme de 40 fr. de bons bâlois (110 francs monnaie du comté de Bourgogne) dudit Guillaume, pour reconnaître sa suzeraineté sur ledit fief de Fays; 2.° par une autre reprise de fief de l'an 1338, originale (archives des comtes de Montjoye), envers le même Guillaume de Montjoye, par laquelle on voit qu'elle avait épousé secondement Jehan de Trévillers, écuyer; qu'elle était fille de Jehan de Saint-Mauris, chevalier, etc.

On doit observer que ladite reprise de fief n'énonce pas de qui Jean de Tuillert était fils; mais on voit par les titres des Maisons de Montjoye, de Saint-Mauris, que Vuillaume de Tuillert, baron de Montjoye, épousa, en 1296, Anne baronne de Rougemont, qu'il en eut: 1.° Guillaume, qui continua la lignée par son mariage avec Catherine princesse de Neufchâtel; 2.° Jean, dont on ignorait le sort, etc. Or, en examinant ce concours de rapports exacts dans les noms patronimiques et de baptême, ainsi que dans les dates, on serait sans doute déjà suffisamment autorisé à établir que ce Jean est le même rappelé dans ladite reprise de fief; mais cette opinion devient évidence lorsque l'on considère en outre les rapports intimes de liaisons, d'affinités et d'intérêts qui existaient entre ledit Vuillaume, père dudit Jean de Tuillert, Jean de Saint-Mauris, père de ladite Agnès, et Colin de Saint-Mauris dit de *Montjoye*, son frère, mari de Clémence de Montjoye, qui se remarquent évidemment par plusieurs titres originaux de 1304, 1310, 1317, 1318 et 1319, produits aux preuves, et on les voit constamment acter ensemble, même faire de concert plusieurs fondations, notamment de chapelles au bourg et même au château de Montjoye, etc. On ne peut disconvenir que ce nouveau concours de preuves ne peut plus laisser de doute à cet égard. Cette Maison a contracté quatre alliances avec celle de Saint-Mauris.

12. **ÉTIENNE** de Saint-Mauris, damoiseau, gentilhomme de l'hôtel et de la cour du jeune duc Philippe de Bourgogne, dit le Rouvre, en 1361. Il en est fait mémoire dans des titres des archives de la Chambre des comptes de Dijon, notamment dans les comptes du château du Rouvre; il se voit aussi rapporté par Gollut. Etienne se joignit avec sa suite, en 1358, à 215 des principaux seigneurs des deux Bourgognes qui se réunirent sous le commandement et la bannière de Jacques de Vienne, capitaine-général, pour aller au secours du duc Philippe; constaté par les rôles de revue desdites archives, et rapporté par D. Plancher, qui dit ne rappeler les noms que de trente de ces gentilshommes, ne voulant rapporter que les principaux, les plus connus et distingués, comme il suit, et Etienne se trouve dénommé le dixième: Richard de Montbéliard, Jean de Châtillon, Gerard de la Beaume, Guillaume de Châtenay, Etienne de Willaffans, Gaucher de Beaujeux, P. et G. de Beaufort, B. de Vienne, Etienne de Saint-Mauris, P. et T. de Longwy, B. de Hoyers, B. de Chissey, Hugues de Salins, Pierre de Nolay, Guill. de Meligny, Josserans de Leugney, etc.

Trois-Rois, où l'on voit une charte du douzième siècle qui rappelle Humbert de Trévillers, chevalier, comme bienfaiteur de ce monastère, etc. etc. Sa filiation commence par Humbert de Trévillers, 1170, père de Villelme, chevalier, seigneur et maire de Trévillers, en 1253; père de Perrin I.er, 1292; père de Pierre, chevalier, 1303; père de Jean, chevalier, marié vers 1338 à Agnès de Saint-Mauris, fille de Jean de Saint-Mauris, chevalier croisé, et de Simonne de Vennes, et veuve de Jean de Montjoye; père de: 1.° Amoigné, qui fit branche; 2.° Jeanne, mariée à Berchin de St.-Mauris, chevalier; 3.° Jean, chevalier, qui fit branche, marié à Henriette de Grammont; 4.° et Clémençon, chevalier, père de Huguenin, 1376; père de Guillaume, marié: 1.° à N... de Salins-la-Tour, 2.° à Guillemette d'Epenoys; père: 1.° de Marguerite, mariée vers 1420 à Jean de Saint-Mauris, damoiseau; 2.° Adeline, mariée à Guyot-le-Bœuf de Guyonvelle; 3.° et Jean, marié à Marguerite de Soilley, 1440; père: 1.° de N..., marié à N... de Saint-Belin; 2.° Marguerite, mariée à Thierry de Blicterswich, fils d'Arnold et d'Alix de Grammont; et 3.° Catherine, mariée à Antoine de Leugney, fils de Jean et de Gillette d'Amance.

Elle portait d'azur à deux bars adossés d'or, brisé en chef d'une croisette de même.

LIGNE DIRECTE. | 8.e DEGRÉ.

S.t-MAURIS. — WILLAFFANS.

1355.

RICHARD, TROISIÈME DU NOM.

Richard III de Saint-Mauris-en-Montagne, damoiseau, dit le Vieil, seigneur de Saint-Mauris-en-Montagne, Court-les-Saint-Mauris, Belherbe, Bief, Liebwillers, Mont-de-Vougney, Droit-fontaine, Accolans, Valevans, Rahon, etc. Il fut du nombre des principaux seigneurs et grands du pays composant le conseil de régence durant la minorité du jeune duc Philippe-le-Rouvre, qui furent à ce titre convoqués et consultés par le duc de Normandie, gardien des deux Bourgognes en 1349. (Dunod, t. II, page 237; Froissard, p. 227.) Il se voit aussi compris plus tard dans la liste des plus marquans d'entre les chevaliers qui furent convoqués, en 1366, par l'archevêque de Besançon, pour tirer de captivité l'abbé de Saint-Paul. Il épousa, vers 1355, Jeanne de WILLAFFANS (*), fille d'Antoine sire de Willaffans et de Say, et de Jeanne de Say,

(*) WILLAFFANS.

Maison distinguée et marquante parmi celles de race de l'ancienne chevalerie du comté de Bourgogne, tirant son nom d'un bourg à château-fort du bailliage d'Ornans, et remarquable par ses nombreuses et grandes alliances et l'étonnante quantité de chartes des douzième, treizième et quatorzième siècles, que l'on en retrouve encore dans les dépôts d'actes (quoique éteinte dès le seizième siècle, dans la Maison de Vaudrey et de Saint-Mauris-Châtenois), tous portant qualification de chevalier et de sire de Willaffans, de Say, de Bersaillin, etc. On y remarque des donations aux abbayes de Corneux, par Cécile de Willaffans, en 1132; du Lieu-Croissant, par Théodoric, chevalier, en 1152 et 1180; de Bellevaux, par Guyotte, fille de Jacob sire de Willaffans et de Say, chevalier, en 1268; une lettre d'Othon, duc de Méranie, au duc de Bourgogne, qui s'engage, tant envers le duc qu'envers le seigneur Thiébaud de Neufchâtel, le seigneur Furcon de Beaujeux, maréchal de Bourgogne, le seigneur Jacques de Willaffans, et le seigneur Henry Lallemand, à leur prêter défense, aide et conseil, de 1244.

Les historiens comme les titres rapportent nombre de sei-

héritière de Jean sire du château-fort de Say, son père, d'une Maison très-marquante d'ancienne chevalerie, alliée plusieurs fois à celle de Saint-Mauris. Il eut de cette alliance sept enfans : 1.° Guillaume, homme d'armes du duc, marié à Jeanne baronne d'Aucelle, qui suit; 2.° Colin, marié à Jeanne de Provenchère; 3.° Marc, chevalier de Saint-Georges, mort en 1426; 4.° Etevenin, homme d'armes, qui fut un des principaux seigneurs assemblés aux états, en 1422, qui s'empressèrent de rendre foi et hommage au duc; 5.° Jeanne, dame abbesse de Migette, en 1419; 6.° Marguerite, femme de Jacques de Breurey; 7.° et Jeannette, mariée à Philippe de Rénédalle, damoiseau.

Plusieurs des titres originaux qui prouvent l'existence de Richard III, encore existant aux preuves de sa Maison, sont encore munis de son sceau, bien conservé, où l'on distingue un écu blasonné de cinq fasces, timbré d'un haume garni de son volet (ou lambrequins), sommé d'une tête de nègre (ou maure), en mémoire peut-être du voyage d'outre-mer de Jean, son père.

S.t-MAURIS. — AUCELLE.

1. **GUILLAUME** de Saint-Mauris, damoiseau, homme d'armes du duc, qui a continué la lignée, qui suit.

---

gneurs de cette Maison, chevaliers, écuyers ou damoiseaux, figurant toujours avec la haute noblesse et sur les rôles d'hommes d'armes depuis les treizième et quatorzième siècles. Les auteurs et les registres des chevaliers de Saint-Georges font foi que plusieurs chevaliers de cette Maison y furent reçus au quatorzième siècle, à l'époque de la première restauration de ce corps illustre de noblesse, et fréquemment depuis; et leur nom se voit également reçu dès cette épopue dans tous les anciens chapitres nobles du pays; parmi les chevaliers du Temple, dès l'an 1140.

L'opinion des auteurs bourguignons est que cette Maison est une branche de celle de Cicon, très-marquante depuis l'an 1000, qui portait d'or à la fasce de sable; ils en citent les titres du onziéme siècle : mais pour ceux qui n'en ont pas connaissance il reste du moins pour certain qu'en effet elle en relevait et que leurs possessions étaient voisines, mais qu'elle a constamment, depuis l'an 1132, porté le nom de VVillaffans, et, pour armoiries, d'argent à la bande de sable, côtoyé de deux bâtons de même, et chargé de trois coquilles d'or.

Cette Maison antique prouve sa filiation depuis Narduin de VVillaffans, chevalier, en 1135, frère de Raimbaud de VVillaffans, chevalier du Temple, en 1139, de Ponce et de Cécile, 1132; il fut père de Théodoric, chevalier, en 1135; père de Hubert, chevalier, marié à Jeanne d'Abbans, 1195; père de Ponce, chevalier, marié à Cécile de Scey, 1230; père de Milon, chevalier, marié à ....; père d'Etienne, marié à ....; père de Jean, marié à Jeanne d'Arlay; père d'Antoine I.er, chevalier, marié à Jeanne de Say, 1340; père de Jeanne de VVillaffans, femme en 1360 de Richard de Saint-Mauris, chevalier, et de Antoine II, marié à Jeanne d'Aigremont; père d'Antoine III, marié à Louise de Clairon, 1432; père de Huguenin, chevalier de Saint-Georges, 1460, marié à Jeanne de Domprey; père d'Etienne, chevalier de Saint-Georges, 1470, marié à ....; père de Pierre, marié vers 1485 à Jeanne de Lambrey; père de Louis, marié à Anne de Thomassin en 1545; père de Philiberte de VVillaffans, femme de Pierre de Saint-Mauris, baron de Châtenois, 1564, dernière de sa Maison, son frère Claude étant mort jeune sans postérité, et vers cette époque l'autre branche de cette Maison s'étant éteinte dans celle de Vaudrey.

Ses autres alliances furent : Aigremont, Andelot, Arlay, Baumotte, Byans, Chantrans, Cicon, Châtillon, Châteauneuf, Citey, Clermont, Faletans, Fertans, deux Leugney, Loisia, Longeville, trois Moustier, Ornans, Oiselay, Passavant, Pierrefontaine, Quingey, Rougemont, Saulx, Tennarre, Montmain, Tourmont, deux Vaudrey, Vautravers, Fussey.

Son antique adage était : HONNEUR DE VVILLAFFANS.

S.

S.T-MAURIS. — PROVENCHÈRES.

2. **COLIN** de Saint-Mauris-en-Montagne, damoiseau, seigneur d'Orves, Friolois, La Grange, Droitfontaine, et co-seigneur avec son frère à Saint-Mauris-en-Montagne, Court-les-Saint-Mauris, Orgeans, Mont-de-Vougney, Vaucluse, Provenchères, etc., homme d'armes dans les armées de Bourgogne. (Titres de 1417, 1414, 1413, 1418, où il est dit frère de Guillaume.) Il épousa vers 1400 Jeanne de PROVENCHÈRES (*), sœur de Jean de Provenchères mari de feue Marguerite de N...., fille de Jean de Provenchères, damoiseau, seigneur dudit lieu, (laquelle épousa en secondes noces Renaud d'Epenoys, écuyer). Colin eut de ce mariage plusieurs enfans dont l'on ne connaît que deux filles, Alix et Etiennette ou Etevenette.

1.° Alix de Saint-Mauris, religieuse à l'abbaye noble de Châteauchalon en 1459. (Cote 645 de l'officialité.)

2.° Etiennette (*alias* Etevenette) de Saint-Mauris, mariée à Jacques de Saulnot, rapportée ci-après.

Jeanne de Provenchères eut du second lit Pierre d'Epenoys, damoiseau.

La Maison chevaleresque de Provenchères du comté de Bourgogne eut une branche établie en Lorraine, admise aussi dans le corps illustre de l'ancienne chevalerie de ce pays.

(*) PROVENCHÈRES.

Maison très-ancienne, d'origine chevaleresque, tirant son nom de sa seigneurie considérable, à château-fort, et village de Provenchères, des montagnes du comté de Bourgogne, bailliage de Baume, dont l'on trouve beaucoup de titres de donations et fondations dès le commencement et du courant du douzième siècle, aux abbayes de Corneux, Clairefontaine, Lieu-Croissant; il s'en trouve grand nombre aussi des siècles suivans, à l'officialité, à la Chambre des comptes et autres dépôts, constatant que cette Maison avait de belles seigneuries, de grandes alliances et beaucoup de chevaliers, écuyers, hommes d'armes distingués dans les armées de Bourgogne. Une branche florissante de cette Maison s'établit en Lorraine vers 1400, et y prit rang à la cour et aux assises des Etats, dans le corps illustre de l'ancienne chevalerie de ce pays; faits également rapportés par l'ouvrage intitulé : *Dissertation sur l'ancienne chevalerie de Lorraine et les hérauts d'armes.* L'on juge de la considération dont elle jouissait par une citation de l'auteur de la généalogie imprimée de la Maison des Salles, qui, pour prouver combien la charge d'écuyer tranchant des ducs était honorable, énonce que Pierre de Provenchères, gentilhomme de nom et d'armes de la plus pure noblesse de Lorraine, possédait la même charge en 1477. Ils ont en effet donné plusieurs grands officiers de la Maison des ducs, et l'une et l'autre branche, éteintes dès longtemps, avaient été jurés dans les chapitres et corps de noblesse de Bourgogne et de Lorraine.

Elle portait d'argent à la croix engrêlée de sable.

SAULNOT. — S.t-MAURIS.

1. **ÉTIENNETTE** de Saint-Mauris, dame à Montandon et d'autres fiefs en montagne, épousa vers l'an 1460 noble homme Jacques de SAULNOT (*), écuyer et seigneur audit lieu, Quincey, Autrey, Mignavillers, Gouhenans, etc., d'une Maison d'ancienne chevalerie, fils de Pierre et de Guyette de Noidans. Elle eut de ce mariage : 1.° Pierre de Saulnot, religieux; 2.° Marguerite, femme de Guillaume d'Avanne; 3.° Françoise, mariée à Ogier de Barreaux; 4.° et Philiberte de Saulnot, femme de Thiébaud de Mathay, dont elle eut Jean, marié en 1510 à Claudine de Saint-Mauris, fille de Pierre II et de Françoise de Rougemont, et petite-nièce d'Etiennette; 5.° Madeleine, mariée à Guillaume d'Amance.

Prouvée par un partage fait entre lesdits frère et sœurs le 28 janvier 1486, après la mort de leurs père et mère, qui y sont tous nommés comme ci-dessus; et par le testament de Jeanne de Provenchères, mère de ladite Etiennette, de l'an 1459, le 19 avril.

2. **ALIX** de Saint-Mauris, religieuse à l'abbaye noble de Châteauchalon en 1459. (Cote 645 de l'officialité.)

(*) SAULNOT.

Maison d'origine chevaleresque du comté de Bourgogne, qui paraît fort ancienne, mais aussi éteinte fort anciennement; car on trouve beaucoup de gentilshommes de ce nom rappelés avec la qualification de chevalier, comme bienfaiteurs ou comme témoins dans des chartes des douzième, treizième et quatorzième siècles, et aux archives de la Maison de Saint-Mauris, surtout à l'abbaye du Lieu-Croissant, mais plus rien depuis quatre siècles. Elle tirait son nom de ses village, fiefs, maison-forte de Saulnot. Toutes ses alliances ont été avec des Maisons d'ancienne chevalerie, dont plusieurs même de la haute noblesse. L'on trouve aussi plusieurs autres chevaliers et écuyers de ce nom dans les rôles d'hommes d'armes des treizième et quatorzième siècles.

Elle portait d'azur à deux bars adossés d'argent.

BREUREY. — S.T-MAURIS.

3. **MARGUERITE** de Saint-Mauris, mariée en premières noces à Jacques de BREUREY (*), damoiseau, seigneur dudit Breurey, dont elle était veuve en 1408, et remariée à N... (Maison chevaleresque éteinte très-anciennement.) Prouvée par titre de l'an 1408, de l'officialité de Besançon, cote 5448.

4. **JEANNE** de Saint-Mauris-en-Montagne, dame-abbesse de l'abbaye noble de Migette en 1419. Prouvée par le nécrologe de cette abbaye, dont attestation en forme, du chapitre, et par un titre de l'officialité.

5. **MARC** de Saint-Mauris, seigneur à Peseul en 1389, chevalier de l'ordre de noblesse de Saint-Georges, mort en 1426. Prouvé par reprise de fief du 22 mai 1389. (Cartulaire de Neufchâtel, fol. 227; registre de Saint-Georges, et attestation de l'assemblée des chevaliers de cet ordre, aux preuves.) Il prouva pour sa preuve des quatre quartiers exigés, 1.° Saint-Mauris, 2.° Vennes, 3.° Willaffans, 4.° et Say.

(*) BREUREY.

Cette ancienne Maison de gentilshommes de noms et d'armes du comté de Bourgogne, tirait son nom du fief principal du village de Breurey, sa primitive possession, et était de l'ancienne chevalerie de ce pays; mais étant éteinte depuis le quinzième siècle, on ne peut en suivre la filiation quoiqu'il en existe encore des titres, tous avec qualification de chevalier, damoiseau et écuyer, aux archives de l'officialité, de l'abbaye de Theuley, de la Maison de Saint-Mauris et de la Chambre des comptes, prouvant leurs services dans les compagnies d'hommes d'armes et des donations aux églises, et que les seigneurs de ce nom contractèrent toujours des alliances de leur ordre.

Breurey portait d'or à la bande de gueules côtoyée de deux cotices de même.

RÉNÉDALLE. — S.T-MAURIS.

6. **JEANNETTE** de Saint-Mauris, dame de Liebvillers, épousa vers l'an 1417 noble homme Philippe de Rénédalle (*), écuyer, seigneur audit lieu, d'une Maison d'ancienne chevalerie. Elle eut de ce mariage, entre autres enfans, Alix de Rénédalle, mariée à Thierry de Remberval, écuyer. Prouvée par reprises de fiefs et autres titres originaux, aux preuves, de 1417, 1424, 1435, 1438, où elle est dite fille de Richard de Saint-Mauris, femme de Philippe de Rénédalle, et mère d'Alix, femme de Thierry de Remberval.

S.T-MAURIS. —

7. **ÉTEVENIN** de Saint-Mauris, seigneur à Peseul, homme d'armes sous la bannière du sire de Montaigu (de la Maison de Neufchâtel, dont il était vassal), en 1417, avec Perrin de Saint-Mauris, son parent, et aussi écuyer. Ils furent l'un et l'autre du nombre des principaux seigneurs assemblés aux Etats en 1422, qui s'empressèrent de rendre foi et hommage au duc. Il épousa N..., et fut père de Jeannette de Saint-Mauris. Prouvé par une reprise de fief de 1397. (Cartulaire de Neufchâtel, fol. 226; Histoire de Bourgogne, par D. Plancher, tom. III, page 592, et tom. IV, page 48.)

(*) RÉNÉDALLE.

Les seigneurs de cette ancienne Maison de nom et d'armes et de race d'ancienne chevalerie, tiraient leur nom de leur village de Rénédalle, bailliage et près d'Ornans. On en trouve en grand nombre qualifiés chevaliers, damoiseaux et écuyers, dans les titres de l'officialité, depuis l'an 1300 jusqu'en 1500, et dans les archives de la Chambre des comptes de Dijon, de Montbéliard, ainsi que dans les Histoires de Bourgogne; l'on y voit aussi qu'ils ont constamment contracté de grandes alliances, telles que la Beaume, Chissey, Chilley, La Porte, Faletans, Du Louverot, Valdahon, Saint-Mauris-en-Montagne, Remberval, Chambornay, Bustal, Ronchaux, Beaunans.

Cette Maison portait de sable à la fasce ondée d'or.

LIGNE DIRECTE.

9.e DEGRÉ.

S.t-MAURIS. — AUCELLE.

1396.

GUILLAUME.

Guillaume de Saint-Mauris-en-Montagne, damoiseau, homme d'armes du duc de Bourgogne, seigneur de Saint-Mauris-en-Montagne, Court-les-Saint-Mauris, Sancey, Roye, Vellerot, Orves, Mont-de-Vougney, Torpes, de la forte-maison de Belvoir, d'un fief à Maiche, épousa, vers 1396, Jeanne d'Aucelle (*), dame de Sancey, Vellerot, fille de Jacques baron et sire d'Aucelle,

(*) AUCELLE.

Maison de race chevaleresque et du haut baronnage, illustre et marquante par ses grandes alliances, ses possessions et des fondations considérables depuis le onzième siècle, tirant son nom d'une baronnie à château-fort considérable du comté de Bourgogne. Par une charte de 1309, Jacques sire d'Aucelle, chevalier, et Marguerite de Cusance, sa femme, sont rappelés comme ayant précédemment traité de concert avec Thiébaud de Neufchâtel, concurremment avec Regnaud de Bourgogne, pour leurs droits à la succession de Thierry comte de Montbéliard. Cet acte seul prouve la haute naissance et le rang que tenait alors les seigneurs de ce nom. Parmi nombre de chartes des onzième, douzième, treizième et quatorzième siècles, des archives de Montbéliard, de Neufchâtel, de l'officialité, de la Maison de Saint-Mauris et autres, qui établissent sa filiation, on remarque que Guillaume sire d'Aucelle, en 1146, et Hugues, en 1150, furent bienfaiteurs de l'abbaye de Theuley; qu'Ancelin sire d'Aucelle, chevalier, fut, en 1290, chancelier de l'illustre chapitre de Remiremont, dignité qui exigeait les mêmes preuves que pour être chanoinesse. Elisabeth d'Aucelle, fille de Richard sire d'Aucelle, chevalier, femme de Vuillerme de Cicon, donne, en 1218, des fonds et des sujets à Bellevaux, etc. Les biens de cette illustre Maison se dispersèrent par les alliances des filles, et elle s'éteignit, vers 1390 et 1400, dans les Maisons de Saint-Mauris-en-Montagne, d'Igny et de Colombier.

Elle portait de gueules à trois fasces d'or.

Ses alliances sont : Cicon, Cusance, Durnes, Montarlot, de Belmont, Bermont, Meurcourt, Igny, Rougemont, Vy, Sancey, Saint-Mauris, Liesle, Neufchâtel, Montaigu, Pierrefontaine, Colombier. Le premier sire d'Aucelle prouvé fut père de Guillaume d'Evin, chevalier, et de Rodolphe, grand doyen de Saint-Etienne, 1120, 1135 et 1138; Guillaume, chevalier, sire d'Aucelle, fut père de Hugues, chevalier, 1155; père de Richard, marié à Elvis de Durnes, 1208; père de Richard II, marié à Elvis de Rougemont; père de Jacques, marié à Marguerite de Cusance, 1309; père de Jacques III, marié à Jeanne de Sancey; père de Richard III, mort sans enfans, chevalier, sire d'Aucelle, Montby, Sancey; de Jeanne d'Aucelle, femme de Guillaume de Saint-Mauris; 1396; de Jacquette, mariée à Vuillaume d'Igny, Marguerite à Thiébaud de Meurcourt, et Guillemette à Jean de Colombier; toutes dernières de cette Maison.

chevalier, homme d'armes, gouverneur du château de Montbozon, et de Jeanne de Sancey, héritière et dernière de son nom; ledit baron d'Aucelle, dernier de cette Maison, illustre et baronnale et grandement alliée, ne laissant que deux filles, l'autre (Guillemette) mariée à Jean de Colombier. Guillaume eut de cette alliance huit enfans : 1.° Jean IV, qui suit, chevalier de Saint-Georges, écuyer, puis chambellan du duc, marié, 1.° à Guillemette de Blandans, 2.° à Louise de Rougemont; 2.° Etienne, aussi écuyer du duc et l'un de ses capitaines en chef, qui se distingua et fut grièvement blessé à la bataille de Gâvre, et qui signa comme assistant le maréchal de Neufchâtel, le traité passé au nom du duc avec la cité de Besançon, en 1451, épousa Jacquette de Grammont, dame de Remiremont; 3.° Michel, religieux à l'abbaye noble de Baume; 4.° Huguenin, homme d'armes; 5.° Vuillemette, mariée à Odat sire d'Esnans; 6.° Louise, mariée à Nicolas de Saint-Martin; 7.° et 8.° Anne et Marguerite, dames à Migette, dont Jeanne leur tante était abbesse.

Guillaume, constamment dévoué au service de son souverain, fut des plus ardens à se joindre avec sa suite, en 1414, sous la bannière de Louis de Châlons, aux plus zélés des chevaliers bourguignons qui se réunirent pour aller au secours du duc; aussi voit-on son nom des premiers dans l'extrait de liste de quarante-deux seulement qu'en donne D. Plancher, qui annonce ne rapporter que les principaux, mais que cette troupe était de cent quatre-vingt-deux chefs. Les autres seigneurs du nombre des quarante-deux qu'il cite, étant presque tous de Maisons alliées à celle de Saint-Mauris, on se plaît à les rapporter dans une note ci-dessous *(a)*. Constamment fidèle à l'honneur et à son prince comme ses ancêtres et ses descendans, Guillaume se joignit de nouveau aux autres seigneurs des deux Bourgognes les plus dévoués au duc, pour aller à son secours en 1417 sous la même bannière; troupe que le même auteur dit avoir été des plus nobles et des plus belles de l'armée, mais dont il ne cite également que les plus marquans, nommés ci-après *(b)*, parmi lesquels il se trouve encore rapporté des premiers. Il fit en 1427 des dons et fondations à l'église et à sa chapelle de Saint-Mauris, de concert avec sa femme, (où ils rappellent leurs ancêtres), qu'augmentèrent leurs enfans, et que ses descendans de son nom acquittaient encore en 1790.

(a) Le sire de Cusance, Guillaume de Villerslafaye, Jean et Hugues de Vaudrey, Jean de Grammont, Jean de Rougemont, Pierre de Clairon, Hugues de Willaffans, Gerard de Bourbon, P. et G. Bouton, T. de Beaurepaire, P. de Damas, J. de Laubépin, P. et T. d'Estouteville, Emard de Vienne, M. d'Auxonne, E. de Saint-Georges.

(b) Guillaume de Villerslafaye, chevalier banneret, Hugues de Vaudrey, Etienne de Pardessus-Poligny, P. de Rougemont, Balthazard d'Andelot, P. et C. de Clermont, J. de Vienne, J. de Bourbon, P. de Grancey, G. de Rupt, G. de Montfaucon, M. d'Auxonne, J. de Pesmes, G. de Montferrand, N. de Montaigu, D. de Toulongeon, T. de Montbéliard, C. de La Beaume, G. d'Amance, G. et P. de Châtillon, etc. etc.

ROUGEMONT. — S.T-MAURIS. — BLANDANS.

1. **JEAN IV** de Saint-Mauris, écuyer, puis chambellan du duc, qui a continué la postérité par son mariage, 1.° avec Guillemette de Blandans, 2.° avec Louise de Rougemont, et qui suit.

ESNANS. — S.T-MAURIS.

2. **VUILLEMETTE** de Saint-Mauris épousa, vers 1440, Odat sire d'ESNANS (*), seigneur audit lieu et à Baume-les-Dames (Maison distinguée de l'ancienne chevalerie.) Elle fait une vente, en 1449, où elle se dit fille de Guillaume et femme dudit seigneur d'Esnans, fils de feu noble homme Jean sire d'Esnans et de Guillemette de Charmes.

(*) ESNANS.

L'ancienne Maison d'Esnans ou d'Esnent de nom et d'armes, de race de l'ancienne chevalerie, tire son nom du village d'Esnans, bailliage de Baume. Le premier connu est Humbert sire d'Esnans, qui reprit de fief de Jean de Châlons, en 1257, pour sa seigneurie d'Esnans. (Cette reprise de fief est aussi rappelée dans l'Histoire de Salins, page .) Gollut cite cette ancienne Maison comme éteinte déjà en 1580, page 965. Jean d'Esnans, abbé de Bellevaux, y fut enterré en 1349. Jean d'Esnans, écuyer, qui avait épousé Guillemette de Charmes, vivait encore en 1400. (Voy. archives de la Maison de Saint-Mauris, où se trouvent plusieurs autres titres des quatorzième et quinzième siècles, ainsi que dans celles de la Maison de Montjoye, notamment une reprise de fief de Vuillemette de Voillant, dame de Chamesol, femme de Jean d'Esnans, chevalier, en 1349.)

Cette Maison portait d'or à trois quintes feuilles de sable posées en pal.

S.t-MAURIS. — GRAMMONT.

3. **ÉTIENNE** de Saint-Mauris, seigneur audit lieu, Sancey, Battenant, etc., écuyer du duc de Bourgogne Philippe-le-Bon, et l'un de ses capitaines généraux, épousa, en 1428, Jacquette de GRAMMONT (*), dame de Remiremont, fille de Guy sire de Grammont et à Granges, chevalier, et d'Isabelle de Vellechevreux. Sa postérité n'est pas connue. Etienne commandait une division d'infanterie et de cavalerie de l'armée du duc, à la bataille de Gâvre contre les Gantois en 1446, et se distingua d'une manière remarquable à cette journée, et fut grièvement blessé; il se signala à l'attaque d'un fort près de Scanderberg, où il fut de nouveau blessé dangereusement; étant un des chefs de cette expédition, il signa comme garant, avec plusieurs autres seigneurs de la province, le traité passé par le maréchal de Neufchâtel au nom du duc et la cité de Besançon en 1451. (Gollut, pp. 800 et 801.) On le trouve rapporté comme écuyer du duc Philippe dans la liste des grands officiers de sa Maison, de 1460, page 229 des Mémoires pour servir à l'Histoire de France et de Bourgogne, et dans les comptes de Huguenin de Faletans, 1463, fol. 65 et 84; et D. Plancher, tom. IV, page 48, le rapporte comme homme d'armes en 1417 dans la compagnie du sire de Neufchâtel, son suzerain, puis en 1428,

---

(*) GRAMMONT.

La Maison de Grammont-Granges étant incontestablement, d'après titres et monumens encore existans, une branche de la Maison des barons et bannerets de Granges, est conséquemment d'origine du haut baronnage et de l'ancienne chevalerie du comté de Bourgogne, la baronnie de Granges étant une des plus anciennes du pays et des plus considérables par le nombre de ses vassaux. Les sires de Grammont, depuis l'an 1300 qu'ils en ont bâti le château et en ont pris le nom, ont constamment soutenu l'éclat de leur origine, ayant toujours été élevés aux premières dignités de l'Etat, tant dans l'Eglise que dans les armées; ils ont donné trois archevêques de Besançon et nombre de grands officiers de la Maison des ducs de Bourgogne, de chevaliers, d'officiers généraux, colonels et officiers supérieurs, et gouverneurs de places, distingués ou tués à leur service; réuni de grandes possessions et contracté les plus hautes alliances, ayant donné un grand nombre de branches toutes également distinguées. L'espace d'une notice ne permet de donner ici que l'extrait de celles qui subsistent et des fragmens de celles qui ont contracté des alliances directes avec la Maison de Saint-Mauris, qui en retrouve six d'établies par titres, comme il suit:

1.° Guy sire de Granges, chevalier, en 1105; père 2.° de Guy II, en 11..; père 3.° de Guyot, 1220; père 4.° de Guillaume, en 1278, marié à Isabelle d'Uxelle; père 5.° de Guy sire de Granges et de Grammont, en 1311, marié à Marguerite de Varre; père 6.° de Guillaume de Grammont, tige de la branche de Falon, qui suivra ¶; et 6.° de Guyot de Grammont, marié, 1.° à Isabelle de Vellechevreux, dont il eut 7.° Jacquette, mariée à Etienne de Saint-Mauris ci-dessus, écuyer du duc et l'un de ses capitaines; et 7.° de Thomas, chambellan du

avec Perrin de Saint-Mauris son cousin, comme un des principaux seigneurs siégeant alors aux Etats, qui s'empressèrent des premiers à offrir hommage au duc.

Il est qualifié noble homme Etienne de Saint-Mauris dans un acensement de fonds à Belvoir, qu'il fait de concert avec Huguenin de Saint-Mauris son frère, 17 mars 1446, etc. etc.

4. **HUGUENIN** de Saint-Mauris-en-Montagne, homme d'armes en 1418 et 1429, seigneur de la forte-maison et de fiefs à Belvoir.

Rappelé par titres des années 1418, 1429, 1446 et 1453, comme fils de Guillaume; on ignore s'il eut postérité.

5. **ANNE** de Saint-Mauris, religieuse de la noble abbaye de Migette en 1437. Relevé et attestation de ce chapitre.

6. **MARGUERITE** de Saint-Mauris-en-Montagne, religieuse à l'abbaye noble de Migette en 1447, d'après une attestation dudit chapitre. L'on n'a point d'autres preuves pour l'établir fille de Guillaume que le rapprochement des dates et des circonstances, étant naturel de penser que Jeanne de Saint-Mauris, sœur de Guillaume, étant abbesse de Migette, elle ait attiré et fait obtenir des places à ses nièces dans ce chapitre.

---

duc, marié à Marie de Saulx, qui suit; Guyot eut d'un deuxième mariage avec Agnès de Vezet 7.° Jean, tige de la branche de Vezet, qui suivra ¶¶. Thomas eut de Marie de Saulx 8.° Thiébaud, marié à Jeanne de Grenans, dont il eut 9.° Perceval qui suit, Jean, tige de la branche de Nomay ¶¶¶, et 9.° Jacques-Balthazard, marié 1.° à Catherine de Thon, 2.° à Marguerite de Saint-Mauris en 1498, fille de Thiébaud seigneur de Mathay et d'Henriette de Bougne, tige d'un rameau; 9.° Perceval, marié à Catherine de Montmartin; père 10.° de Thiébaud, marié à Marie de Vy; père 11.° d'Etienne, marié à Catherine de Montureux; père 12.° d'Antoine, marié en 1573 à Ferdinande de La Roche; père 13.° d'Antide, gouverneur de Dôle, marié à Reine Felletet; père 14.° de Laurent-Théodule, gouverneur de Joux, marié à Jeanne de Poitiers; père 15.° de Michel, lieutenant-général, marié à Barbe Berbis; père 16.° de Ferdinand, lieutenant-général, marié à Marie de Scoraille; père 17.° de Théodule, marié à N... de Noailles; père 18.° de Théodule, marié en 1813 à Félicie de Carvoisin, de Rosalie, mariée au comte Félix de Mérode, de Ferdinand, marié en 1829 à N... de Crillon, et de Philippine.

¶ 6.° Guillaume, fils de Guy et de Marguerite de Varre, épousa Marguerite de la Guiche; dont 7.° Guillaume, marié à Marguerite de Falon; dont 8.° Jacques, marié à Jeanne d'Andelot; dont 9.° Guy, chambellan, marié à Marie d'Arbon; dont 10.° Antoine, marié à Marie de Vellefaux; dont 11.° Marie, femme en 1480 d'Adrien de Saint-Mauris, seigneur de Mathay, gouverneur de Neufchâtel, fils de Thiébaud et d'Henriette de Bougne; 11.° Anne, femme de Guy de Pontailler; et 11.° Marc, marié à Anne de Joux; père 12.° d'Adrien, marié à Claude de Pontailler; dont 13.° Adrienne, mariée à Gaspard de Grammont.

¶¶ 7.° Jean, fils de Guyot et de Jeanne de Vezet, épousa Marguerite d'Arguel, 1464; dont 8.° Guillaume, marié à Jacquette d'Amange; dont 9.° Bernard, marié à Marguerite d'Achey; dont 10.° François, archevêque de Besançon; 11.° Simon, marié en 1558 à Marguerite de Saint-Mauris, veuve de Guy de Meligny, fille de Marc et de Pierrette de Clairon; 11.° Françoise, mariée à Jean de Saint-Mauris, fils de Thiébaud et de Marguerite de Colombier; 11.° Pierre. commandeur de Malte; 11.° et Guillaume, marié à Françoise de Citey, qui n'eut que trois filles.

¶¶¶ 9.° Jean, tige de la branche de Nomay, fils de Thiébaud et de Jeanne de Grenans, épousa, 1.° Catherine de Courbessaint, 2.° Claude de Saulx, dont il eut Jean; père 10.° de Claude, marié en 1590 à Marguerite de Saint-Mauris, fille de Nicolas, écuyer du duc de Lorraine, et de Françoise de Nogent; 11.° Réné, qui n'eut que Clauda, femme de Gabriel de Bauveaux, Alise, femme de Claude de Vy, Adrienne, mariée à Claude de Crosey, et Françoise, femme de Claude de Raincourt.

Cette Maison porte écartelé aux premier et quatrième de gueules au sautoir d'or, qui est Granges, aux deuxième et troisième d'azur à trois bustes de carnation, couronnés d'or, qui est Grammont.

Son ancien adage : BEAUTÉ DE GRAMMONT.

Devise : DIEU AIDE AU GARDIEN DES ROIS.

S.T-MARTIN. — S.T-MAURIS.

7. **LOUISE** de Saint-Mauris, femme de noble homme Nicolas de St.-Martin (*) en 1451, le 21 novembre, époque où elle fait avec son mari des dons à l'abbaye de Theuley, lequel était fils d'Etienne seigneur de Saint-Martin, chevalier de Saint-Georges, et de Marguerite de Ligny. Ledit Nicolas était frère de Philippe de Saint-Martin, écuyer du duc Philippe-le-Bon, et fut père de Guillaume III, marié, 1.° à Guillemette de Montureux, 2.° à Catherine de Villers; il fut chevalier de Saint-Georges en 1485, et y prouva : 1.° Saint-Martin, 2.° Ligny, 3.° Saint-Mauris, et 4.° Aucelle.

Cette Maison très-ancienne, d'origine chevaleresque, fut reçue à Saint-Georges dès la création de cet ordre.

On voit par le testament de ladite Louise qu'elle fut aussi mère d'Henriette de Saint-Martin, femme d'Humbert de La Villeneuve, écuyer.

8. **MICHEL** de Saint-Mauris, religieux à l'abbaye noble de Baume, reçu vers 1450, pitancier en 1462, grand aumônier en 1473 et 1478, probablement filleul de Michel de Saint-Mauris, damoiseau, seigneur à Accolans, Rahon et Valevans, son grand oncle.

(*) SAINT-MARTIN.

Les gentilshommes de nom et d'armes de cette antique Maison de race de l'ancienne chevalerie du comté de Bourgogne, possédaient dès les siècles les plus reculés la tour forte et les fiefs de Saint-Martin près Lons-le-Saunier. On voit par les registres des chevaliers de Saint-Georges et les histoires de Bourgogne, qu'ils furent reçus chevaliers de cet ordre de noblesse lors de sa restauration au commencement du quinzième siècle; qu'Etienne de Saint-Martin y fut admis en 1445, Guillaume en 1485, Jean en 1529, etc. Il se voit également qu'ils donnèrent des grands officiers de la Maison des ducs de Bourgogne et nombre de chevaliers et d'hommes d'armes dans leurs armées. Depuis Guy seigneur de Saint-Martin, co-fondateur, avec le comte de La Roche son suzerain, du monastère du Lieu-Croissant dès les commencemens du douzième siècle, on trouve beaucoup de ses descendans aussi chevaliers et bienfaiteurs de cette abbaye et de celles de Baume, Balerne, Theuley, notamment Simon, Guy, Regnaud, Richard, en 1130, 1133, 1140, 1178, 1202, 1209, 1231; et grand nombre de rappelés dans des chartes des treizième, quatorzième et quinzième siècles, et dans les rôles d'hommes d'armes de ces temps, parmi lesquels ils eurent des chevaliers distingués; on y remarque Philippe, écuyer pannetier du duc en 1460; Gerard, qui accompagna le duc en Guienne en 1372; Guillaume, qui marcha comme chevalier, suivi de neuf écuyers, et combattit vaillamment à côté du duc Philippe-le-Hardi, en 1382, à Rosebecq; Jean, qui accompagna le duc aux portes de Paris en 1413; Bernard, fait prisonnier près de Mons en 1431; tous grandement alliés.

Saint-Martin portait d'argent à trois hures de sanglier de sable arrachées et allumées de gueules.

LIGNE DIRECTE. | 10.e DEGRÉ.

ROUGEMONT. — S.T-MAURIS. — BLANDANS.

1450.

JEAN, QUATRIÈME DU NOM.

Jean IV de Saint-Mauris, chevalier de Saint-Georges en 1430, homme d'armes en 1427, écuyer de Philippe-le-Bon en 1460, chambellan du duc Charles en 1470, puis du roi Louis XI en 1472, seigneur de Saint-Mauris-en-Montagne, Court-les-Saint-Mauris, Sancey, Battenant, Bief, Accolans, Fleurey, Valevans, Rahon, Ville-sous-le-Mont, Vauclusotte, épousa : 1.° en 1450, Guillemette de Blandans (*), sœur de Claude (d'une ancienne Maison de race chevaleresque), fille d'Hugues sire du château et tour forte de Blandans, homme d'armes, seigneur de Battenant, et de Jeanne de Montureux; 2.° en 1478, Louise de Rougemont (**)

(*) BLANDANS.

Maison de race de l'ancienne chevalerie du comté de Bourgogne, qui tirait son nom de ses fiefs, village, château et tour forte de Blandans, bailliage de Poligny, qui s'est éteinte dès les commencemens du seizième siècle; on trouve nombre de chevaliers, écuyers et damoiseaux de ce nom, depuis l'an 1300 jusqu'en 1480, dans les rôles de compagnies nobles d'hommes d'armes déposés à Dijon, et dans des titres épars des mêmes siècles, à l'officialité et autres dépôts et archives, ainsi que des actes de réception aux mêmes époques dans plusieurs chapitres nobles, de Baume, etc. Gollut, Dunod, D. Plancher et autres citent plusieurs de ces anciens gentilshommes rapportés dans des actes, toujours avec qualification de chevalier, prenant souvent la qualification de sire de Blandans, et figurant avec l'ancienne noblesse chevaleresque du pays; mais éteinte depuis trois siècles, on ne peut en établir que des fragmens de filiation, mais où l'on remarque toujours des alliances distinguées.

Portait d'azur au chevron d'or accompagné de trois vires ou annelets de même.

(**) ROUGEMONT.

La Maison de Rougemont, une des plus antiques et des plus puissantes des deux Bourgognes, marquante parmi celles d'ancienne chevalerie du haut baronnage primitif de ces pays, qui a possédé depuis l'an 1000 et durant trois siècles la vicomté héréditaire de la cité de Besançon, à laquelle elle a donné trois archevêques. Elle tirait son nom d'une grande terre composée

(d'une illustre Maison du haut baronnage), fille d'Henry baron et sire de Rougemont et de Chassey, et de Béatrix de Sainte-Agnès, et fut père : 1.° de Pierre II de Saint-Mauris, chevalier de Saint-Georges, gouverneur et capitaine de Châtillon, marié à Françoise de Rougemont, qui suit; 2.° de Philibert, homme d'armes, marié à Agnès de Bauffremont (d'une très-illustre Maison); 3.° et 4.° d'Isabelle et de Pernette, dont l'on ignore le sort. Jean IV, quoique fort jeune alors, fidèle comme tous les siens, fut du nombre des premiers seigneurs bourguignons qui, par courageux dévouement pour leur prince, se réunirent avec leur suite pour servir le duc sous la bannière de Thiébaud de Neufchâtel, en 1427; aussi D. Plancher le rapporte-t-il le huitième dans la liste qu'il donne seulement des trente-six des plus distingués et connus. On rappellera en note ci-dessous les noms des autres gentilshommes qu'il nomme aussi, se trouvant la plupart de Maisons alliées à la sienne *(a)*.

Il fut reçu chevalier du corps illustre de Saint-Georges en 1430 : ses quatre quartiers étaient, 1.° Saint-Mauris, 2.° Willaffans, 3.° Aucelle, 4.° et Sancey; fut un des chevaliers de marque qui installèrent l'archevêque de Besançon en 1440; écuyer d'écurie de Philippe-le-Bon en 1460, charge toujours déférée à des gentilshommes aussi vigoureux que vaillans, étant appelés à l'honneur de porter en guerre la bannière du duc, (circonstance qui se trouve en rapport avec la belle et forte tournure que l'on remarque dans le portrait en pied de Jean IV conservé dans la galerie des tableaux de cette famille). Il fut en 1470 chambellan du duc Charles, puis en 1480 chargé de la revue des nobles compagnies d'hommes d'armes; il ratifia

(a) Aimé de Choiseul, Jean de Cusance, Thiébaud de Rougemont, Jacques, Antoine et Hugues de Grammont, Jean de Mont-St.-Ligier, Jean de Noidans, Pierre d'Aigremont, Jean et Simon de Saint-Martin, J. de Faucogney, N. de Ray, Huë de La Roche, Nicolas et Henry de Rosières, B. de Noyers, A. de Montmartin, P. de La Guiche, J. de Montjustin.

de nombre de villages et de la petite ville de Rougemont défendue par un ancien château-fort, qui était une des principales baronnies primitives, de laquelle relevait grand nombre de seigneurs bannerets et châtelains. Elle pouvait citer en outre parmi ses grandes illustrations, d'avoir fait la guerre en son propre nom à d'autres grands seigneurs; de se trouver qualifiée dès le treizième siècle de cousin par les ducs et comtes de Bourgogne; d'avoir été fréquemment leur caution, pleige et médiateur : aussi les voit-on toujours mentionnés des premiers dans tous les traités, chartes et diplômes importans. On remarque Thiébaud I.er, nommé le premier dans un diplôme adressé par l'empereur Henry IV (qui est mort en 1116), à Regnaud, comte de Bourgogne, et aux principaux grands seigneurs du pays; Thiébaud II, aussi le premier dans un diplôme de l'empereur Frédéric, en 1237, etc. Ils ont toujours soutenu cet éclat et celui de leur ancienne origine en contractant constamment les plus illustres alliances, soutenant de fameux pas d'armes, se distinguant dans les tournois et dans les armées comme preux et vaillans chevaliers, bannerets et bâcheliers. Six seigneurs de ce nom furent reçus chevaliers de Saint-Georges en 1390, à l'époque de la première restauration de ce corps illustre, qui, par déférence remarquable pour cette Maison et hommage aux vertus héroïques de Jacquette de Rougemont et d'Henriette de Vienne, veuve d'un seigneur de Rougemont, leur accorda la décoration de cet ordre, seul exemple de pareille faveur. Cette Maison posséda les dignités de connétable en fief héréditaire au treizième siècle, également celle de goufalonier jusqu'à son extinction en 1374. Huë de Rougemont fut grand maître des Templiers en 1227; Thiébaud, puis Humbert, lieutenans-généraux, gouverneurs et gardiens du comté en 1285 et 1305, et toujours leurs descendans remplirent les premières charges à la cour et à la tête des armées de Bourgogne. Ce nom est reçu de toute ancienneté dans les chapitres nobles du pays, et depuis 1300 dans celui illustre de Remiremont. Puissans bienfaiteurs de l'abbaye de Bellevaux, ils y avaient établi leur sépulture jusqu'à leur extinction au seizième siècle. Partie de leurs terres passèrent à la Maison de Châlons.

Le précis de sa filiation porte : Thiébaud I.er sire et baron de Rougemont, vicomte de Besançon en 1044; père de Thiébaud II, en 1060; père d'Etienne, marié à Sibille; père de Thiébaud III, en 1130; père de Humbert I.er, 1120 et 1189; père de Thiébaud IV, 1173 et 1213, marié à Alix de Traves, fille du connétable; père de Thiébaud V, marié à Cécile comtesse, 1230; père de Humbert II, marié à Elvis, 1230; père de Thiébaud VI, marié à Agnès de Savigny, 1264; père de Humbert III, 1305, marié à Agnès de Durnes; père de Thiébaud VII, 1314, marié à Jeanne; père de Guillaume I.er, marié à Marguerite de Ray; père d'Alix, marié à Gauthier de Bauffremont, et d'Humbert IV, 1369, marié à Alix de Neufchâtel, dont il eut : 1.° Jean Guillaume, marié à Etiennette de Saulnot, 1409, qui suivra; 2.° Jean, marié à Marguerite de Chauvirey; 3.° Guillaume II, marié à Marguerite de Vienne; père d'Humbert V, marié en 1418 à Henriette de Vienne, mort sans hoirs. Jean-Guillaume ci-dessus, marié à Etiennette de Saulnot, fut père de Guillaume II, marié à Claudine de Gevigney; père d'Henry, marié à Béatrix de Sainte-Agnès, dont il eut : 1.° Louise, mariée en 1478 à Jean de Saint-Mauris, écuyer-chambellan du duc de Bourgogne; 2.° Françoise, mariée en 1478 à Pierre de Saint-Mauris, gouverneur de Châtillon; 3.° Thiébaud VIII, marié à ....., dont il n'eut qu'une fille, mariée à Thiébaud de Neufchâtel.

Elle portait d'or à l'aigle de gueules couronné, becqué, membré d'azur.

et augmenta les dons et fondations faits à l'église et à sa chapelle de Saint-Mauris par ses pères, encore acquittées par ses descendans de son nom en 1790. Il mourut en 1483 et fut inhumé près de ses ancêtres dans sadite chapelle *(a)*. Louise de Rougemont sa veuve se remaria à Etienne de Pierrefontaine, chevalier, seigneur de ce lieu et de Bonnay. Elle était sœur de Louise mariée à Pierre de Saint-Mauris, et de Thiébaud qui fut père de Catherine de Rougemont, femme de Jean de Neufchâtel. Henry son père était fils de Guillaume baron de Rougemont, et de Claudine de Gevigney, petit-fils de Jean Guillaume, chevalier de Saint-Georges, frère de Thiébaud, archevêque de Besançon, et de Simonne de Saulnot; il prouva à Saint-Georges : 1.° Rougemont, 2.° Saulx, 3.° Neufchâtel, et 4.° Bourgogne. Claudine de Gevigney était fille de Thiébaud et de Jeanne de Grachaux.

S.T-MAURIS. — ROUGEMONT.

1. **PIERRE II** de Saint-Mauris-en-Montagne, chevalier de Saint-Georges, capitaine et gouverneur des château et fort de Châtillon, qui a continué la postérité (et qui suit) par son mariage avec Françoise de Rougemont.

(a) Voyez Mémoires de Gollut et de Comines, tom. IV, pag. 487, qui citent que Jean de Saint-Mauris, après la mort du duc Charles, passa de son service à celui de Louis XI, roi de France, aussi en qualité de chambellan, avec plusieurs autres seigneurs du pays.

S.t-MAURIS. — BAUFFREMONT.

2. **PHILIBERT** de Saint-Mauris, damoiseau, homme d'armes dans les armées de Bourgogne en 1472, seigneur audit Saint-Mauris-en-Montagne, d'un fief au val de Montmartin, épousa vers 1488 Agnès de BAUFFREMONT (*), fille de Pierre de Bauffremont, chevalier, laquelle lui apporta

---

(*) BAUFFREMONT.

Parmi les plus grandes Maisons du royaume on remarque celle de Bauffremont comme aussi illustre par son ancienne origine que par les grandes charges que les hauts barons de ce nom ont de tout temps occupées tant à la cour de France et à la tête de ses armées, qu'à celle des souverains de Bourgogne ; par leurs décorations et réceptions multipliées dans les ordres de la Toison-d'Or, du Saint-Esprit, de Saint-Michel, d'Alcantara, de Rhodes, de Saint-Georges et de Malte, comme aussi dans tous les hauts chapitres, depuis le quatorzième siècle ; enfin par leurs hautes alliances, notamment avec les Maisons de France, de Bourgogne, de Lorraine, et l'avantage unique que ses seigneurs ont eu de présider dans trois circonstances la noblesse du royaume aux Etats généraux. Ils ont aussi soutenu comme chefs de parti de fameux pas d'armes, combattu dès le treizième siècle à de brillans tournois. A cette époque on les voit aussi remplir les charges de maréchaux et de sénéchaux de Bourgogne, qui étaient les premières du pays, et figurer comme chevaliers bannerets dans les armées, suivis de nombre de chevaliers et gentilshommes leurs vassaux. Cette illustre Maison, admise aux honneurs de la cour en vertu de ses preuves, obtint un diplôme de prince au dix-huitième siècle, puis fut élevée à la pairie avec titre de duc dans le dix-neuvième.

Liébaud I.er, baron et sire de Bauffremont, 1203 ; père de Pierre, marié à Agnès de Ferrette, 1234 ; père de Liébaud II, maréchal de Bourgogne en 1302, marié à Marguerite de Choiseul, dont il eut : 1.o Huart, marié à Mahaut de Poligny, qui suivra ¶ ; 2.o Gauthier, marié à Jeanne de Scey, 1310 ; père de Huart, né vers 1303, marié à Agnès de Cusance ; père de Henry, marié à Jeanne de Vergy ; père de Guillaume I.er, marié à Jeanne de Villersexel ; père de Charles, marié 2.o à Charlotte de Longwy, 1511 ; père de Claude I.er, marié à Anne de Vienne en 1526 ; père de Jean, marié 2.o à Béatrix de Pontailler en 1556 ; père de Guillaume II, marié en 1588 à Claudine de Villume ; père de Claude II, marié à Marguerite de Poligny, 1654, dont il eut Béatrix, mariée à François de Raigecourt, et Charles-Louis, marié à Louise de Bauffremont en 1640 ; père de Pierre, marié à Marie des Barres en 1681 ; père de Louis Benigne, marié à Hélène de Courtenaye en 1712 ; père de Louis, marié à Marie-Ferdinande de Tennarre, dont il n'eut que Louise-Ferdinande, héritière de tous les biens de la famille, mariée en 1762 à Joseph prince de Bauffremont son oncle paternel ; père d'Alexandre, marié en 1788 à N... Quélin de La Vauguyon ; père d'Alphonse, marié à ..., et de Théodore, marié en 1819 à N... de Montmorency.

¶ Huart de Bauffremont, mari de Mahaut de Poligny ci-dessus, vers 1290, fut père de Pierre en 1349, marié à Anne de Faucogney ; père de Gauthier, 1396, marié à Alix de Rougemont ; père de Pierre II, marié à Henriette d'Amont ; père de Pierre III, marié à Marguerite de Coublans ; dont il eut : 1.o Nicolas, 2.o Jacques, et 3.o Agnès, marié à Philibert de Saint-Mauris, chevalier, gouverneur de Châtillon, déjà son parent par les Rougemont.

Ils portent vairé de gueules et d'or ; support : deux anges.

Cri de guerre (comme ancien bannerets) : DIEU AIDE AUX PREMIERS CHRÉTIENS.

Devise : PLUS DE DEUIL QUE DE JOIE.

Il est à remarquer que cette devise est aussi celle de la Maison de Saint-Mauris : la tenait-elle de cette alliance ? on l'ignore ; mais il est probable qu'elle est plutôt une allusion aux émaux et aux supports de ses armoiries.

Ancien adage : LES BONS BARONS DE BAUFFREMONT, et selon d'autres clergies, DE BOIFFREMONT.

en mariage un fief au val de Montmartin, ainsi qu'il le dit dans l'acte de foi et hommage qu'il en fit au seigneur de Montmartin, en 1491. Rappelé aussi dans le testament de son père de 1483, et dans une quittance de 1494. (Archives de la Maison de Bauffremont.) Il paraît par d'autres titres qu'Agnès était fille de Pierre sire de Bauffremont, chevalier, seigneur dudit lieu, Vauvillars, Ruppes, et au val de Montmartin, etc., (de la branche de Bauffremont-Sennecey), et de Marguerite de Coublans; lequel Pierre était fils de Pierre et d'Henriette d'Aumont, et petit-fils de Gauthier baron de Bauffremont sire de Vauvillars, et d'Alix baronne de Rougemont, etc.

Il eut de cette alliance Pierre et Jeanne, morts en bas âge.

La Maison de Bauffremont, chevaleresque et baronnale, des plus illustres et marquantes du royaume.

3. **ISABELLE** de Saint-Mauris, dont l'on ignore le sort.

4. **PERNETTE** de Saint-Mauris, dont on ne connaît pas la destinée.

LIGNE DIRECTE.

II.e DEGRÉ.

S.T-MAURIS. — ROUGEMONT.

1478.

PIERRE, DEUXIÈME DU NOM.

Pierre II de Saint-Mauris-en-Montagne, chevalier de l'ordre de Saint-Georges, capitaine et gouverneur des château et fort de Châtillon en 1494, seigneur de Saint-Mauris-en-Montagne, Court-les-Saint-Mauris, Battenant, Sancey, Fleurey, Bief, Accolans, la forte-maison de Belvoir, Ebey, Ville-sous-le-Mont, épousa demoiselle Françoise de ROUGEMONT (*) le lundi après Pâques, 1478, d'une illustre Maison, déjà citée comme puissante et du haut baronnage, alliée plusieurs fois à celle de Saint-Mauris, fille de Henry baron-sire de Rougemont et de Chassey, chevalier, et de Béatrix de Sainte-Agnès. Il eut de ce mariage neuf enfans : 1.° Hugues, qui suit, armé chevalier par Charles-Quint, gouverneur du comté de La Roche et de la Franche-Montagne, marié à Claudine de Mugnans (Maison chevaleresque distinguée); 2.° Huguenin, gouverneur de Châtillon, qui se signala aux armées de Bourgogne et eut un poignet abattu, dans un combat, d'un coup de hache d'armes, marié à Catherine de Montjoye (Maison illustre du haut baronnage);

(*) ROUGEMONT.

Cette puissante Maison étant la même que celle dont l'on trouve une notice page 47, on renvoie à cette notice, où se lit un précis de sa filiation, de son antiquité et de son lustre. Son antique adage était : CHEVANCE DE ROUGEMONT.

3.° Pierre, grand-prieur des abbayes nobles de Mürbach et de Lure; 4.° Jean; 5.° Guillaume; 6.° Claudine, mariée à Jean, sire de Mathay; 7.° Marguerite, mariée à Etienne de Crosey; 8.° Rose, dame de Migette; 9.° et Jeanne, dame de Baume.

Pierre II mourut en 1510 ab intestat.

Françoise de Rougemont était sœur de Louise mariée à Jean de Saint-Mauris, et de Thiébaud qui fut père de Catherine de Rougemont, femme de Thiébaud de Neufchâtel. Henry, son père, était fils de Guillaume baron de Rougemont, et de Claudine de Gevigney, et petit-fils de Jean-Guillaume, chevalier de Saint-Georges, frère de Thiébaud, archevêque de Besançon, et de Simonne de Saulnot; ses quartiers étaient : 1.° Rougemont, 2.° Saulx, 3.° Neufchâtel, 4.° et Bourgogne. Claudine de Gevigney était fille de Thiébaud et de Jeanne de Grachaux.

Pierre II prouva à Saint-Georges : 1.° Saint-Mauris, 2.° d'Aucelle, 3.° Blandans, 4.° Montureux.

S.T-MAURIS. — MUGNANS.

1. **HUGUES** de Saint-Mauris-en-Montagne, chevalier, dit le Vieil, gouverneur de toute la Franche-Montagne, qui a continué la lignée par son mariage avec Claudine de MUGNANS, et qui suit.

2. **JEAN** de Saint-Mauris, écuyer, rappelé dans des titres du 22 août 1556, seigneur de Saint-Mauris, etc., avec Hugues, Huguenin et Guillaume, ses frères, et comme pupille en 1515.

On ignore absolument sa destinée, mais d'après les listes de Gollut il paraît qu'il fut reçu chevalier de Saint-Georges en 1525.

S.t-MAURIS. — MONTJOYE.

3. **HUGUENIN** de Saint-Mauris, dit le Jeune, écuyer, seigneur audit lieu, capitaine-gouverneur et châtelain des château et baronnie de Châtillon, en 1548, se distingua dans les armées de Bourgogne et eut un poignet abattu, dans un combat, d'un coup de hache d'armes.

Il épousa vers 1550 demoiselle Catherine de TUILLERT-MONTJOYE (*), d'une illustre Maison déjà notée comme marquante dans la haute noblesse, fille de Nicolas de Tuillert baron de Montjoye, chevalier de Saint-Georges, seigneur de Montron, Eméricourt, et de Radegonde d'Oiselay, et veuve de Claude de Sagey, écuyer, fils de Jean de Sagey et de Marguerite de Blicterswich, dont elle avait eu Melchior et Françoise de Sagey. Il est prouvé, quant à sa filiation et à son alliance, par titres de 1551, 1586, 1545, 1552; mais sa postérité n'est pas connue. Cette alliance est la quatrième entre les deux Maisons.

Nota. Nicolas de Tuillert baron de Montjoye, Montron, Eméricourt, etc., mari de demoiselle Radegonde d'Oiselay, était fils de Didier et de Marguerite d'Arberg-Valengin, et frère d'Etienne de Tuillert baron de Montjoye, etc., dont sont issus les comtes de Montjoye-Vaufrey et d'Hirsingen, par son mariage avec dame Catherine d'Haraucourt. Et Catherine ci-dessus était sœur de Lucie de Tuillert, femme de Léonard d'Amance, seigneur de Laissey, Rosey, etc.; de Philippe de Tuillert baron de Montjoye, marié à Marie de Hallstadt; et de Marie de Tuillert, dont on ignore le sort. Il paraît que ledit Huguenin n'eut pas de postérité de ladite Catherine de Tuillert-Montjoye, et qu'il fit héritier Jean de Saint-Mauris, son neveu, mari d'Anne d'Aroz.

(*) MONTJOYE.

On trouve page 33 un précis de l'ancienneté des alliances et des illustrations de cette Maison.

MATHAY. — S.T-MAURIS.

4. **CLAUDINE** de Saint-Mauris épousa en 1510 Jean de MATHAY (*), chevalier, seigneur dudit lieu. Hugues de Saint-Mauris, son frère, n'acquitta sa dot qu'en 1555. (Titre du 26 février de ladite année, et autres mentionnés par l'abbé Guillaume dans son Histoire de Salins, page 357.)

Jean de Mathay fut fils de Thiébaud de Mathay, écuyer, et de Philiberte de Saulnot, vivant ensemble en 1486; laquelle Philiberte était fille de Jacques de Saulnot, écuyer, seigneur dudit lieu, Quincey, Autrey, Mignavillers, Gouhenans, etc., et d'Etiennette de Saint-Mauris, dame de Montandon, fille de Colin de Saint-Mauris-en-Montagne, damoiseau, et de Jeanne de Provenchères, et conséquemment grande-tante de ladite Claudine, qui se trouvait être cousine issue d'issus de germain dudit seigneur Jean de Mathay, son mari, d'une Maison marquante d'ancienne chevalerie.

5. **PIERRE** de Saint-Mauris, chanoine et grand-prieur des chapitres nobles de Mürbach et de Lure, mort en 1560, selon le nécrologe et les attestations desdits chapitres.

(*) MATHAY.

Maison marquante d'ancienne chevalerie, considérable surtout dans son origine; qui posséda la seigneurie de Mathay, importante par le nombre de villages qui en dépendaient et l'étendue de son vaste et fort château, situé dans une gorge et défendu par le Doubs, et qui par cette position était la clef des montagnes du comté de Bourgogne près de Montbéliard. Elle fut possédée plus de deux siècles par la Maison de Saint-Mauris-en-Montagne, qui la porta dans celle de Grammont en 1583, qui elle-même la porta dans celle d'Arberg. Quoique le nombre de branches issues des anciens sires de Mathay ait singulièrement disséminé leur fortune, on les vit néanmoins toujours s'allier aux Maisons les plus distinguées et souvent les plus illustres de l'ancienne chevalerie du pays, et la plupart décorées du titre de chevalier depuis le douzième siècle, où l'on voit Théodoric de Mathay, chevalier, bienfaiteur de l'abbaye du Lieu-Croissant; dans le douzième siècle, Jean sire de Mathay, chevalier, reprend de fief, et dès-lors on trouve nombre de titres de ce siècle et des suivans sur cette Maison, qui s'éteignit au dix-septième dans celle de Pouilly et de Charmoille; reçue dans les chapitres nobles du pays, elle le fut dans l'illustre corps des chevaliers de Saint-Georges plusieurs fois depuis 1556, et à Malte très-anciennement.

Elle portait d'azur à une Mélusine de carnation couronnée d'or, issante d'une cuve de même.

CROSEY. — S.T-MAURIS.

6. **MARGUERITE** de Saint-Mauris épousa, le 25 octobre 1515, Etienne de Crosey (*), seigneur dudit lieu, d'une Maison de race chevaleresque, alliée trois fois à celle de Saint-Mauris, (veuf de Marguerite de Boult, fille de Gerard de Boult, seigneur dudit lieu, et de Simonne de Silley), fils de Georges de Crosey et de Charlotte de Rougnon, petit-fils de Clément et de Claudine de Blamont, arrière-petit-fils de Pierre et de Jeanne de Saint-Mauris, en 1350. Marguerite de Saint-Mauris eut de ce mariage, entr'autres enfans, Simon de Crosey, marié à Denise de Thurey; père de Jean, qui épousa Marguerite de Montmartin.

Cette alliance est prouvée par nombre de titres de la Maison de Crosey et par une vente en original aux preuves, faite par Adrien et Renaud de Crosey, frères, écuyers, etc., à noble homme Etienne de Crosey, écuyer, leur oncle, de fonds à Crosey, pour 114 livres, et à demoiselle Marguerite de Saint-Mauris, sa femme, de 1531, le 22 juin.

7. **GUILLAUME** de Saint-Mauris, écuyer, seigneur, rappelé dans des titres de 1556 prouvant sa filiation et qu'il était pupille en 1515. L'on n'a aucun autre renseignement sur ce degré.

8. **ROSE** de Saint-Mauris, dame religieuse en l'abbaye noble de Migette en 1516, prouvée par attestation dudit chapitre et autres titres.

9. **JEANNE** de Saint-Mauris, rappelée par Françoise de Rougemont, sa mère, dans une transaction de 1515, ainsi que ses frères et sœurs; reçue chanoinesse de Baume-les-Dames et morte en 1588, selon le nécrologe de cette abbaye.

(*) CROSEY.

On trouve page 32 un précis du rang distingué, de la filiation et des alliances de cette ancienne Maison.

LIGNE DIRECTE. 12.e DEGRÉ.

S.T-MAURIS. — MUGNANS.

1525.

HUGUES.

Hugues de Saint-Mauris, chevalier, dit le Vieil, capitaine et gouverneur du comté de La Roche et de toute la Franche-Montagne, villes et châteaux-forts en dépendans, armé chevalier par Charles-Quint après la bataille de Pavie, pour ses hauts faits d'armes, seigneur de Saint-Mauris-en-Montagne, Court-les-Saint-Mauris, Sancey, Fleurey, Belherbe, la forte-maison de Belvoir; et de fiefs à Esbey, Battenant, Chaisot, Orves, La Grange, Vaucluse, Friolois, Charmoille, Mont-de-Vougney, épousa, le 4 février 1525, Claudine DE MUGNANS (*), (d'une Maison marquante de race chevaleresque, alliée plusieurs fois à celle de Saint-Mauris), fille de Thiébaud sire de Mugnans, chevalier de Saint-Georges, seigneur de Laissey, Mancenans,

---

(*) MUGNANS.

Les seigneurs de cette Maison, de race chevaleresque de nom et d'armes du comté de Bourgogne, sires des château, village et seigneurie de Mugnans, bailliage de Vesoul, dès son origine, et dont l'on trouve nombre de chevaliers et écuyers distingués dans les armées de Bourgogne depuis la fin du douzième siècle jusqu'au seizième, aux archives de l'officialité, de l'archevêché, Chambre des comptes, Montbéliard, de diverses abbayes (qu'ils ont dotées), du marquis de Saint-Mauris et de plusieurs autres seigneurs. Ils ont été reçus dans l'ordre de Saint-Georges dès le quinzième siècle, ainsi que dans tous les chapitres nobles. On voit Odat de Mugnans, chevalier, sire de Mugnans, chambellan du duc Robert en 1297, désigné dans son testament avec Liébaud de Bauffremont, maréchal de Bourgogne, pour exécuter ses volontés. Gollut, page 133, cite les illustres Maisons de Neufchâtel, de Cusance, Oiselay, Ferrette et Mugnans, comme s'étant alliées à celles puissantes des comtes d'Hapsbourg, Kibourg et Baden, et celles si illustres de Lorge et de Montgomery, comme sorties de celle de Mugnans. Ce qu'on retrouve encore de titres originaux établit la filiation de quelques-unes de ses branches comme il suit: Jean I.er sire de Mugnans, chevalier, frère d'Hugues, chanoine de la métropole, mort en 1140, fut père de Jean II, chevalier, sire de Mugnans, marié à Clémence de

Rosey, et de Clauda d'Amance, (sœur de Léonard, chevalier de Saint-Georges, mari de Lucie de Montjoye et fille de Louis d'Amance et de Henriette de Cusance, fille d'Aubert de Cusance baron de Belvoir, et de Jeanne de Vennes). Ladite Claudine de Mugnans, sœur de Nicolas, grand-prieur de Lure et de Mürbach, et de Jean II, chevalier de Saint-Georges (où il prouva : 1.° Mugnans, 2.° Cendrecourt, 3.° Amance, 4.° et Cusance), gouverneur des ville et château de Lisle, seigneur de Mugnans, Laissey, Luz, Saulx, marié : 1.° à Clauda d'Amance, 2.° à Claudine de Saint-Mauris, fille de Thiébaud III de Saint-Mauris et de Claudine de Colombier; eut de ce mariage dix enfans : 1.° Pierre III, baron de Châtenois (tige de cette branche), chevalier de Saint-Georges, capitaine-gouverneur du comté de La Roche et de la Franche-Montagne comme ses ancêtres; député de la noblesse vers le souverain; marié à Philiberte de Willaffans, Maison très-distinguée d'ancienne chevalerie; 2.° Jean V, chevalier de Saint-Georges, qui fut aussi gouverneur du comté de La Roche, après son frère, qui continua la branche de la Montagne par son mariage avec Anne d'Aroz, Maison chevaleresque du premier rang; 3.° Nicolas, écuyer du duc de Lorraine : il épousa Françoise baronne de Nogent, et devint souche de la branche dite première des seigneurs de Lambrey ou de Lorraine, parce qu'elle y fut admise aux assises des Etats dans l'ordre et corps illustre de l'ancienne chevalerie de ce pays, ainsi qu'à la cour, à qui elle donna dès-lors des grands-officiers de la Maison des ducs et officiers supérieurs dans leurs armées; 4.° Hugues, marié à Anne de Courbessaint; 5.° et 6.° Jean et Marc, grands-prieurs et vicaires-généraux de l'abbaye noble de Saint-Oyant de Joux (dite de Saint-Claude), et abbés du Miroir; 7.° Pierre, grand-prieur des abbayes nobles de Mürbach et de Lure; 8.° Claudine, mariée : 1.° à Thiébaud baron de Jussey (Maison antique et illustre), 2.° à François de Leugney, chevalier de Saint-Georges, capitaine et gouverneur d'Arguel, Baume et Montfaucon; 9.° et 10.° Isabelle, et Lucie mariée à Pierre de Vaudrey baron de Beveuge, d'une Maison des plus florissantes des deux Bourgognes, alliée plusieurs fois à celle de Saint-Mauris.

Say en 1224 (et de Félicie de Mugnans, mariée : 1.° à Jean d'Arc, 2.° à Guy de Say, chevalier). Jean II fut père d'Odat, chevalier, chambellan du duc Robert, 1297; père de Renaud, 1335; père de Pierre, marié à Béatrix de Bougey, 1352; père d'Henry, qui fit branche, qui suivra ¶, et de Jean III, marié à Elisabeth d'Aroz; père d'Huguenin, marié à Etiennette de Gevigney; père de Thiébaud, marié à Adrienne de Mailleroncourt; père de Martin, marié à Barbe de la Jonchères veuve d'Etienne de Moustier, 15..; père d'Etienne, marié à ...; père de Philibert, marié à Guyonne de La Roche vers 1600; père de Jean-François; père de Jean-Claude, mort jeune sans postérité, vers 1670.

¶ Henry, fils de Pierre et de Béatrix de Bougey ci-dessus, épousa Henriette de Grachaux, dont il eut Martin, marié à Elisabeth de Cendrecourt; père de Thiébaud, chevalier de Saint-Georges, 1518, marié à Claudine d'Amance; père de Claudine de Mugnans, femme, en 1525, de Hugues de Saint-Mauris, chevalier, et de Jean III de Mugnans, chevalier de Saint-Georges, 1566, marié : 1.° à Claudine d'Amance, 2.° en 1553, à Claudine de Saint-Mauris, dont il eut Jean-Claude, chevalier de Saint-Georges en 1590, marié à Rose de La Tour-Saint-Quentin, dont il n'eut qu'Etiennette, mariée à Pierre-François de Vy, en 1626.

Les alliances des autres branches de cette Maison sont : Beauvoir, Bauffremont, Bigny, Courbessaint, Falcians, Friant, deux Montureux, Montot, Montrichier, La Roche-en-Montagne, La Roche, Montot, Mathay, Mugnans.

Portait de gueules à trois bandes d'or.

Son antique adage était : CHICHETÉ DE MUGNANS.

COURBESSAINT. — S.T-MAURIS. — WILLAFFANS.

1. **PIERRE III**, baron de Châtenois, chevalier de Saint-Georges, capitaine-gouverneur du comté de La Roche et de la Franche-Montagne, qui a continué la lignée par son mariage avec Philiberte de WILLAFFANS, et qui suit, étant déjà veuf d'Anne de COURBESSAINT.

2. **JEAN** de Saint-Mauris-en-Montagne, religieux, grand-prieur, aumônier et vicaire-général de l'abbaye noble de Saint-Oyant-de-Joux, vers 1550 (aujourd'hui Saint-Claude), abbé de Notre-Dame du Miroir et chevalier de Saint-Georges en 1592, selon attestation de l'ordre; mort fort âgé au château de Saint-Mauris-en-Montagne, et enterré au milieu de l'église de ce lieu en 1622, le 23 février, où on le voit représenté en relief avec une très-longue barbe, crossé et mitré, sur son tombeau, avec une croix d'abbé et ses armoiries en bas. Prouvé par le testament de Claudine sa sœur, veuve de François de Leugney, de 1607, et par les actes de réception dudit Jean à Saint-Claude, dont attestation de ce chapitre rapportée aux preuves, ainsi que plusieurs titres de 1578, 1581, 1590, etc., où il présida les assemblées capitulaires en qualité de grand-prieur et vicaire-général.

3. **PIERRE** de Saint-Mauris-en-Montagne, religieux et grand-prieur des abbayes nobles de Mürbach et de Lure, mort à ce chapitre en 1585, selon son nécrologe, dont attestation aux preuves; est aussi rappelé comme tel dans le contrat de mariage de Pierre, son frère, avec Philiberte de Willaffans, de 1564, et autres actes de 1585 et 1553.

S.T-MAURIS. — AROZ.

4. **JEAN** de Saint-Mauris-en-Montagne, gouverneur, après son frère, de la Franche-Montagne et châteaux de La Roche et Saint-Hypolite, etc., qui, par son mariage avec Anne D'AROZ, devint la tige de la cinquième branche dite de Saint-Mauris-en-Montagne ou de Sancey, qui suivra, qui continua à habiter dans la montagne et à y commander jusqu'à son extinction en 1718. (Sa branche est rapportée pages 187 et suivantes.)

S.T-MAURIS. — NOGENT.

5. **NICOLAS** de Saint-Mauris, écuyer du duc de Mercœur prince de Lorraine, qui, par son alliance avec Françoise baronne de NOGENT, devint tige de la branche dite de Lambrey, qui se fixa en Lorraine, où elle prit rang aux Etats et à la cour dans le corps illustre de l'ancienne chevalerie de ce pays, formé, comme chacun sait, de la plus haute noblesse du pays. Sa branche est rapportée page 211.

S.T-MAURIS. — COURBESSAINT.

6. **HUGUES** de Saint-Mauris, dit le Vieil, écuyer, deuxième du nom, seigneur de..., quatrième fils d'Hugues, épousa en 1580 Catherine de Courbessaint (*), (Maison d'origine chevaleresque, alliée trois fois à celle de Saint-Mauris), fille de Claude de Courbessaint, chevalier de Saint-Georges, seigneur de La Rochotte, Chauvillerain, etc., et de Véronique de Pierrefontaine, dont il eut, selon le testament du 18 mai 1607 de Claudine sa sœur, femme de François de Leugney, Claudine, qu'elle rappelle être sa nièce et sa filleule :

1.° Claudine de Saint-Mauris, dont la filiation est prouvée par titre de l'an 1607, mais dont on ignore le sort.

(*) COURBESSAINT.

Maison de nom et d'armes de l'ancienne chevalerie, qui tirait son nom de son château et village de Courbessaint près celui de Faucogney, possédé par les sires de Faucogney, branche de la Maison de Bourgogne, et dont les seigneurs de Courbessaint ont été héréditairement capitaines, prevôts et gouverneurs durant plusieurs siècles : on les trouve rappelés chevaliers et écuyers dans des rôles d'hommes d'armes depuis l'an 1300. Parisot de Courbessaint fut un des chevaliers qui installèrent l'archevêque de Besançon en 1440. Cette Maison s'allia constamment à celles d'ancienne chevalerie les plus distinguées, fut reçue d'un temps immémorial dans les chapitres nobles, et depuis 1500 dans l'ordre illustre de Saint-Georges, et très-anciennement dans celui de Malte; s'éteignit dès le seizième siècle chez les barons de Grammont et de Saint-Mauris. Ce laps de temps et la privation de dépôts d'actes dans cette partie ont tellement disséminé ses titres, que l'on n'a pu renouer que la filiation suivante : Le seigneur de Courbessaint, écuyer, gouverneur, capitaine et prevôt des ville et château de Faucogney, fut père de Jeanne femme de Guillaume de Briaucourt, et de Parisot, gouverneur après son père, seigneur de Courbessaint, Chauvillerain, le Saulcy, Sainte-Marie, en 1440, marié à Marguerite de Grachaux ; père, 1.° de Claude, marié à Isabelle d'Aubonne, 2.° de Catherine, femme d'Antoine de La Roche, 3.° de Jeannette, mariée à Georges de Montureux, 4.° de Jeanne, mariée à Jean de Grammont, 5.° et de Jean, chevalier de Saint-Georges en 1518, gouverneur de Faucogney et seigneur de Courbessaint, Chauvillerain, La Rochotte, Corravillers, Sainte-Marie, marié à Anne d'Orsans, dont il eut sept enfans, dont quatre firent branche, savoir : 1.° Gaspard, chevalier, gouverneur comme son père, père de Catherine mariée à François de Prébois, et de Mathieu, seigneur de Courbessaint, Chauvillerain, La Rochotte, marié en 1575 à Marguerite de Saint-Mauris, veuve de Claude de Grammont, fille de Nicolas, écuyer du duc de Lorraine, et de Françoise de Nogent, dont il eut François, mort sans hoirs, et Chrétienne, femme de Pompée de Benoît, chevalier, gouverneur d'Arguel et de Montfaucon, fils de Vincent, ambassadeur de S. M. C., gouverneur de Joigney; 2.° Claude, chevalier de Saint-Georges en 1540, marié à Antoinette de Vy, père d'Anne, héritière de Sainte-Marie, Saint-Germain, le Saulcy, qu'elle porta en mariage à Pierre de Saint-Mauris, baron de Châtenois, gouverneur du comté de La Roche et de la Franche-Montagne; 3.° Claude jeune, marié à Véronique de Pierrefontaine, dont il n'eut que Catherine dame de Chauvillerain, mariée à Hugues de Saint-Mauris, fils d'Hugues et de Claude de Mugnans, 1576; 4.° et Antoine, qui fut père de Claude et de Georges, tués dans les guerres d'Hongrie, 1564, et de Jean seigneur du Vernois, mort sans postérité.

Courbessaint portait de gueules à un cuissard et grèves d'argent éperonné d'or posé en pal.

VAUDREY. — S.T-MAURIS.

7. **LUCIE** de Saint-Mauris épousa vers 15.. Pierre II DE VAUDREY (*), baron de Beveuge, Vaudrey, Mont, etc., (d'une Maison chevaleresque et baronnale antique, illustre et florissante), fils de Pierre I.er de Vaudrey, baron desdits lieux, et de Jeanne d'Accolans, veuve de... de Montbéliard. Elle en eut Claude de Vaudrey, baron desdits lieux, marié à Jeanne de Gruffy, et Jean, marié à Guillemette d'Anjoux, rappelée comme femme et compagne dudit Pierre de Vaudrey, dans le testament de Hugues de Saint-Mauris, chevalier, son père, du 10 septembre 1552.

8. **ISABELLE** de Saint-Mauris, rappelée au testament de son père du 10 septembre 1584.

(*) VAUDREY.

Antique Maison, de l'ancienne chevalerie et de la haute noblesse baronnale du comté de Bourgogne, illustre dès le dixième siècle, et dès-lors constamment distinguée par ses hauts faits d'armes, ses alliances, sa réception dans les premiers ordres de chevalerie et les hauts chapitres, ses grandes charges et ses possessions considérables.

On trouvera page 223 une notice sur cette Maison, à l'occasion d'une seconde alliance qu'elle a contractée en 1628 avec celle de Saint-Mauris, où se voit un précis de la filiation de ses branches les plus marquantes.

Elle portait émanché de gueules et d'argent; pour devise : J'AI VALU VAULT ET VAUDREY. Adage : COUP DE LANCE DES VAUDREY.

LEUGNEY. — S.T-MAURIS. — JUSSEY.

9. **CLAUDINE** de Saint-Mauris épousa, le 15 mars 1542, Thiébaud de JUSSEY (*), chevalier, baron de Jussey et de Coussy, comte d'Hurbache, gouverneur du comté de Vaudémont, fils de Henry baron de Jussey, et de Philippine de Pfaffenhoven, et frère de Claude marié à Anne des Armoises. Elle eut de ce mariage Claude, aussi gouverneur de Vaudémont, marié à Clauda de Grammont, dont les quartiers étaient, 1.° Jussey, 2.° Bayer-Bopard, 3.° Pfaffenhoven, 4.° des Armoises, 5.° Saint-Mauris, 6.° Rougemont, 7.° Mugnans, 8.° et Amance, issus de l'illustre Maison de Jussey, florissante dès le onzième siècle à la cour de Bourgogne, à laquelle elle donna un maréchal et des grands-officiers dès le quatorzième siècle. Claudine épousa en secondes noces François de LEUGNEY (**), chevalier de Saint-Georges en 1556, puis gouverneur de l'ordre

---

(*) JUSSEY.

Maison des plus anciennes et illustres parmi celles marquantes de l'ancienne chevalerie du comté de Bourgogne, éteinte, ainsi qu'une de ses branches également florissante, établie en Lorraine, où de même elle prenait rang à la cour et aux Etats dans le corps illustre de l'ancienne chevalerie. Elle fut dans l'un et l'autre pays élevée aux plus hautes dignités, tant à la cour qu'à la tête des armées, notamment à celle de maréchal de Bourgogne dès le quatorzième siècle ; et dès lors ses grandes alliances lui donnèrent entrée dans les hauts chapitres, notamment celui de Remiremont et ceux de la province depuis 1400. Elle a donné nombre de bannerets, chevaliers et hommes d'armes distingués, des conseillers d'Etat, ambassadeurs, grands baillis, maîtres d'hôtel, gouverneurs et écuyers des ducs de Bourgogne et de Lorraine. Elle tirait son nom de la ville de Jussey, dont elle possédait de toute antiquité le château-fort et les fiefs dominans ? Quoiqu'on en retrouve encore une foule de titres, surtout des onzième, douzième et treizième siècles, ses changemens de domination sont cause sans doute qu'on ne peut renouer que la filiation suivante : Olivier de Jussey, chevalier, vivant en 1130 et 1138, ainsi que neuf ou dix seigneurs de ce nom, ses frères ou cousins, fut père d'Olivier II, chevalier, marié en 1160 à Cécile de Traves ; père d'Olivier III, chevalier, en 1222 ; père de Henry ; père de Renaud, 1300 et 1320 ; gouverneur de Poligny, gardien d'Aval et de Bracon ; père d'Olivier IV, conseiller, chambellan, gouverneur de Dijon, puis maître de l'hôtel, ambassadeur et maréchal de Bourgogne, marié en 1350 à Agnès de Châtillon, dame de Rochefort ; père de Jean, écuyer du duc en 1400 ; père de Thiébaud I.er en 1437 ; père de Gerard, qui se signala au siége de Liége ; père de Thiébaud baron de Jussey, Coussy, comte d'Hurbache, marié à Alix de Bayer-Bopard ; père de Henry II, marié à Philippotte de Pfaffenhoven ; père de Claude, tige d'une branche ci-après ¶, et de Thiébaud III, chevalier, gouverneur du comté de Vaudémont, comte de Jussey, Coussy, Hurbache, marié en 1542 à Claudine de Saint-Mauris ; père de Claude, gouverneur de Vaudémont, marié à Clauda de Grammont ; père de Philippotte, femme de Nicolas de Raigecourt, baron de Bremoncourt, chambellan, gouverneur d'Epinal, veuf d'Eve de Ligniville, et de Clauda, abbesse de Lestangs.

¶ Claude de Jussey ci-dessus, fils d'Henry et de Philippotte de Pfaffenhoven, épousa Anne des Armoises, dont il eut : Jean, gouverneur de Vaudémont en 1570, dernier de sa Maison, et Marguerite, mariée à Guillaume de Nourroy, chambellan du duc Henry.

Elle portait de sable au lion d'or à la bordure de même.

(**) LEUGNEY.

Cette ancienne Maison chevaleresque tirait son nom de son fort-château et grand village de Leugney, qu'elle possédait dès les siècles reculés. Les grandes alliances qu'elle contracta constamment lui firent soutenir avec lustre son origine dis-

(où il prouva : 1.° Leugney, 2.° Beaujeux, 3.° Clairon, 4.° Dompré), capitaine, gouverneur de Baume, Arguel, Montfaucon, sire des château-fort et seigneuries de Leugney, Landresse, Vernois, Salans, et fils d'Etienne sire de Leugney, chevalier de Saint-Georges, et d'Alix de Clairon, et frère d'Antoine marié à Marguerite de Saint-Mauris, fille de Jean et de Gillette d'Orsans, de Jean, commandeur de Malte, et de Claude, marié à Bonne de Meligny. Claudine eut de ce second lit Etiennette de Leugney, mariée à Antoine d'Orsans.

10. **MARC** de Saint-Mauris-Sancey, religieux et grand-prieur de l'abbaye noble de Saint-Oyant-de-Joux (aujourd'hui Saint-Claude), reçu chevalier de Saint-Georges en 1592, mort en 1628; prouvé par les registres originaux de cet ordre, qui le désignent dans les termes ci-dessus, et comme portant pour quartiers Saint-Mauris, Rougemont, Mugnans, Amance; ce qui établit clairement sa filiation, puisque ce sont les mêmes quartiers qu'a aussi prouvés Pierre son frère, le tout confirmé par attestation authentique, par le tableau de ses preuves suspendu à l'église des Carmes, et par le livre imprimé contenant les statuts et le relevé des noms de Messieurs les chevaliers de l'ordre de Saint-Georges, N.° 546.

---

tinguée, et la maintinrent de toute ancienneté dans les hauts chapitres, notamment dans celui de Remiremont et ceux de la province, auxquels elle donna des abbesses, et dans l'ordre de Saint-Jean de Jérusalem, et celui de Saint-Georges dès sa restauration de 1390. Elle se distingua également dans l'Eglise, à la cour et aux armées, ayant donné un évêque de Mâcon en 1440, un légataire et exécuteur testamentaire du duc Philippe en 1361, et des chevaliers et hommes d'armes de marque.

L'espace ne permet de donner ici que la filiation des branches alliées à la Maison de Saint-Mauris.

Pierre sire de la forteresse de Leugney, chevalier, seigneur de Roulans en 1242 et 1270, frère de Jeanne, femme de Hugues de Willaffans, chevalier, et de Pierre, qui donna à Bellevaux ses dîmes et le patronage de Chambornay, fut père de Jean, chevalier, gouverneur de Passavant, marié à Etienne de Crosey, 1324; père de Renaud, gouverneur de Passavant, 1341, marié à Marguerite de...; père de Josserans, chevalier, exécuteur testamentaire du duc, 1361; père d'Henry, chevalier, marié à Jeanne de Roulans, 1385; père de Guy, marié à Alix de Villechâtel, 1400; père de Renaud III, marié à Simonne de Florence, 1419; père de Jean, chevalier de Saint-Georges, marié à Jeanne de Vy; père de Jean II, marié à Gillette d'Amance, 1480; père d'Antoine, chevalier de Saint-Georges, 1486, marié à Clauda de Beaujeux; père de Claude, tige d'une branche, qui suivra ¶; et d'Etienne, chevalier de Saint-Georges, 14.., marié à Alix de Clairon, dont deux fils: l'un François, gouverneur de Baume, Arguel, Montfaucon, chevalier, puis gouverneur de l'ordre de Saint-Georges, marié en 1556 à Clauda de Saint-Mauris, veuve du baron de Jussey, fille d'Hugues et de Clauda de Mugnans, dont il n'eut qu'Etiennette, mariée à Antoine d'Orsans; l'autre, Antoine, aussi chevalier de Saint-Georges, épousa Marguerite de Saint-Mauris, fille de Jean et de Gillette d'Orsans, et en eut Jean, marié en 1... à Blaise de Faletans, fille d'Hugues et de Clauda du May. ¶ Et Claude ci-dessus, fils d'Antoine et de Clauda de Beaujeux, fut chevalier de Saint-Georges et marié à Catherine de Broignon, dont il eut François de Leugney, marié vers 1580 à Claudine de Saint-Mauris, fille de Jean et d'Anne d'Aroz.

Elle porte de gueules au sautoir engrêlé d'argent.

LIGNE DIRECTE.

13.e DEGRÉ.

COURBESSAINT. — S.T-MAURIS. — WILLAFFANS.

1564.

PIERRE, TROISIÈME DU NOM.

Pierre III de Saint-Mauris, chevalier de Saint-Georges, capitaine et gouverneur du comté de La Roche et de toute la Franche-Montagne, député de la noblesse vers le souverain en Espagne et en Flandre, baron de Châtenois, seigneur de Sainte-Marie, La Gillerie, Le Mont, Saint-Germain, La Lanterne, La Proselière, Langle, Fessey, Le Saulcy, Breuchotte, Molay, Belonchamp, et co-seigneur avec ses frères de Saint-Mauris-en-Montagne, Court-les-Saint-Mauris, Sancey, Battenant, Charmoille, La Grange, épousa en 1550 Anne de Courbessaint (*), d'une ancienne Maison chevaleresque, fille de Claude de Courbessaint, chevalier de Saint-Georges, seigneur de Courbessaint, Le Saulcy, Saint-Germain (a), et d'Antoinette de Vy (b); 2.° le 27 juin 1564 Philiberte de Willaffans (**), Maison très-marquante, d'ancienne chevalerie, fille de Louis

(a) Claude fils de Jean de Courbessaint, chevalier, capitaine-gouverneur des château et ville de Faucogney, et petit-fils de Parisot, aussi capitaine et prevôt de Faucogney, et de Marguerite de Grachaux.

(b) Fille d'Adrien de Vy, chevalier de Saint-Georges, seigneur de Mercey, Gevigney, et d'Isabelle d'Aubonne.

(*) COURBESSAINT.

On trouve page 63 une notice sur les anciens seigneurs de Courbessaint, d'origine chevaleresque, et leurs alliances distinguées.

(**) WILLAFFANS.

On voit page 35 un précis des illustrations, grandes alliances et filiation de cette antique Maison marquante de l'ancienne chevalerie.

sire de Willaffans, chevalier de Saint-Georges, seigneur de Battenant, et d'Anne-Rose de Leugney. On ne connaît point d'enfans d'Anne de Courbessaint, mais sept de Philiberte de Willaffans : 1.° Adam de Saint-Mauris, baron de Châtenois, colonel de cavalerie, chevalier de Saint-Georges, qui continua la lignée; 2.° Claude-Gaspard, marié à Marguerite de Champagne, (Maison très-distinguée d'ancienne chevalerie, encore existante); 3.° Chrétienne-Françoise, mariée à Pierre du Houx de Vioménil, dont descend l'illustre maréchal de Vioménil, pair de France; 4.° Jeanne, mariée à Antide comte de La Verne, gentilhomme de grand courage et de grande naissance, mestre de camp de 3000 hommes, commandant de Dôle, qu'il défendit si vaillamment contre le grand Condé, qu'il fut forcé d'en lever le siége; 5.° Marguerite, chanoinesse de Montigny, 6.° Philippote, et 7.° Etiennette, chanoinesse de Migette.

Pierre III porta pour ses quatre quartiers à Saint-Georges en 1570, 1.° Saint-Mauris, 2.° Rougemont, 3.° Mugnans, 4.° et Amance; comme ses pères il fut capitaine-gouverneur de la Franche-Montagne et du comté de La Roche, charge dont il se démit en faveur de Jean V, son frère, ayant hérité de François de Courbessaint, son beau-frère, de la terre de Sainte-Marie, vers 1556. Sa jolie situation l'engagea à y bâtir un château-fort, flanqué de tours, démoli seulement durant la destructive révolution, où se voyaient ses armes timbrées d'un haume à couronne de baron sommé d'un buste de nègre, telles qu'on les voit encore en grand relief sur la porte de la chapelle qu'il y fonda, formant collatéral à l'église; ce qui le fixa dans ces cantons. Alors il vendit à ses frères ses anciennes terres héréditaires de la Montagne et acheta partie de la baronnie de Châtenois, dont son fils Adam réunit le surplus. Une tradition notoire dans le pays, appuyée d'un monument, transmet que ces trois frères, Pierre, Jean et Nicolas, singulièrement unis, furent inopinément provoqués par trois chevaliers, chercheurs d'aventures et de querelles; ils les accueillirent et traitèrent au château de Sainte-Marie, selon l'usage d'alors, jusqu'au lendemain, jour fixé pour le combat, d'où ils se transportèrent à une petite éminence ou tertre entouré d'arbres, près de Breuche, lieu chosi pour le champ-clos : deux des agresseurs y ayant perdu la vie et le troisième mis hors de combat, les vainqueurs le ramenèrent au château, où il se rétablit, et où chacun soigna ses blessures; puis en mémoire et pieuses intentions, ils firent élever sur ce petit tertre deux grandes croix de pierre, qui en 1790 n'étaient plus entourées que d'une masse de buissons qui y existent toujours; sur les bases des croix qui y étaient alors on découvrait avec peine quelques caractères, mais si mutilés, qu'on ne pouvait en déchiffrer le sens. Ces croix, selon les habitans du canton, ont été, lors de la révolution, sauvées à Breuche par des gens religieux pour les soustraire aux sacriléges, et les fûts et bases brisés et dispersés.

On trouve ci-après page 187 lesdits Jean V et Nicolas rapportés en tête des branches issues d'eux.

S.T-MAURIS. — COINCTET.

1. **ADAM** de Saint-Mauris, baron de Châtenois, colonel de cavalerie, gouverneur de Château-Neuf, commandant de la Franche-Montagne, qui continua la lignée par son mariage avec Bonne de Coinctet de Châteauvert, et qui suit.

S.T-MAURIS. — CHAMPAGNE.

2. **CLAUDE-GASPARD** de Saint-Mauris, seigneur de..., épousa Marguerite de Champagne (*), fille de Jean de Chilley dit de Champagne, seigneur desdits lieux, et de Maximilienne de Vautravers, petite-fille de Simon de Champagne, seigneur dudit lieu, et de Marguerite de

---

(*) CHAMPAGNE.

La Maison de Champagne est du petit nombre de celles de race antique de nom et d'armes de l'ancienne chevalerie du comté de Bourgogne, qui subsiste encore aujourd'hui, appuyée de quelques titres épars, de l'avis de différens auteurs, de son nom, de ses armes et de ses constantes possessions; aurait pu peut-être, par d'exactes recherches, s'affilier à une souche plus illustre encore, mais il a paru sans doute préférable à ses modestes et loyaux descendans de passer sous silence toute prétention équivoque et de se contenter d'une origine antique, pure et respectable, que la possession d'une série de titres authentiques depuis le onzième siècle la mettrait à même de constater, si l'opinion publique n'était déjà unanimement établie à cet égard. On commencera donc en conséquence leur filiation non interrompue à Etienne de Champagne, chevalier, seigneur de Champagne, Lielle, etc.; père de Jacques, qui vivait en 1249; père de Guy; père de Jean, marié à Eliette d'Arbonnay; père d'Humbert, marié à Clauda de Maizière; père d'Othenin, marié à Catherine de Vy; père de Simon, marié à Marguerite de Chilley; père : 1.° de Jean, marié à Marguerite de Vautravers, dont il eut deux filles : Marguerite, mariée à Claude-Gaspard de Saint-Mauris, puis à Guillaume d'Arbonnay; et Louise, femme de Gerard de Thon; 2.° Philippe, mari de Clauda de Beaujeu; père de Philippe-Louis, mari de Marguerite de Saint-Maurice; père d'Henry, marié à Dorothée de Fussey; père de Charles, marié à Gasparine de Grivel; père d'Henry, mari de Marie-Clauda de Moustier; père de François-Xavier, marié à Marie-Thérèse de Bousey; père de Claude-Antoine-Louis marquis de Champagne, baron d'Igny, Lielle, marié à Antoinette-Yolande-Marie-Désirée du Tartre en 1779; père : 1.° de François-Xavier-Catherine, marié à Charlotte comtesse de Malivert, dont il n'eut que Mélanie, mariée au comte Maurice Duparc; 2.° Marc-Marie-Amédée, marié en 1828 à Hortense de Massoles.

Adrien-Gabriel, deuxième fils de François-Xavier et de la Bousey, fit branche en Lorraine sous le nom de comte de Bousey, par son mariage avec Anne-Thérèse de Choisy en 1782; père : 1.° de Pauline, mariée au marquis Dulau-d'Allemand; 2.° de Charles-Gabriel, marié en 1820 à Clémentine-Adélaïde comtesse d'Orglande, dont il a Anne-Charlotte-Marie, née en 1821, Alix-Camille-Marie-Thérèse, née en 1826, et Henry, né en 1829.

Porte d'or au lion de gueules couronné.

Chilley, dernière de son nom, qui substitua ledit Jean de Champagne, son fils, aux nom et armes de Chilley. Cette Maison distinguée, d'ancienne chevalerie, existe au comté de Bourgogne et en Lorraine. Ladite Marguerite de Champagne rappelée comme déjà veuve dudit Claude-Gaspard de Saint-Mauris dans un titre original des archives de M. le marquis de Champagne, du 5 septembre 1592, et dans le contrat de mariage de Louise de Champagne, sa sœur, avec Gerard de Thon, 3 janvier 1593, en original aux preuves; elles y partagent également la succession de leur père étant les deux dernières de cette branche : il paraît que Marguerite épousa en secondes noces Guillaume d'Arbonnay. Ledit Claude rappelé au testament de son père du 2 juin 1585, et autres actes de 1586.

DU HOUX. — S.T-MAURIS.

3. **CHRÉTIENNE-FRANÇOISE** de Saint-Mauris épousa vers l'an 1600 Pierre DU HOUX (*), seigneur de Vioménil, Contréglise, Montureux, Buffignécourt, fils de Guillaume baron du Houx, et de Magdeleine de Grammont, fille d'Etienne et de Catherine de Montureux. Elle eut de ce mariage Jean-Claude baron et seigneur du Houx, Montureux, etc., marié à N. de Charmoille. De cette alliance est descendu le comte de Vioménil, maréchal et pair de France, grand-croix de l'ordre militaire de Saint-Louis, etc., plus illustre encore par sa profonde fidélité, sa loyauté, sa bravoure et ses talens militaires, que par les honneurs qu'il a si bien mérités. Il fut sous Louis XVI admis aux honneurs de la cour en vertu de ses preuves.

(*) DU HOUX.

Cette Maison de nom et d'armes, de race de l'ancienne chevalerie, tire son nom de son village et maison-forte du Houx, au bailliage de Remiremont en Lorraine. Elle fut admise aux honneurs de la cour en 1784, en vertu de ses preuves attestées par M. Chérin, généalogiste des ordres du Roi, qui remonta sa filiation telle qu'on la voit ci-après, observant dans son mémoire, que plusieurs familles de ce nom établies en Lorraine, paraissent ne présenter aucune identité d'origine avec celle-ci.

Le maréchal du Houx de Vioménil, un de ses illustres descendans, aussi marquant par sa fidélité et sa valeur, que par ses grands talens militaires, fut élevé à la pairie du royaume lors de la restauration; dignité qui a passé au comte de La Tour-du-Pin-Montauban, qui a épousé la fille unique du maréchal.

Ces seigneurs ont donné des pairs et maréchaux de France, des généraux, lieutenans-généraux et maréchaux-de-camp très-distingués, des chevaliers des ordres du Roi, des commandeurs et grands'croix de celui de Saint-Louis, des généraux, chambellans et autres grands officiers de la Maison de l'empereur, des ducs de Lorraine, et un maréchal-général de Portugal.

Jean du Houx, chevalier, marié à Laure du Moussou, 1300; père de Gilles, chevalier, marié à Huguette de Nourroy, 1386; père de Guillaume I.er, chevalier, marié à Jeanne de Sauville, 1417; père de Claude, marié à Marguerite de La Guiche, 1451; père de Nicolas, marié à Gabriel de Thiétry; père de Guillaume II, marié à Françoise de Wisse, 1508; père de François, qui fut tige des branches qui suivront ¶, par son mariage avec Yolande d'Hennezel en 1551, de quatre fils mariés à quatre Choiseuil, et de Bertrand, marié à Claudine de Jaquellain; père de Guilaume III, marié à Magdeleine de Grammont; père de Pierre, marié à Chrétienne-Françoise de Saint-Mauris, 1600; père de Jean-Claude, marié a N... de Charmoille, tué en Espagne, dernier de cette branche.

¶ De François ci-dessus et de Yolande d'Hennezel sont issues trois branches : l'une florissante au service d'Allemagne; l'autre en Lorraine, dont est sorti le comte Charles du Houx, maréchal-de-camp, marié à Louise de Vignacourt en 1817; la troisième issue de Nicolas, marié à Claudine de Trousset; père de François, marié à Clauda d'Arbois; père de François-Théodon, marié en 1690 à Elisabeth de Chastel; père de François-Hyacinthe, marié en 1725 à Marie-Antoinette de Lavallée; père : 1.° de Charles-Joseph-Hyacinthe, pair et maréchal de France, chevalier des ordres et grand'croix de Saint-Louis, qui n'eut qu'une fille, mariée au comte de La Tour-du-Pin-Montauban; 2.° d'Antoine-Charles, lieutenant-général, grand'croix de Saint-Louis, gouverneur de La Rochelle, marié à Gabrielle de Bourdon en 1775, dont il eut Charles-Gabriel, maréchal-de-camp, marié à N... de Luscau.

Elle porte d'azur à trois bandes d'argent accompagnées de quatre billettes ou losanges d'or.

LA VERNE. — S.T-MAURIS.

4. **JEANNE** de Saint-Mauris épousa, le 28 février 1593, Antide-Gaspard comte DE LA VERNE (*), mestre-de-camp d'un terce de trois mille Bourguignons, commandant de la ville de Dôle en 1636, lors du siége de cette ville par le prince de Condé, où il se distingua autant par sa valeur et ses talens militaires que par son attachement à toute épreuve pour son souverain. (Siége de Dôle par Boivoin, qui le cite comme gentilhomme de grande naissance et de grand courage.) D'une Maison illustre d'ancienne chevalerie, il était fils de Pierre comte de La Verne, seigneur de Vellechevreux, Marvelise, Courcelle, et de Marguerite du Tartre. Jeanne eut de son mariage, entr'autres enfans : 1.° Adam comte de La Verne, chevalier de Saint-Georges et officier-général au service d'Espagne, seigneur dudit lieu (selon Dunod et titres); 2.° Jean-Claude de La Verne, seigneur de Vellechevreux, colonel d'un régiment d'infanterie au pied allemand, marié à Marguerite de Fraipont (transaction de 1664), et qualifié lieutenant et gouverneur de la province de Limbourg, dans le contrat de mariage de son cousin François de Saint-Mauris baron de Châtenois, en 1645; 3.° de Marie-Thérèse de La Verne, épouse du comte de Vaudrey, en 1663;

(*) LA VERNE.

Cette ancienne Maison de race, de nom et d'armes, extrêmement illustrée par ses alliances et ses grades et services militaires, tirait son nom de ses village et seigneurie de La Verne au comté de Bourgogne, bailliage de Baume. Les archives de l'officialité et celles de la Chambre des comptes de Dijon renferment nombre de titres qui prouvent que ces seigneurs se sont distingués dès le quatorzième siècle dans les armées de Bourgogne, où ils ont fourni beaucoup de chevaliers et d'hommes d'armes, qui sont aussi mentionnés dans les histoires de ce pays et des Pays-Bas. Leur filiation est en outre établie sur titres comme il suit, sauf les détails et quelques branches qui excéderaient l'espace d'une notice : Pierre de La Verne fit des dons à l'abbaye du Lieu-Croissant en 1160, fut père de Regnaud qui en fit à Bellevaux en 1178 et 1180; père de Guy, grand-prieur de Baume, de Jeanne, femme du seigneur de Boult, de Gerarde, femme de Hotte de Bonnay, et de Jean, écuyer, seigneur de Verne; père de Fromont et de Perrin, hommes d'armes, 1339, et d'Adrienne, femme d'Alexandre d'Andelot-Coligny. Fromont fut père de Perrin, chevalier, 1369; père de Louis, chanoine de la métropole, et de Jean, chevalier, 1400; père de Nicolas I.er, 1448; père de Jean II, marié à Isabelle de Vellechevreux, 1503; père de Nicolas II, marié à Françoise de Blicterswick, 1530; père de Pierre, qui fit branche, qui suivra ¶, et de François, marié : 1.° à Marguerite de Gamache, 1560, 2.° à Adrienne de Thomassin, 1577. Il eut de la première Louis comte de La Verne, grand-gruyer de Bourgogne, colonel de quinze cents Bourguignons, marié en 1635 à Peronne de Vaudrey, veuve de Philippe de Saint-Mauris; père de Denis, marié à Claudine de Rhodes; père de Denis II, colonel d'un terce bourguignon, marié à Barbe de Gargant; père de Ferdinand comte de La Verne, général de bataille en Espagne, puis lieutenant-général au service de l'empereur en 1686, dernier de sa Maison, n'ayant eu qu'une fille mariée au comte de Glaris.

¶ Pierre comte de La Verne, fils de Nicolas et de Françoise de Blicterswick ci-dessus, épousa Marguerite du Tartre, et eut : François, chevalier de Malte; Antide comte de La Verne, colonel de trois mille hommes, commandant de Dôle, dont il soutint glorieusement le siége, marié à Jeanne de Saint-Mauris, dont il eut : 1.° Adam comte de La Verne, chevalier de Saint-Georges, colonel, puis général en Espagne; 2.° Jean-Claude, colonel d'infanterie, gouverneur de la province de Limbourg, marié à Marguerite de Fraipont; 3.° et Marie-Thérèse, femme en 1655 du comte de Vaudrey.

Elle portait de gueules au lambel d'or de deux pendans.

4.° et Jeanne-Baptiste, mariée le 10 juin 1634 à Claude de Crécy, seigneur de Chaumergy, fils de Guy et de Susanne de Beaujeu.

5. **MARGUERITE** de Saint-Mauris, religieuse de l'abbaye noble de Montigny en 1602. Sa filiation et son établissement prouvés par le testament de son père, etc.

6. **ÉTIENNETTE** de Saint-Mauris, chanoinesse de l'abbaye noble de Migette en 1602; prouvée par certificat dudit chapitre, le testament de son père, et le traité de pension accordée à Jacqueline, sa nièce, lors de sa réception, qui est signé d'Etiennette et de Rose de Saint-Mauris, dame dudit Migette, en 1626.

7. **ANNE-PHILIPPOTTE** de Saint-Mauris (dite Mlle du Mont du village de ce nom), dont la filiation est prouvée par le testament de Claudine de Saint-Mauris, sa tante, femme de François de Leugney. On ne voit pas si elle a contracté alliance.

LIGNE DIRECTE. | 14.e DEGRÉ.

S.t-MAURIS — COINCTET.

1603.

ADAM.

Adam baron de Saint-Mauris, chevalier de Saint-Georges, colonel de cavalerie au service de S. M. C., capitaine et gouverneur du château de Château-Neuf, et commandant de la Franche-Montagne, baron de Châtenois, Creveney et dépendances; seigneur de Sainte-Marie, Langle, Fessey, La Gillerie, Equevilley, La Lanterne, Saint-Germain, Gressoux, Courcelle; et co-seigneur avec Paul-François de Saint-Mauris, son cousin, gentilhomme de la chambre, colonel de cavalerie et capitaine des gardes-du-corps du duc de Lorraine, des terres de Lambrey, Purgerot, Augicourt, Gesincourt, Port-d'Atelier, Combeaufontaine, Arbecey. Il épousa, le 24 mars 1603, Bonne de Coinctet-de-Châteauvert (*), chanoinesse-novice à Baume (d'une ancienne Maison de noblesse de race militaire, jurée dans les hauts chapitres), fille de Pierre-

---

(*) COINCTET.

Cette ancienne Maison de Coinctet-de-Châteauvert, de race militaire de nom et d'armes selon d'anciens mémoires et documens, originaire du Nivernais, où en effet elle conserva toujours les fiefs de Châteauvert; s'étant transplantée au comté de Bourgogne dès le quatorzième siècle, et de là en Alsace, puis en Allemagne où elle est florissante, grandement alliée et dès long-temps dans les hauts chapitres, elle a dû, pour y être admise, recueillir tous ses titres, ce qui restreint les ressources pour établir la filiation de quelques-unes de ses branches à ceux qui se trouvent encore par hasard aux archives de la Maison de Saint-Mauris, comme il suit, et seulement depuis Jean de Coinctet, écuyer, et Huguette..., sa femme, qui reprend de fief en 1361, et Pierre I.er, son fils, qui vend des fiefs en 1393. On trouve dès ces époques des gentilshommes de cette Maison dans les rôles d'hommes d'armes sous les anciens ducs de Bourgogne, ainsi qu'il est énoncé dans des lettres de chevalerie de leurs descendans; les inventaires de l'officialité en relatent des titres depuis 1400. Pierre de Coinctet, damoiseau, fut en 1468 un des co-fondateurs de l'hôpital de Baume, et Jean, son fils, sénéchal (crossier) héréditaire de cette noble

Luc de Coinctet-de-Châteauvert, chevalier, gouverneur de la ville de Baume, seigneur de Châteauvert, Filain, etc., et de Catherine de La Tour-Saint-Quentin, dont il eut huit enfans : 1.° François baron de Châtenois, général de bataille commandant au comté de Bourgogne, qui a continué la ligne par son mariage avec Ermeline comtesse d'Oyembrughes-Duras; 2.° Adrien, capitaine des deux cents chevau-légers du terce de Bourgogne; 3.° Benigne, capitaine de deux cents Bourguignons; 4.° et 5.° Luc et Nicolas, capitaines de terces (ces trois derniers morts jeunes); 6.° Béatrix, mariée, 1.° à Jacques de Blicterswick, baron de Melisey, La Roche, Montcley, chevalier de Saint-Georges, capitaine de cent cuirasses au régiment de Saint-Mauris, puis 2.° au baron de La Béraurdière; 7.° Anne, chanoinesse de Baume, puis abbesse de Montigny; 8.° et Jacqueline, chanoinesse de Migette.

Adam de Saint-Mauris fut lieutenant, puis en 1621 capitaine et gouverneur de Château-Neuf, et commandant (ainsi que ses ancêtres) de la Franche-Montagne, villes et forteresses en dépendant, commandement dont il se démit en 1624 en faveur de François de Saint-Mauris, son cousin, qui résidait et commandait déjà dans cette partie comme gouverneur du comté de La Roche (et qui en effet le remplaça par brevet de la même année), désirant dans ces momens de guerre évidente, suivre le service d'une manière plus active; il obtint le grade supérieur de sergent-major du terce de cavalerie d'Uxelles, fut en 1625 reçu chevalier de Saint-Georges (où il porta, 1.° Saint-Mauris, 2.° Mugnans, 3.° Willaffans, 4.° et Lambrey), et fut la même année blessé dangereusement au siége de Verruë, ainsi (dit Guichenon, tome II, page 839) *que plusieurs autres officiers supérieurs de marque et de commandement.* Cet événement, joint à ses actions militaires, lui mérita peu après le commandement d'un régiment de cavalerie de son nom, à la tête duquel il se distingua de nouveau; il fit plusieurs campagnes, notamment en Flandre, où il reçut du duc Charles IV une patente flatteuse de sauve-garde pour lui, ses gens, châteaux, etc., à l'abri de laquelle il vint y passer quelque temps pour ses affaires, mais qui lui devint fatale, car étant dans son château-fort de Châtenois, on vint l'avertir qu'un parti qui dévastait les Vosges devait se porter sur celui de Sainte-Marie; il monta aussitôt à cheval, suivi de quelques amis et de ses gens, pour aller le défendre, mais à son arrivée les bandits s'en étant déjà emparés, leur sentinelle lui lâcha son coup de fusil au travers du corps; néanmoins le baron eut encore la force de l'étendre mort d'un coup de pistolet et de s'élancer dans la cour avec sa petite troupe, mais sans éprouver d'autre résistance, les pillards au premier bruit de cette attaque s'étant enfui par les jardins.

Adam mourut peu d'heures après de sa blessure, et fut inhumé le... 1636 dans sa chapelle près de son père et de sa mère, où l'on voit encore leurs tombes près de celle de sa femme avec leurs quartiers. Il laissa la réputation d'un courage téméraire secondé d'une force et vigueur

---

abbaye, y ajouta des dons en 1502. On voit cette Maison reçue très-anciennement dans la plupart des chapitres nobles de la province et leur donner des abbesses dès le seizième siècle, et être également reçue et jurée depuis plus de deux siècles dans ceux illustres de Remiremont, Lyon, Mazevau, Mürbach, et dans les ordres de Malte, Saint-Georges et Theutonique. Jean I.er de Coinctet, écuyer, et Huguette sa femme, 1361, père de Pierre I.er, marié à Jeannette..., 1393; père de Guillaume, marié à N..., 1435; pére de Pierre II, crossier, héréditaire de l'abbaye de Baume, co-fondateur de l'hôpital de cette ville, 1468, marié à Pernette de Roche; père de Jean II, crossier, etc., marié à Anne de Cizoles, 1502; père de Marc, marié à Etiennette de Petitepiaire; père de Pierre IV, gouverneur de la ville de Baume, marié à Claudine de La Tour-Saint-Quentin, dont il eut Bonne, chanoinesse-novice à Baume, puis mariée en 1603 à Adam baron de Saint-Mauris, colonel de cavalerie; 2.° Louis, marié à Susanne baronne de Roppes, qui fit branche, qui suivra; 3.° Magdeleine, abbesse de l'abbaye noble de Migette; 4.° Anne, femme de Jean de Montureux; 5.° et Jean-Claude, marié à Guillemette de Visemal, qui fut père de Ferdinand, marié à Marie d'Aubonne; père de Charles, marié à Elisabeth de Kempf; père d'Hélène, femme d'Henry de La Touche, major du régiment de La Touche; 2.° de François, grand-prieur de Mürbach, 1684; 3.° et de François-Ferdinand, mestre-de-camp du régiment de Rosen, marié vers 1717 à Anne de Beurville, dont la postérité subsiste avec lustre en Allemagne et en Alsace.

Coinctet porte de sable au sautoir d'argent au chef d'or. On ne connaît pas ses alliances depuis un siècle, mais celles antérieures sont Aubonne, Beurville, Bians, Bieuville, Chaffoy, Chindrieux, Chauvirey, Cisoles, Chassey, Flachslanden, Ferrette, Gayl, Grammont, Jouffroy, Kempf, Lezet, Lallemand, Dupin, Petitepiaire, Reculot, Roche, Roppes, Schauembourg, Saint-Mauris, La Tour-Saint-Quentin, La Touche, Thietry, Vigneuse, Vioménil, Visemal.

Son antique adage était : MARGAIGE DE CHATEAUVERT.

peu communes, qu'annonce en effet la taille et les formes de son portrait en pied, encore existant à la galerie des tableaux de sa famille, et l'on cite à l'appui un trait qui cependant pourrait être un effet du hasard, qui est que, montant un cheval extrêmement difficile, dans un excès d'impatience, étant armé de gantelets, il lui asséna un coup de poing si violent sur la tête que le cheval tomba mort sous lui.

Il acheva de réunir le reste de la baronnie de Châtenois et dépendances, qui dès-lors fut substituée à ses descendans, et fonda à cette église une chapelle, de concert avec sa femme, sur la porte de laquelle on voit encore ses armoiries.

S.T-MAURIS. — OYEMBRUGHES.

1. **FRANÇOIS** de Saint-Mauris, général de bataille, baron de Châtenois, qui continua la lignée par son mariage avec Ermeline comtesse d'Oyembrughes-Duras, et qui suit.

2. **ADRIEN** de Saint-Mauris, seigneur de ..., capitaine et chef indépendant des deux cents chevau-légers du terce de Bourgogne, par brevet en langue espagnole de l'an 1644; né à Sainte-Marie le 11 septembre 1620.

3. **LUC** de Saint-Mauris, seigneur de ..., capitaine d'un terce pour le service de S. M. dans les Pays-Bas, prouvé par un passeport qu'il obtint de M. de Grancey, maréchal de France, gouverneur de Thionville, pour vaquer à ses affaires dans le Luxembourg et autres pays neutres, avec deux valets, chevaux, voitures, armes, avec permission d'aller à la chasse, etc., du 20 août 1657, où il le qualifie capitaine d'un terce pour le service de S. M.; né à Sainte-Marie le 19 janvier 1607.

4. **NICOLAS** de Saint-Mauris, né en 1611 à Sainte-Marie le 4 septembre. On ignore totalement son sort, n'étant connu que par son extrait baptistaire; mais le testament de ses père et mère n'en faisant pas mention, il paraît qu'il est mort jeune.

5. **ANNE** de Saint-Mauris, abbesse du chapitre noble de Montigny, reçue et jurée audit

chapitre le 12 juillet 1622, puis abbesse par patente de Philippe comte de Bourgogne, du 20 juin 1651; née à Sainte-Marie le 3 mai 1608.

Elle avait d'abord été reçue dame novice du chapitre noble de Baume.

6. **JACQUELINE** de Saint-Mauris, chanoinesse du chapitre noble de Migette en 1626, prouvée par attestation dudit chapitre et un traité de 1636 entre Adam de Saint-Mauris, colonel de cavalerie, son père, et ledit chapitre, au sujet de sa pension.

BLICTERSWICK. — S.T-MAURIS. — LA BÉRARDIÈRE.

7. **BÉATRIX** de Saint-Mauris, mariée en 1628 à Jean-Jacques de BLICTERSWICK (*), chevalier, baron de Montclef, La Roche, Melisey, Ternuay, Servance, Saint-Germain, La Ruë, Montessus, etc., chevalier de Saint-Georges, capitaine de cent cuirasses au régiment de Saint-Mauris, veuf de Dorothée de Constable et fils d'Antoine de Blicterswick, baron desdites terres, chevalier de Saint-Georges, et d'Anne de Friant, dont il eut : 1.° Bonne de Blicterswick ; 2.° Bonaventure, religieuse de l'abbaye noble de Montigny. (Maison d'origine chevaleresque, de haute noblesse de Gueldre, prouvée par testamens, contrats de mariage, etc., etc. ; par la réception à Saint-Georges de Jean-Jacques ; on voit qu'il y prouva : 1.° Blicterswick, 2.° Montureux, 3.° Friant, 4.° et Bians ; et son père : 1.° Blicterswick, 2.° Baumotte, 3.° Montureux, 4.° et Grammont.)

(*) BLICTERSWICK.

Maison illustre, d'origine chevaleresque et baronnale, qui tirait son nom de son très-fort et antique château de Blicterswick dans le duché de Gueldre sur la Meuse, près Venloo, tenu au quatorzième siècle par Vilhelme baron de Blicterswick, père de Vilhelme II, chevalier, sénateur en 1421 du souverain sénat de Bruxelles, et chef héréditaire d'une des sept pairies, apanages des sept Maisons nobles les plus anciennes et marquantes du pays ; lequel eut un fils, Arnold, qui s'attacha au service du duc de Bourgogne, et se fixa au comté, où il débuta avec distinction au quinzième siècle, puisqu'on le voit, dès cette époque, admis chevalier dans l'ordre illustre de Saint-Georges. Il mourut en 1485, et on remarque que depuis cette date on trouve quinze chevaliers de ce nom reçus consécutivement dans ce corps d'ancienne noblesse. Par les preuves de la filiation de cette branche, on voit qu'elle posséda au comté nombre de terres titrées, telles que les baronnies de Montclef, de Melisey, du Pin, de La Roche, de Bermesy, etc., et que dès son établissement elle s'allia aux premières Maisons du pays, et constamment dès-lors fut admise dès son installation dans tous les corps et chapitres nobles, et différentes fois à Malte, depuis plus de deux siècles. Elle donna à l'Eglise un évêque d'Autun et un archevêque de Besançon, qui fonda et fit bâtir à ses frais l'hospice et la belle église du Refuge ; et aux armées, des chevaliers, écuyers et hommes d'armes, des commandans de quartiers de la province, des colonels et officiers supérieurs, et des capitaines de deux cents et cent hommes de cavalerie et d'infanterie. En suivant ses preuves depuis sa séparation de son tronc, on voit que cette branche remonte à Vilhelme I.er baron de Blicterswick et de la forteresse de ce nom, bâtie par ses aïeux ; père de Vilhelme II, chevalier, sénateur du souverain sénat de Bruxelles, et chef d'une des pairies héréditaires du pays en 1421, marié à Vilhelmine baronne de Berloo ; père d'Arnold, chevalier de Saint-Georges, qui s'établit au comté vers 1435, et y épousa Alix de Grammont, fille de Guy et d'Agnès de Domprey, dont il eut : Thierry, capitaine-gouverneur de Saint-Hypolite en 1497, chevalier de Saint-Georges, marié à Charlotte de Trévillers ; père d'Adrien, marié à Marguerite de Baumotte ; père de Charles, chevalier de Saint-Georges en 1534, marié à Laurence de Montureux ; père d'Antoine, chevalier de Saint-Georges en 1593, commandant d'un quartier de la province, marié à Guillemette de Friant ; père de Jean-Jacques baron de Blicterswick, chevalier de Saint-Georges, capitaine de cent cuirasses au régiment de Saint-Mauris, marié : 1.° à Dorothée de Constable, 2.° en 1628 à Béatrix baronne de Saint-Mauris ; père de deux filles, chanoinesses, et de Gaspard, chevalier de Saint-Georges, commandant d'un quartier de la province, marié à Marguerite de Mantoche, dont il eut : 1.° François, chevalier de Malte (ainsi que Jean-Georges son grand oncle) ; 2.° Antoine-François, archevêque de Besançon, chevalier de Saint-Georges ; 3.° Albertine, femme de Claude comte de Scey, capitaine de cavalerie ; 4.° et Philippe-Joseph marquis de Blictersvick, comme ses pères baron de Montclef, Melisey, et colonel d'infanterie, tué à Furnes en 1693, dernier de sa Maison, n'ayant eu de Charlotte marquise de La Badie, son épouse, qu'une fille, Françoise-Gabrielle, mariée au comte Eugène de Vaudrey, lieutenant-général commandant en Alsace.

Les autres alliances de cette branche sont : Cusance, Despotots, Faletans, Faucogney, La Jouchère, La Verne.

Blicterswick portait d'or émanché de gueules de trois pointes ; et pour devise : HONNEUR Y GYSP.

Béatrix, déjà veuve en 1648, épousa en secondes noces Antoine baron de LA BÉRARDIÈRE (*) de Beaupré, seigneur de Rosières-sur-la-Mance, La Bérardière et Beaupré; elle en eut : 1.° Louis, 2.° Jeanne, 3.° Claudine, 4.° et Jacqueline de La Bérardière. Elle naquit à Sainte-Marie le 29 novembre 1613 et fut tenue sur les fonts par Antoine de Grammont, seigneur de Melisey, Le Saulcy, etc., et Béatrix de Precipiano, abbesse de Montigny.

8. **BENIGNE** de Saint-Mauris, seigneur de ..., capitaine d'une compagnie de deux cents Bourguignons au service d'Espagne (par brevet en langue espagnole de l'an 1635), sous les ordres du comte de La Tour-Saint-Quentin; prouvé par son brevet de 1635, le testament de ses père et mère de 1630, le premier codicille de sa mère de 1636, et déjà mort à l'époque du second codicille de sa mère, en 1637.

Il était né à Sainte-Marie le 1.er mai 1605.

(*) LA BÉRARDIÈRE, BÉRAUDIÈRE ou BÉRAURDIÈRE.

N'ayant découvert cette alliance que depuis la clôture des recherches, l'on n'a sur cette Maison que les documens qui concernent la branche établie en Forez, qui, rapprochés de ceux qui se trouvent dans le carton de cette Maison déposé aux manuscrits de la bibliothèque du roi, prouvent par l'identité des armoiries, seigneuries et places de gentilshommes de la Maison du roi, que la branche établie dans le Forez, où elle tenait un rang considérable dès les quatorzième et quinzième siècles, époque où elle a fait des fondations importantes à l'Hôtel-Dieu et aux églises de la ville de Saint-Etienne, était également issue de Louis de La Béraudière ou Béraurdière seigneur dudit lieu, d'Ursay et de Rouhet, enterré à l'abbaye de Ferrières l'an 1252, et de Marguerite d'Orillé. La filiation de cette dernière a été établie d'après les titres, attestations, certificats, maintenues de noblesse et documens des archives de la Maison de Saint-Mauris; toutes lesquelles pièces prouvent que cette branche, quoique probablement cadette, fut aussi florissante que son tronc, ayant également rempli de grandes places, eu de belles possessions et contracté d'illustres alliances; divers de ces actes constatant que dès avant l'an 1500 cette Maison était une des plus antiques et considérées du Forez; qu'elle avait rendu des services marquans au roi et avait eu plusieurs officiers distingués tués à son service; qu'elle avait été reçue à Malte dès le seizième siècle; faits encore confirmés en 1679 par une attestation de l'archevêque de Besançon, prince du Saint-Empire, qui affirme que Mesdames Jacqueline et Jeanne-Claude sont filles de noble seigneur Messire Antoine de La Bérardière de Beaupré et de Madame Béatrix de Saint-Mauris, l'un et l'autre de nobles et anciennes Maisons, dont les ancêtres ont toujours été tenus et réputés pour anciens gentilshommes.

Cette Maison, qui avait aussi donné des capitaines de cent hommes d'armes et des chevaliers des ordres du roi, s'est alliée à celles de Appelvoisin, Augicourt, Bois-du-Breuil, Confolans, Chiron, Chamborand, Escars, Estissac, Frottier, Faveau, Hautemer, Joubert, Lévis, Mouci, Orillé, Présac, Rechignevoisin, Singareau, Saint-Mauris, Tournemine, Vivonne.

Elle portait d'or à l'aigle à deux têtes de gueules, écartelé d'azur à la croix alésée d'argent endentée à ses extrémités.

LIGNE DIRECTE. 15.e DEGRÉ.

S.t-MAURIS. — OYEMBRUGHES.

1645.

FRANÇOIS.

François baron de Saint-Mauris, chevalier de Saint-Georges, général-major de bataille, commandant au comté de Bourgogne, mestre-de-camp d'un terce d'infanterie bourguignone et d'un corps de dragons, envoyé extraordinaire du duc de Lorraine vers le prince de Parme et de Plaisance, gouverneur des Pays-Bas pour les mesures de défense du comté de Bourgogne, etc., baron de Châtenois, La Villeneuve et dépendances, seigneur de Saulx, Creveney, Châteney, Vellefrie, Villory, Sainte-Marie, La Lanterne, La Gillerie, Amage, Auxon, Gressoux, Contréglise, Saint-Germain, Fessey, La Mer, Le Mont, Langle, Equevilley, et château et seigneurie de Bombrouch, épousa le 7 décembre 1645 Ermeline comtesse D'OYEMBRUGHES-DURAS (*), chanoinesse de Maubeuge, dame de Bombrouch (d'une des plus antiques et puissantes Maisons du Brabant, d'origine souveraine), fille de Jacques comte d'Oyembrughes et de Duras, baron

(*) OYEMBRUGHES.

Les illustres comtes d'Oyembrughes, princes souverains d'origine, issus des anciens souverains sires d'Oudenarde, qui, dès le dixième siècle, soutinrent des guerres contre les ducs de Brabant pour maintenir leur indépendance, prouvent leur filiation consécutive telle qu'on voit l'extrait ci-après, par titres, monumens authentiques, attestations de hérauts et rois d'armes, affirmés des états de Brabant, chroniques de ce pays, de celui de Grimberg, Moréry, et tous les nobiliaires des Pays-Bas, depuis Arnold I.er, souverain sire d'Oudenarde, père de quatre fils, dont le cadet, Arnold II, conduisit des secours à Gerard souverain du pays de Grimberg. Ce prince lui ayant donné sa fille Alix de Grimberg en mariage, il bâtit dans cette principauté, en 1149, la vaste forteresse d'Oyembrughes, dont ses enfans prirent et transmirent le nom à leurs descendans, qui, ainsi que lui, son père et son aïeul, soutinrent de longues guerres contre les ducs de Brabant (dit les ducs Godwaër), pour leur souveraineté, dont ils finirent par être dépouillés par le sort des armes. L'on voit

de Meldert, seigneur de la ville d'Yspres, connétable, grand maréchal et chef héréditaire de la noblesse du Pays de Liége, duc des Deux-Bannières, gouverneur du duché de Bouillon, et d'Anne baronne de Berloo, comtesse d'Hozemont; il en eut six enfans : 1.° Charles-Emmanuel, chevalier de Saint-Georges, officier-général et colonel de cavalerie en France, marié à Françoise comtesse de Ligniville, qui continua la ligne des barons de Châtenois; 2.° Claude-Louis comte de Lambrey, tige de cette branche, capitaine, major, puis colonel de cavalerie, et guidon des chevau-légers de la garde du duc de Lorraine, puis officier-général et colonel de cavalerie en Espagne, marié à Susanne de Ligniville, sœur de la précédente; 3.° Antoine-Pierre, commandeur de l'ordre de Malte, colonel d'un régiment de cavalerie de son nom, chevalier de Saint-Louis et de Saint-Georges; 4.° Martine, mariée au baron de Jouffroy-Gonssans, chevalier de Saint-Georges; 5.° et 6.° Jeanne et Claudine, chanoinesses de Migette.

François naquit à Châtenois le 9 novembre 1616, fut capitaine, puis officier supérieur d'un terce employé aux Pays-Bas; il y épousa le 7 décembre 1645 Ermeline d'Oyembrughes-Duras, chanoinesse d'Andenne, puis de Maubeuge, d'une Maison qui dès l'an 1036 et durant plusieurs siècles soutint par les armes comme souverain sire d'Oudenarde, de Grimberg et des Ayons, ses droits de souveraineté contre les ducs de Brabant, et qui hérita du comté de Duras porté en dot en 1426 par l'héritière de cette illustre Maison, dont dès-lors elle adopta le surnom et écartela les armes. François ayant eu plusieurs actions d'éclat en Flandre, en diverses occasions, fut fait mestre-de-camp d'un terce de deux mille Bourguignons, puis d'un corps de dragons, et chevalier de Saint-Georges en 1662, enfin porté au grade de général-major de bataille et de commandant au comté de Bourgogne, par différentes patentes depuis 1660 jusqu'à 1674. Sa valeur, ses talens militaires, joints à un zèle et dévouement remarquables à son roi et à son pays, le firent choisir pour envoyé extraordinaire par le duc de Lorraine vers le duc de Parme et de Plaisance, lors gouverneur des Pays-Bas, pour concerter sur les moyens de défense du comté. Il reçut en nombre de circonstances des marques de confiance aussi flatteuses que

---

encore dans l'église de Grimberg les monumens et statues en marbre blanc de trois sires d'Oudenarde et d'Oyembrughes tués dans ces guerres en 1142, 1157 et 1220, avec épitaphes sur leurs tombeaux, relatant leurs prouesses et faits d'armes; cette église ayant toujours été la sépulture de cette Maison, qui a constamment soutenu l'éclat de son origine par ses grandes possessions, de nombreuses et illustres alliances, parmi lesquelles elle compte plusieurs Maisons souveraines et puissantes héritières, et la possession héréditaire durant trois ou quatre siècles des dignités de duc des Deux-Bannières, connétable, grand maréchal, chef de la noblesse et gouverneur du duché de Bouillon, et leur admission successive de toute antiquité dans tous les hauts chapitres de Flandre, d'Allemagne, de Remiremont, de Lyon. Arnold I.er, sire d'Oudenarde, tué en 1142 dans les guerres qu'il soutint contre les ducs de Brabant, pour l'indépendance de leur souveraineté, laissa quatre fils. Arnold II le cadet bâtit la vaste forteresse d'Oyembrughes, dont il prit le nom; ayant conduit des secours en 1149 au prince de Grimberg, qui lui donna sa fille Alix de Grimberg en mariage, il fut aussi tué en 1157 dans une seconde guerre pour le même sujet contre le duc; il fut père d'Arnold III, sire d'Oyembrughes, souverain de Grimberg, marié : 1.° à Hermangarde de Bette, 2.° à Mathilde de Lierre, dont Henry I.er, qui épousa en 1217 Alix de Vanderaa, et fut tué en 1220 en guerre pour sa souveraineté de Grimberg, qu'il perdit par le sort des armes; père d'Arnold IV, chevalier, sire d'Oyembrughes, marié à Audatte de Diest; dont 6.° Henry II, marié à Catherine de Bouchoux; dont 7.° Baudouin, marié en 1349 à Béatrix de Roselaër; dont 8.° Henry III, marié à Marguerite de Vander-Elst; dont 9.° Henry IV, marié en 1400 à Jeanne de Meldert, héritière, qui lui porta cette baronnie; 2.° en 14.. à Béatrix de Venderaa; dont 10.° Henry V, marié en 1426 à Catherine de Duras, puissante héritière, qui lui porta ce comté et la charge de connétable et grand maréchal héréditaire; dont il eut 11.° Josse, marié à Catherine de Poictiers; dont 12.° Guillaume I.er, marié à Marie de Montenacken; dont 13.° Guillaume, marié à Antoinette de Vendergracht; dont il eut 14.° Conrad, évêque de Tournay, et Guillaume III, gouverneur du duché de Bouillon, marié à Anne de Corswarem-Loos, chanoinesse de Maubeuge; dont 15.° Jacques, gouverneur de Bouillon, marié à Anne de Berloo; dont 16.° Guillaume, tué en 1636 à l'attaque du fort de Schenck; Ermeline, chanoinesse de Maubeuge, mariée en 1645 à François de Saint-Mauris baron de Châtenois, général de bataille; Anne, mariée à Godefroy comte d'Oyembrughes, son cousin, fils de Gerard et de Philippotte de Ligne, et Agnès, femme de Jean de Rickel baron d'Orbeck.

Trois branches illustres de cette Maison finirent également à la fin de ce siècle, l'une par Guillaume, qui n'eut point d'enfant de Marie de Brandebourg, son épouse; les deux autres dans les Maisons d'Haudion et de Vander-Noot baron de Carloo.

Les alliances des autres branches sont : Bauw, Berloo, Berloo, Busleiden, Brandebourg, Berlecmont, Bourgogne, Bourgogne, Corswarem, Diest, Dongelberghe, Elderen, Enghien, Guy-de-Hoven, Gâvre, Horion, Haudion, Herst, Hamale, Hamale, Hillenraëd, Kinschot, Loos, Ligne, Ligne, Ligne, Mailly, Mérode, Mérode, Mérode, Moll, Poictiers, Pipenpoy, Pipenpoy, Schenck, Samaviégo, Scharemberg, Staa, Spracht, Tramerie, Ursel, Ursel, Vanderberghe, Vanderbrughes, Vandergracht, Vander-Noot.

Oudenarde portait fascé d'or et de gueules de six pièces.

Oyembrughes, comme cadette, brisa en portant fascé d'or et de sinople, puis écartela de sable semé de fleurs de lys d'or, qui était de Duras.

réitérées de son roi et du prince d'Aremberg, gouverneur-général, notamment aux époques qui précédèrent la conquête de la province, où il fut nommé commandant spécialement chargé de la défense des frontières, avec plein pouvoir de lever toutes troupes et corps d'infanterie et de dragons qu'il jugerait nécessaires, d'en nommer les chefs et les officiers, et commettre sous ses ordres tous ceux qu'il jugerait à propos pour la défense des quartiers les plus essentiels, correspondant à cet effet avec Hermenfroy de Saint-Mauris, son cousin, mestre-de-camp commandant les frontières des montagnes, son émule en courage, zèle et fidélité. Il avait mérité cette confiance illimitée par son dévouement, ses blessures, et des services importans, et s'en montra également digne par la fierté et fidélité avec laquelle il refusa constamment toutes places et grades militaires sous la domination française après la conquête, et qu'il porta même jusqu'à repousser durement de chez lui Charles-Emmanuel, son fils aîné, pour avoir, sans le pressentir, accepté de l'emploi dans la cavalerie à ce service, où il devint officier-général, ce qui l'engagea à placer aussitôt ses cadets au service d'Espagne, de Lorraine et de Malte.

Parmi ses actions de marque, des mémoires de famille rapportent qu'attaquant un poste important, à la tête de son régiment d'infanterie, suivi de ses fils très-jeunes alors, il tomba entre leurs bras atteint de plusieurs coups de feu, et que, quoique tous plus ou moins blessés de cette décharge faite à bout touchant, ils l'emportèrent en sûreté et retournèrent à leur poste encore assez tôt pour prendre part au succès.

Il fonda avec sa femme une chapelle à La Villeneuve et dota celle que son père avait fondée à l'église de Châtenois, qui fut leur sépulture : la sienne le 11 janvier 1680, celle de sa femme le 10 avril 1683, tous deux âgés de soixante-quatre ans; leurs armoiries se voient peintes à la clef de la voûte. Il établit dans sa Maison la substitution perpétuelle des deux baronnies de Châtenois et de La Villeneuve et dépendances, toujours confirmée par ses descendans.

S.-MAURIS. — LIGNIVILLE.

1. **CHARLES-EMMANUEL** comte de Saint-Mauris, baron de Châtenois, officier-général et inspecteur-général de la cavalerie au service du Roi T. C., qui a continué la ligne des barons de Châtenois par son mariage avec Marie-Françoise comtesse de Ligniville, chanoinesse d'Epinal, et qui suit.

S.t-MAURIS. — LIGNIVILLE.

2. **CLAUDE-LOUIS** baron de Saint-Mauris, comte de Lambrey, guidon des chevau-légers de la garde, et colonel de cavalerie au service du duc de Lorraine, puis sergent-major de bataille au service de S. M. C., marié en 1682 à Marguerite-Susanne comtesse de LIGNIVILLE, chanoinesse d'Epinal.

Tige de la huitième branche dite deuxième des comtes de Lambrey, qui suivra page 229.

3. **ANTOINE-PIERRE** de Saint-Mauris, chevalier, commandeur de l'ordre de Saint-Jean de Jérusalem (de Malte), colonel de cavalerie au service de France, chevalier des ordres de Saint-Louis et de Saint-Georges.

Il fut reçu chevalier de Malte en 1670; à son retour de Malte et de ses caravanes, il entra officier au service de S. M. T. C. en 1677, reçu chevalier de Saint-Georges en avril 1682, capitaine de cent Bourguignons au régiment de Larray le 18 août 1682, colonel de cavalerie en 1690, chevalier de Saint-Louis pour blessures et services marquans et distingués tant en cette qualité qu'en autres emplois de guerre durant dix-sept années (dit son brevet, du 1.er février 1694), mort à Châtenois en 1703. Le verbal de ses preuves constate qu'il prouva Saint-Mauris, Willaffans, Coinctet-de-Châteauvert, La Tour-Saint-Quentin, Oyembrughes-Duras, Corswarem, Loos, Berloo et Loquenghien.

4. **ANNE** de Saint-Mauris, dame chanoinesse du chapitre noble de Migette en 1655, morte à son chapitre le 25 mai 1724; prouvée par testament de son père et attestation dudit chapitre.

JOUFFROY. — S.T-MAURIS.

5. **MARTINE** de Saint-Mauris épousa le 15 juillet 1664 François-Gabriel de JOUFFROY (*), chevalier de l'ordre de Saint-Georges, seigneur de Gonssans, Châtelard, Talnay, Le Magny; reçu chevalier de Saint-Georges en 1673, portait pour ses quatre premiers quartiers : 1.° Jouffroy, 2.° Jouffroy, 3.° Reüthner, 4.° et Precipiano; d'une Maison ancienne et distinguée, et grandement alliée, fils d'Antoine de Jouffroy, seigneur desdites terres et chevalier de Saint-Georges, et de Guillemette de Reüthner, fille de Jean de Reüthner et de Rose de Precipiano. François-Gabriel eut de cette alliance les enfans ci-après (il était frère de Claude-Etienne de Jouffroy, chanoine de Saint-Claude, et de Marie-Françoise) : 1.° Charles-Emmanuel, chevalier de Saint-Georges, capitaine d'infanterie, marié à N... de Poligny, dont il eut Charles-Etienne, marié à Gabrielle-Ferdinande comtesse de Lallemand, dont Emmanuel-Martin, capitaine au régiment du roi, marié à N... de Froissard-Broissia, baronne du Pin, dont Félix, capitaine de carabiniers, chevalier de Saint-Georges, marié à Amélie de Bonneval; 2.° Gasparine, mariée au comte de Crécy; 3.° Honoré, marié à Marie de Menthon; 4.° et 5.° Octavie et Joséphine.

6. **CLAUDE-MARTINE** de Saint-Mauris, dame chanoinesse du chapitre noble de Migette en 1655, prouvée : 1.° par le testament de son père, 2.° par attestation dudit chapitre, où elle prouva pour ses seize quartiers : 1.° Saint-Mauris, 2.° Mugnans, 3.° Willaffans, 4.° Lambrey, 5.° Coinctet-de-Châteauvert, 6.° Petitepiaire, 7.° La Tour-Saint-Quentin, 8.° Morel-de-Chambier, 9.° Oyembrughes-Duras, 10.° Vander-Gracht, 11.° Corswarem, 12.° Corswarem, 13.° Berloo, 14.° Cortembach, 15.° Loquenghien, et 16.° Nieuwenhowen.

(*) JOUFFROY.

Ces anciens gentilshommes de nom et d'armes et d'origine militaire, remontent leur filiation par titres de leurs archives et autres, depuis Perrin Jouffroy, écuyer, co-gouverneur de Besançon, qui vivait à la fin du quatorzième siècle, lequel paraît devoir être issu de Bertrand Jouffroy, écuyer, marié à Catherine de Montmartin (il testa en 1398), et de Jacques Jouffroy, vivant en 1302, selon Gollut, page 433, qui le cite comme étant de la suite du comte Othon de Bourgogne. Il existe encore plusieurs branches de cette Maison distinguées par leurs seigneuries, savoir : de Gonssans, d'Uxelles, d'Abbans, qui ont donné un cardinal, des évêques, des comtes de Lyon, et chanoines de Saint-Claude, Baume, Gigny et autres chapitres illustres, ainsi que des chevaliers de Malte, de Saint-Georges, et des chanoinesses très-anciennement, et des sujets distingués dans le militaire par leurs grades et leurs actions.

Les bornes d'une notice ne permettant pas de suivre la filiation de toutes les branches, on ne rapportera que celle de la branche des seigneurs de Gonssans, encore existante, et qui descend d'une Saint-Mauris :

Perrin Jouffroy, écuyer, marié à Jeanne de Savigny, puis à Marguerite de Prie; qui fut père de Jean Jouffroy, cardinal, archevêque d'Albi et évêque d'Arras, ambassadeur près du pape, puis du roi Louis XI en Espagne et Portugal, lequel lui donna le commandement des armées, et de Pâris, écuyer, marié à Pierrette de Maillardet en 1450; père de Jeoffroy de Jouffroy, chevalier, 1483, marié à Hélène de Bigny; père d'Adrien, damoiseau, 1554, marié à Anne des Potots; père de Pierre, marié, 1.° à Anne Merceret, 2.° à Claudine de la Tour-Saint-Quentin; père d'Antoine I.er, marié à Louise d'Abbans; père d'Antoine II, chevalier de Saint-Georges, tué au service d'Autriche en 1636, marié à Guillemette de Reüthner; père de François-Gabriel, chevalier de Saint-Georges, marié à Martine de Saint-Mauris, 1664; père de Charles-Emmanuel, marié à N... de Poligny; père de Charles-Etienne, marié en 1716 à Gabrielle de Lallemand; père d'Emmanuel-Martin, marié à ... de Froissard-Broissia, mort en 1816; père de Félix, marié en 1822 à Amélie de Bonneval, 2.° d'Honoré, marié à N... de Menthon, 3.° de Gasparine, mariée à N... de Crécy, 4.° et 5.° d'Octavie et de Joséphine.

Leurs autres alliances sont : Aroz, Aigremont, Bressey, Bernauld, Bougne, Blie, Brancion, Charmes, Crosey, Constable, Faletans, Grachaux, Joux, Mézières, Mathay, Occors, Pont-Rennepont, Pra, Saint-Ignon, Scoraille, Scepeaux, Scey, Vesoul, Vassé.

Cette Maison porte fascé d'or et de sable de six pièces, la deuxième fasce du chef chargée de deux croisettes d'argent.

LIGNE DIRECTE. 16.e DEGRÉ.

S.t-MAURIS. — LIGNIVILLE.

1679.

CHARLES-EMMANUEL.

Charles-Emmanuel comte de Saint-Mauris, chevalier de Saint-Georges, major-général et maréchal-général-des-logis des armées du roi de France, inspecteur-général de toute sa cavalerie, maréchal de ses camps et armées, chevalier de son ordre militaire de Saint-Louis, baron de Châtenois et de La Villeneuve et dépendances, comte de Saulx, seigneur de Châteney, Creveney, Villory, Vellefrie, La Maise, Belnoye, La Méchère, La Montoillote, Bouhans, Amblans, Pomoy, La Vagère, Jeanney, Les Barraques, La Grandgoutte, Girefontaine; épousa en 1679 Marie-Françoise comtesse de LIGNIVILLE (*), chanoinesse d'Epinal, dame de Jasney, Girefontaine, fille de Nicolas-Réné comte de Ligniville, baron de Vannes, chevalier des ordres du roi, gentilhomme de sa chambre, gouverneur du pays de Toul, et de Catherine comtesse de Pouilly, dont il eut

(*) LIGNIVILLE.

Maison des plus anciennes, puissantes et illustres du royaume, issue, au rapport des chartes, auteurs et chroniques du pays, par mâles légitimes, de la même souche que l'auguste Maison de Lorraine (par Oldéric, frère de Gerard d'Alsace), avec laquelle elle a en outre contracté plusieurs alliances dans les onzième et douzième siècles, et qui en effet obtenait des ducs de Lorraine la qualification de cousins et d'hommes nobles et puissans dans leurs traités réciproques et dans tous ceux les plus importans que passaient ces souverains, auxquels on les voit constamment participer, et souvent comme cautions, pleiges, arbitres et médiateurs, et qui avaient à ce titre les honneurs et priviléges de pairie primitive et prééminence dans le corps illustre de l'ancienne chevalerie de cet état, étant la seconde des quatre Maisons qui jouissaient de cette éminente prérogative à titre d'identité d'origine avec la Maison souveraine (1.o du Châtelet, 2.o Ligniville, 3.o Lenoncourt, 4.o Haraucourt). Celle-ci a toujours soutenu l'éclat de cette origine par les plus hautes alliances; l'apanage successif des villes de Nancy, de Rosières, de Ligniville et de grand nombre de terres titrées, et la possession constante des premières

quatre enfans : 1.° Paul-François marquis de Saint-Mauris, baron de Châtenois, qui continua la postérité ; fut à seize ans capitaine de cavalerie, se distingua en plusieurs occasions où il fut blessé, et fut capitaine des cuirassiers du roi ; 2.° Joseph-Louis, chevalier de Malte et de Saint-Louis, capitaine, puis chef de brigade avec rang de colonel des carabiniers de France ; 3.° Jeanne-Claude, chanoinesse du haut chapitre de Remiremont, puis mariée au comte Humbert de Precipiano, seigneur génois, de haute naissance d'Italie ; 4.° et Marie-Thérèse, aussi chanoinesse de cet illustre chapitre, dont elle fut grande sonrière et dame lieutenante de la princesse Charlotte de Lorraine (sœur de l'empereur), son abbesse. Charles-Emmanuel naquit en 1647, entra au service de France après la conquête du comté de Bourgogne en 1674, fut capitaine de cavalerie en 1679, marié le 13 août 1679 à Marie-Françoise comtesse de Ligniville, sœur de Louis, colonel au service de l'empereur, et de Susanne, femme de Claude-Louis comte de Saint-Mauris, officier-général et colonel de cavalerie en Espagne, frère dudit Charles-Emmanuel ; d'une Maison alliée plusieurs fois à celle de Saint-Mauris, désignée la seconde des quatre illustres et puissantes qui, comme issues par mâles légitimes de l'auguste Maison de Lorraine, avaient, à ce titre d'identité d'origine avec les souverains, les honneurs et priviléges de pairie primitive et prééminence dans l'illustre corps de l'ancienne chevalerie du pays (1.° du Châtelet, 2.° Ligniville, 3.° Lenoncourt, 4.° et Haraucourt) ; reçu à Saint-Georges en 1681, major de cavalerie en 1686, puis colonel et maréchal-général-des-logis en 1688 ; chargé en 1689 d'entreprises importantes, avec pouvoirs illimités, et d'ordres à tous les officiers supérieurs de l'armée de lui fournir tous les officiers qu'il demanderait, et de marcher eux-mêmes sous ses ordres s'il le jugeait à propos ; fait brigadier des armées du roi par brevet de 1692, inspecteur-général de toute sa cavalerie, chevalier de Saint-Louis, puis en l'an 1696 maréchal des camps et armées du roi.

Il fut chargé par le roi et la noblesse des Etats de 1697 de la répartition de la capitation ; ses brevets, ses ordres, attestations et lettres des généraux de Boufflers, de Saint-Ruë et autres, prouvent sa grande réputation militaire, rendant hommage à ses importans services et à sa capacité, et déclinant qu'il est bien *connu* d'ailleurs pour *homme de valeur* et de *grande distinction* et *très-estimé* dans les troupes. Il fut blessé à plusieurs affaires pour le service du roi, et aussi dans un combat particulier contre le comte Théodule de Grammont, son parent, dont il reçut une balle dans la hanche qui avait tellement filé dans les chairs qu'à sa mort elle était déjà descendue au jarret. Il confirma la substitution des terres et baronnie de Saulx, Châtenois, La Villeneuve et autres, ainsi que les fondations de chapelles de ses pères aux châteaux et aux églises, et rebâtit presque en totalité celui de Châtenois (déjà rétabli par son père, puis incendié),

---

charges et dignités de la cour, de l'état et des armées ; par la filiation de cette Maison depuis Théodoric seigneur des ville et salines de Rosières. Née au milieu du onzième siècle, il se voit qu'elle a porté primitivement le nom de Nancy, de même que celle de Lenoncourt, leur origine étant commune ; puis de Rosières, ville qu'elle avait eue aussi en apanage, et que ce n'est qu'au treizième siècle qu'elle prit le nom de Ligniville, cette ville, qu'elle eut par échange contre celle de Rosières de Ferry duc de Lorraine, étant devenue sa principale possession. Elle a donné plusieurs branches illustres ; celle des comtes de Tantonville s'éteignit au dix-septième siècle dans la Maison de Simiane ; les deux dernières filles de celle des barons de Vannes, Françoise et Susanne, sœurs chanoinesses d'Epinal, épousèrent Charles-Emmanuel comte de Saint-Mauris, baron de Châtenois, général de cavalerie en France, et Claude-Louis comte de Lambrey, son frère, général de cavalerie en Espagne en 1679 et 1682 ; et celle des marquis Donécourt finit vers 1760 par Eugène prince de Conca, duc de Mugnans, qui n'eut point d'enfant de Marguerite de La Beaume-Montrevel, chanoinesse de Remiremont. Elle a donné des maréchaux de Lorraine et Barrois, un généralissime, et nombre de généraux extrêmement distingués d'artillerie, d'infanterie et de cavalerie, chargés de gouvernemens importans de provinces, places fortes, honneurs qu'elle a également obtenus des cours de France et d'Autriche et autres puissances ; des chevaliers du Saint-Esprit, de l'ordre du roi, de Saint-Michel, de Marie-Thérèse, du Croissant en 1448, de Rhodes au quatorzième siècle, de Malte en 1450, de Saint-Maurice de Savoie, de Saint-Lazare, et de l'ordre de la Croix-Etoilée depuis sa création ; reçue dès le treizième siècle dans les hauts chapitres de Remiremont et autres de Lorraine, à tous lesquels elle a donné des abbesses ; admise aux honneurs de la cour en 17.., en vertu de ses preuves faites au cabinet des ordres du roi.

Elle porte losangé d'or et de sable.

dont le fronton dominant le pont-levis était remarquable par la masse énorme de deux pierres dures polies, et parfaitement sculptées, que l'on conservait encore en 1790, l'une portant les armoiries de Saint-Mauris accolées de celles d'Oyembrughes-Duras, qui en surmontait une autre chargée des mêmes armoiries accolées de celles de Ligniville, l'une et l'autre timbrées d'une couronne antique à perles sommées de haumes à grilles et lambrequins, ayant pour cimier un buste de nègre, et pour tenans deux autres nègres, tous tenant à la main un sabre nu; l'écu posé sur deux bannières ou pennons en sautoir aux armes de Saint-Mauris, le cimier tenant une banderolle sur laquelle est écrit : Plus de deuil que de joie; une seconde aussi flottant autour de l'écu, portant : Antique, fier et sans tache. Charles-Emmanuel prouva à Saint-Georges : 1.° Saint-Mauris, 2.° Willaffans, 3.° Coinctet, 4.° La Tour Saint-Quentin, 5.° Oyembrughes-Duras, 6.° Corswarem, 7.° Berloo, 8.° Loquenghien.

Il mourut le 8 août 1719 et fut inhumé ainsi que sa femme dans sa chapelle de l'église de Châtenois, près de ses ancêtres, qui fut également la sépulture de ses descendans.

On trouve aussi un portrait de lui en pied et un à cheval dans la galerie des tableaux de sa famille.

S.t-MAURIS. — LALLEMAND.

1. **PAUL-FRANÇOIS** marquis de Saint-Mauris, chevalier, capitaine de cuirassiers de S. M. T. C., baron de Châtenois, etc., qui par son mariage avec Bernardine-Joséphine comtesse de Lallemand a continué la ligne des barons de Châtenois, et qui suit.

2. **JOSEPH-LOUIS** de Saint-Mauris, chevalier de l'ordre de noblesse de Saint-Jean-de-Jérusalem et de l'ordre militaire de Saint-Louis, mort fort jeune à Remiremont, avec rang de colonel et chef de brigade des carabiniers de France.

Il naquit au château de Châtenois le 10 mai 1690, fut chevalier de Malte en 1700, cornette dans Royal-carabiniers en 1709, lieutenant en second en 1719, lieutenant en premier en 1721, aide-major en 1730, capitaine et chef de brigade avec rang de colonel en 1733, chevalier de Saint-Louis, 12 novembre 1734, mort à Remiremont le 29 août 1735 âgé de quarante-cinq ans, chez ses sœurs, chanoinesses de cet illustre chapitre, inhumé dans l'église paroissiale sous un monument en marbre noir portant son épitaphe. Cette fin prématurée annula l'espoir de la carrière brillante que ses grades, ses services distingués et ses faits militaires lui assuraient, tant dans les armées que dans son ordre. Le testament de son père, ses preuves, ses brevets, ses dernières volontés constatent qu'il prouva pour quartiers : 1.° Saint-Mauris, 2.° Willaffans,

3.° Coinctet-de-Châteauvert, 4.° La Tour-Saint-Quentin, 5.° Oyembrughes-Duras, 6.° Corswarem, 7.° Berloo, 8.° Loquenghien, 9.° Ligniville, 10.° du Châtelet, 11.° Chenû, 12.° Prie, 13.° Pouilly, 14.° Saint-Baussans, 15.° Jacquelain, 16.° Bians; qu'il fit des libéralités aux églises et hôpital de Remiremont, et nomma son héritière Thérèse comtesse de Saint-Mauris, sa sœur, chanoinesse et grande sonrière du haut chapitre de Remiremont, où il se voit qu'il avait affirmé nombre de preuves en qualité d'un des grands chevaliers de cet illustre collége.

PRECIPIANO. — S.T-MAURIS.

3. **JEANNE-CLAUDE** de Saint-Mauris, chanoinesse, comtesse de l'illustre chapitre de Remiremont en 1696, puis mariée en 1728 à Humbert comte de PRECIPIANO (*), chevalier de Saint-Georges, baron et seigneur de Soye, Cuze, Gondenans, capitaine de cavalerie au régiment de Saint-Mauris, fils de Prospère-Ambroise comte de Precipiano, chevalier de Saint-Georges, premier gouverneur de la citadelle de Besançon, lieutenant-général des armées du roi catholique, mestre-de-camp d'un terce bourguignon et lieutenant pour le roi à Luxembourg, baron de Soye, Cuze, Gondenans, Echenoz, et d'Eléonore de Marnix (d'une branche établie au comté de Bourgogne depuis six générations, issue de François de Precipiano, seigneur génois de haute naissance, et de Marguerite de Spinola).

Née au château de Châtenois le 13 mars 1687, apprébendée dame de Remiremont le 15 décembre 1696 par madame la comtesse d'Haraucourt, sa parente, dame et sonrière de

---

(*) PRECIPIANO.

Maison antique et illustre, de race chevaleresque des plus anciennes d'Italie, originaire de Gênes, ainsi qu'il est constaté par enquêtes et diplômes authentiques de cette République, dans lesquels on décerne à ses membres la qualification de magnifiques seigneurs (qu'elle n'accorda qu'à ceux qui ont eu des doges de leur nom), énonçant qu'ils tenaient la seigneurie de Santo-Chritophoro, portant aussi qu'Ambrosio Precipiano, chevalier, seigneur génois, fils de François Precipiano et de Ferdinande Doria, et époux de Marguerite de Spinola, est issue d'une des plus illustres Maisons d'Italie, et par ses mères, de celles de Doria, Montferrat et autres puissantes. Ce seigneur, aussi recommandable par ses talents militaires et connaissances dans l'art des fortifications que par sa haute naissance, fut demandé par Charles-Quint à son oncle le fameux amiral André Doria, pour le charger de celles de son comté de Bourgogne, sous le titre de capitaine-général des forteresses du comté, en lui donnant la baronnie de Soye. Il acheta en outre celles de Cuze, Gondenans, etc. Dès son établissement il fut accueilli de la haute noblesse du pays, au point d'être aussitôt admis dans son corps illustre des chevaliers de Saint-Georges, et successivement tous ses descendans. Ayant toujours continué à s'allier aux premières Maisons, ils entrèrent constamment dans tous les hauts colléges de noblesse des deux Bourgognes, de Lorraine et d'Allemagne, auxquels ils donnèrent plusieurs abbesses. Cette Maison qui, dans l'Eglise comme à la cour et dans le militaire, avait occupé les premières places et dignités, s'éteignit au dix-huitième siècle dans la Maison de La Rochelle, Humbert-Joseph comte de Precipiano n'ayant point laissé d'enfant de son mariage avec Jeanne de Saint-Mauris-Châtenois, chanoinesse de Remiremont. Elle a donné des conseillers d'Etat, des chambellans, des lieutenans-généraux et généraux de bataille très-distingués au service du roi d'Espagne et de l'empereur, notamment Achille comte de Precipiano, colonel de deux mille Allemands et général de bataille, tué à Leipsick en 1642, à qui l'on attribua le gain de la bataille de Thionville, où il fit prisonnier de sa propre main le marquis de Feuquière, général du roi de France; plusieurs colonels et mestres-de-camp de régimens et de terces d'infanterie et de cavalerie, et des gouverneurs de places fortes, notamment Luxembourg, Dôle, la citadelle de Besançon, Faucogney; et des capitaines sans nombre, un archevêque de Malines, un évêque de Bruges, un primat des Pays-Bas, et des grands archidiacres, hauts doyens, abbés, grands-prieurs, chanoines, etc.

Augustin de Precipiano, chevalier, qualifié de magnifique seigneur, seigneur de Christophoro, marié à Anne Doria, père d'Ambroise I.er, demandé par Charles-Quint pour diriger les fortifications de ses places, et qu'il créa baron de Soye en 1555, marié à Marguerite de Spinola; père d'Ambroise II, chevalier, marié à Guillemette de Mandres, 1598; père d'Achille, qui suivra ¶, et de René-Ferdinand, marié à Marie de Mouthier, 1619; père de Philibert-Victor, marié à Eléo-

ce haut chapitre; ses preuves jurées par trois grands chevaliers de cet illustre collége, savoir : Claude de Salm, Michel d'Achey, et N..., prouvant pour ses seize lignes : 1.° Saint-Mauris, 2.° Willaffans, 3.° Coinctet-Châteauvert, 4.° La Tour-Saint-Quentin, 5.° Oyembrughes-Duras, 6.° Corswarem, 7.° Berloo, 8.° Loquenghien, 9.° Ligniville, 10.° du Châtelet, 11.° Chenû, 12.° Prie, 13.° Pouilly, 14.° Saint-Baussans, 15.° Jacquelain, 16.° Bians.

En se mariant le 20 janvier 1728 au comte de Precipiano, elle adopta pour nièce de prébende à Remiremont une comtesse de Montjoye, sa parente, et fit héritier de ses terres de Jasney, Girefontaine, etc., Charles-Emmanuel comte de Saint-Mauris-Châtenois, son neveu, lieutenant-général des armées du roi, gouverneur de Péronne, commandant-général des îles du Vent.

4. **MARIE-THÉRÈSE** comtesse de Saint-Mauris, chanoinesse et comtesse du haut chapitre de Remiremont, née le 21 mai 1688; en 1699 (le 6 septembre), promue par S. A. I. madame la princesse Charlotte de Lorraine (sœur de l'empereur François-Etienne), abbesse dudit chapitre, à la dignité de sa lieutenante pour la représenter en son absence, et élevée par son chapitre à la dignité de grande sonrière et trésorière par patente de 17.., et choisie pour poser la première pierre du palais abbatial en 17..; morte à Remiremont, où l'on voit son mausolée avec ses armoiries et supports entourés d'une grille de fer; fut inhumée le 12 décembre 1759, âgée de soixante-onze ans. On voit également ses mêmes armoiries sur le portail de sa maison de prébende, qu'elle avait bâtie, qui a passé à Henriette-Romarine de Montjoye, sa nièce de prébende et sa parente. Elle testa en faveur de Charles-Emmanuel comte de Saint-Mauris, son neveu, lieutenant-général des armées du roi.

Ladite dame Marie-Thérèse fut apprébendée à Remiremont par madame la comtesse N... de Simiane, dame dudit chapitre.

On doit à la mémoire de Marie-Thérèse l'hommage de faire connaître que, douée d'autant d'esprit, de fermeté et d'élévation de caractère que d'amour pour sa famille, sa Maison et son chapitre, elle fut toujours leur conseil éclairé et se dévoua dès sa jeunesse pour leur avantage, jusqu'à refuser des partis avantageux; héritière en 1735 de Joseph-Louis de Saint-Mauris, son frère, chevalier des ordres de Malte et de Saint-Louis, mort jeune, chef de brigade des carabiniers de France, avec rang de colonel; elle fit en 1738 de grands sacrifices pour contribuer au mariage de Charles-Emmanuel-Xavier marquis de Saint-Mauris, son neveu, avec Henriette baronne de Quadt-Landskronn, héritière de cette illustre Maison de la haute noblesse immédiate de l'Empire; instruite par le marquis de Saint-Mauris, son frère, étant chez elle à Remiremont, que des défauts de formes frappaient de nullité les anciennes substitutions de sa Maison, aussitôt, dédaignant les avantages considérables qu'elle aurait pu en retirer dans ses partages et bravant les désagrémens que pouvait lui occasionner cette démarche de la part d'un frère d'un caractère fort bouillant, elle fit à l'instant, à son insu, partir un courrier pour faire rectifier les

---

nore de Marnix, 1659; père d'Humbert-Joseph, chevalier de Saint-Georges, marié à Jeanne-Claude de Saint-Mauris, chanoinesse de Remiremont, 1728, mort sans postérité; 2.° de Jean-Baptiste, chevalier de Saint-Georges, capitaine en 1691 au régiment de Saint-Mauris, mort sans alliance; 3.° et Anne-Gasparine, mariée à Jean-Adrien de La Rochelle, 1687, dernière de cette Maison.

¶ Achille, fils d'Ambroise II et de Guillemette de Mandres, chevalier, sergent-général de bataille et colonel de cavalerie, tué à la bataille de Friedberg en 1630, marié à Jeanne de Montrichard; père de Prospère-Ambroise, général de bataille, gouverneur de Luxembourg, marié à Marie de Serinchamp-schœnfeld, dame d'honneur de la reine de Pologne; 2.° de Philippe-Emmanuel, général de bataille, et mort sans hoirs, ainsi que son frère; 3.° Humbert-Guillaume, archevêque de Malines, primat des Pays-Bas; 4.° et 5.° deux filles, chanoinesses d'Epinal.

Elle portait de gueules à une épée d'argent à l'antique à poignée d'or posé en fasce.

Devise : DIEU ET MON ÉPÉE.

enregistremens, dans la crainte de lui voir aliéner ces anciennes possessions héréditaires : trait de désintéressement et de fermeté qui doit captiver la reconnaissance et les hommages de tout ce qui porte son nom.

Elle fit des libéralités marquantes à l'hôpital et aux pauvres de Remiremont, bâtit une belle maison dans l'enceinte du chapitre, au midi de l'église, sur le portail de laquelle on voit ses armes; apprébenda Henriette-Romarine comtesse de Montjoye, sa parente, qui hérita de sa maison; fit héritier Charles-Emmanuel comte de Saint-Mauris, son neveu, lieutenant-général des armées du roi; des legs à Charles-Emmanuel-Xavier marquis de Saint-Mauris, brigadier des armées du roi, aussi son neveu, et mourut le 12 décembre 1759, âgée de soixante-onze ans, vivement regrettée de sa famille, de son chapitre et de son abbesse, et fut enterrée au cimetière des dames sous un mausolée élevé, où l'on voit son effigie et ses armoiries, lequel est entouré d'une grille de fer.

LIGNE DIRECTE.

17.e DEGRÉ.

S.t-MAURIS. — LALLEMAND.

1707.

PAUL-FRANÇOIS.

Paul-François marquis de Saint-Mauris, chevalier, capitaine de cavalerie, puis capitaine des cuirassiers du roi, comte de Saulx, baron de Châtenois et de La Villeneuve, seigneur de Châteney, Creveney, Villory, La Maise, Vellefrie, La Montoillote, Belnoye, La Méchère, La Vagère, Amblans, Bouhans, Les Barraques, La Grandgoutte, Pomoy, Bellemont, Lamotte, Le Châtelot, Scellières, Janney, Girefontaine; épousa en 1707 Bernarde-Joséphine comtesse de Lallemand (*) (d'une ancienne Maison distinguée et grandement alliée), dame de Bellemont, Le Châtelot, Lamotte, Scellières, fille unique de Gaspard comte de Lallemand, chevalier de Saint-Georges, capitaine de deux cents Vallons (primitivement chanoine de l'insigne chapitre

(*) LALLEMAND.

Maison de l'ancienne chevalerie du comté de Bourgogne, très-grandement alliée, décorée depuis 1505 du titre héréditaire de comte, confirmé par les rois de France; jurée de toute ancienneté à Saint-Georges et à Malte et dans tous les corps et colléges de noblesse de la province; et depuis vers l'an 1600 dans les hauts chapitres de Remiremont, de Lyon, puis à Maubeuge; qui a donné un inspecteur et contrôleur général d'Aragon et des Deux-Siciles; des premiers ministres secrétaires d'état, des ambassadeurs plénipotentiaires, des gentilshommes de la chambre, des chambellans, et des colonels au service de l'empereur; des colonels au service d'Espagne; des chevaliers, échansons, écuyers tranchans et hommes d'armes des ducs de Bourgogne; et des officiers généraux, des pages et officiers de marque au service de France.

Cette Maison distinguée prouve sa filiation par de nombreux titres domestiques originaux, contemporains, identifiés par des monumens publics remarquables, d'honorables patentes d'érection de titres, de lettres de chevalerie, et de concessions décernées par divers augustes souverains en différens siècles, en faveur de *noblesse ancienne et distinguée et de services rendus*, relatées et faisant droit à titres produits, attestés et

de Saint-Claude), et d'Anne-Thérèse de Rahon (dernière de cette Maison), dont il eut cinq enfans : 1.° Charles-Emmanuel-Xavier marquis de Saint-Mauris, baron de Châtenois, capitaine de cavalerie, puis colonel et brigadier des armées du roi, marié, 1.° à Henriette marquise de Quadt-Landskronn, dernière de cette Maison, dont cinq enfans, morts en bas âge; 2.° à Françoise marquise de Raigecourt, chanoinesse de Remiremont, qui continua la postérité; 2.° Hardouin-Alexandre, lieutenant-colonel de cavalerie, chevalier des ordres de Malte, de Saint-Louis, marié à demoiselle d'Eshierres-de-Bonneval, qui fit branche, éteinte aujourd'hui; 3.° Charles-Emmanuel, chevalier de Malte, de Saint-Louis et de Saint-Georges, lieutenant-général des armées du roi, commandant-général des îles du Vent, inspecteur d'infanterie, colonel d'un régiment de son nom, gouverneur de Péronne, qui avait hérité de son père, d'une taille élégante et élevée et d'une égale ardeur, mais toujours dirigé dans le meilleur sens par ses qualités aimables, son profond dévouement au service du roi et son attachement pour sa propre famille; 4.° et 5.° Martine et Anne-Thérèse, qui furent chanoinesses et doyennes du chapitre de Migette; qui tous réunirent à un point peu commun l'attachement et la considération de leur corps, ainsi que l'union la plus intime entr'eux.

Paul-François, né le 13 novembre 1682, fut capitaine de cavalerie à seize ans, puis capitaine des cuirassiers du roi. Des actions d'éclat, quelques blessures, son ardent courage, joints à une haute stature, une figure et tournure extrêmement distinguées, une force extraordinaire, avaient concouru à le faire particulièrement remarquer et bien traiter du régent. Tant d'avantages réunis semblaient donc assurer à un gentilhomme plein d'honneur et de moyens la plus rapide et brillante carrière, mais n'aboutirent qu'à lui obtenir l'impunité de nombre de traits de la jeunesse la plus fougueuse. Ce bouillant caractère, que la douceur seule pouvait ramener, lui attira grand nombre d'affaires particulières, mais qui le corrigèrent d'autant moins qu'il en sortit toujours avec l'avantage; d'ailleurs, aussi chaud camarade et ami zélé que redoutable adversaire, il fut singulièrement aimé dans ses corps; mais néanmoins, et nonobstant la protection suprême, cette turbulente conduite ayant aliéné les ministres, lui attira des passe-droit d'avancement qu'il n'était pas de caractère à endurer : il se compromit par des algarades et quitta à l'instant le service, à la fleur de l'âge. L'inaction qui s'ensuivit eût absorbé entièrement sa fortune si ses plus belles terres n'eussent été depuis long-temps substituées par la prudence de ses pères ! .... Ne pouvant donc les aliéner comme les autres, il les fit réunir et ériger en marquisat sous son nom en 1705, par une patente honorable qui relate une partie des services de sa famille et des siens; mais son mariage arrangé avec une demoiselle de Méximieux ayant

---

enregistrés par les parlemens et chambres des Comptes, investis de ces sortes de sévères vérifications, et qui établissent sa filiation comme il suit, ainsi que celles d'autres branches éteintes et de celle existante, qui toutes ont été également florissantes; tous ces actes authentiques existant aux preuves de la Maison de Saint-Mauris, ainsi que nombre de titres épars de cette Maison non encore enliés à ses preuves, mais originaux, de 1155, 1158, 1159, 1204, 1231, 1241, 1340, 1343, etc. etc.

1.° Rodolphe, chevalier, mort en 1287; 2.° Jean, son fils, écuyer tranchant d'Othon, marié à Etiennette de Grozon, mort en 1312; 3.° Jacques, son fils, chevalier, marié à Jeanne de Morelle, 1339 et 1370; 4.° Etienne, marié à Oudette de Jouffroy; 5.° Guillaume, son fils, homme d'armes, 1417, marié à Claudine d'Augerans; 6.° Guillaume II, écuyer, marié à Catherine de Boudier; 7.° Jean, chevalier, son fils, titré comte, d'abord page, puis secrétaire de l'archiduchesse, puis secrétaire d'état de Charles-Quint, son premier ministre, ambassadeur, etc., marié à Anne d'Hanneton, 1505; 8.° Claude, chevalier, gentilhomme de la chambre et de la Maison de l'empereur, marié à Anne comtesse de Mailly; 9.° François, son fils, gouverneur de Blettrans, chevalier de Saint-Georges, marié : 1.° à Catherine de Montrichard, 2.° à Anne de Chaffoy; 10.° Adrien, son fils, colonel et adjudant général de cavalerie, chevalier de Saint-Georges, commandant de Dôle, marié à Elisabeth de Choiseuil : Henry, son frère, épousa Françoise d'Oiselay, et fit branche, qui suivra ¶; 11.° Gaspard, fils dudit Adrien, d'abord chanoine de Saint-Claude, puis capitaine de deux cents Vallons, marié à Anne de Rahon, dont il n'eut qu'une fille, mariée en 1707 au marquis de Saint-Mauris ci-dessus.

¶ Ledit Henry, mari de Françoise d'Oiselay ci-dessus, fut père de Claude-François, mestre-de-camp en Espagne, chevalier de Saint-Georges, marié en 1659 à Anne de Coinctet; père de Charles-Baptiste, d'abord chanoine de Saint-Claude, puis marié en 1700 à Olympe d'Arberg-Valengin; père de Philippe Ulric, marié à Françoise d'Esternoz, mort en 1773; père de Gabriel-Théodore, maréchal-de-camp, marié à Charlotte Amey, mort à l'armée royale en 1797; père d'Anne-Baptiste comte de Lallemand, chef de bataillon, marié en 1818 à Marie-Victoire de Poutier, dont il a : 1.° Eléonor, né en 1820; 2.° Albert-Henry, né en 1821.

Elle porte d'argent à la fasce de sable, accompagnée de trois tierces feuilles de gueules.

Devise : VINCIT IN BONO MALUM.

manqué par ce désordre, il épousa, le 17 avril 1707, Bernarde-Joséphine comtesse de Lallemand, belle et riche héritière d'une ancienne Maison de chevalerie, grandement alliée, titrée de comte depuis plus de trois siècles, et depuis plus de deux reçue et jurée à Remiremont, Saint-Georges et Malte, ainsi que dans tous les chapitres de la province, à Lyon, Maubeuge, etc., etc.; laquelle eut la prudence de conserver sa fortune à ses enfans en se séparant de biens.

Il mourut à Remiremont le 2 février 1751, chez ses sœurs (où, comme un des grands chevaliers de ce chapitre, il avait juré nombre de preuves), et y fut inhumé sous un mausolée portant son épitaphe au-dessous de ses armoiries, écartelées de celles de Ligniville et accolées de celles de sa femme écartelées de celles de Choiseuil, qui étaient celles de sa grand'mère, et entouré de ses seize lignes ou quartiers : 1.° Saint-Mauris, 2.° Willaffans, 3.° Coinctet, 4.° La Tour-Saint-Quentin, 5.° Oyembrughes-Duras, 6.° Corswarem, 7.° Berloo, 8.° Loquenghien, 9.° Ligniville, 10.° du Châtelet, 11.° Chenû, 12.° Prie, 13.° Pouilly, 14.° Saint-Baussans, 15.° Jacquelain, 16.° Bians.

QUADT. — S.t-MAURIS. — RAIGECOURT.

1. **CHARLES-EMMANUEL-XAVIER** marquis de Saint-Mauris, brigadier des armées du roi, baron de Châtenois, etc., qui contracta deux alliances, 1.° avec Henriette marquise de Quadt, dont il eut cinq enfans, morts sans postérité, 2.° Françoise marquise de Raigecourt, dont la postérité continua la ligne des barons de Châtenois, qui suit.

S.T-MAURIS. — ESHIERRES.

2. **HARDOUIN-ALEXANDRE** baron de Saint-Mauris, chevalier de l'ordre de Saint-Jean de Jérusalem (de Malte) et de l'ordre royal et militaire de Saint-Louis, capitaine de cavalerie, puis chef d'escadron et lieutenant-colonel du régiment de Chabrillant, marié le 4 septembre 1759 à Blanche-Justine-Charlotte d'Eshierres (*), dame de Bonneval, d'une famille de noblesse militaire, fille de Gabriel d'Eshierres, capitaine, puis lieutenant-colonel de cavalerie au régiment de Villeroy, chevalier de Saint-Louis, et de Justine comtesse Dagoust-de-Montmaur.

Le baron de Saint-Mauris fit avec distinction toutes les guerres de Bohême et celle de sept ans, se signala en plusieurs rencontres où il fut presque toujours blessé, mais plus dangereusement à la bataille de Lutzelberg, en 17.., où son régiment fut tellement écrasé qu'il resta seul à cheval de tous les capitaines; néanmoins il parvint à en rallier les débris et à l'entraîner à recharger l'ennemi avec vigueur, choc où il reçut un coup de feu au travers de la poitrine, et fut fait chef d'escadron; mais sa santé, aussi délabrée par cette blessure que sa petite fortune de cadet par la perte de plusieurs chevaux, et celle, plusieurs fois réitérée, de tous ses équipages, et la destruction de sa compagnie, le força de se retirer avec commission de lieutenant-colonel, la croix de Saint-Louis et une pension sur cet ordre. Il se retira et mourut à Poligny, où il fut inhumé dans le cloître des Cordeliers. Il eut de son mariage un fils et une fille, qui suivent.

(*) ESHIERRES.

Ancienne famille de noblesse militaire, originaire du Dauphiné, qui s'est fort anciennement dévouée au service des rois de France, et dont les descendans, par une suite du même zèle, ont fréquemment répandu leur sang et sacrifié leur vie dans leurs armées, et se sont alliés à d'anciennes Maisons du pays. Ils portent d'argent à une tête de lion d'azur arrachée, allumée et lampassée de gueules au chef d'azur, chargé de trois étoiles d'or.

1. **LOUIS-ALEXANDRE**-Charles-Hardouin-Emmanuel baron de Saint-Mauris; élève de l'école royale militaire, puis officier des vaisseaux du roi en 1782. Il naquit le 1.er mai 1755, et eut le malheur de se tuer en déchargeant son fusil pour aller à la chasse, le 5 janvier 1787; enterré à Châtenois, où il était venu passer son semestre, chez le marquis de Saint-Mauris, colonel de dragons, son cousin-germain, au retour d'une campagne désastreuse sur mer, où tout l'équipage du vaisseau qu'il montait périt de la fièvre jaune. Il était substitué aux terres de Lambrey, Sainte-Marie et dépendances, dont son oncle Charles-Emmanuel comte de Saint-Mauris, lieutenant-général des armées du roi, n'avait que l'usufruit par le testament de la comtesse de Saint-Mauris-Lambrey, sa tante, chanoinesse de Remiremont.

Ces terres, par cette mort tragique, passèrent à Louis-Emmanuel-Alexandre comte de Saint-Mauris, chevalier de Malte, capitaine de dragons, marié à Gabrielle marquise de Raigecourt.

HUART. — S.T-MAURIS.

2. **OLYMPE-LOUISE-SÉRAPHINE** de Saint-Mauris, dame de Bonneval, épousa en 1789 Charles-Joseph-Elisabeth baron d'HUART (*), lieutenant-colonel au service de S. M. C. dans ses gardes valonnes, chevalier, seigneur de La Sauvage, des deux Sônes, fils de Jean-François-Henry-Gerard baron d'Huart, colonel au service de S. M. C., major-général de ses armées en

(*) HUART.

Ces anciens gentilshommes de nom et d'armes, d'origine militaire, titrés barons depuis deux siècles, se sont distingués au service de leurs souverains dans les premiers grades, tels que lieutenans-généraux, majors-généraux et brigadiers des armées du roi, colonels, lieutenans-colonels et capitaines, chefs et président du conseil d'état, gouverneur du pays de Lampourdan, de Luxembourg, de Gironne, etc., tant au service de l'empereur que du roi d'Espagne, et ajoutent à leurs illustrations celle d'avoir coopéré à lever, pour le service de S. M. C., son régiment des gardes valonnes, corps où ils ont toujours eu dès-lors quelques capitaines ou officiers de leur nom, et d'avoir contracté consécutivement de grandes alliances, telles que : Vaha, Simarck, Dampon, Mailly, Wanhaeck, Dublaisel, Lavaux, Saint-Mauris, Brenner, de Harre, Reiffenberg, Noirfalise, Villers, Jobert, Bethume-Sully, de Serre.

N'ayant pas les titres de cette Maison sous les yeux, on ne peut rapporter ici la filiation que de la ligne directe, depuis Nicolas d'Huart, chevalier, marié à Marguerite de Vaha, chanoinesse de Nivelle; père de N..., marié à Elisabeth de Lavaux; père de Jean, marié à Barbe de Brenner; père de Jean-Gaspard, marié à Hélène de Eimont; père de Jean-Frédéric baron d'Elter, gouverneur du Luxembourg, marié à Marguerite d'Huart, sa cousine; père de N..., lieutenant-général des armées de S. M. C., gouverneur de Gironne et du Lampourdan, marié à Marie-Barbe de Martigny; père de Jean-François, major-général et colonel en Espagne, marié à Marguerite de Villers; père de Charles-Joseph, lieutenant-colonel au service de S. M. C. dans les gardes valonnes, marié en 1789 à Olympe-Louise-Séraphine de Saint-Mauris; père : 1.° d'Annette, mariée en 1817 à Hercule comte de Serre, chevalier des ordres du roi, garde-des-sceaux, ambassadeur à Naples; 2.° Victor, officier dans les gardes royales; 3.° Eugène, gentilhomme d'ambassade; et 4.° Emmanuel, leur aîné, garde-du-corps et capitaine de cavalerie, marié en 1818 à Juliette comtesse de Béthume-Sully, dont il a....

Porte d'argent à un houx de sinople fruité de gueules, issant d'un brasier enflammé.

Italie, chevalier, baron de Jaloigne, seigneur de Bertange, Rodange, Dockindorf, etc.; et de Marie-Camille marquise de Villers, dame de La Sauvage, Sône, etc., fille de ....., marquis de Villers, page du roi, puis lieutenant-colonel du régiment de Bassigny, et de Béatrix baronne de Haan; et ledit Jean-François-Henry, fils du baron d'Huart, lieutenant-général des armées du roi d'Espagne, gouverneur de Gironne et du Lampourdan, et de Barbe de Martigny.

Olympe naquit à Mens en Dauphiné le 18 décembre 1760, épousa le baron d'Huart le 1.er septembre 1789, restée veuve en 18.. avec une fortune extrêmement délabrée, par suite des effets de la fatale révolution française. Son mari s'étant singulièrement prononcé pour la cause royale, notamment lors de l'arrivée du roi de Prusse dans le pays du Luxembourg, elle se mit à la tête des affaires et parvint à les rétablir à force d'intelligence, de suite de sacrifices et de privations, et à établir ses enfans. Elle en eût cinq de cette alliance : 1.° Auguste, né en 1790, mort au sortir des écoles militaires; 2.° Emmanuel, garde-du-corps du roi à l'époque de la restauration, puis capitaine de cavalerie, marié en 1818 (le 10 septembre) à Juliette comtesse de Béthume-Sully; 3.° Annette, née en 1792, mariée en 1817 à Charles-Hercule comte de Serre, premier président de Colmar, puis président de la chambre des députés, nommé en 1817 garde-des-sceaux de France, ministre de la justice, chevalier des ordres du roi en 1820, ambassadeur à la cour de Naples en 1822; 4.° Eugène, gentilhomme d'ambassade; 5.° et Victor, officier dans la garde royale; tous issus d'une Maison de race militaire, fort anciennement titrée. Elle mourut le 25 décembre 1822.

3. **LOUISE-MARTINE** de Saint-Mauris, chanoinesse du noble chapitre de Migette, où elle fut reçue en 1723, ayant prouvé pour ses seize quartiers : 1.° Saint-Mauris, 2.° Coinctet-de-Châteauvert, 3.° Oyembrughes-Duras, 4.° Berloo, 5.° Ligniville; 6.° Chenû, 7.° Pouilly, 8.° Jacquelain, 9.° Lallemand, 10.° Chaffoy, 11.° Choiseuil, 12.° Lavaux, 13.° Rahon, 14.° Bazans, 15.° Bachelier, 16.° Pilla.

4. **ANNE-THÉRÈSE** de Saint-Mauris, dame chanoinesse et doyenne du chapitre noble de Migette, où elle fut reçue en 1723. Elle mourut à Salins en 1805, justement regrettée de toutes ses anciennes compagnes et des pauvres (après avoir éprouvé et soutenu avec un courage peu commun tous les dépouillemens et tribulations de la sinistre révolution), mais plus vivement encore de sa famille, à laquelle elle consacra, dès sa jeunesse, un attachement et une sensibilité singulièrement remarquables, qui, contre l'ordinaire, ne firent que s'accroître jusqu'à ses derniers momens.

5. **CHARLES-EMMANUEL** comte de Saint-Mauris, lieutenant-général des armées du roi, colonel d'un régiment de son nom, commandant-général des îles du Vent de l'Amérique, gouverneur des ville et château de Péronne, inspecteur d'infanterie, chevalier des ordres de Saint-Jean de Jérusalem, de Saint-Georges et de Saint-Louis, avec 3000 livres de pension sur ce dernier, et un bon du roi pour en être reçu grand'croix (autrement cordon rouge); comte et seigneur de Lambrey, Sainte-Marie, Saint-Mauris-en-Montagne, Court-les-Saint-Mauris, Battenans, Mont-de-Vougney, Fleurey, Courcelle, Gesincourt, Augicourt, La Gillerie, La Proselière, Amage, Fessey, La Lanterne, Janney, etc.; mort à Châtenois le 23 mai 1787.

Charles-Emmanuel naquit en 1713, fut reçu chevalier de Malte et page du grand-maître en 1725, cadet gentilhomme en 1732, enseigne au régiment de Richelieu en 1733, cornette de cavalerie dans la compagnie de son frère en 1735; eut commission de capitaine en 1742, capitaine de la compagnie de son frère au régiment du mestre-de-camp-général en 1743, lorsque celui-ci passa à des grades supérieurs; capitaine de carabiniers en 1754, fait lieutenant-colonel en 1758, colonel d'un régiment d'infanterie de son nom en 1760; passa en Amérique avec son régiment et le grade de brigadier en mars 1763; maréchal-des-camps en 1767, commandant-général des îles Martinique et Sainte-Lucie en avril 1767, gouverneur des ville et château de Péronne, inspecteur des régimens provinciaux de Bourgogne en 1778, lieutenant-général en 1784, chevalier de Saint-Georges en 1787; mort au château de Châtenois le 23 mars 1787, sans avoir pu obtenir de l'équité des ministres le cordon rouge, non-seulement mérité par ses longs et brillans services, mais dont il avait obtenu le bon du roi en 1767, comme on le verra ci-après dans l'exposé de ses services et actions, calqué sur ses mémoires présentés à MM. de Monteynard, de Maurepas et de Ségur, ministres de la guerre. On y voit que le chevalier de Saint-Mauris fut blessé d'un coup de feu au siége de Kelh en 1733, se trouva au siége de Fribourg en 1734, fit toutes les campagnes de 1733, 1734, 1740 et 1755; fit toutes les guerres de Bohême, se trouva au siége de Prague, aux batailles de Saye, de Troya (où il fut blessé d'un coup de sabre), d'Ettingen, de Rocoux, de Laufeld, de Crevelt et de Minden, où il reçut un coup de feu à la cuisse et perdit plusieurs chevaux, tués ou blessés sous lui.

Il fut assez heureux pour trouver fréquemment des occasions de se distinguer, son zèle et son ardeur l'ayant toujours fait marcher aux volontaires lorsque son service le lui permettait, notamment à Prague, où il servit constamment aux carabiniers de la cavalerie, qui y faisaient le service de grenadiers; à la sortie du 19 ..., étant avec les grenadiers du régiment de la marine, il se signala sous les yeux du maréchal de Lévy et contribua d'une manière marquante à rallier l'infanterie, qui retourna à la charge avec succès. Ses actions à ce siége lui méritèrent du maréchal de Broglie la commission de capitaine, ratifiée par le roi. A la bataille de Crevelt, où les carabiniers s'immortalisèrent, il se fit tellement remarquer des généraux et de M. de Poyanne, qu'ils demandèrent pour lui la commission de lieutenant-colonel, grâce unique et contraire à l'usage dans ce corps, et qu'il n'aurait pas songé à solliciter. A Minden, ayant percé par trop de témérité toute la ligne des ennemis avec un gros de carabiniers qu'il avait rallié, et revenu sur le champ de bataille seul de capitaine avec ses gens, il y resta, par ordre du maréchal de Castries, pour soutenir un corps d'infanterie une heure après que toute la cavalerie était retirée, et exposé au feu et à l'artillerie de toute la ligne qui lui enleva une grande partie de son monde, occasion où il montra, au rapport des généraux, autant d'intelligence dans ses manœuvres que d'intrépidité.

A la paix son zèle le porta à solliciter de passer en Amérique avec son régiment : il fut alors chargé par la cour de précéder les troupes pour traiter avec les Anglais de la reddition de Lisle et de tout ce qui concernait la partie militaire. Tandis que les troupes du roi jouissaient des douceurs de la paix, il passa cinq ans dans la Martinique et à Sainte-Lucie, entouré de la mort et des épidémies, qui lui enlevèrent vingt-deux officiers de son régiment, les deux tiers des soldats, et lui occasionnèrent trois maladies mortelles; à peine convalescent, à sa rentrée en France en 1767, MM. les ducs de Choiseuil et de Praslin le sollicitèrent de retourner en Amérique pour relever le comte d'Ennery, rappelé; sur l'observation que cette année était l'époque fatale pour faire ses caravanes sous peine de perdre ses droits à la commanderie, le duc de Choiseuil lui répondit par l'envoi, 1.° de la commission de commandant-général des îles du Vent, 2.° d'un bon du roi qui lui assurait le cordon rouge à son retour, 3.° par une promesse de sa part d'être dédommagé par des pensions ou autres grâces du sacrifice qu'il faisait pour son service des faveurs et bienfaits de son ordre (pièce déposée au bureau de la guerre sous M. de Monteynard, comme le certifie M. de Saint-Paul, chef des bureaux de la guerre). Les services qu'il rendit au roi et à ses colonies pendant son commandement lui méritèrent l'attention du roi, les grades de lieutenant-général, le gouvernement de Péronne, le don d'une habitation à Sainte-Lucie et 3000 livres de pension sur l'ordre de Saint-Louis, etc.,

etc.; mais il ne jouit jamais d'une décoration désirée, promise et bien méritée par cinquante-quatre ans de services distingués, le sacrifice de son ordre, nombre d'actions marquantes et un zèle et une activité à toute épreuve. Il racheta en 1772 les anciennes terres de son nom du comte de Grivel, maréchal-des-camps, chevalier de Saint-Georges, etc., et Marie comtesse de Montjoye, son épouse, qui en avait hérité par alliance en 1717, comme on verra page 202; terres qu'il donna, ainsi que ses possessions des îles, à Charles-Emmanuel-Polycarpe marquis de Saint-Mauris, son neveu, chef de sa Maison, tant par contrat de mariage avec Marie-Caroline-Léopoldine de Raigecourt que par testament : il substitua ses autres terres à Louis-Emmanuel-Alexandre, frère du précédent, et à ses descendans.

LIGNE DIRECTE. 18.e DEGRÉ.

QUADT. — S.t-MAURIS. — RAIGECOURT.

1753.

CHARLES-EMMANUEL-XAVIER.

Charles-Emmanuel-François-Xavier-Maurice marquis de Saint-Mauris, capitaine de cavalerie, puis colonel, brigadier, officier-général et chevalier de l'ordre militaire de Saint-Louis, comte de Saulx, baron de La Villeneuve et de Châtenois, seigneur de Châteney, Creveney, Villory, La Vagère, La Maise, Belnoye, La Méchère, La Montoillote, Les Barraques, Bellemont, Amblans, et du marquisat de Spincourt et dépendances, avec la Maison de Raigecourt, épousa, 1.° Henriette marquise de Quadt-Landskronn (*) en 1738, fille de Guillaume-Henry marquis de Quadt-Landskronn, baron immédiat de l'empire, lieutenant-général et général en chef des armées du roi, grand-commandeur de son ordre de Saint-Louis, gouverneur des

(*) QUADT-LANDSKRONN.

Maison illustre de la haute noblesse immédiate, chevaleresque et baronnale, d'Allemagne, dont différentes branches, sous les surnoms distinctifs de Landskronn, Büesfeldt, Wickenrad, etc., se fixèrent dans le pays de Trèves, de Cologne, de Juliers et de Clèves, toutes issues de Wilhelme de Quadt, chevalier, vivant en l'an 1200, avec Nicole d'Oixhoffen, son épouse, et qui toutes contractèrent les plus grandes alliances et paraissent dans les tournois et tous les hauts chapitres de cette époque; aussi Gauhen, dans son Dictionnaire de la noblesse d'Allemagne, et Hartard, dans son Relevé des preuves des hauts chapitres, disent-ils que « Cette ancienne Maison baronnale doit être comptée parmi les plus considérables du pays. » On la voit en effet donner non-seulement nombre de grands maréchaux, grands chambellans, grands baillis, conseillers d'état, gouverneurs de Trèves et autres villes, telles que Marsall, Vandel, Saarbourg, Strasbourg, etc., pour les cours de Trèves, Cologne, Hesse et Palatine, mais aussi des conseillers d'état en Prusse, et des généraux distingués en Empire, en Espagne, ainsi qu'en France, où s'établit un rameau illustre de cette Maison, qui s'éteignit dans celle de Saint-Mauris, lequel était issu de la branche de Quadt dite de Landskronn, parce qu'ils descendaient de l'héritière de cette puissante Maison, dont les descendans conservèrent les terres, le nom, et écartelèrent les armes depuis le quatorzième siècle.

ville et citadelle de Marseille, colonel-propriétaire d'un régiment de cavalerie étrangère de son nom, et d'Anne-Julie-Aulbert vicomtesse de Chaulnes. Il eut de cette alliance cinq enfans, morts en bas âge, et épousa en secondes noces Gabrielle-Françoise-Bernarde marquise de Raigecourt (*), chanoinesse de Remiremont, dame de l'ordre de la Croix-Etoilée et de Spincourt, Saulny, etc., fille d'Antoine-Louis marquis de Raigecourt, comte du Saint-Empire, maréchal des camps et armées du roi, colonel d'un régiment de son nom, baron et seigneur de Friauville, Ban, Busy, Bayonville, Saulny, Villelerombas, Moutier, , et d'Anne-Marie comtesse de Gournay, dernière de cette illustre Maison.

Il eut de cette dernière alliance quatre fils, 1.° Charles-Emmanuel-Polycarpe marquis de Saint-Mauris, qui devint pair de France, maréchal des camps et armées du roi, inspecteur-général de garde nationale, chevalier des ordres de Saint-Louis, de Saint-Georges et de Malte, marié à Caroline marquise de Raigecourt, sa cousine germaine, chanoinesse de Remiremont, dame de la Croix-Etoilée; 2.° Charles-Louis, mort enfant; 3.° Louis-Emmanuel-Alexandre comte de Lambrey, chevalier de Saint-Louis, de Malte et de Saint-Georges, officier supérieur de dragons, qui fit branche, qui suivra, par son mariage avec Gabrielle marquise de Raigecourt, chanoinesse de Remiremont, sœur de la précédente; 4.° et Gabriel-Bernard, page du roi Louis XVI, officier supérieur de cavalerie, chevalier des ordres de Saint-Louis, de Saint-Georges et de Malte, qui tous héritèrent, ainsi que leurs enfans, de la taille avantageuse ainsi que de la vigueur physique et morale de leurs ancêtres, et prouvèrent qu'ils avaient encore moins dégénéré des qualités plus importantes de leur remarquable et rigoureuse fidélité à l'honneur, au devoir et au dévouement à leur roi légitime, par la fermeté constante de leur conduite durant tout le cours de la révolution, et le sacrifice dédaigneux des honneurs et de toute leur fortune pour en suivre sévèrement les lois.

Le marquis de Saint-Mauris naquit à Châtenois le 22 septembre 1708, fut page à la cour de Lorraine du duc Léopold en 1721, capitaine de cavalerie au régiment mestre-de-camp-général en 1724, étant âgé de seize ans, fit toutes les campagnes de Bohême, où il fut blessé, et se distingua en plusieurs occasions, et notamment, avec son frère Charles-Emmanuel, à des sorties volontaires durant le siége de Prague, par un courage aussi froid, ferme, calme, que celui de son père était trop bouillant et emporté. En passant aux grades

---

Outre ses propres titres, on trouve sa filiation prouvée par les relevés des hérauts d'armes et les documens également authentiques des grands chapitres de Trèves, Mons, Maubeuge, Nivelle, etc., et de l'ordre Theutonique, où elle a éte reçue fréquemment de toute antiquité.

Wilhelme de Quadt, chevalier, marié à Sibille d'Oixhoffen, 1200, père de Conrad, seigneur de Quadt; père d'Héberhard, chevalier, marié à Sidonie de Münster; père de Wilhelme, marié à Sibille de ..., comtesse de Limbourg; père d'Herman, marié à Cécile de Walderbürg; père de Frédéric, chevalier, marié à Walpurge de Landskronn, dont il eut Wilhelme troisième, tige de la branche illustre de Büesfeldt, 2.° et Lutter, chevalier en 1464, marié à Elisabeth de Nefenar; père d'Adolphe, tige des seigneurs d'Isengard, et 2.° de Gerard, marié à Gertrude de Mérode, 1488; père de Jean, maréchal de Trèves en 1530, marié à Catherine de Scheiuffard de Mérode; père de Lutter, chanoine de Trèves, puis marié à Sophie de Pallant, 1545, qui fit branche, 2.° d'Herman, 1540, marié à Catherine de Layen; père de Domien, marié à Elisabeth de Piremont; père de Joseph-Frédéric, marié à Marguerite d'Oferlacher; père de Nicolas, général au service d'Espagne, marié à Walpurge d'Hastads; père de Guillaume-Henry, général en chef des armées du roi de France, marié à Anne-Aulbert de Chaulnes; père d'Ernestine, morte fille, et d'Henriette, mariée en 1738 au marquis de Saint-Mauris.

Les autres alliances sont : Azfeldt, Brempt, Bauve, Barll, Buling, Cloth, Degailingen, Eltz, Felz, deux Hornberg, Hertingshausen, Heppenberg, Hertz, Heltz, Hagen, Hunbruck, Lenimbourg, La Layen, Mérode, Münster, Mont de Limbach, Orbeck, deux Pallant, Romberg, Schevrim, Spies, deux Stein, deux Waldpotte, Wentz.

Ils portaient de gueules à deux fasces bretésées d'argent, qui est de Quadt, écartelé au deuxième et troisième d'or à deux fasces échiquetées de gueules et d'argent, qui est de Landskronn.

(*) RAIGECOURT.

Cette antique Maison, marquante parmi celles les plus distinguées qui formaient le corps illustre de l'ancienne chevalerie de Lorraine, fut admise aux honneurs de la cour de France en vertu de ses preuves, puis élevée à la dignité de pair héréditaire du royaume. S'étant alliée trois fois à celle de Saint-Mauris, on trouve, page 107, une notice qui relate partie de sa filiation, de ses illustres alliances et des honneurs, grados et illustrations qu'elle a constamment réunis.

Elle porte d'or à la tour de sable;

Et pour devise : Avec honneur.

supérieurs, il remit sa compagnie à son frère Charles-Emmanuel et devint successivement colonel, chevalier de Saint-Louis, brigadier et officier-général; mais son attrait pour l'étude des sciences exactes et abstraites et la solitude nuisit à sa carrière militaire. Il épousa, le 23 septembre 1738, Henriette marquise de Quadt-Landskronn, d'une beauté remarquable, dernière d'une antique Maison de haute noblesse immédiate, chevaleresque et baronnale, d'Allemagne, considérable par ses possessions, ses illustrations, ses hautes alliances et réceptions de toute ancienneté dans les hauts chapitres; fille de Guillaume-Henry marquis de Quadt et de Landskronn, titré marquis par Louis XIV, général en chef de ses armées en Allemagne, et grand'croix de son ordre de Saint-Louis, d'une haute réputation, et colonel-propriétaire du régiment devenu Royal-Allemand. Elle mourut jeune, chez son père, à Strasbourg. Cinq enfans qu'il en eut étant morts en bas âge, il épousa le 5 juin 1752 Françoise marquise de Raigecourt, chanoinesse, comtesse du haut chapitre de Remiremont, d'une des plus marquantes et illustres Maisons de l'ancienne chevalerie de Lorraine, également distinguée par ses hautes alliances et les belles preuves qu'elle fit pour être admise aux honneurs de la cour de France, qui depuis l'a élevée à la pairie; alliée trois fois à celle de Saint-Mauris. L'union intime, l'un des caractères honorables et distinctifs de cette famille, se prononça énergiquement entre ces trois frères, Charles-Xavier, Charles-Emmanuel et Hardouin-Alexandre. Ce dernier, capitaine de cavalerie au régiment de Chabrillant, ayant eu plusieurs affaires à son corps, notamment avec son major, et toujours par l'effet du mauvais caractère de cet officier, qui était encore parvenu à aliéner contre lui partie des officiers pendant son semestre; ses deux frères, instruits de ce lâche complot et craignant d'autant plus qu'il n'y succombât enfin, qu'il avait déjà été blessé plusieurs fois et qu'il n'était pas doué d'une taille et tournure aussi avantageuse et imposante qu'eux, l'accompagnèrent, sans lui en dire le motif, lorsqu'il rejoignit son corps, et ils y témoignèrent énergiquement que leur intention fixe était de faire en tout cause commune jusqu'à l'extrémité....., démarche qui suffit pour déconcerter la trame; et dès-lors ses camarades lui rendirent justice, et le major quitta le corps. Le marquis de Saint-Mauris rebâtit l'ancien château-fort de Châtenois et ses dépendances sur le plan vaste et élégant où il était lors de sa destruction par l'effet de la désastreuse et fatale révolution. Il mourut à Châtenois le 13 mars 1773, peu de mois après sa femme, et évidemment de regret de sa perte; sentiment éprouvé non-seulement par les pauvres, mais par tout ce qui la connaissait; bien légitime hommage à la réunion de toutes les vertus et qualités aimables. Il fut inhumé à côté d'elle dans sa chapelle de l'église de Châtenois, sépulture de sa famille.

S.ᵗ-MAURIS. — RAIGECOURT.

1. **CHARLES-EMMANUEL-POLYCARPE** marquis de Saint-Mauris, baron de Châtenois, maréchal des camps et armées du roi, inspecteur-général de garde nationale, chevalier des

ordres de Saint-Louis, de Malte, chef et gouverneur de celui de Saint-Georges, qui continua la ligne par son mariage avec Caroline marquise de RAIGECOURT, chanoinesse de Remiremont, dame de la Croix-Etoilée, et qui suit.

S.T-MAURIS. — RAIGECOURT.

2. **LOUIS-EMMANUEL-ALEXANDRE** comte de Saint-Mauris, chevalier de l'ordre militaire de Saint-Louis et des ordres de noblesse de Saint-Jean de Jérusalem et de Saint-Georges, capitaine de dragons, puis chef d'escadron de cavalerie, comte et seigneur de Lambrey, Augicourt, Gesincourt, Sainte-Marie, La Gillerie, La Proselière, Amage, Saint-Germain, Fessey, Langle, La Lanterne, et à Scellières, Saulny, Spincourt, etc., épousa, le 28 janvier 1788, Anne-Marie-Gabrielle marquise de RAIGECOURT, chanoinesse de l'insigne chapitre de Remiremont, fille de Christophe marquis de Raigecourt, d'abord chanoine du haut chapitre de Liége, puis chambellan de LL. MM. II., comte du Saint-Empire, seigneur de Gros-Yeux, Augny, Busy, Bitzerberg, Everlange, Useldange, Merckingen, La Chaussey, Bayonville, Vignot, et de Marie-Joséphine comtesse de Saint-Ygnon.

Par cette alliance il devint la souche d'une neuvième branche de sa Maison, dite troisième des comtes de Lambrey, page 235.

S.t-MAURIS.

3. **GABRIEL-BERNARD** comte de Saint-Mauris (dit le chevalier de Saint-Mauris), chevalier de l'ordre militaire de Saint-Louis et des ordres de noblesse de Saint-Jean de Jérusalem et de Saint-Georges, ancien page de Louis XVI, chef-d'escadron de cavalerie, et, par brevet du roi, colonel chef de l'état-major-général des gardes nationales du département.

Né le 29 mars 1771, chevalier de Malte le 4 décembre 1774, page le 1.er avril 1784, reçut en 1787 de S. M. une superbe épée, enrichie de son effigie en or, et fut placé au régiment de chasseurs à cheval de Franche-Comté, où son frère Alexandre était capitaine. En janvier 1791 il sortit du royaume avec ses frères et ses neveux pour rejoindre les armées royales, où ils firent la campagne de 1792, à l'avant-garde de l'armée du centre, brigade de Monsieur, sous les ordres des princes frères du roi. A son licenciement, il rentra de suite à celle commandée par Monseigneur le prince de Condé, où il servit avec tous les siens jusqu'au dernier licenciement de juillet 1801. Il y fit toutes les campagnes, et avec une telle distinction qu'elle fut remarquée de LL. AA. RR. ducs d'Angoulême et de Berry, qui l'exprimèrent tout particulièrement sur sa feuille de licenciement, en le gratifiant d'un cheval. Rentré en France avec sa famille dépouillée de tous ses biens, ils se retirèrent dans une campagne, d'où il repoussa, comme tous les siens, toutes places, services, grades et décorations, et, comme eux, ne reprit les armes qu'aux annonces de l'espoir de la restauration, qui leur furent apportées par le général comte de Belle-Isle, qui, en qualité de commissaire précurseur de Monseigneur comte d'Artois à Vesoul, leur avait été adressé pour seconder ses renseignemens. Et il partit en courrier peu après pour porter à S. A. R., à Bâle, les dépêches de ce commissaire, l'offre de ses services, de ceux de sa famille, et l'hommage du dévouement des gentilshommes et bons Français restés fidèles à son auguste Maison, qui tous s'empressèrent d'entourer ce prince chéri tout à son débarqué et tout le temps de son séjour.

Capitaine de cavalerie par brevet, qui le rappelle en cette qualité, du 1.er avril 1797, puis chef d'escadron, fait chevalier de Saint-Louis le 25 décembre 1815, partit le 19 mars 1815 avec le vicomte de Saint-Mauris, son neveu, lors de l'invasion de l'usurpateur, pour rejoindre le roi à Paris. Arrivés trop tard, ils revinrent en Lorraine pour le rejoindre à Gand par le Luxembourg; mais des obstacles s'y étant opposés, la levée d'un corps de volontaires royaux aux frontières suisses les ramena sur ce point, pour se réunir au général comte de Scey, préfet du Doubs, leur parent et ami, chargé de cette organisation, mais qui ne fut que partiellement exécutée et souffrit beaucoup, sans aucun succès, par l'effet des trahisons; fait colonel chef-d'état-major-général des gardes nationales du département par brevet du 30 mars 1816, reçu chevalier de Saint-Georges le 8 mai 1816.

LIGNE DIRECTE.

19.e DEGRÉ.

S.t-MAURIS. — RAIGECOURT.

1777.

CHARLES-EMMANUEL-POLYCARPE.

Charles-Emmanuel-Polycarpe marquis de Saint-Mauris, pair de France, maréchal des camps et armées du roi, inspecteur-général de ses gardes nationales de la province, chevalier de son ordre militaire de Saint-Louis, de celui de Saint-Jean de Russie, chef et gouverneur de celui de Saint-Georges, comte de Saulx, marquis de Genevrey, baron de Châtenois et de La Villeneuve, seigneur de Châteney, Villory, Creveney, Servigney, La Maise, Belnoye, La Méchère, La Montoillote, La Vagère, Saint-Mauris-en-Montagne, Court-les-Saint-Mauris, Fleurey, Courcelle, Les Barraques, La Grandgoutte, Bellemont, Lamotte, Saulny, Spincourt, épousa en 1777 Elisabeth-Marie-Caroline-Léopoldine marquise de Raigecourt (*), chanoinesse comtesse de l'illustre chapitre de Remiremont, dame de l'ordre de la Croix-Etoilée de Marie-Thérèse, sa

(*) RAIGECOURT.

Maison marquante parmi celles de la haute noblesse qui formaient le corps illustre de l'ancienne chevalerie de Lorraine, aujourd'hui élevée à la pairie ; dont la généalogie a été dressée par M. Chérin, en vertu de laquelle elle a été admise aux honneurs de la cour de France. Elle tirait son nom de son village et seigneurie de Raigecourt, des frontières de Lorraine ; mais on la voit dès 1203 fixée à Metz et y tenir le premier rang, comme chef d'une des sept pairies qui dominaient les sept sections qui composaient cette cité indépendante, entre lesquelles elle était partagée alternativement. L'autorité suprême et absolue était dévolue à la dignité de maître échevin, à laquelle nul ne pouvait être élevé qu'il n'eût été antérieurement armé chevalier. Jean I.er de Raigecourt, dès l'an 1243, fut élevé à ce rang suprême, ainsi que nombre de ses descendans jusqu'à la soumission de cette ville impériale, époque à laquelle elle s'attacha au service de ses souverains, où elle remplit constamment les premières charges et dignités, tant à la tête de leurs armées que de leurs Maisons, telles que maréchal de Lorraine et du Barrois, généraux de leur artillerie, de cavalerie, d'infanterie ; gouverneur de villes et pays, grand chambellan,

cousine germaine, fille de Christophe marquis de Raigecourt, d'abord chanoine du haut chapitre de Liége, puis chambellan de LL. MM. II., comte du Saint-Empire, seigneur de Gros-Yeux, Augny, Busy, Bitzerbergh, Merckingen, Everlange, Useldauge, La Chaussey, Bayonville, Vignot, et de Marie-Joséphine comtesse de Saint-Ygnon. Il eut de cette alliance cinq enfans : 1.° Charles-Emmanuel-Auguste, marquis de Saint-Mauris-Châtenois, capitaine de cavalerie, chevalier des ordres de Saint-Louis et de Saint-Georges, marié à Ferdinande comtesse de Villerslafaye, qui continua la filiation ; 2.° Charles-Emmanuel-Joseph-Anne-Gabriel-Achille, chevalier de Malte, officier à l'armée de Condé, où il périt âgé de treize ans ; 3.° Charlotte-Catherine-Alexandrine, chanoinesse comtesse du haut chapitre de Remiremont ; 4.° Charlotte-Mélanie-Athénaïs, aussi chanoinesse de cet illustre corps ; 5.° Thérèse-Joséphine-Zoé, chanoinesse admise dans le haut chapitre de Maubeuge.

Charles-Emmanuel-Polycarpe, né le 27 mai 1754, breveté enseigne de la Colonelle au régiment de Saint-Mauris, alors à la Martinique sous les ordres du comte de Saint-Mauris, son oncle, commandant-général alors des îles du Vent, en 1764, sous-lieutenant au régiment de dragons du prince de Bauffremont, son cousin, en 1768, capitaine audit régiment en 1773, marié le 24 juin 1777 à Caroline marquise de Raigecourt, sa cousine germaine, d'une Maison antique et distinguée de l'ancienne chevalerie de Lorraine, tant par ses hautes alliances que les grandes charges qu'elle a occupées ; colonel attaché audit régiment le 3 mai 1787 ; admis aux honneurs de la cour de France le 12 mai 1787 en vertu des preuves de sa Maison, fruit de plusieurs années de travail et recherches aussi pénibles que dispendieuses, auxquelles il se dévoua pour recouvrer, déchiffrer, transcrire et mettre en ordre près de sept cents chartes et titres depuis le courant du onzième siècle, ses archives ayant été plusieurs fois incendiées et dilapidées ; reçu chevalier de Saint-Georges en 1788, où il prouva sa filiation jusqu'à Jean de Saint-Mauris, chevalier, premier du nom, vivant vers l'an 1200, afin de constater bien ostensiblement de nouveau les erreurs et omissions multipliées d'un prétendu catalogue des

---

grand veneur, grand gruyer, grand maître de leur Maison, grand bailli et colonels de toutes armes, etc. Elle donna aussi à la France des évêques et nombre d'officiers généraux, des colonels et des dames de la cour, ainsi que plusieurs chambellans, lieutenans généraux, généraux-majors, colonels, dames de la cour et de l'ordre de la Croix-Etoilée, au service de LL. MM. II. ; également illustre par une suite constante et remarquable des plus hautes alliances. Cet avantage la fit admettre de toute ancienneté et consécutivement jusqu'à ce jour dans tous les hauts chapitres de Lorraine et de Flandre. Tous ces faits sont prouvés par les chartes et diplômes de la ville de Metz, et une foule de titres originaux existant aux archives des marquis de Raigecourt, ainsi que de ceux de Saint-Mauris, par suite de trois alliances consécutives qu'ils ont contractées avec cette Maison.

Le seigneur de Raigecourt, chevalier, inhumé en 1203, fut père de Philippe I.er, chevalier, seigneur de Jouï, maître-échevin de Metz en 1243 ; père de Jehan I.er, chevalier, 1244, maître-échevin, 1264 ; père de Jacques, chevalier, 1300 ; père de Jeoffroy, chevalier, 1356 ; père de Jean II, marié à Mahaut-le-Hongre, 1387 ; père de Nicolas, chevalier, maître-échevin en 1419, marié à Isabelle d'Esche ; père de Philippe II, chevalier, maître-échevin, 1475, marié à Catherine de Ville ; père de Nicolas II, maître-échevin, armé chevalier par Louis XII en 1510, marié à... comtesse d'Esche ; père d'Antoine, marié à Philippe de Paffenhoffen, 1535, dont il eut : 1.° Jacques II, chambellan du duc, marié à Madeleine de Gournay, tige d'une branche ; 2.° Nicolas III, maître d'hôtel du duc, marié : 1.° à Catherine de Ligniville, 2.° à Philippe de Jussey, 3.° à Hélène de Haraucourt ; 3.° et Philippe III, chevalier, chambellan, marié en 1571 à Philippe de Gournaye ; père d'Antoine, marié à Rénée de Florainville, tige des barons d'Ancerville ; et 2.° de Bernard, général de l'artillerie, marié en 1621 à Marie de Haraucourt ; père de François, grand chambellan, marié en 1648 à Béatrix de Bauffremont ; père de Charles, maréchal de Lorraine, marié à Gertrude des Armoises en 1678 ; père de Louis-Antoine, maréchal-des-camps, marié à Anne de Gournaye, dont il eut : 1.° Gabrielle-Bernarde, chanoinesse de Remiremont, mariée en 1753 au marquis de Saint-Mauris, officier-général ; 2.° Christophe, qui suivra ¶ ; 3.° et Joseph, lieutenant-colonel et chambellan de l'empereur, marié : 1.° à Gabrielle de Lenoncourt, 2.° à Adrienne de Bressey, 3.° à Marguerite de Rosières : il eut de la deuxième, Antoine, pair de France, maréchal-des-camps, marié à Louise de Vincens-de-Causans ; père de Raoul, officier de dragons dans la garde royale en 1824.

¶ Christophe, chambellan de l'empereur, rappelé ci-dessus, épousa Marie de Saint-Ygnon, et en eut entr'autres, Marie-Caroline, dame de la Croix-Etoilée, mariée en 1777 au marquis de Saint-Mauris, pair de France, maréchal de camps et armées du roi ; 2.° Marie-Gabrielle, aussi chanoinesse de Remiremont, mariée en 1788 au comte de Saint-Mauris, frère du précédent ; 3.° Charles-Joseph marquis de Raigecourt, maréchal-de-camp, marié : 1.° à Antoinette de Mitry, 2.° à Eugénie de Salteurre de La Serra, dont il n'a qu'une fille.

Porte d'or à la tour de sable, ayant pour support deux sauvages armés de massues, tenant une bannière aux armes de l'écu, cimier un sauvage naissant armé de même.

Devise : AVEC HONNEUR.

chevaliers reçus dans ce corps illustre, imprimé en 1768, quoique déjà l'ordre entier, dans son assemblée générale de 1786, sur les réclamations de MM. de Saint-Mauris et le rapport détaillé de quatre de ces chevaliers nommés commissaires, eût déjà formellement signalé et désavoué les omissions ou transpositions de douze chevaliers de leur nom non rapportés à leurs articles, par une attestation (aux preuves) des plus authentiques et circonstanciées; époque de l'an 1200, où M. Chérin avait en effet arrêté ladite filiation de cette Maison par son certificat pour les honneurs de la cour, en ajoutant cependant qu'en outre elle remontait sa noblesse, par titres, jusq'en 1130, attendu qu'en effet alors elle n'avait pas encore recouvré un grand nombre de chartes et titres des onzième, douzième et treizième siècles, qu'elle a retrouvés depuis, notamment ceux qui la remontent jusqu'à Richard de Saint-Mauris, chevalier, marié au onzième siècle à Adeline de Montjoye. Il prouva en même temps, à Saint-Georges, ses seize lignes ou quartiers selon les réglemens, savoir : 1.° Saint-Mauris, 2.° Oyembrughes-Duras, 3.° Ligniville, 4.° Pouilly, 5.° Lallemand, 6.° Choiseul, 7.° Rahon, 8.° Bachelier, 9.° Raigecourt, 10.° Bauffremont, 11.° des Armoises, 12°. Haraucourt, 13.° Gournay, 14.° Fiquelmont, 15.° Berghes, 16.° Renesse.

Inscrit en 1788 pour être admis dans le grand ordre de noblesse de Saint-Lazare, appelé l'ordre de Monsieur, mais sans succès, par l'effet de la révolte générale qui le fit sortir du royaume en 1790, pour suivre le drapeau blanc et servir à ses frais la cause du roi et de la religion, avec ses frères et ses fils, tous placés de suite à l'avant-garde de l'armée royale dite du *centre*, brigade de Monsieur. Dès son licenciement après la campagne de 1792, rentré avec tous les siens à celle commandée par Monseigneur le prince de Condé (ce prince lui accorda aussitôt la croix de Saint-Louis qui lui était dévolue depuis plusieurs années), où il servit jusqu'au dernier licenciement de juillet 1801. Souvent employé par ce prince en commissions importantes (dont il obtint et conserve des témoignages flatteurs de satisfaction, de sa main), tant pour établir et entretenir des relations avec l'intérieur, que traiter de l'enrôlement en masse de l'excellent régiment d'Erlach, réunir des armes et munitions sur la frontière, et ménager une invasion par le Jura et le Porentruy, sous les ordres de l'intrépide général de Malseigne, qui l'avait désigné pour commander le corps de cavalerie que devait former la réunion des brigades de gendarmerie de ces départemens frontières, mesure qu'une déloyale politique fit échouer en changeant inopinément la position de l'armée de Condé! Naturalisé, ainsi que sa famille, gentilhomme bavarois par l'électeur Théodore, en 1796, mais rappelé et enregistré comme tel dans toutes ses chancelleries à la date de 1786; admis par l'empereur de Russie dans l'ordre de Malte de cette langue en 1798; rentré en France comme seigneur étranger (avec l'assentiment des princes) en 1797, mais exporté peu après; passé en Angleterre en 1800; revenu de Londres comme chargé de dépêches pour Monsieur (Louis XVIII); licencié avec l'armée de Condé en mai 1801; rentré en France après l'avoir demandé aux princes en 1802. Y trouvant toute sa fortune de plus de soixante mille francs de rentes et celle de toute sa famille totalement confisquée et vendue, ainsi que ses châteaux de Châtenois, de Saint-Mauris, Courcelle, Genevrey, La Villeneuve, Sainte-Marie, Lambrey, et la plupart démolis, il glana quelques débris, desquels il acheta à bas prix le château de Colombier, où ils végétèrent tous dans l'obscurité, refusant ou éludant toutes places, grades, services et emplois quelconques, et ne reprirent les armes qu'à l'époque heureuse de l'arrivée de Monseigneur comte d'Artois aux frontières, qui lui fut annoncée par le général comte de Bellisle son commissaire précurseur, qu'on lui avait adressé directement à Vesoul, pour seconder sa mission et pressentir l'esprit du département, et dont le chevalier Gabriel de Saint-Mauris son frère se chargea de porter comme courrier les dépêches à S. A. R. à Bâle, ainsi que l'offre de ses services et de toute sa famille et des chevaliers de Saint-Georges et Français fidèles, que cet auguste prince agréa et accueillit avec cette grâce et bonté qui le distingue. Et ils l'entourèrent constamment à son débarqué et durant trois semaines critiques qu'il passa dans cette ville.

Elu dans la députation du département à l'arrivée du roi à Paris, il fut peu après nommé par Monsieur, puis confirmé par brevet du roi, inspecteur et commandant général des gardes nationales de son département, et reçut enfin son brevet de maréchal-des-camps, daté du 28 janvier 1815, mais pour prendre rang dans l'armée du 3 mai 1797, et celui d'une pension de 3,300 francs.

Lors des premières élections de 1815, il fut porté avec tant de chaleur, à cause de son dévouement prononcé, pour candidat à la chambre des députés, qu'il parvint avec peine à détourner les voix qu'on lui destinait sur d'autres prétendans qu'il croyait aussi dévoués (en quoi il se trompa) et plus aptes que lui.

Lors des fatals cent jours de l'invasion du tyran usurpateur, abusé par les démonstrations du feint dévouement et les instances du préfet du département, il se résigna à ne pas suivre ses frère, fils et neveux à Gand, pour rejoindre le roi, ce magistrat lui exprimant que, vu l'équivoque fidélité du commandant (que sa perfide conduite n'a que trop confirmé), et les bontés dont Monsieur l'honorait, tout semblait indiquer que comme commandant général des gardes nationales il lui serait infailliblement adressé des ordres directs qu'il serait important qui ne tombassent pas en d'autres mains; aperçus malheureusement déçus par l'étonnante rapidité des événemens, accélérés par la trahison et lâcheté. On remarque cependant, pour encourager d'autant la loyauté, que ni lui, ni aucun des siens n'a jamais éprouvé l'apparence d'une insulte, pas même dans cette circonstance critique, nonobstant leur fidélité aussi connue que prononcée.

Il fut élu à l'unanimité par MM. les chevaliers de Saint-Georges pour chef et gouverneur de cet ordre illustre, par patente du 20 janvier 1824. Créé pair de France par une ordonnance de Charles X, du 5 novembre 1827, par suite des extrêmes bontés que cet auguste et excellent prince lui avait constamment témoignées depuis sa rentrée dans le royaume par la ville de Vesoul, motif qui l'avait déjà porté à lui accorder une place parmi ses pages pour Alfred de Saint-Mauris son petit-fils, en 1826.

S.T-MAURIS. — VILLERSLAFAYE.

1. **CHRISTOPHE-MARIE-CHARLES-EMMANUEL-AUGUSTE** marquis de Saint-Mauris (dit le vicomte Emmanuel), capitaine de cavalerie, chevalier de l'ordre militaire de Saint-Louis et de l'ordre de noblesse de Saint-Georges, épousa, le 21 avril 1807, Ferdinande-Françoise-Nicole comtesse de Villerslafaye, dame de l'ordre impérial de la Croix-Etoilée, fille de Marie-Magdeleine-Simon vicomte de Villerslafaye, lieutenant-général des armées du roi, grand'croix de son ordre militaire de Saint-Louis, officier supérieur de ses gardes-du-corps, baron de Villerslafaye, Le Rousset, etc., et de Marie-Pierrette-Dorothée comtesse de Grammont, Granges, et continua la postérité, qui suivra.

S.T-MAURIS.

2. **CHARLES-EMMANUEL-JOSEPH-ANNE-GABRIEL-ACHILLE** chevalier de Saint-Mauris-Châtenois, chevalier de l'ordre de Saint-Jean de Jérusalem, reçu cavalier noble avec rang de sous-lieutenant à l'armée royale commandée par S. A. S. Monseigneur le prince de Condé, à l'âge de douze ans, mort à cette armée âgé de treize ans, né à Châtenois le 7 novembre 1780, reçu chevalier de Malte le 7 octobre 1787, breveté et reçu à l'armée le 25 août 1793.

Il prouva pour Malte : 1.° Saint-Mauris, 2.° Lallemand, 3.° Raigecourt, 4.° Gournay, 5.° Raigecourt, 6.° Gournay, 7.° Saint-Ygnon, 8.° Haan.

3. **CHARLOTTE-CATHERINE-ALEXANDRINE** comtesse de Saint-Mauris, chanoinesse et comtesse de l'illustre chapitre de Remiremont, née à Châtenois le 31 mars 1778, apprébendée le 23 mai 1785 par madame la comtesse Anne-Marie-Gabrielle de Raigecourt, sa tante, qui épousa, le 29 janvier 1788, Louis-Emmanuel-Alexandre comte de Saint-Mauris, oncle de ladite Charlotte, laquelle, par ce mariage, devint tante de prébende.

Elle a prouvé pour ses seize quartiers : 1.° Saint-Mauris, 2.° Ligniville. 3.° Lallemand, 4.° Rahon, 5.° Raigecourt, 6.° des Armoises, 7.° Gournay, 8.° Berghes, 9.° Raigecourt, 10.° des Armoises, 11.° Gournay, 12.° Berghes, 13.° Saint-Ygnon, 14.° Roucy, 15.° Haan, 16.° et Cooëls.

4. **CHARLOTTE-MÉLANIE-ATHÉNAIS** comtesse de Saint-Mauris, chanoinesse et comtesse du haut chapitre de Remiremont, née à Châtenois le 12 février 1782, apprébendée le 19 novembre 1789 par dame Françoise-Charlotte comtesse de la Tour-en-Voïvre, chanoinesse dudit chapitre, qui elle-même tenait sa place de Louise-Martine comtesse de Saint-Mauris, jadis aussi chanoinesse de ce chapitre.

5. **THÉRÈSE-JOSÉPHINE-ZOÉ** comtesse de Saint-Mauris, née à Châtenois le 21 février 1783, agréée admise chanoinesse de l'illustre chapitre de Maubeuge, mais morte avant son apprébendement le 21 février 1786. Elle avait prouvé, selon les réglemens de ce chapitre, les huit lignes ci-après, chacune remontée jusqu'au dixième ascendant, par trois titres originaux sur chaque tête : 1.° Saint-Mauris, 2.° Lallemand, 3.° Raigecourt, 4.° Gournay, 5.° Raigecourt, 6.° Gournay, 7.° Saint-Ygnon, 8.° et Haan.

LIGNE DIRECTE. 20.e DEGRÉ.

S.T-MAURIS. — VILLERSLAFAYE.

1807.

CHARLES-EMMANUEL-AUGUSTE.

Christophe-Marie-Charles-Emmanuel-Auguste marquis de Saint-Mauris-Châtenois, pair héréditaire de France, chevalier de l'ordre militaire de Saint-Louis et de l'ordre de noblesse de Saint-Georges, capitaine de cavalerie (dit le vicomte Emmanuel de Saint-Mauris), épousa le 21 avril 1807 Ferdinande-Françoise-Nicole comtesse DE VILLERSLAFAYE (*), dame de l'ordre impérial de la Croix-Etoilée de Marie-Thérèse, fille de Marie-Magdeleine-Simon vicomte de Villerslafaye, lieutenant-général des armées du roi, grand'croix de son ordre de Saint-Louis et officier supérieur de ses gardes-du-corps, baron de Villerslafaye, Le Rousset, etc., et de Marie-Pierrette-Dorothée comtesse de Grammont-Granges, fille de Ferdinand comte de Grammont-

(*) VILLERSLAFAYE.

Pour donner une idée de la grandeur de cette antique et illustre Maison de l'ancienne chevalerie et d'origine baronnale du duché de Bourgogne, il suffit de citer parmi les reprises de fiefs qu'elle conserve, celle rapportée aussi dans le Recueil de Perard, fol. 155, portant que Monseigneur Guy de Villerslafaye, chevalier, ayant hérité avant 1264 des terres de Magny-sur-Tille et de Lampone, de Monseigneur Jean de Salon, chevalier, frère de sa femme, qu'il tenait en franc-alleu, il veut bien les tenir en fief de Hugues duc de Bourgogne, *à condition cependant que ledit duc ne pourra, ainsi que ses successeurs, céder la mouvance*, etc. Ce titre, par lequel il impose des conditions au duc, prouve évidemment la puissance et le rang de sa Maison dès ces temps reculés.

Ce Guy était issu de Jean de Villerslafaye, qui se croisa à Citeaux pour la terre sainte en 1185 avec les principaux seigneurs du pays.

Leurs descendans remplirent constamment à la cour de Bourgogne, dans les treizième, quatorzième et quinzième siècles, les charges de maîtres d'hôtel, grands veneurs, chambellans, échansons, écuyers, gentilshommes de la chambre, conseillers d'état, dame du palais, grands baillis de Dijon et de Chalon, ambassadeurs, chevaliers d'honneur au parlement, etc.; et dans ses armées figurèrent fréquemment comme chevaliers bannerets à la tête des compagnies d'hommes d'armes, de gentilshommes leurs vassaux; et en foule comme chevaliers, écuyers et hommes d'armes; ils donnèrent également aux rois de France nombre de gentilshommes de la chambre, maîtres d'hôtel, chambellans, aumôniers du roi (évêques), ambassadeurs, chevaliers de l'ordre du roi et des ordres du roi, commandeurs et chevaliers de l'ordre militaire de Saint-Louis et des ordres de noblesse de Saint-Georges, de Malte et de la Croix-Etoilée, et joignirent à leurs illustrations celle d'avoir été

Granges, lieutenant-général des armées du roi, chevalier de Saint-Louis et de Saint-Georges, seigneur de Dracy, Rancy, etc., et de Marie-Anne comtesse de Scoraille.

Et ledit vicomte, fils de Pierre-Louis marquis de Villerslafaye, baron dudit lieu, Le Rousset, capitaine au régiment du roi, et de Nicole-Françoise comtesse de Villerslafaye, Maison chevaleresque et baronnale des plus illustres et marquantes de Bourgogne, admise aux honneurs de la cour sur ses preuves, encore florissante aujourd'hui.

Il naquit le 10 avril 1779, émigra avec toute sa famille paternelle et maternelle en 1790, rejoignit, avec son frère, son père et ses oncles, l'armée commandée par Monseigneur le prince de Condé, où il entra cavalier noble, rang de sous-lieutenant, le 25 août 1794, passa avec cette armée royale à la solde de Russie, fut lieutenant au régiment d'Hohenlohe, et fit toutes les campagnes depuis 1794 jusqu'au licenciement de 1801; rentré en France, il éluda, ainsi que tous les siens, d'accepter toutes places, service et décorations quelconques, et, ainsi qu'eux, ne reprit les armes que pour se réunir aux fidèles sujets qui entourèrent MONSIEUR comte d'Artois à sa rentrée en France en 1814; fut fait chevalier de Saint-Louis par brevet du 24 août 1814 et reçu chevalier de la main de MONSIEUR, et capitaine de cavalerie; partit avec son oncle le 19 mars 1815, mais arrivé trop tard pour rejoindre le roi à Paris lors de l'invasion de l'usurpateur et n'ayant pu passer de la Lorraine à Gand par le Luxembourg, il revint en Franche-Comté pour se rallier au corps de royalistes levé aux frontières suisses par le comte de Scey, maréchal-de-camp, son cousin; fut reçu chevalier de Saint-Georges le 8 mai 1816, où il prouva: 1.° Saint-Mauris, 2.° Ligniville, 3.° Lallemand, 4.° Rahon, 5.° Raigecourt, 6.° des Armoises, 7.° Gournay, 8.° Berghes, 9.° Raigecourt, 10.° des Armoises, 11.° Gournay, 12.° Berghes, 13.° Saint-Ygnon, 14.° Roucy, 15.° Haan, 16.° et Cooëls. Il eut de son mariage: 1.° Charles-Emmanuel-Marie-Edouard, né le 14 mars 1808, qui suit; 2.° Alfred-Marie-Charles-Emmanuel, né le 21 juin 1810.

Lesquels, l'un et l'autre, donnent des garanties qu'ils ne dégénéreront pas plus de la fidélité et des qualités chevaleresques de leurs ancêtres que de leur tournure et de leur taille.

---

admis aux honneurs de la cour de France en vertu de leurs preuves, d'avoir donné dans ses armées des lieutenans généraux, des maréchaux-de-camp, des colonels d'infanterie, cavalerie et dragons, des officiers supérieurs des gardes-du-corps du roi, etc.; d'avoir fourni de toute ancienneté des membres à presque tous les chapitres nobles des deux Bourgognes, et à ceux de Remiremont, Lyon, Mâcon; et avoir possédé durant sept siècles la baronnie de Villerslafaye et nombre d'autres grandes terres titrées, et contracté les plus illustres alliances; le tout prouvé par une série de titres originaux depuis le douzième siècle, et par les Histoires de Bourgogne et de ses états, Description du duché, Gollut et le dictionnaire de la Chenaye, et le P. Anselme qui, dans son Théâtre d'honneur, cite particulièrement comme des plus marquantes, RICHES de Chalon, FIERS de Vienne, PREUX de Vergy, FIDÈLES de Villerslafaye, et Bauffremont les BONS BARONS.

Jean de Villerslafaye, chevalier croisé en 1185, père de Guy, chevalier, dont une reprise de fief de 1264 prouve la puissance; père de Jean, chevalier, maître d'hôtel, 1388, bailli de Dijon; père d'Antoine, écuyer du duc, 1421, qui fit branche; et de Jacques I.er, chevalier, chambellan et maître d'hôtel, 1396, marié à Marguerite de Sercey dame du palais, dont il eut quatre fils: 1.° Guillaume, chevalier, marié à Agnès d'Achey; 2.° Jean, échanson, marié à Françoise de Breschard; 3.° Antoine, marié à Alix de Montrichard, tige de trois branches; et 4.° Jacques II, maître d'hôtel, marié à Guynarde d'Abrun, 1473; père de Charles, chevalier, marié à Anne de Thiard, 1521; père de Sébastien, chevalier, marié à Barbe de Maillot; père de Louis, chevalier de l'ordre du roi, marié: 1.° à Françoise de Brancion, 2.° à Marguerite de Saulx, dont il eut: 1.° Simon, gentilhomme de la chambre, marié à Elisabeth de Saint-Belin, et il en eut un fils et deux filles chanoinesses de Remiremont; 2.° et François, gentilhomme de la chambre du roi, marié à Benigne de Pontailler, 1601; père: 1.° de Joachim, chevalier, marié: 1.° à Edme de Frasnay, 2.° à Gabrielle de Haan, dont il eut deux filles chanoinesses de Remiremont, mariées à Georges de Trestondans et à Roland de Messey; 2.° Michel, chevalier de Saint-Georges, marié en 1636 à Dorothée de Poitier, tige des barons de Vaugrenans, qui a donné des ambassadeurs et chevaliers des ordres du roi, etc.; 3.° et Louis II, gentilhomme de la chambre, marié en 1624 à Madeleine de Bourbon-Busset; père: 1.° d'Hercule, guidon de gendarmerie, marié à Anne de Châtenoy: son fils fut évêque de Périgueux; 2.° et Jean-Louis, chevalier de Malte en 1650, puis marié à Eléonore de Vaussin; père de Nicolas, marié à Anne des Barres, 1697; père de Pierre-Louis, capitaine au régiment du roi, 1634, marié à Nicole de Villerslafaye; père: 1.° de Marie-Simon, qui suivra ¶; 2.° et d'Antoine marquis de Villerslafaye, maréchal-des-camps, admis aux honneurs de la cour, marié en 1771 à Hélène de Brun; père d'Alexandre et de Casimir, pages du roi, officiers à l'armée de Condé, et mariés en 1802 et 1806 à Jeanne et à Antoinette de Grammont-Granges.

¶ Marie-Simon ci-dessus, vicomte de Villerslafaye, lieutenant général et commandeur de l'ordre de Saint-Louis, épousa en 1780 Marie-Dorothée de Grammont, dont il a: 1.° Ferdinande, dame de la Croix-Etoilée, mariée au vicomte de Saint-Mauris; 2.° et Théodule, capitaine de cavalerie, marié à... Barbaras de Mazirod; père de Paul, né en 1811.

Les autres alliances sont: Baissey, Boz (du), Chalon, Cussigny, Crecy, Colombier, deux Damas, du Châtelet, Faultrier, Gruyère, Neelles, Occors, Pomard, Scoraille, Saint-Belin, Salins, Semur, Thy, Tennare, Montmain, Vy.

Cette Maison porte d'or à la fasce de gueules, couronne de marquis, supports deux levriers tenant une bannière au blason de l'écu, cimier un levrier naissant ayant au col une banderole portant: LES FIDÈLES.

S.T-MAURIS. — MOUSTIER.

1. **CHARLES-EMMANUEL-MARIE-ÉDOUARD** marquis de Saint-Mauris, pair héréditaire de France, qui continua la postérité des anciens barons de Châtenois, par son mariage avec Antide marquise de Moustier, qui suivra.

S.T-MAURIS.

2. **ALFRED-MARIE-CHARLES-EMMANUEL** de Saint-Mauris, né au château de Colombier le 21 juin 1810, nommé par le roi au nombre de ses pages par promotion du 10 octobre 1826.

Il reçut de S. M., à sa sortie des pages, une superbe épée, pour récompense de son zèle et de son exactitude distinguée à son service, notamment près de la personne de Monseigneur le Dauphin, et fut placé officier dans le régiment des dragons de la garde royale, le 1829.

LIGNE DIRECTE.

21.ᵉ DEGRÉ.

S.ᵗ-MAURIS. — MOUSTIER.

1829.

CHARLES-EMM.EL-MARIE-ÉDOUARD.

Charles-Emmanuel-Marie-Edouard marquis de Saint-Mauris-Châtenois, pair héréditaire de France, né le 14 mars 1808, placé officier de dragons au service de S. M. le roi de Sardaigne le 25 mars 1826 par la protection de S. A. R. madame la duchesse d'Orléans, et à sa demande, dans le régiment de la reine; marié le 19 mai 1829 à Adélaïde-Caroline-Antide marquise de Moustier (*), riche parti d'une des plus antiques et illustres Maisons chevaleresques du comté de Bourgogne, admise aux honneurs de la cour en vertu de ses preuves; fille de Clément-

---

(*) MOUSTIER.

Cette Maison classée par les généalogistes et l'opinion publique parmi les plus antiques et illustres de nom et d'armes, de race de l'ancienne chevalerie du comté de Bourgogne, tirait son nom de ses seigneuries et fiefs de Moustier-Haute-Pierre, que conservèrent toujours ses descendans, où existait un ancien monastère, dont elle avait été co-fondatrice, et auquel on voit les seigneurs de ce nom continuer des dons et des fondations dans les onzième, douzième et treizième siècles, et qui dès ces temps reculés et dans les siècles suivans, devint leur sépulture. Ils furent admis aux honneurs de la cour de France en vertu de leurs preuves en 1767, dont les titres originaux justificatifs, constatent que cette Maison, dès le onzième siècle, jouissait de toutes les qualifications de la haute noblesse, de celles de chevalier, damoiseau, écuyer, etc., contracta dès-lors de grandes alliances et posséda nombre de grandes terres titrées, dont plusieurs furent réunies pour former le marquisat de Moustier en vertu de patente du roi de l'an 1741; qu'elle fut reçue à Saint-Georges dès l'an 1430 (à peu près lors de sa restauration), et consécutivement depuis jusqu'à ce jour, auquel ordre elle donna deux chefs, dits gouverneurs, en 1593

Edouard marquis de Moustier, ambassadeur en Suisse, puis en Espagne, gentilhomme de la chambre du roi, commandeur de l'ordre de la Légion-d'honneur, grand-cordon et grand'croix de ceux de Charles III d'Espagne et de Saint-Janvier de Naples, chevalier des ordres de Saint-Louis, de Saint-Georges et de Saint-Jean de Jérusalem, seul rejeton de sa Maison; appelé héréditairement, ainsi que ses descendans, à la pairie du comte de La Forest, son beau-père, par ordonnance du roi, communiquée et enregistrée à ladite chambre; et de Marie-Caroline-Antoinette de La Forest, dame de l'ordre des dames nobles de Marie-Louise d'Espagne: ledit Clément-Edouard fils d'Eléonor-François-Elie marquis de Moustier, lieutenant-général des armées du roi, ambassadeur en Prusse et en Angleterre, etc., chevalier de Saint-Louis et de Malte, et d'Antoinette-Louise de Milet; et ladite Marie-Caroline-Antoinette, fille d'Antoine-René-Charles-Mathurin comte de La Forest, pair de France et son ambassadeur en plusieurs cours, ministre d'Etat, membre du conseil privé, grand'croix de l'ordre de la Légion-d'honneur, et de Catherine-Marie Le Cuiller de Beaumanoir.

---

et 1630. Dès les mêmes époques elle fut aussi reçue dans tous les chapitres de la province, Saint-Claude, Château-Châlons, Baume, Lons-le-Saulnier, Migette, Neuville (auxquels elle a même donné des chefs et des abbesses); dans l'ordre de Malte en 1617, et dans le haut chapitre de Remiremont, où Jeanne-Marguerite de Moustier avait prouvé: 1.° Moustier, 2.° Cornon-Gorrevod, 3.° Vy, 4.° Boigne, 5.° Pra, 6.° Civria, 7.° Balay, 8.° et Saulx.

Elle donna à l'Eglise un évêque suffragant de Besançon, et plusieurs abbés et grands-prieurs; aux rois et à l'Etat des lieutenants-généraux, nombre de maréchaux-de-camp, colonels, ministres et ambassadeurs en Angleterre, en Espagne, en Prusse, en Suisse, aux Etats-Unis, etc.; et sous ses anciens souverains des hommes d'armes, capitaines et gouverneurs de places fortes et châteaux, ainsi que de deux cents et cent hommes d'infanterie, cavalerie et dragons; et fut décorée de différens ordres, tels que commandeur de la Légion-d'honneur, grand-cordon et grand'croix des ordres de Charles III d'Espagne et de Saint-Janvier de Naples, et grand nombre de chevaliers de Saint-Louis, de Saint-Georges et de Saint-Jean de Jérusalem. Ses titres originaux établissent sa filiation comme il suit, depuis Durand, Théodoric et Hébert de Moustier, qui firent des dons à l'abbaye d'Acey en 1144, 1150 et 1152, et nombre d'autres seigneurs de ce nom contemporains.

Sont prouvés: Etienne chevalier sire de Moustier-Haute-Pierre, bienfaiteur de cette abbaye en 1210, père de Renaud, chevalier, 1256; père de Guillaume, chevalier, 1318, marié à N.... de Willaffans; père de Simon, chevalier, 1330; père de Pierre, chevalier, 1335, marié à Jeanne de Willaffans; père de Gerard, chevalier, 1381; père de Hugues, chevalier de Saint-Georges, capitaine du château de Vennes, marié à Pierrette de Noblat, 1430; père de Simon II, chevalier de Saint-Georges, tué à Morat, marié à Claire du Terrail; père de Jean, chevalier de Saint-Georges, marié à Marguerite de Gaandvillars; père de Jean, chevalier de Saint-Georges, 1531, marié à Marguerite de Saint-Mauris, fille de Jean et de Gillette d'Orsans, et de Simon III, chevalier de Saint-Georges, marié à Louise de Cornon de Gorrevod, 1533; père de Pierre II, chevalier de Saint-Georges, capitaine de cent cuirassiers, marié, 1.° à Catherine de Bressey, 2.° à Françoise de Vy, 3.° à Marguerite de Trestondans. Il eut de la deuxième Desle, chevalier de Saint-Georges, capitaine de cavalerie, ainsi que de Clerval et Passavant, marié en 1599 à Antide de Pra; père entr'autres de Philibert, gouverneur de Saint-Georges, tué à Ray, marié à Claire de Vy, dont une branche éteinte; 2.° de Jeanne-Marguerite, chanoinesse de Remiremont; 3.° et de Gaspard, chevalier de Saint-Georges, gouverneur de Clerval et Passavant, sergent-major d'un terce, marié, 1.° à Claudine de Pillot, 2.° à Marguerite de Crosey. Il eut de la seconde Claude-Nicolas, chevalier de Saint-Georges, député au roi en 1610, capitaine de dragons, marié à Agnès comtesse de Nassau-Orange; père de Philippe-Xavier marquis de Moustier, chevalier de Saint-Georges, 1724, maréchal-de-camp, inspecteur-général de cavalerie, marié à Louise marquise de Bournel; père, 1.° de Charles, chevalier de Saint-Georges, maréchal-de-camp, admis sur preuves aux honneurs de la cour en 1767, député de la noblesse, marié à Gabrielle-Françoise de Montbel, 1768, dont une fille unique, Adélaïde-Barbe, mariée à Jean-Armand marquis Dulau-d'Allemand; 2.° Antoinette-Philippe, chanoinesse de Neuville, mariée en 1769 à Jean-Baptiste-François marquis de Clermont d'Amboise, maréchal-de-camp, ambassadeur et chevalier des ordres; 3.° et d'Eléonor-François-Elie, lieutenant-général, ambassadeur, marié à Antoinette-Louise de Milet en 1777; père de Clément-Edouard marquis de Moustier, ambassadeur en Suisse, puis en Espagne, gentilhomme de la chambre du roi, commandeur de l'ordre de la Légion-d'honneur, grand-cordon et grand'croix de ceux de Charles III d'Espagne et de Saint-Janvier de Naples, marié à Caroline comtesse de La Forest en 1808; père: 1.° de Caroline-Antide, mariée en 1829 au comte Edouard de Saint-Mauris; 2.° de Desle-Marie-François-Léonel, né en 1817; 3.° et d'Edouard-Léonel-Auderic, né en 1823. On trouve page 178, une notice sur cette Maison, s'étant déjà alliée en 1531 à celle de Saint-Mauris. Elle porte de gueules au chevron d'argent accompagné de trois aigles d'or.

Devise: MOUSTIER SERA MAUGRÉ LE SARAZIN.

Première Branche connue.

Onzième Siècle.

Fragmens de Filiation de la première Branche connue de la Maison de Saint-Mauris, issue d'Albert de Saint-Mauris vivant au onzième siècle, frère de Richard I.er de Saint-Mauris, chevalier, qui, par son mariage avec Adeline de Montjoye, devint tige de la ligne directe encore existante, qui précède.

I.re BRANCHE. I.er DEGRÉ.

S.t-MAURIS. —

1060.

ALBERT.

Albert de Saint-Mauris, seigneur de..., épousa N..., dont le nom n'est pas connu, dont il eut cinq fils prouvés par titres. Albert était frère de Richard I.er de Saint-Mauris, chevalier, marié à Adeline de Montjoye, tige de la branche directe encore existante, et comme lui vivait au onzième siècle et n'est prouvé que par des chartes, où ses fils rappellent, savoir : 1.° Guy, 2.° Bernard, 3.° Vuillaume, 4.° Lambert, et 5.° Corvano.

Albert eut aussi pour frère Henry de Saint-Mauris, chevalier, comme on le voit par une charte, fol. 42, du grand cartulaire de Bellevaux.

De la branche d'Albert paraît devoir être issue Marguerite de Saint-Mauris près Vaucluse, mariée vers 1250 à Richard II de Saint-Mauris-en-Montagne, chevalier (degré sixième, ligne directe), sur la filiation de laquelle Marguerite l'on n'a néanmoins que des notes et des vraisemblances, mais aucun titre authentique qui en démontre la certitude, sauf ceux ci-après.

1. **GUY** de Saint-Mauris en 1134 et 1140.

Il se décline fils d'Albert de Saint-Mauris et frère de Bernard et de Vuillaume de Saint-Mauris dans différentes chartes de l'abbaye du Lieu-Croissant de l'an 1130, 1134, 1138. Les deux premiers, notamment, sont rappelés dans une donation de 1130, faite à cette abbaye par Guy de La Roche. (Nombre de seigneuries de la Maison de Saint-Mauris relevaient des comtes de La Roche, qui lui ont même concédé des fiefs, dîmes et moulins à Saint-Mauris, et tous droits honorifiques à perpétuité, sur toute l'étendue de leurs terres, à titre de parenté, par le contrat de mariage de Jean III de Saint-Mauris, chevalier croisé en 1302, avec Simonne de Vennes, d'une Maison chevaleresque, baronnale d'origine.).

2. **BERNARD** de Saint-Mauris en 1130, rappelé fils d'Albert et frère de Guy et de Vuillaume de Saint-Mauris par les chartes de 1130, 1134 et 1138, énoncées ci-dessus. (Il ne faut pas confondre ce Bernard avec Bernard de Saint-Mauris, son cousin et contemporain, qui était fils de Richard de Saint-Mauris, chevalier, premier du nom et père de Pierre, tous auteurs de la branche directe qui précède.)

3. **VUILLAUME** de Saint-Mauris, 1138, rappelé comme témoin, et dans les titres mentionnés ci-dessus, de 1130, 1134, 1138, comme fils d'Albert et frère de Guy et de Bernard de Saint-Mauris.

4. **LAMBERT** de Saint-Mauris, témoin dans une charte du onzième siècle avec Bernard son frère, d'une donation faite à l'abbaye du Lieu-Croissant, transcrite fol. 15 du cartulaire de cette abbaye, déposé à la bibliothèque publique de Besançon, provenant de celle de Saint-Vincent.

5. **CORVAIN** de Saint-Mauris, en 1134, *Corvano de Sancto Mauricio*, rappelé comme témoin dans une charte de l'abbaye du Lieu-Croissant (dite des Trois-Rois), transcrite fol. 1.er dudit cartulaire de cette abbaye.

Corvain est aussi prouvé par une charte confirmée par l'archevêque Humbert vers 1140, portant donation à Theuley par Rodolphe de Saint-Mauris, chevalier, et Dannaz de Parcey, sa femme : présens Corvanus de Saint-Mauris et Thiébaud seigneur de Parcey. Il est encore prouvé par une seconde donation des précédens, transcrite dans le cartulaire de cette abbaye du quatorzième siècle, fol. 2. Voyez aux preuves.

I.re BRANCHE. 2.e DEGRÉ.

S.t-MAURIS. —

1130.

Guy, Bernard, Vuillaume, Lambert et Corvain de Saint-Mauris, frères, fils d'Albert, sont prouvés tels par plusieurs chartes du douzième siècle, de 1130, 1134, 1138, 1140.

L'un d'eux continua la postérité et fut un des aïeux de Marguerite de Saint-Mauris près Vaucluse, mariée vers l'an 1250 à Richard de Saint-Mauris-en-Montagne, chevalier, deuxième du nom, son parent, sans que l'on puisse, jusqu'à plus amples éclaircissemens, établir quel est celui d'entr'eux de qui elle descend.

Guy, Bernard, Vuillaume, Lambert et Corvain, sont prouvés comme il est détaillé à la page précédente, par plusieurs chartes de l'abbaye du Lieu-Croissant (dite des Trois-Rois) et autres actes originaux.

Deuxième Branche,

Dite des Seigneurs de Saint-Mauris-sur-le-Doubs ou de Sauvaget.

Cette Branche est exactement prouvée par plusieurs titres originaux sur chaque degré, jusqu'à Conrad de Saint-Mauris, chevalier, vivant encore en 1256, qui est établi fils de Jean de Saint-Mauris, chevalier, deuxième du nom, qui vivait en 1200. L'identité de cette Branche avec la précédente & les suivantes est d'ailleurs constamment & incontestablement démontrée par celle des noms & surnoms, des sceaux chargés de leurs armoiries qui se trouvent encore à quelques-uns de leurs titres malgré leur antiquité, où se distinguent les armoiries pleines des seigneurs de Saint-Mauris-en-Montagne, ainsi que sur d'anciens tombeaux; & en outre par leurs seigneuries souvent indivises avec celles des autres Branches; & enfin par l'usage qu'elles ont toutes conservé de se réunir pour les traités de famille, & de se prendre mutuellement pour témoins de leurs actes, pour exécuteurs testamentaires, &c.

2.e BRANCHE.

6.e DEGRÉ.

S.T-MAURIS. —

1256.

CONRAD.

Conrad, Coural ou Conrard de Saint-Mauris, chevalier, seigneur dudit lieu, de la Côte-Sauvaget, etc. Il vivait en 1256. Il épousa N..., de laquelle il eut quatre enfans, dont un en

1306 était déjà qualifié chevalier. Conrad était fils de Jean de Saint-Mauris, chevalier, deuxième du nom, qui vivait en 1220 (Voyez Jean II, degré cinquième, page 17), et fut tige d'une branche qui se subdivisa en quelques rameaux, tous éteints dans le courant du seizième siècle, mais dont on a lieu de croire que nombre de descendans ont échappé aux recherches, les titres de cette branche ayant sans doute en grande partie suivi le sort de ses possessions, qui ont passé au domaine à l'époque de son extinction, sans qu'on puisse en découvrir la raison. Ils avaient adopté, pour distinction, le surnom de Saint-Mauris-sur-le-Doubs, village et seigneurie à château-fort, dont la possession était néanmoins en grande partie commune à toutes les branches, mais où celle-ci était principalement apanagée et domiciliée; ou le sobriquet de Sauvaget, provenant d'un de leurs anciens fiefs appelé La Côte-Sauvaget.

S.T-MAURIS. —

1. **JEAN** de Saint-Mauris-Sauvaget, chevalier, troisième du nom, qui continua la postérité, et qui suit.

S.T-MAURIS. —

2. **PERRIN** de Saint-Mauris, écuyer, seigneur d'Abbévillers, épousa en .... Odate, fille d'Huguenin, dit lou Camus-Vouhey de Montbéliard. Le nom de famille de sa femme n'est point connu, non plus que sa postérité. Il était déjà mort en 1326.

FAIMBE. — S.T-MAURIS.

3. **MARGUERITE** de Saint-Mauris épousa, vers 1297, Claude de Faimbe (*), damoiseau, seigneur dudit Faimbe (d'une Maison de l'ancienne chevalerie, éteinte depuis plusieurs siècles), dont elle eut Etienne de Faimbe, aussi damoiseau, qui fut père de Guillemette de Faimbe, mariée avant l'an 1400 à Jeoffroy de Raincourt, écuyer, fils de Philippe de Raincourt, etc.

4. **JEAN** de Saint-Mauris-Sauvaget, écuyer. Il est à remarquer qu'il n'est que présumé fils de Conrad de Saint-Mauris, tant à cause du rapport des dates que parce qu'il prenait, ainsi que ses autres enfans, le sobriquet de Sauvaget, et qu'il se trouve mentionné avec eux dans un titre de 1326. On trouve au cartulaire de Neufchâtel deux chartes de 1316, dont l'une en latin, où il est qualifié damoiseau.

(*) FAIMBE.

Cette ancienne Maison de nom et d'armes, et de l'ancienne chevalerie, éteinte depuis plus de quatre siècles dans la Maison de Raincourt, tirait son nom de ses village et seigneurie de Faimbe, du bailliage de Vesoul, situé sur la frontière du comté de Montbéliard, à peu de distance de Lisle-sur-le-Doubs.

On voit Thierry de Faimbe, chevalier, faire des donations à l'abbaye des Trois-Rois en 1275; Henry de Faimbe, damoiseau, son fils, les ratifier en 1304 et 1306, etc. (archives de cette abbaye), et être à cette époque qualifié gentilhomme. On trouve aussi, aux archives de l'officialité, nombre de titres des années 1326, 1346, 1377, sur Hugues de Faimbe, damoiseau, Etienne de Faimbe, chevalier. (Cotes 6391, 6409, 4579, etc.)

Cette Maison portait tiercé en pal d'azur, d'or et de gueules.

2.e BRANCHE.

7.e DEGRÉ.

St-MAURIS. —

1316.

JEAN, TROISIÈME DU NOM.

Jean de Saint-Mauris-Sauvaget, chevalier, troisième du nom, seigneur de Saint-Mauris-sur-le-Doubs, Colombier, Saveroux, Amancey, Chevroul, Villers-sous-Escot, épousa N...., dont il eut sept enfans. Il était déjà qualifié chevalier en 1306 : donc il dut naître au plus vers 1270 ou 1280. On le voit encore existant en 1316, 1326, 1336, etc.

St-MAURIS. — DAMBELIN.

1. **JEAN** de Saint-Mauris-sur-le-Doubs, damoiseau, quatrième du nom, qui continua la lignée par son mariage avec Marguerite de Dambelin, et qui suit.

VALONNE. — S.T-MAURIS. — BUSTAL.

2. **CATHERINE** de Saint-Mauris épousa : 1.° vers 1390 Guillaume DE BUSTAL (*), damoiseau, d'une Maison chevaleresque et bien alliée, seigneur de Bustal, Longevelle, Bretigney, dont elle était déjè veuve en 1412.

Elle en eut, 1.° Jacques de Bustal, damoiseau, marié à Adeline de Vesoul, de laquelle il eut Agnès de Bustal, dernière et unique héritière de cette Maison, qui, par son mariage avec Gerard de Saint-Mauris (de la branche de Berchenet), porta les terres de Bustal, Bretigney, Longevelle, dans cette Maison, dont les descendans écartelèrent les armes; les autres enfans de ladite Catherine furent : 2.° Henry, 3.° Thiébaud, 4.° Huguenin, 5.° Nicolas, 6.° et Jeannette de Bustal : ledit Henry épousa Béatrix de Rénédalle. Elle épousa en secondes noces, vers 1412, Jean seigneur châtelain de VALONNE (**), d'une Maison d'ancienne chevalerie, écuyer.

3. **HUGUENIN** de Saint-Mauris, écuyer, seigneur en partie de Saint-Mauris-sur-le-Doubs, Colombier, Saveroux, vivant en 1369.

(*) BUSTAL.

On trouve page 171 une notice sur cette Maison de race chevaleresque, qui s'est toujours grandement alliée et a fini dans celle de Saint-Mauris au quinzième siècle.

Divers dénombremens déposés en originaux aux preuves, confirment, par les sceaux qui y pendent, que les armoiries de cette Maison étaient d'or à trois fasces de sable, s'y voyant accolées à celles de Saint-Mauris.

(**) VALONNE.

Cette Maison d'ancienne chevalerie du comté de Bourgogne, tirait son nom de ses village et seigneurie de Valonne, du bailliage de Baume, relevant des comtes de Montbéliard, aux archives desquels on trouve nombre de reprises de fiefs desdits seigneurs, pour cette seigneurie de Valonne et autres fiefs, des années 1298, 1336, 1359, etc., ainsi que dans le cartulaire de Neufchâtel et à l'officialité ; c'est tout ce que l'on a pu recouvrer sur cette Maison, s'étant éteinte au quinzième siècle, sauf quelques chevaliers et hommes d'armes, cités par des auteurs de Bourgogne comme étant portés dans des rôles de revue de la chambre des Comptes de Dijon.

Elle portait échiqueté d'or et d'azur à la bande de gueules sur le tout.

AIGREMONT. — S.T-MAURIS.

4. **MARGUERITE** de Saint-Mauris-sur-le-Doubs épousa, en l'an 1369, Pierre seigneur D'AIGREMONT (*), chevalier, chambellan de l'archevêché (héréditairement depuis l'an 1200), fils de Jean d'Aigremont, chevalier, chambellan, etc., et de Simonne de Rougemont. Pierre fut du nombre des seigneurs qui accompagnèrent la duchesse Marguerite. Il eut de ce mariage : 1.° Jean d'Aigremont, chevalier, chambellan, marié à Etiennette de Montjustin; 2.° Jeanne, mariée à Antoine de Willaffans, damoiseau; et 3.° Guillemette, mariée à Guillaume du Vernois, damoiseau, et Jeanne, dame, puis abbesse du haut chapitre de Remiremont en 1391. Ledit Pierre était frère de ce Renaud d'Aigremont, chevalier, qui fit la guerre à Jean de Vergy, et issu de Jean seigneur d'Aigremont, dont le fils Maurice accompagna Thierry, archevêque de Besançon, en Palestine, où il mourut en 1191; et en mémoire, ses descendans changèrent depuis cette époque leurs armoiries et prirent trois croissans. Antoine-François d'Aigremont, chevalier, chambellan, septième descendant desdits Pierre et Marguerite, fut le dernier de cette illustre Maison, étant mort sans enfant vers l'an 1600, et donna ses biens à Françoise de Saint-Mauris-Châtenois, sa mère, qui les porta en second mariage à Claude-Louis de Faletans; et une autre branche s'étant, vers la même époque, éteinte dans la Maison de La Rochelle. Voyez Dunod, page 196; Varin, Daudeux, etc.

(*) AIGREMONT.

Cette très-ancienne et illustre Maison de race chevaleresque, qui tirait son nom, ou l'avait donné à un antique château-fort à deux lieues de Besançon, remonte par titres sa noblesse au onzième siècle et sa filiation à Jean I.er d'Aigremont, chevalier, père de Maurice d'Aigremont, chevalier croisé, qui accompagna en Palestine Thierry de Montbéliard, archevêque de Besançon en 1188, et qui, pour en perpétuer le souvenir à ses descendans, changea à cette occasion ses armoiries contre trois croissans au lieu de trois roses, et dut à cette circonstance la possession de la charge de chambellan héréditaire, qu'elle tint constamment dès-lors jusqu'à son extinction.

Maurice épousa Jeanne de Vergy, et fut père de Jean II, marié à Anne d'Oiselay, 1240; père de Hudes, marié à Henriette de Fussey, 1280; père d'Odat, marié à...; père de Jean III, marié à Simonne de Rougemont, 1315; père de Pierre, marié à Marguerite de Saint-Mauris, 1369; père de Jean IV, marié à Etiennette de Montjustin, 1403; père de Jean V, marié à Jeanne de Leugney, 1434; père d'Antoine, marié à Guyette de Ferrière, 1452; père de Guy, marié à Catherine de Prevost dite de Mathay, 1529; père de Marc, marié à Françoise de Saint-Mauris, 1575; père d'Antoine-François, dernier de cette Maison, mort sans enfans, et qui donna ses terres à sa mère, qui se remaria à Jean de Faletans en 1593; lors la charge de chambellan passa dans la Maison de Grammont, et de là dans celle de Bauffremont. Nombre de chartes de 1100, 1115, 1125, 1135, outre la série des reprises de fiefs de la charge de chambellan, constatent cette filiation et les fondations considérables et hautes alliances qu'ont faites ces preux et vaillans chevaliers, qui en fournirent beaucoup aux armées de Bourgogne, à l'ordre de Saint-Georges, et des grands officiers de la Maison des ducs.

Leurs alliances collatérales, également marquantes, sont: Andelot, Attalans, Aumont, Beaujeux, Baumotte, Choiseul, Faletans, Lantenne, Montfort, Mont-Saint-Ligier, Montrichier, Oiselay, Poligny, Jouffroy, Saint-Martin, Duvernois et La Rochelle, où une branche s'est éteinte.

ARMOIRIES : de gueules à trois croissans d'argent.

5. **JEAN** de Saint-Mauris, prêtre, curé de Logres, testa en l'an 1349 et rappelle ses frères et sœurs. Il paraît que Jean Savaige, rappelé dans les nécrologes du chapitre de Saint-Jean (*obiit* en 1369), devait être celui qui était en même temps chanoine de la métropole.

6. **ISABELLE** de Saint-Mauris, dame à Saint-Mauris-sur-le-Doubs, Colombier et Saveroux en 1349, qu'elle vend à Jean et à Huguenin, ses frères, en 1369.

7. **AGNÈS** de Saint-Mauris, rappelée au testament de Jean, son frère, en 1349.

2.e BRANCHE. 8.e DEGRÉ.

S.T-MAURIS. — DAMBELIN.

1380.

JEAN, QUATRIÈME DU NOM.

Jean de Saint-Mauris-sur-le-Doubs, dit Sauvaget, quatrième du nom, damoiseau, homme d'armes dans les armées de Bourgogne, sous la bannière de Vienne en 1359, écuyer de Thiébaud comte et sire de Neufchâtel, seigneur de Saint-Mauris-sur-le-Doubs, Lisle, Colombier, Chevroul, Saveroux, Villers-sous-Escot, Dambelin, épousa vers 1380 Marguerite de DAMBELIN (*), héritière, fille de Jeannin de Dambelin, damoiseau, et d'Alix de Raincourt, qui paraît avoir été la dernière de cette Maison chevaleresque; elle porta ses terres dans celle de Saint-Mauris; elle vivait encore en 1419 et était veuve alors. Elle fut mère de quatre fils, qui suivent: 1.° Jean, 2.° Thiébaud, 3.° Perrin, homme d'armes, qui fit hommage au duc en 1422 aux états; 4.° et N..., marié à Alix d'Antigney, 1432.

(*) DAMBELIN.

Maison d'ancienne chevalerie, qui possédait dès les commencemens du douzième siècle les seigneurie et village de Dambelin, du bailliage de Baume au comté de Bourgogne, et relevait du comté de Montbéliard. Les premiers seigneurs de ce nom dont l'on ait retrouvé les titres sont: Joseph, Simon et Guy de Dambelin, seigneurs dudit lieu, qui ont fait au douzième siècle des donations à l'abbaye du Lieu-Croissant et autres qui en conservent les chartes, où sont portées les qualifications de chevaliers. Jean de Dambelin, chevalier, reprend de fief en 1330 de Guy de Granges, sire de Grammont. Jeannon de Dambelin, écuyer, épousa en 1338 Alix de Raincourt, et reprit de fief de l'abbaye de Cherlieux. On trouve plusieurs chevaliers, écuyers et hommes d'armes de ce nom aux armées de Bourgogne, rappelés au quatorzième siècle dans des rôles de revues et autres titres des archives de la chambre des Comptes de Dijon et dans l'Histoire de Bourgogne.

Elle paraît s'être éteinte vers l'an 1400 dans une branche de la Maison de Saint-Mauris, qui, dès-lors, en posséda les fiefs : branche qui s'est elle-même éteinte vers l'an 1530; circonstance qui prive d'en retrouver d'autres titres et d'en établir la filiation.

Cette Maison portait d'or à trois macles de sable.

ÉPENOYS. — S.T-MAURIS. — TRÉVILLERS.

1. **JEAN** de Saint-Mauris, cinquième du nom, dit Sauvaget, qui a continué la postérité par les alliances qu'il contracta, 1.° avec Marguerite de TRÉVILLERS, 2.° avec N... D'EPENOYS, et qui suit.

S.T-MAURIS.

2. **PERRIN** de Saint-Mauris-sur-le-Doubs, dit Sauvaget, écuyer, homme d'armes dans les armées de Bourgogne en 1417, sous la bannière du seigneur de Neufchâtel, sire de Montaigu, son suzerain, ainsi qu'Etevenin ou Etienne de Saint-Mauris, son parent. Il fut seigneur à Saint-Mauris-sur-le-Doubs, selon des titres du 13 octobre 1404, qui énoncent qu'il avait des enfans; et selon d'autres actes de 1422, l'on voit que siégeant aux états du comté de Bourgogne, il fut des premiers, avec ledit Etienne de Saint-Mauris (d'entre les principaux seigneurs), qui s'empressèrent de rendre foi et hommage au duc. Voyez cartulaire de Neufchâtel, fol. 187; Histoire de Bourgogne, par D. Plancher, tome IV, page 48; et tome III, page 592.

S.^T-MAURIS. — ANDELOT.

3. **THIÉBAUD** de Saint-Mauris, écuyer, seigneur en partie de Saint-Mauris-sur-le-Doubs, Villers-sous-Escot, Le Châtelot, La Côte-Sauvaget et Dambelin, épousa, vers 1450, Claudine d'ANDELOT (*), fille de Jean sire d'Andelot, chevalier de Saint-Georges, et de N... d'Usie, et veuve de N... de Huoncle, et sœur de Jean d'Andelot, chevalier, huissier d'armes du duc de

---

(*) ANDELOT.

Cette Maison, des plus distinguées entre celles de l'ancienne chevalerie du comté de Bourgogne, tirait son origine et son nom de ses village et seigneurie d'Andelot près de Salins. On trouve Poncet, Vauchier, Bernard et Henry d'Andelot, chevaliers, nommés dans des chartes du prieuré de Belle-Fontaine et de la Maison de Chalon, de 1259, 1260, 1285, 1290, mais la filiation suivie ne commence qu'à Jean d'Andelot, chevalier, vivant en 1350. L'on y remarque que deux branches principales de cette Maison ont joué un très-grand rôle, l'une en Flandre, où elle subsiste encore et s'est alliée aux plus grandes du pays et est entrée dans les plus hauts chapitres; l'autre au comté de Bourgogne, où elle s'est également illustrée par ses alliances réitérées avec les premières Maisons. Sa réception dans l'ordre de Saint-Georges, dès sa restauration, dans ceux de Malte et d'Alcantara, dès les commencemens du seizième siècle, et la quantité d'abbesses et de grands-prieurs qu'elle a donnés à presque tous les chapitres nobles de la province dès les quatorzième et quinzième siècles. Les seigneurs d'Andelot se sont également illustrés par la quantité de militaires distingués qu'ils ont fournis dans les premiers grades, et les grandes charges qu'ils ont occupées à la cour, etc...., tels que maréchaux, généraux des camps, mestres-de-camp et gentilshommes de la chambre des rois d'Espagne; de premiers écuyers et premiers maîtres-d'hôtel de l'empereur, des ducs de Bourgogne et de l'infante Isabelle; de colonels d'Amont, capitaines de lances, commandans des chevau-légers, gouverneurs et commandans de villes et places fortes; de généraux de la cavalerie en Savoye; et la quantité de généraux, capitaines et chevaliers distingués qu'ils ont donnés, et qui se sont signalés ou ont perdu la vie dans des combats. Gaucher d'Andelot, sire dudit Andelot, marié à Agnès de Châtillon, fit des dons à Bellevaux en 1269. Jean Ier du nom, chevalier, frère d'Eléonore, abbesse de Château-Chalons, épousa N... de Willaffans, dont il eut: 1.° Jean II, chevalier de Saint-Georges en 1390, marié à N.... d'Usie, dont il eut: 1.° Jean III, huissier d'armes du duc, marié à Catherine de Montclef, 2.° Jean III le jeune, écuyer du duc, marié à Jeanne d'Aigremont; 3.° Claudine, mariée: 1.° à N.... de Huoncle, 2.° à Thiébaud de Saint-Mauris; 4.° et Claude, marié à Marie de Filain, 1420; père de Jean III, maître d'hôtel du roi, marié à Catherine de Willaffans; 2.° de Marguerite, mariée à Jean de Salins; 3.° et de Guillaume, marié à Guillemette de Mion, 1470, dont il eut: 1.° Elion, marié à Jeanne de Ferrière, qui fit branche; 2.° et Simon, marié à Henriette de Cornon, 2.° à Jeanne de Séroz; père de Jean III, chevalier, écuyer de Charles-Quint, commandeur de l'ordre d'Alcantara, marié, 1.° à Philippote de Houë, 2.° à Guillemette d'Igny, dont il eut: 1.° Gaspard, marié à Antonia de Rye; 2.° Jean-Baptiste, marié à Marguerite Le Blanc, qui firent branche; 3.° et Georges, marié à Honorine de l'Esclatière; père de Jean IV, marié: 1.° à Jeanne de Sorey, 2.° à Jeanne de Hénin, dont il eut: 1.° Adrien, marié à Marie de Pecquius, fille du chancelier de Brabant, dont il n'eut qu'une fille, mariée au comte de Gâvre; 2.° et Charles d'Andelot, marié à Jeanne de Bourgogne, fille de Pierre et de Catherine d'Oyembrughes-Duras.

Ses autres alliances sont, Balay, Clairon, Coyenghen, du Châtelet, trois Grammont, Laverne, Laubépin, Lallemand, Mathay, Montrichard, deux Poligny, Poitier, Pontailler, Ruffé, Scey, Saint-Vincent, Saint-Martin, deux Viltz, Visemal, deux Vaudrey, Willaffans.

Les armes échiquetées d'argent et d'azur au lion de gueules couronné d'or sur le tout.

Devise: MES COMBATS SONT MES ÉBATS.

Adage: CHEVALERIE D'ANDELOT.

Bourgogne, marié à Catherine de Montcley; de Jean jeune, écuyer du duc, chevalier de Saint-Georges, marié à Jeanne d'Aigremont; de Claude, homme d'armes, mari de Marie de Filain; et d'Etienne, qui fut du nombre des chevaliers qui installèrent l'archevêque en 1440. Il eut de ce mariage : 1.° Adeline, mariée à Gerard de Boult, 2.° et Bonne, que l'on trouve ci-après.

BOULT. — S.T-MAURIS.

1. **ADELINE** de Saint-Mauris, dame de Saint-Mauris, Colombier, Châtelot, La Côte-Sauvaget, Saveroux, (fille de Thiébaud et de Claudine d'Andelot), épousa vers 1460, Gerard de Boult (*), écuyer, seigneur dudit lieu et à Saint-Mauris, fils de Jean, seigneur de Boult, et de Marguerite d'Arbois. Elle eut de cette alliance, 1.° Thiébaud de Boult, curé de Saint-Mauris en 1590; 2.° Nicolas, marié à Françoise de Villers en 1510, puis à Claudine de Noidans.

2. **BONNE** de Saint-Mauris, dame à Saint-Mauris, Colombier, Le Châtelot, La Côte-Sauvaget, Saveroux, qu'elle vendit en 1495, de concert avec Adeline, sa sœur, à Claude de Saint-Mauris, leur cousin germain, seigneur audit lieu et à Lisle.

(*) BOULT.

Cette Maison de race de l'ancienne chevalerie du comté de Bourgogne, qui tirait son nom de ses village et fiefs de Boult, quoique éteinte depuis trois siècles, a laissé des traces qui constatent encore sa noblesse, son antiquité et sa bienfaisance. On trouve aux archives de Montbéliard, de l'officialité et de la Maison de Saint-Mauris, des titres, dès l'an 1100, qui rappellent à cette époque Aimon, seigneur de Boult, témoin d'une donation à Bellevaux en 1159; Pierre en 1189; Guy, chevalier, 1239; son fils Vuillerme, chevalier, qui donne, en 1256, à Bellevaux, ses dîmes de La Roche, Boult, etc.; Guillaume, chevalier, 1271; Jean, 1315; Jacques, son fils; père de Huart, 1338, dont sont issus: Jean, écuyer, marié à Marguerite d'Arbois; père de Gerard, marié à Adeline de Saint-Mauris, 1460; père de Nicolas, marié, 1.° à Françoise de Villers, 2.° à Claudine de Noidans, 1542; père de Thiébaud, marié à Adrienne de La Palud vers 1546, et qui, ainsi que Marguerite, sa cousine, fille de Léonard de Boult et de Simonne de Silley, mariée à Etienne de Crosey, sont les deux dernières connues de cette Maison, ce qui a privé d'en retrouver assez de titres pour en établir une filiation correcte.

Elle portait pâlé d'or et de sable de quatre pièces.

S.t-MAURIS. — ANTIGNEY.

4. **N...** de Saint-Mauris-sur-Doubs, dit Sauvaget, écuyer, marié à Alix d'ANTIGNEY (*), prouvé par titres de 1432, et connu pour être de l'ancienne chevalerie. (Titres de l'officialité de Besançon, cote 5476, qui indique qu'il était le premier mari de ladite Alix, conséquemment déjà remariée à cette époque, et inventaire desdits titres fait par D. Berthod.)

(*) ANTIGNEY.

Maison de race d'ancienne chevalerie, tirant son nom de son village d'Antigney au comté de Bourgogne, éteinte depuis plus de trois siècles, mais dont on retrouve des titres épars à l'officialité, à la chambre des Comptes depuis l'an 1300, avec les qualifications de chevaliers, écuyers, damoiseaux, ainsi que sur les rôles de revue d'hommes d'armes des quatorzième et quinzième siècles.

Armes : d'argent à trois jumelles de sable.

2.e BRANCHE. 9.e DEGRÉ.

ÉPENOYS. — S.T-MAURIS. — TRÉVILLERS.

1410.

JEAN, CINQUIÈME DU NOM.

Jean de Saint-Mauris, cinquième du nom dit Sauvaget, damoiseau, homme d'armes dans les armées de Bourgogne en 1417, seigneur de Saint-Mauris-sur-Doubs, Dambelin, Mezandans, Montmartin, Colombier, Saveroux, Villers-sous-Escot, épousa : 1.° en 1410 Marguerite de TRÉVILLERS (*), Maison chevaleresque très-distinguée, alliée trois fois à celle de Saint-Mauris; 2.° N... D'EPENOYS (**), aussi d'ancienne chevalerie, en 1425, fille de Jean seigneur d'Epenoys

(*) TRÉVILLERS.

On trouve, page 33, une notice qui rapporte la filiation, les grandes alliances et les avantages distingués que réunissait cette Maison d'ancienne chevalerie du comté de Bourgogne, éteinte depuis plus de deux siècles.

(**) ÉPENOYS.

Cette ancienne Maison de race, de nom et d'armes et de l'ancienne chevalerie du comté de Bourgogne, a tiré son nom de ses village et seigneurie d'Epenoys, du bailliage d'Ornans.

Sa filiation consécutive ne commence qu'à Fromont d'Epenoys, chevalier, seigneur de Vesigneux, qui vivait au commencement du quatorzième siècle, mort en 1383 ; père de Jeannette, femme d'Hugonet d'Auxonne en 1385, et de Léonard I.er, damoiseau, 1376; père de Jean, marié à Pernette de Longwy, 1406; père, 1.° de Guillemette, mariée à Guillaume de Trévillers; 2.° de Jeanne, mariée à Pierre de Foucherans; 3.° et de Guillaume, gouverneur de Cicon, marié à Louise de Rochefort en 1478; père de Claude, marié à Catherine de Clairon; père, 1.° de Guillaume, chevalier de Saint-Georges, marié à Guyonne de Saubertier, qui fit branche; 2.° et de Léonard II, marié à Jeanne de Grospain, 1497; père de Jacques, marié à Françoise de Villers, 1544; père d'Etienne, chevalier, marié à Jeanne Duvernois, 1562; père de Claude II d'Epenoys, seigneur d'Epenoys et du Vernois, substitué aux nom et armes du Vernois, marié à Françoise de Scey, 1567. Ses autres alliances sont, Amandre, Arpenans, Beurreville, Bians, Clairon, Evans, Loray, Mandres, Maizières, Orchamps, Pierrefontaine, Provenchère, Rabutin, Scey, Saint-Mauris-Crilla, Trévillers, Valonne, Vaugrenans, Vauvillers.

Armes d'azur à trois croissans d'or.

Adage : ESTOURDERIE D'ESPENOYS.

et Bremondans, et de Pernette de Longwy. On ignore si Jean eut postérité de la première alliance, et quoiqu'il paraisse par titre qu'il ait eu plusieurs enfans de la seconde, on ne connaît le nom que d'un seul, qui suit.

Il est à remarquer que ce Jean de Saint-Mauris, quatrième du nom dit Sauvaget, est le dernier de cette branche qui ait ajouté le surnom ou sobriquet de Sauvaget à son nom de famille, et que Thiébaud de Saint-Mauris, son frère, ne le portait même déjà plus; cependant on trouve Annet Sauvaget, chanoine de Besançon en 1449, sur les cartulaire et nécrologe de ce chapitre, qui dut être son fils.

Marguerite de Trévillers était fille de Guillaume seigneur de Trévillers et Mandœure, et de Guillemette d'Epenoys, sa seconde femme, étant veuf de N... de Salins-La-Tour.

S.T-MAURIS. —

1. **CLAUDE** de Saint-Mauris, écuyer, homme d'armes, qui a continué la postérité par son mariage avec N..., et qui suit.

2. **ANNET** de Saint-Mauris, chanoine de la métropole en 1449, rapporté dans les cartulaire et nécrologe de ce chapitre : Annet Sauvaget, chanoine de Besançon en 1449.

2.e BRANCHE. | 10.e DEGRÉ.

S.T-MAURIS. —

1479.

CLAUDE.

Claude de Saint-Mauris, écuyer, homme d'armes dans les armées de Bourgogne en 1473, seigneur de Saint-Mauris-sur-le-Doubs, Colombier, Saveroux, Châtelot, La Côte-Sauvaget et Dambelin, et Lisle en partie, et fils de Jean V et de N... d'Epenoys, épousa N..., dont il eut des enfans, mais dont un seul est connu, qui continua la postérité, et qui suit.

S.T-MAURIS. —

1. **THIÉBAUD** de Saint-Mauris, écuyer, qui continua la postérité par son mariage avec Jeannette de , et qui suit.

2.e BRANCHE. 11.e DEGRÉ.

S.t-MAURIS. —

1523.

THIÉBAUD.

Thiébaud de Saint-Mauris, écuyer, seigneur de Saint-Mauris-sur-Doubs, Colombier, Saveroux, Le Châtelot, La Côte-Sauvaget, Dambelin et à Lisle, où il demeurait, épousa Jeannette de ...., laquelle était déjà veuve en 1530 et tutrice de Jeannette, Annette, Jeanne et Pierrot de Saint-Mauris, pupilles, et vend un fief, notamment l'emplacement d'une tour-forte, à Nicolas de Boult.

Nota. Quoiqu'il soit rapporté dans nombre de titres, notamment dans une vente à réachat qu'il passa à Adrien de Saint-Mauris (de la branche dite de Berchenet, qui suit), capitaine et gouverneur de Neufchâtel et de Lisle, et lieutenant pour le roi de Bohême au comté de Bourgogne, l'on ne voit dans aucun le nom patronimique de sa femme ni celui de sa mère.

1. **PIERRE** de Saint-Mauris, écuyer, rappelé comme mineur avec ses sœurs dans une vente faite par Jeannette, sa mère, veuve de Thiébaud de Saint-Mauris, écuyer, le 10 septembre 1530, à Nicolas de Boult, écuyer, de différens fonds, notamment de la tour-forte en ruine dudit Saint-Mauris. Ce titre étant le seul qui fasse connaître son existence, on ignore son sort et celui de ses sœurs, ce qui fait présumer qu'il mourut en bas âge, ou du moins sans alliance, et qu'en lui finit cette branche; mais ce qui surprend, c'est que dès-lors ses fiefs et seigneurie de Saint-Mauris-sur-le-Doubs et quelques autres, se trouvent avoir passé en partie au domaine du souverain sans qu'on puisse en découvrir la raison.

2. **JEANNETTE** de Saint-Mauris, rappelée mineure dans une vente de sa mère du 10 septembre 1530.

3. **ANNETTE** de Saint-Mauris, nommée avec ses frère et sœurs, tous mineurs, dans une vente du 10 septembre 1530, faite par sa mère.

4. **JEANNE** de Saint-Mauris, rapportée par sa mère, ainsi que ses frère et sœurs, dans une vente de 1530, étant alors tous mineurs.

Troisième Branche,

Dite de Berchenet,

Sobriquet pris par ses descendans, par allusion & diminutif du nom de baptême de Berchin de Saint-Mauris, chevalier, vivant en 1340; lesquels prirent aussi quelquefois les surnoms de leurs principales châtellenies, telles que Mathay, Bermont, Rooye, Bustal, &c.

Elle est exactement prouvée par une foule de titres originaux, dont un grand nombre conservent encore leurs sceaux bien entiers, où se voient, ainsi que sur d'anciens monumens, les armoiries héréditaires de cette Maison; circonstance qui constate l'identité de toutes les Branches, déjà prouvée par la précaution constante d'adopter unanimement le surnom de Saint-Mauris-en-Montagne, & de se réunir mutuellement pour leurs actes de famille. Quoique cette Branche paraisse une des plus puissantes & des plus riches, on voit néanmoins par ses reprises de fiefs qu'elle fut vassale de celle qui existe.

3.e BRANCHE. 7.e DEGRÉ.

1280.

JEAN, TROISIÈME DU NOM.

Jean III de Saint-Mauris l'aîné, chevalier, seigneur du château-fort de Mathay et dépendances, et en partie de Saint-Mauris-en-Montagne, Court, Saint-Mauris-sur-Doubs, Longevelle, etc., fils de Richard de Saint-Mauris, chevalier, et de Marguerite de Saint-Mauris, épousa vers 1280 Jeanne de TRAMELAY (*), d'une ancienne et illustre Maison chevaleresque et baronnale. On le trouve rappelé dans le contrat de mariage de Jean III de Saint-Mauris, son frère, chevalier croisé, de l'an 1302, avec Simonne de Vennes, d'une Maison du haut baronnage, par lequel Monseigneur Jean comte de La Roche, donne en faveur de ce mariage à Monseigneur Jean de Saint-Mauris, chevalier, « comme étant son parent et l'ayant suivi en guerre aux croisades, » la jouissance, pour lui et ses descendans, des fiefs et tous droits de chasse, pêche et autres » honorifiques, sur toutes ses terres, et un moulin à Saint-Mauris, *situé sur le ruisseau, à » Messire Jean de Saint-Mauris l'aîné, chevalier;* et dote ladite demoiselle de Vennes, comme » parente de Marguerite de Neufchâtel, sa femme, de fiefs et des dîmes de biefs, etc... »

Dont il eut : 1.° Berchin ou Barchin de Saint-Mauris, qui suit, qui par ce nom de baptême donna lieu au surnom ou sobriquet de *Berchenet*, que ses descendans ont porté pendant quelques générations; 2.° Jean de Saint-Mauris-en-Montagne.

S.T-MAURIS. — TRÉVILLERS.

1. **BERCHIN** de Saint-Mauris, chevalier, qui continua cette lignée par son alliance avec Jeanne de TRÉVILLERS, et qui suit.

2. **JEAN** de Saint-Mauris-en-Montagne, damoiseau, écuyer, seigneur à Valonne et à Lisle, homme d'armes en 1359, du nombre des gentilshommes qui furent au secours du duc Philippe; rappelé avec ces qualités dans le cartulaire de Neufchâtel en l'an 1363, 1368, 1370, 1370, 1371, 1382, 1390; fol. 123, 221, 255, 256, 365, 390, 527.

(*) TRAMELAY.

Les anciens sires de Tramelay, de la haute noblesse chevaleresque du comté de Bourgogne, tiraient leur nom de leur antique château de Tramelay au bailliage d'Aval. Ces seigneurs ont donné, dès le douzième siècle, des personnages aussi illustres et distingués par leurs qualités que par les places éminentes auxquelles ils ont été élevés : tels furent, entr'autres, Bernard, grand maître de l'ordre des Templiers, fameux par ses exploits et ses prouesses, lorsque, comme leur général, il commandait ces vaillans chevaliers aux croisades, notamment au siége d'Ascalon en 1153, époque où il fut fait prisonnier par Saladin, mais rendu à la prière de l'empereur de Constantinople; Hugues, connétable de Bourgogne en 1150; Antide (dit, selon d'autres, Amédée), archevêque de Besançon en 1194, mort en 1229, etc., etc.; mais éteints depuis plusieurs siècles; et les auteurs n'ayant pas donné leur filiation suivie, on peut d'autant moins établir celle de Jeanne de Tramelay, vivant en 1302 avec Jean de Saint-Mauris l'aîné, chevalier, son mari, selon le contrat de mariage de Jean, son frère, aussi chevalier, marié à cette époque par Jean comte de La Roche, son parent, son parrain, et pour l'avoir suivi en guerre aux croisades, avec Simonne de Vennes, aussi sa parente, que ce seigneur étant d'une branche séparée dès-lors de celle existante de cette Maison (c'est-à-dire depuis plus de cinq siècles), celle qui subsiste n'en a conservé et recouvré que trop peu de titres pour pouvoir établir cette filiation plus complète que le fragment qui suit : Humbert sire de Tramelay, 1131; père : 1.° de Guillaume, bienfaiteur de l'abbaye de Rosière, 1168; 2.° de Bernard, grand maître du Temple, 1153; 3.° de Hugues, connétable de Bourgogne en 1150, qui eut Hugues; 4.° et de Guy, 1175; père de : 1.° Antide, archevêque de Besançon, 1194; 2.° de Fromont I.er, marié à N... de Cuiseau, 1193; père : 1.° de Hugues, 1261; 2.° et de Guy II, chevalier, 1231; père : 1.° de Fromont II, marié à Jeanne de Vaudrey, qui suivra ¶; 2.° de Gautier, marié à Sibille, 1249, qui eut Josserans et Béatrix; 3.° et de Renaud, chevalier, 1230; père de Guillaume I.er, 1249; père de Guillaume II, 1326; père de : 1.° Fromont III, chevalier, 1326, qui eut Hugues; 2.° et de Jean, père de Bernard, 1331; père de Renaud, dernier connu.

¶ Fromont II, chevalier, seigneur de Pressillie, fils de Guy II, ci-dessus marié à Jeanne de Vaudrey, père : 1.° d'Hugues, 1300, et de plusieurs filles, l'une desquelles parait devoir être Jeanne, vivant en 1302 avec Jean de Saint-Mauris, son mari; 3.° et de Jean, 1310; père : 1.° de Jean II, 1339; 2.° d'Isabelle, mariée à Guillaume de Vadans; 3.° et de Renaud, chevalier, marié à Guigoune de Montluel; père : 1.° de Guye, religieuse à Baume; 2.° de Jeanne, mariée à Guyot de Pelapussin; 3.° et de Pierre, marié à Marie de Saint-Amour, mort sans hoirs en 1396, avant son père.

Armes d'or au chef de gueules.

3.ᵉ BRANCHE. | 8.ᵉ DEGRÉ.

S.ᵗ-MAURIS. — TRÉVILLERS.

1348.

BERCHIN.

Berchin de Saint-Mauris-en-Montagne, chevalier, seigneur à Saint-Mauris-en-Montagne et Saint-Mauris-sur-Doubs, et des forteresses de Mathay et de Roye, de Longevelle, Le Châtel et Colombier, Savouroux, Montécheroux, Longue, Saichent, Boncourt, et d'un fief à Neufchâtel, à Raimondans, épousa vers 1348 Jeanne de Trévillers (*), dame à Battenant, fille de Jean de Trévillers, damoiseau, seigneur de Battenant et Trévillers, Mandœure, et d'Agnès de Saint-Mauris (veuve de Jean de Montjoye), et sœur de Jean de Trévillers, marié à Henriette de Grammont, de Clémençon, chevalier, et Damoigne (qui furent tiges de trois branches); et de Jean-le-Jeune, chevalier, mort sans enfant, de Jeanne de Chamesol, qui légua ses fiefs de Battenant et de Trévillers aux enfans de Berchin de Saint-Mauris, son beau-frère, en 1390.

Cette Maison d'ancienne chevalerie est marquante par son ancienneté, ses alliances et ses possessions.

(*) TRÉVILLERS.

On trouve, page 39, une notice sur l'ancienne et illustre origine de cette Maison, qui, parmi ses grandes alliances, en compte de réitérées avec les Maisons de Grammont-Granges, Leugney, Bustal, Monterbis, Grachaux, Vy, Cuëve, Rosières-Soran, Vil, Villers-La-Combe, Montby, Donmartin, Le Bœuf de Guyonvelle, Pierrefontaine, Blicterswich, et trois Saint-Mauris-en-Montagne, Saint-Belin.

S.T-MAURIS. — JASNEY.

1. **JEAN** de Saint-Mauris-en-Montagne, dit Berchenet, damoiseau, qui continua la postérité par son mariage avec Jeanne de Jasney, et qui suit.

2. **PERRIN** de Saint-Mauris-en-Montagne, dit Berchenet, écuyer, seigneur à Peseul, déjà mort en 1389, prouvé par une déclaration de fief du 22 mai 1389, où il est mentionné comme défunt. (Cartulaire de Neufchâtel, folio 227.)

3.e BRANCHE. 9.e DEGRÉ.

S.t-MAURIS. — JASNEY.

1388.

JEAN, QUATRIÈME DU NOM.

Jean IV de Saint-Mauris-en-Montagne, damoiseau, dit Berchenet (par allusion au nom de baptême de son père, ainsi qu'il est dit dans un dénombrement de l'an 1379); écuyer de Thiébaud de Neufchâtel maréchal de Bourgogne en 1391, et homme d'armes en 1372; seigneur du château-fort de Mathay et dépendances, de Roye, Longevelle, Bustal, Bretigney, Colombier, Savouroux, Montécheroux, Le Châtelot, Recleré, Torpes, Battenant, Sancey, Fleurey, Mezandans, Raimondans, Boncourt, Saichent, d'un fief à Neufchâtel, etc.; enterré à Mathay en sa chapelle; épousa en 1388 Jeanne de Jasney (*), dame à Valonne, Huanne,

---

(*) JASNEY.

Très-noble et ancienne Maison d'origine chevaleresque, qui tirait son nom d'un château et seigneurie considérables du comté de Bourgogne, situé aux confins de la Lorraine; éteinte vers l'an 1400 dans celle de Saint-Mauris-en-Montagne, qui en conserve beaucoup de titres originaux des douzième, treizième et quatorzième siècles, par le mariage de Jeanne de Jasney avec Jean de Saint-Mauris, damoiseau, écuyer de Thiébaud de Neufchâtel, maréchal de Bourgogne.

On trouve néanmoins une série remarquable de chartes originales, de donations et fondations importantes de cette Maison aux archives des abbayes de Theuley, Morimont, Clairefontaine, etc., de 1119, 1133, 1159, 1165, 1183, etc., où tous les seigneurs de ce nom sont qualifiés chevaliers ou damoiseaux et sires de Jasney, et seigneurs de Cort, Beuverans, La Maison-Forte, Vellefaux, Valonne, Huanne, etc.

Depuis, Ulric de Jasney, chevalier, Létard, son fils, et Ulric et Jean, ses petits-fils, chevaliers, sires de Jasney, dans les commencemens et le courant du douzième siècle.

Armoiries : d'or fretté de sable.

Romain, Montmartin, d'une des anciennes Maisons chevaleresques dont on trouve le plus de donations aux églises dès le commencement du douzième siècle, et de qualifications de chevaliers à ces époques, qui épousa en secondes noces Richard de Lasnans, damoiseau, et testa en 1411. Jeanne était sœur de Guyotte, femme de Jean de Gondrecourt, écuyer; elle demanda d'être enterrée à Mathay à côté de Jean de Saint-Mauris, dit Berchenet, son premier mari, en sa chapelle. Jean de Saint-Mauris eut de cette alliance trois enfans, qui suivent.

Nota. L'on doit faire observer ici que ledit Jean prend dans des titres, où pendent encore les sceaux entiers de ses armes telles que ci-dessus, quelquefois le nom de Saint-Mauris dit Berchenet, et dans d'autres, seulement son nom de Saint-Mauris-en-Montagne; de plus, qu'il se trouve co-seigneur à Saint-Mauris-en-Montagne, Sancey, Battenant, Fleurey, Mezandans, avec les seigneurs de la branche de Saint-Mauris-en-Montagne, auteurs des barons de Châtenois et co-seigneurs à Saint-Mauris-sur-Doubs, Colombier, Saveroux, Le Châtelot, Montécheroux, avec les seigneurs de Saint-Mauris-sur-Doubs, dits Sauvaget; et aussi que Jeanne de Jasney, sa veuve, nomme pour exécuteurs testamentaires Guillaume et Colin de Saint-Mauris-en-Montagne, damoiseaux, qui étaient frères, et dont descendent lesdits barons de Châtenois.

S.T-MAURIS. — DURNES.

1. **THIÉBAUD** Berchenet de Saint-Mauris-en-Montagne, damoiseau, homme d'armes dans les armées de Bourgogne, qui continua la postérité par son mariage avec Jeanne de Durnes, et qui suit.

2. **BÉATRIX** de Saint-Mauris, rappelée dans le testament de sa mère de l'an 1411. L'on ignore entièrement sa destinée.

3. **HENRY** de Saint-Mauris-Berchenet, rappelé oncle d'Antoine et de Jean, et frère de Béatrix. (Titre de l'officialité de l'an 1429, cote 6134.)

3.e BRANCHE. | 10.e DEGRÉ.

S.T-MAURIS. — DURNES.

1419.

THIÉBAUD, PREMIER DU NOM.

Thiébaud I.er, dit Berchenet de Saint-Mauris-en-Montagne, damoiseau, homme d'armes dans les armées de Bourgogne, seigneur des forteresses et seigneuries de Mathay et de Bustal, et des fiefs de Longevelle, Dung, Courcelle, Valonne, Sancey, Fleurey, Battenant, Colombier, Saveroux et à Montmartin, épousa en 1419 Jeanne de DURNES (*), d'une antique et puissante Maison chevaleresque et du haut baronnage, qui s'éteignit dans le même siècle; fille de Pernet,

(*) DURNES.

La Maison de Durnes ou Durnay, également puissante, antique et illustre, du haut baronnage et ancienne chevalerie du comté de Bourgogne, tirait son nom des château-fort, baronnie et bourg de Durnes, du bailliage d'Ornans, qui avait des vassaux et mouvances considérables. Quoique Jeanne de Durnes, mariée à Thiébaud de Saint-Mauris, paraisse être la dernière de cette Maison, on en retrouve encore assez de titres, malgré le laps de quatre siècles, pour établir sa filiation depuis Othon sire de Durnes, chevalier, frère d'Humbert, chevalier, et d'Hugues, chanoine de Saint-Paul, vivant en 1050, 1060, 1080; père de Landry, doyen du chapitre métropolitain en 1140, puis évêque de Lausanne en 1157, et de Robert, chevalier, sire de Durnes, 1178; père de Renaud, chevalier, marié à Agnès de Vergy, 1196; père de Gerard I.er, chevalier croisé, marié à Marguerite de Broyes, 1224; père de Jean I.er, chevalier, marié à Guillemette de Vandœuvre, 1253; père de Hugues, chevalier, marié à Agnès de Vergy, 1339; père de Henry, marié à Célis de Vennes, 1349; père de Pernat, chevalier, sire de Durnes et de Vaugrenans, marié à Alix de Scey; père de Jeanne, mariée en 1419 à Thiébaud de Saint-Mauris. (Archives du marquis de Saint-Mauris, de l'officialité et des abbayes de Bèze, Morey, Theuley, Lieu-Croissant, Clairefontaine, auxquelles elle a fait de nombreuses et considérables donations, où ces illustres gentilshommes se trouvent toujours qualifiés chevaliers, barons, bannerets ou sires de Durnes, Pesmes, Vaugrenans, Vaite; et les collatéraux de cette ligne également alliés à des Maisons marquantes et du premier rang, telles que Beaujeu, Bauffremont, Choiseul, Deschamps, Joux, Layer-Lorrier, Montbéliard, Montfaucon, Rougemont, Salva, Sancey, Uzier.)

Nonobstant l'assertion hasardée par quelques généalogistes qui ont sans doute confondu Durnes, avec Duren, Maison d'Allemagne qui en effet porte un lion dans ses armes, il est certain que Durnes portait d'or à trois croisettes de gueules fleuronnées, posées en chef, rangées en fasces : on les voit encore telles sur les tombeaux de Jean et d'Adrien de Saint-Mauris, sires de Mathay, de 1513 et 1533, encore existantes aujourd'hui dans l'église de ce gros lieu.

sire de Durnes et Vaugrenans, et d'Alix de Scey. Thiébaud I.er se joignit en 1417 à cent cinquante-six gentilshommes marquans des deux Bourgognes, qui se réunirent avec leur suite pour servir le duc. Il se voit nommé le treizième dans la liste que D. Plancher donne, tome III, page 594, seulement, dit-il, des principaux et plus distingués de cette troupe, au nombre de trente, et l'on y remarque aussi Henry de Villerslafaye.

Il eut de son mariage avec Jeanne de Durnes cinq enfans, qui suivent; donna en 1423 un dénombrement à l'abbesse de Baume, où l'on remarque qu'il choisit parmi les gentilshommes ses témoins, Thiébaud de Saint-Mauris-Sauvaget (son filleul et parent) : les sceaux de ces deux seigneurs portaient les mêmes armoiries ci-dessus.

Il fut inhumé dans sa chapelle de l'église de Mathay, près de ses père et mère, ainsi que nombre de ses descendans. On voit par ces actes qu'il prit indifféremment les dénominations de Thiébaud Berchenet de Saint-Mauris-en-Montagne, Thiébaud de Saint-Mauris-en-Montagne, Thiébaud Berchenet et de Thiébaud Berchenet de Mathay.

DU FOURG. — S.t-MAURIS. — BOIGNE.

1. **THIÉBAUD** II de Saint-Mauris, chevalier de Saint-Georges, homme d'armes, qui continua cette ligne par ses alliances : 1.° avec Jacquette du Fourg, 2.° avec Henriette de Boigne, qui va suivre.

S.t-MAURIS. — BUSTAL.

2. **GERARD** Berchenet de Saint-Mauris-en-Montagne, damoiseau, qui a formé une branche, qui prit quelquefois le nom de Saint-Mauris-Bustal, par son alliance avec Agnès de Bustal, héritière et dernière de cette ancienne Maison, dont la postérité sera rapportée après celle de son frère aîné, branche quatrième, page 171.

3. **JEAN** de Saint-Mauris, écuyer, chevalier de Saint-Georges, seigneur à Saint-Mauris, rappelé dans un traité avec Thiébaud, son frère, en 1454, mais dont on ne connaît pas le sort.

4. **PIERRE** Berchenet de Saint-Mauris-en-Montagne, chanoine du chapitre métropolitain de Besançon et de l'église de Montbéliard, exécuteur testamentaire de Thiébaud, son frère, en 1482, et mort en 1498.

5. **ANTOINE** de Saint-Mauris, écuyer d'écurie de Philippe-le-Bon, duc de Bourgogne, en 1460, prouvé par titres et rapporté par Gollut page 813.

On ignore s'il contracta alliance.

3.e BRANCHE. | 11.e DEGRÉ.

DU FOURG. — St-MAURIS. — BOIGNE.

1448.

THIÉBAUD, DEUXIÈME DU NOM.

Thiébaud Berchenet de Saint-Mauris-en-Montagne, deuxième du nom, chevalier de l'ordre de Saint-Georges, homme d'armes dans les armées de Bourgogne en 1444, seigneur du château-fort de Mathay et seigneurie en dépendant, de Roye, Dung, Courcelle, Longevelle, Colombier, Mezandans, Valonne, et co-seigneur à Saint-Mauris-en-Montagne, Saint-Mauris-sur-Doubs, Sainte-Susanne, écuyer et maître-d'hôtel en 1468 de Thiébaud de Neufchâtel, maréchal de Bourgogne, épousa : 1.° vers 1440 Jacqueline du Fourg (*), issue d'une Maison d'ancienne chevalerie, dont il eut Bonne, qui suit (Thiébaud prouva à sa réception à Saint-Georges, pour ses quatre quartiers : 1.° Saint-Mauris, 2.° Jasney, 3.° Durnes, 4.° et Vergy); 2.° Henriette

(*) DU FOURG.

Cette Maison de nom et d'armes et de l'ancienne chevalerie tirait son nom des villages du Fourg du bailliage de Quingey au comté de Bourgogne, seigneurie assez étendue, qui fut titrée baronnie dans les siècles derniers. Les anciens seigneurs de ce lieu ont donné nombre d'hommes d'armes et de chevaliers dans le quatorzième siècle, ainsi que des conseillers d'état et des chambellans des ducs de Bourgogne, et de grands baillis de ce pays ; ils épousèrent en 1440 la dernière héritière de l'illustre Maison d'Avanne et s'éteignirent eux-mêmes peu après, à ce qu'il paraît. On trouve des preuves et des témoignages du rang qu'ils ont tenu, dans les archives de Montbéliard, de Saint-Mauris, dans les histoires de Bourgogne et de Salins. Leur premier auteur connu fut Guy du Fourg, seigneur du Fourg, donateur à l'abbaye de Cîteaux en 1167.

Elle portait pâlé de gueules et d'argent de six pièces.

de Boigne (*) vers 1448, fille de Guillaume de Boigne, damoiseau, seigneur dudit lieu et de Buffignécourt, d'une Maison chevaleresque et fort distinguée par ses alliances, et de N... de Buffignécourt, dame audit lieu. Il eut de cette seconde alliance quatre enfans, qui suivront. Il testa en 1482 et voulut être inhumé en sa chapelle de Mathay, près de Thiébaud de Saint-Mauris, son père, et de Jeanne de Durnes, sa mère, et d'Henriette de Boigne, sa femme, et ses autres prédécesseurs.

NOIDANS. — St-MAURIS.

1. **BONNE** de Saint-Mauris, dite de Berchenet, fille de Thiébaud de Saint-Mauris et de Jacquette du Fourg, sa première femme, épousa en 1480 Nicolas de Noidans (**), damoiseau,

---

(*) BOIGNE ou BOUGNE.

Maison illustre de race d'ancienne chevalerie, dont descendait François-Louis baron de Bougne, qui prouva en 1666, pardevant les commissaires du roi chargés des recherches sur la noblesse, sa filiation comme il suit, depuis Guillaume, chevalier, seigneur de Bougne, etc., en 1147 : il fut père de Mathieu, chevalier, marié à Elisabeth de Vennes en 1160; père d'Aimé, chevalier, marié à Marie de Neufchâtel, 1180; père de Gerard, marié à Jeanne de Viry, 1230; père de Simon, marié à Adeline de Vougécourt, 1230; père d'Aimon, marié à Marguerite de Gevigney, 1360; père d'Henry, marié à Marguerite de Mathay, tige d'une branche, qui suivra ¶, et de Guillaume II, marié à Jeanne de Raincourt, 1410; père de Guillaume III, marié à Cécile de Champagne, 1450; père de Pierre, marié à Agnès de La Rochepot, 1480; père de Jean, chevalier de Saint-Georges en 1507, marié à Jeanne de Drouvant; père de Guy, marié à Louise de Messey; père de Gabriel, marié à Annonciade de Sainte-Colombe, 1618; père de François-Louis, chevalier de l'ordre du Roi, baron de Chon, Bougne, etc., qui prouva par titres cette filiation et celle de la branche suivante, et qui épousa Jeanne de Châtelux, dont il n'eut que deux filles, Anne-Léonne et Jeanne-Marie, dernières de leur nom.

¶ Henry de Bougne, chevalier, fils d'Aimon ci-dessus et de Marguerite de Gevigney, épousa Marguerite de Mathay, dont il eut Jean, marié à Jeanne de Beaujeu, chef d'une branche qui s'éteignit peu après; 2.° Jeanne, femme d'Etienne de Rougemont; 3.° et Guillaume III, marié vers 1420 à N... de Buffignécourt; père de Henriette de Bougne, femme de Thiébaud de Saint-Mauris en 1448, et de Renaud de Bougne; père de Jean, marié à Antoinette de Chemilly, 1558; père d'Eve de Bougne, dernière de cette branche, mariée à Georges d'Orsans.

Les autres alliances de cette Maison sont : Angoulevant, Arlay, La Beaume, La Chambre, Crosey, Echenoz, Domprey, La Guiche, Gy, Mion, Montby, Mont-Saint-Ligier, Oiselay, Pra, Prie, Raincourt, Sagey, Say, Saint-Loup, Thurey, Villey, Vy, etc.

On trouve encore une foule de titres à l'appui de cette preuve aux archives de l'officialité, de l'archevêché, de la chambre des Comptes, du marquis de Saint-Mauris, des marquis de Champagne et de Raincourt, du comte d'Amandre et des abbayes.

Elle portait de sable au cerf effaré d'argent ramé d'or.

(**) NOIDANS.

Cette ancienne Maison noble, de race chevaleresque, tirait son nom du village de Noidans, du bailliage de Vesoul, au comté de Bourgogne, qui était une de ses plus anciennes possessions.

Ces anciens sires de Noidans, quoique éteints depuis plus de trois siècles, ont encore dans les archives de l'officialité, de Montbéliard et de la Maison de Saint-Mauris, ainsi que dans Gollut, Dunod et D. Plancher, des preuves et des témoignages de leur ancienneté et de l'éclat qu'ils ont eu à la cour de Bourgogne. Simon et ses frères et sœurs, enfans d'Etienne sire de Noidans, chevalier, vivaient au douzième siècle. Parmi ses descendans on remarque Jean, conseiller intime et chambellan en 1411. Jean sire de Noidans fut du nombre des cinq principaux seigneurs députés pour traiter de la paix en 1423, accompagnés de deux cents chevaliers; père de Jean II, qui fit branche, et de Renaud, chevalier de Saint-Georges, qui installa l'archevêque en 1440, et fut père de Nicolas, damoiseau, marié à Bonne de Saint-Mauris, 1480, etc... Ses alliances sont : Achey, Boult, Branchette, Bolsensen, Cussey, Dampierre, Esprey, Frotey, La Barre, Lancort, Quincey, Rupt, Saulnot, Saint-Mauris, Saint-Martin, Vellefaux, Vesoul.

Cette Maison, qui a donné nombre d'hommes d'armes dans les armées et de chevaliers à l'ordre de Saint-Georges, dès l'an 1449, portait d'azur à trois bandes d'or.

sire dudit lieu, fils de Renaud de Noidans, chevalier de Saint-Georges en 1449, qui fut du nombre des chevaliers qui assistèrent en 1440 l'archevêque de Besançon lors de son installation, et fils de Jean de Noidans, Maison de l'ancienne chevalerie.

S.T-MAURIS. — GRAMMONT.

2. **ADRIEN** de Saint-Mauris, chevalier de Saint-Georges, capitaine et gouverneur de Neufchâtel, et lieutenant pour le roi de Bohême au comté de Bourgogne (fils de Thiébaud et d'Henriette de Boigne, sa seconde femme), qui épousa Marie de GRAMMONT et continua la lignée; rapporté ci-après.

3. **JEANNE** de Saint-Mauris, religieuse de l'abbaye noble de Baume-les-Dames, au comté de Bourgogne, en 1482.

GRAMMONT. — S.T-MAURIS.

4. **MARGUERITE** de Saint-Mauris, fille de Thiébaud et d'Henriette de Boigne, sa seconde femme, épousa vers 1498 Jacques de GRAMMONT-GRANGES (*), écuyer, veuf de Catherine de Thon, dont il avait eu Antoine de Grammont; il eut Jeanne et Charlotte de Grammont de ladite Marguerite; ledit Jacques était frère de Perceval et de Jean de Grammont, seigneur dudit lieu, Gesans et Grenans, qu'il nomma ses exécuteurs testamentaires en 1503 le 24 janvier, tous fils de Thiébaud de Grammont, seigneur de Grammont et Gesans, chevalier, et de Jeanne de Gresans, et petits-fils de Thomas, chevalier, chambellan du duc Jean-sans-peur, et de Marie de Saulx, tous issus d'une Maison illustre, baronnale et chevaleresque, grandement alliée et encore existante : elle a contracté six alliances avec la Maison de Saint-Mauris.

(*) GRAMMONT-GRANGES.

On trouve, page 44, des notices sur la haute naissance des seigneurs de ce nom, dont la Maison, baronnale d'origine, s'est constamment illustrée par l'exercice des premières charges et dignités dans l'Eglise, à la cour et dans les armées; par les plus brillantes alliances et par sa réception dans les plus hauts chapitres. Elle s'est alliée avec celle de Saint-Mauris à six époques différentes.

MONT-S.T-LIGIER. — S.T-MAURIS.

5. **ANTOINETTE** de Saint-Mauris, fille de Thiébaud et d'Henriette de Boigne, sa seconde femme, épousa le 14 janvier 1466 Guillaume sire de MONT-SAINT-LIGIER (*), écuyer, seigneur dudit lieu et de Levrecey, Brotte, Charantenay, fils de Gauthier de Mont-Saint-Ligier, marié en 1436 à Marguerite de Gevigney. Antoinette fut mère et tutrice : 1.° de Pierre, marié à Marguerite de Velleguindry, 2.° de Jeanne, mariée à Claude de Montfort, 3.° d'Anne, 4.° de Jeanne-Claude, 5.° et de Gaspard, capitaine en Espagne, marié : 1.° à Claudine de Montfort, 2.° à Claudine de Coublans, dont il eut Clériadus, seigneur de Mont-Saint-Ligier, Velleguindry, Levrecey, Charantenay, Brotte, marié en 1612 à Nicole de Boigne, fille de Jean de Boigne, dit de Thurey, et de Bonne d'Avilley, dont il n'eut qu'une fille (Bonne), mariée en 1646 à Guillaume de Montureux, dernière de cette branche, d'un tronc antique et distingué d'ancienne chevalerie.

(*) MONT-SAINT-LIGIER.

Cette Maison était une des plus distinguées de celles de race chevaleresque du pays et tirait son nom du gros village de Mont-Saint-Ligier, bailliage de Vesoul, au comté de Bourgogne. Un des premiers connus de ce nom est Renaud de Mont-Saint-Ligier, sire dudit lieu, vivant au douzième siècle, qui épousa en 1215 Damette de Cicon, depuis lequel on trouve grand nombre de titres consécutifs sur ces seigneurs dans ces mêmes siècles et les suivans, aux archives de l'officialité de Saint-Vincent, de la chambre des comptes de Dijon, de la Maison de Rosen et de l'ordre de Saint-Georges, qui font connaître son ancienneté, ses illustrations, ses grandes alliances, sa réception dans tous les chapitres, notamment à Baume en 1296, et à Saint-Georges à la création de l'ordre ; et la quantité de chevaliers et d'hommes d'armes qu'elle a donnés dans les armées de Bourgogne aux quatorzième et quinzième siècles.

Renaud de Mont-Saint-Ligier, chevalier, marié en 1215 à Damette de Cicon, fut père de Vuillemin, chevalier, marié à Jeanne de Vil, 1326 ; père de Guillaume, commandant de Vesoul, 1368 ; père de Jacques, qui fit branche, et de Jean, chevalier de Saint-Georges, homme d'armes, marié à Jeanne de Battenant, 1390 ; père de Gautier, qui fut un des chevaliers qui installèrent l'archevêque en 1440 : il épousa Marguerite de Gevigney ; père de Jean, marié à Agnès de Montureux, tige d'une branche illustre en Lorraine, et de Guillaume, marié en 1466 à Antoinette de Saint-Mauris ; père de Pierre, marié à Marguerite de Velleguindry, qui fit branche, et de Gaspard, marié à Catherine de Montfort, 1546 ; père de N...., marié à Charlotte de Montfort, qui fit branche, et de Clériadus, chevalier de Saint-Georges en 1578, marié à Nicole de Boigne. Il n'eut que Bonne de Mont-Saint-Ligier, mariée en 1646 à Guillaume de Montureux. Ses autres alliances sont : Augicourt, deux Aigremont, deux Beaujeu, Conflans, Coublans, Citey, Chanesy, Dré, Faletans, Lavigny, Lavoncourt, La Beaume, trois Montfort, Mitry, Orloge, Ray, Ravery, Sagey, Savigny, Scrocourt, Thurey, deux Velleguindry, Voisey.

Cette Maison portait d'argent à la croix engrée de sable.

3.e BRANCHE. 12.e DEGRÉ.

S.t-MAURIS. — GRAMMONT.

1480.

ADRIEN.

Adrien de Saint-Mauris-en-Montagne, dit le Berchenet, chevalier de Saint-Georges, homme d'armes dans la compagnie de Neufchâtel, puis capitaine et gouverneur de Neufchâtel et de Lisle, et lieutenant pour le roi de Bohême au comté de Bourgogne, seigneur de la forteresse de Mathay et dépendances, des château-fort et seigneurie de Bermont, de Tantonville, Courcelle, Dung, épousa en 1480 Marie baronne de Grammont-Granges (*), d'une illustre et

(*) GRAMMONT-GRANGES.

Ayant déjà donné, page 44, quelques idées de la grandeur de cette Maison florissante depuis huit siècles, l'on rapportera seulement ici une partie de ses alliances; elle en a contracté six avec celle de Saint-Mauris, et de très-réitérées avec celles de Montbéliard, Montfaucon, deux Achez, Auglure, quatre Andelot, Arbon, Arberg, Amange, Arcey, Arguel, La Beaume, Beauveau, Beaujeu, deux Berbis, du Belloy, Blicterswich, Binans, Blye, Blye, Beaumotte, Brion, du Châtelet, Carvoisin, Clairon, Corbessaint, Crosey, Chissey, Charmoille, La Chambre, Culz, Coucy, Cicon, Crevecœur, Citey, Elizelin, Duhoux, Vioménil, du Fourg, Civrac, Domprey, deux Damas, deux Falon, Frânois, Fretigney, Granges, Grenans, Grachaux, Guyot de Maiche, La Guiche, Haraucourt, du Hautoy, Joux, Lorray, Laubépin, deux Lambrey, quatre Montureux, Mollans, Montfort, Mouchet-Château-Rouillaud, deux Mailleroncourt, Meligny, Mérode, Montmartin, Montrichier, Mauvoisin, Monconis, Mâcon, Montaigu-Boutavent, Noailles, deux Oiselay, trois Poitier, Pernot-Grandvelle, Plaine, deux Pontailler, des Potots, deux Quingey, deux Ray, deux Raincourt, Reinach, deux La Roche, Rosen, deux Saint-Aubin, six Saint-Mauris, deux Saulx, Sully, Seroz, Salives, Scey, Scoraille, Saint-Loup, Thon, Trévillers, La Tour, Uxel, Varre, Vezet, Vellechevreux, Vellefaux, quatre Vaudrey, La Vollinière, trois Villerslafaye, quatre Vy.

ancienne Maison baronnale d'origine, alliée six fois à celle de Saint-Mauris, fille d'Antoine baron de Grammont-Granges, seigneur de Coligny, Fallon, Vellefaux, et Grammont en partie, et de Marguerite de Vellefaux, laquelle était fille de Jean de Vellefaux et de Guillemette d'Igny.

Ledit Antoine fils de Guyot III, baron de Grammont, sire de Granges et de Grammont, de Châtillon, Roche, Fallon, Brevans, lieutenant-général du maréchal de Bourgogne et chambellan de Philippe-le-Bon, et de Marie d'Arbon, qu'il épousa en 1435. Marguerite de Vellefaux épousa en secondes noces Jacques d'Orsans, chevalier, chambellan et grand-maître de l'artillerie du duc Charles de Bourgogne, dont elle eut Gillette d'Orsans, mariée à Jean de Saint-Mauris, cousin germain d'Adrien ci-dessus.

Ledit Adrien mourut le 13 décembre 1533 et fut enterré à Mathay, ainsi que sa femme, et l'on y voit encore son tombeau chargé de l'écusson de ses armes accolées de celles de Grammont-Granges écartelées de Coligny, telles que ci-dessus, avec ses quatre quartiers, savoir : le premier, fascé de cinq pièces, qui est de *Saint-Mauris;* le second, chargé de trois croisettes fleuronnées, posées en chef, rangées en fasce, qui est de *Durnes;* le troisième, chargé d'un cerf effaré, qui est de *Boigne;* et le quatrième, chargé d'une bande, qui est de *Buffignécourt.*

Nota qu'Adrien omit, plus fréquemment encore que ses ayeux, d'ajouter le sobriquet de *Berchenet* à son nom patronimique, et que ses descendans ne le prirent plus du tout. (Il eut quatre enfans de son mariage, rapportés ci-après.)

St-MAURIS. — COLOMBIER.

1. **THIÉBAUD** III de Saint-Mauris, chevalier de Saint-Georges, capitaine et gouverneur de Lisle et de Neufchâtel, né en 1496, qui continua la postérité par son mariage avec Claudine de Colombier, et qui suit.

VY. — S.T-MAURIS.

2. **HENRIETTE** de Saint-Mauris, filleule d'Henry sire et baron de Neufchâtel, épousa en 1520 Anatoile de Vy (*), chevalier de Saint-Georges, seigneur de Vy, Fresse, frère de Jacques, marié à Adrienne de Grammont, et fils de Marc de Vy, chevalier, seigneur desdits lieux, chevalier de Saint-Georges en 1485, et de Claudine de Beaumotte, fils de Jacques, chevalier de Saint-Georges en 1785, et de Jeanne de Villars, fils de Jean-le-Jeune et de Jacquette de Rougemont, etc. Anatoile eut de cette alliance: 1.° Jeanne de Vy, mariée: 1.° en 1560 à Jean de Pons, seigneur de Rennepont, Malvoy, etc., 2.° à Jean de Blondefontaine, gouverneur de Seurre en Bourgogne.

Cette Maison illustre du comté eut une branche en Lorraine, également distinguée, qui y

---

(*) VY.

Cette ancienne Maison d'origine chevaleresque du comté de Bourgogne, éteinte au dix-septième siècle, également illustre par son antiquité, ses nombreuses et grandes alliances, ses possessions, dignités, grades et emplois, qui l'ont toujours placée au premier rang parmi la haute noblesse du pays, et dont l'on trouve la filiation dans plusieurs auteurs et manuscrits, mais rectifiée d'après les titres originaux qui se trouvent encore aux archives de l'officialité, de Montbéliard, de la chambre des Comptes, de l'ordre de Saint-Georges, de l'hôtel de ville de Metz et des Maisons de Raigecourt et de Saint-Mauris, descend, d'après plusieurs auteurs, des anciens comtes de Ferrette, dont en effet elle avait conservé les armes pleines, et sous la suzeraineté desquels elle eut toujours ses grandes possessions; mais n'en possédant pas les titres, on n'a rapporté ici sa filiation que depuis Hugues de Vy, vivant au douzième siècle. Elle a donné une branche également florissante en Lorraine, où elle prit rang tant à la cour qu'aux états, dans le corps de l'ancienne chevalerie, dans lequel elle prit constamment ses alliances. On y remarque Jean de Vy, chevalier, élevé à la dignité de pair et maître échevin de la ville libre de Metz en 1398, place éminente à laquelle était attachée toute l'autorité souveraine la plus absolue. Il résulte des autorités ci-dessus, que cette Maison fut jurée à Saint-Georges depuis la restauration de cet ordre au quatorzième siècle, ainsi que dans tous les chapitres de la province; à Remiremont, en 1402; à Malte, vers 1500; qu'elle donna grand nombre de chevaliers et d'hommes d'armes aux ducs de Bourgogne, un grand bailli-général du comté, en 1336, un exécuteur testamentaire de la princesse Isabelle de France, en 1345, et quantité de chefs et officiers distingués dans les armées de Bourgogne et de Lorraine.

Hugues de Vy, 1130; père d'Odon, 1180; père de Guy, chevalier, marié à Marguerite de Raze, 1242; père d'Hugues II, chevalier, 1246; père d'Henry, marié à Isabelle Le Blanc, dame d'Olans, 1277; père de Jeoffroy, marié à Simonnette de They, 1287; père: 1.° de Pierre, marié à Jeanne de Lambrey, qui fit branche; 2.° et de Guillaume I.er, chevalier, marié à Huguette de Mamirolles; père de Guy II, chevalier, bailli-général du comté de Bourgogne en 1340, marié à Alix de Bourguignon; père de Jacques, marié à Jeannette de Vellechevreux, qui fit branche; 2.° et de Guillaume II, chevalier, vivant en 1354, marié à Gillette d'Igny, dont il eut Marguerite, mariée à Jean de Cotte-Brune, maréchal de Bourgogne; et Jean I.er, chevalier de Saint-Georges, marié en 1415 à Agnès de l'Etang; père de Jean II, chevalier de Saint-Georges, marié en 1444 à Jacquette de Rougemont; père: 1.° de Jean III, marié à Madeleine de Lantenne, qui fit branche; 2.° François, marié à Bonaventure d'Anglure, tige de deux branches; 3.° Guillaume, marié: 1.° à Gabrielle d'Aubonne; 2.° à Catherine de Gevigney, tige aussi de deux branches; 4.° et Jacques I.er, chevalier de Saint-Georges en 1475, marié à Jeanne de Villars; père de Marc, chevalier de Saint-Georges, marié à Claudine de Beaumotte, dont il eut: 1.° Catherine, mariée à Othenin de Champagne; 2.° et Anatoile, chevalier de Saint-Georges, marié en 1520 à Henriette de Saint-Mauris, père de Jacques III, chevalier de Saint-Georges en 1564; marié à Adrienne de Grammont; père de Claude, chevalier de Saint-Georges en 1575, marié à Claudine de Bourbévelle; père d'Antoine, chevalier de Saint-Georges, marié à Guillemette de Chassey, dont il eut: 1.° Claire, mariée à Philibert de Moustier; 2.° Claude-Baptiste, marié à Françoise de Vaudrey, qui fit branche; 3.° et de Jean-François, gouverneur de Saint-Georges en 1637, marié à Anne de Mugnans, dont il eut: 1.° Claire, mariée à N... de Moustier; 2.° Thomas, marié à Adrienne de Beaujeu; 3.° et Jean-Baptiste, tué à la guerre.

Ses autres alliances sont: Aucelle, deux Beaujeu, Bougne, Boult, Chantrans, deux Cicon, Corbessaint, Damas, Falletans, Ferrette, Grachaux, trois Grammont, Monthy, Mont-Saint-Ligier, Montrichard, deux Montureux, Occors, Petite-Pierre, Poligny, Pont-Rennepont, Présentevillers, Raigecourt, Romain, Saint-Loup, Visemal.

Armes: d'argent au lion de sable couronné d'or, à queues fourchues.

Son antique adage était: PÉTULANCE DE VY.

pris rang aussi dans le corps de l'ancienne chevalerie, et fournit même des maîtres-échevins à la cité libre de Metz au quatorzième siècle.

MONTUREUX. — S.t-MAURIS.

3. **MARGUERITE** de Saint-Mauris épousa vers 1520 Claude de MONTUREUX-en-Ferrette (*), Maison chevaleresque réputée branche de celle puissante des comtes de Ferrette, dont elle brisa les armoiries, chevalier, seigneur dudit Montureux, baron de Melisey..., chevalier de l'ordre de Saint-Georges, reçu en 1518, ses quatre quartiers étant : 1.° Montureux-en-Ferrette, 2.° Rougemont, 3.° Orsans, 4.° Domprey. Il était fils de Georges de Montureux, seigneur de Melisey, et de Simonne d'Orsans, et petit-fils de Jean II, sire de Montureux, et de Jeanne de Rougemont.

Marguerite fut mère : 1.° de Jean III, marié à Jeanne de Grammont, 2.° de Catherine, mariée à Etienne de Grammont, 3.° de Marie, femme de Louis de Reinach.

Claudine et Agnès, ses belles-sœurs, étaient chanoinesses de Remiremont en 1490, et Guyot, gouverneur de Montjustin, marié à Marie-Antoinette de Grammont.

4. **JACQUETTE** de Saint-Mauris, reçue religieuse à l'abbaye noble de Baume-les-Dames en 15.., puis dotée d'une prébende le 1.er juillet 1523.

(*) MONTUREUX.

La Maison de Montureux, d'ancienne chevalerie, connue depuis Varmand, chevalier, vivant en 1159, tirait son nom de son château-fort et seigneurie de Montureux, situé dans l'ancien comté de Ferrette, ce qui porte à adopter l'opinion de plusieurs auteurs et manuscrits qui la disent issue de cette illustre Maison, dont elle a en effet conservé le lion de sable, pièce de ses armoiries; elle a toujours d'ailleurs tenu un rang conforme à cette brillante origine, comme il se voit par ses grandes alliances mulitpliées dès le commencement du quatorzième siècle, jointes aux qualifications fréquentes de chevaliers de toute antiquité, de barons dès l'an 1400, à sa réception dans les hauts chapitres depuis plus de trois siècles, à Saint-Georges vers sa restauration, ce qui désigne en effet l'origine la plus illustre et la plus reculée. Elle a été reçue à Remiremont en 1480, et nombre de fois depuis, ainsi que dans les autres grands chapitres de Bourgogne et de Lorraine, où elle a pris rang parmi la haute noblesse de cet état, aux assises de l'ancienne chevalerie depuis plus de trois siècles; elle a aussi donné fréquemment des chevaliers et hommes d'armes dans les armées aux quatorzième et quinzième siècles, et, après s'être toujours grandement alliée, a fini au dix-septième siècle, ainsi qu'il se voit par les titres des archives de l'officialité, de Montbéliard, du chapitre de Remiremont, de l'ordre de Saint Georges et des Maisons de Grammont, de Montjoye, Scey, Faletans et de Saint-Mauris.

Varmand de Montureux, chevalier, 1159; père d'Etienne, 1238; père de Hugues, rappelé avec Vuillerme, son frère, chevalier, 1243; père d'Humbert, chevalier, 1298; père de Guillaume sire de Montureux, chevalier en 1310; père de Jean de Montureux, chevalier banneret, dit le Beau-Chevalier, baron de Melisey, marié en 1339 à Jeanne de Faucogney; père de Didier, chevalier, sire de Hardemont, qui fit branche florissante en Lorraine; et Philippe, marié à Jeanne de Maizières, 1364; père de Jean II, marié à N... de Rougemont; père de Georges, chevalier de Saint-Georges en 1485, marié à Simonne d'Orsans; père de Guyot, gouverneur de Montjustin, marié à Antoinette de Grammont, tige d'une branche; de Claudine et Agnès, chanoinesses de Remiremont; 4.° et de Claude, chevalier de Saint-Georges en 1518, marié à Marguerite de Saint-Mauris, dont il eut Catherine, mariée à Etienne de Grammont, et Jean, marié à Jeanne de Grammont; père de Jacques, chevalier de Saint-Georges en 1552, marié à Anne de Vy; père de Jean-Baptiste, marié à Christine de Faletans, qui fit branche; et de Benigne, marié à Marguerite de Faletans; père de Jean-Baptiste de Montureux, 1636.

Ses autres alliances sont: Aroz, Astal, Arc-sur-Tille, Blandans, Blicterswich, Crécy, Courbessaint, Chante-Merle, Dôle, quatre Grammont, Gevigney, deux Haguembach, Igny, Jaquelain, Mugnans, Meligny, Maisonveaux, Mont-Saint-Ligier, Montot, Precigny, Pierrexy, Poligny, Saulnot, Saint-Martin, deux Scey, Tuilliert-Montjoye, Usie, Vaudemont, Vy, Vaudrey, Vandelincourt.

Armes: d'or au lion de sable à la bordure engrêlée de gueules.

3.e BRANCHE. | 13.e DEGRÉ.

S.^T-MAURIS. — COLOMBIER.

1526.

THIÉBAUD, TROISIÈME DU NOM.

Thiébaud de Saint-Mauris, troisième du nom, chevalier de Saint-Georges, capitaine et gouverneur de Lisle et de Neufchâtel, seigneur de la forteresse de Mathay et du château-fort de Bermont (où il avait, ainsi que ses ancêtres, des gentilshommes pour capitaines, qui convoquaient et commandaient ses vassaux en son absence, comme il se voit par une quittance d'Etienne de *Melville*, écuyer, pour ses gages de capitaine de son château de Bermont en 1552, et autres actes), et seigneur de Roye, Allenjoye, Courcelle, Dung, Longevelle, Belmont, Blemondans, la maison-forte de Belvoir.

Né en 1496, il épousa le 24 novembre 1526, Claudine de COLOMBIER (*), fille de Jacques de Colombier, seigneur dudit lieu, Bermont, Omguy, sœur de Jean et d'Artus de Colombier,

---

(*) COLOMBIER.

Cette Maison, de race chevaleresque, était aussi antique que distinguée. On trouve, dès l'an 1098, Eudes, seigneur de Colombier, témoin d'une donation faite à l'abbaye de Bèze par Clauda de Beaujeu, femme d'Ulric de Traves. Dans le commencement et le courant du douzième siècle, on voit Guy, Henry et Emonin de Colombier faire des dons au monastère du Lieu-Croissant en 1272; des seigneurs de ce nom ratifier des fondations faites à l'abbaye de Faverney, par Guillaume de Colombier, damoiseau. Guillaume III, chevalier, chambellan du duc, reçut en 1427 les montres d'armes en l'absence du maréchal de Bourgogne. Enfin on trouve grand nombre d'autres titres sur cette Maison dans les archives de l'officialité, des Trois-Rois, du parlement, de la Maison de Saint-Mauris, depuis l'an 1300 jusqu'en 1550, par lesquels on voit qu'elle a fourni une quantité de chevaliers et d'hommes d'armes dans les armées de Bourgogne, de chambellans et d'autres grands-officiers des ducs. Ses alliances sont : Asvey, Allenjoye, Aucelle, Amance, Bavans, du Blé, Chauvirey, Cicon, Clugny, Cléron, Estavayer, Fouchier, Genly, Maillardet, Mandelot, Messey, Neuville, Rocourt, Russin, Saint-Seigne, Traves, Villers, Ferrière, Vingles.

Colombier porte de gueules au chef d'argent chargé de trois coquilles du champ.

écuyer, et nièce de Claudine de Colombier, femme de Jean sire d'Allenjoye, seigneur de la maison-forte de Belvoir et château-fort dudit Allenjoye, cousin dudit Thiébaud et de Jeanne de Ferrière, dite de Villers. (Colombier était une Maison chevaleresque distinguée.) Thiébaud eut de cette alliance six enfans, qui suivent.

Nota. Les châteaux-forts de Mathay et de Bermont étaient dans des positions importantes pour la défense des gorges de la Franche-Montagne; aussi étaient-ils d'une étendue considérable (comme on en juge par les vestiges qui subsistent) et dans des situations avantageuses, le premier défendu par le Doubs qui fluait dans ses fossés, le second par sa position couvrant la cime d'un roc aussi élevé qu'inaccessible.

Thiébaud III prouva à Saint-Georges à sa réception pour ses quartiers : 1.° Saint-Mauris, 2.° Bougne, 3.° Grammont, 4.° et Vellefaux.

S.T-MAURIS. — GRAMMONT.

1. **JEAN** de Saint-Mauris, cinquième du nom, chevalier de Saint-Georges, qui continua la postérité par son alliance avec Françoise de Grammont-Granges, et qui sera rapporté ci-après.

2. **BALTHAZARD** de Saint-Mauris, écuyer. Son existence est prouvée par titres, mais l'on ignore d'ailleurs son sort.

3. **JEAN** de Saint-Mauris-le-Jeune, écuyer. Un titre de 1558 prouve qu'il était déjà mort à cette époque, mais l'on n'a d'ailleurs aucun renseignement sur son compte.

MUGNANS. — S.T-MAURIS.

4. **CLAUDINE** de Saint-Mauris, dame de Belmont et Bremondans et du fief dit de Dame-Henriette à Fallon, dont elle hérita de Magdeleine, sa sœur, épousa le 13 juin 1558 Jean de Mugnans (*), chevalier de Saint-Georges, capitaine et gouverneur des ville et château de Lisle, seigneur de Mugnans, Laissey, Luz, Saulx (déjà veuf de Claudine d'Amance), fils de Thiébaud de Mugnans, chevalier de Saint-Georges, et de Claudine d'Amance, et frère de Claudine de Mugnans, femme d'Hugues de Saint-Mauris, chevalier, gouverneur du comté de La Roche et de la Franche-Montagne. Claudine eut de son mariage : 1.° François de Mugnans, 2.° Jean-Claude, chevalier de Saint-Georges, marié à Rose de La Tour-Saint-Quentin, 3.° Claude, chanoine de Mürbach et de Lure, 4.° Anne, dame chanoinesse de Baume.

Cette Maison était des plus distinguées parmi celles d'origine chevaleresque du comté de Bourgogne.

5. **MAGDELEINE** de Saint-Mauris, dame de Belmont et Bremondans et d'un fief à Fallon dit Dame-Henriette, dont l'existence est établie par titres, mais dont on ignore le sort. Sa sœur Claudine en hérita.

6. **ISABELLE** de Saint-Mauris, chanoinesse du noble chapitre de Baume-les-Dames en 1550, morte et enterrée audit chapitre le 22 mars 1605.

(*) MUGNANS.

On trouve, page 59, une notice abrégée des illustrations et de la filiation de cette ancienne Maison d'origine chevaleresque, depuis Jean I.er, chevalier, sire de Mugnans; de son admission dans l'ordre de Saint-Georges depuis le quinzième siècle, ainsi que dans tous les chapitres; de ses donations à l'Eglise et du nombre de chevaliers, grands-officiers de la Maison des ducs, et écuyers, qui se sont fait remarquer dans les armées de Bourgogne.

Armes : de gueules à trois bandes d'or.

3.e BRANCHE. | 14.e DEGRÉ.

S.T-MAURIS. — GRAMMONT.

1557.

JEAN, CINQUIÈME DU NOM.

Jean de Saint-Mauris, cinquième du nom, chevalier de Saint-Georges en 1558, seigneur audit lieu, des châteaux-forts de Bermont et de Mathay et dépendances, de Roye, Allenjoye, la grosse maison à Belvoir, épousa en 1557 Françoise baronne de GRAMMONT-GRANGES (*), issue, comme il a été dit, d'origine chevaleresque, baronnale et très-distinguée, qui s'est alliée six fois à celle de Saint-Mauris, fille de Bernard baron de Grammont-Granges, seigneur audit lieu et de Veset, mort en 1557, et de Marguerite d'Achey, qu'il avait épousée en 1525;

Laquelle était sœur de François de Grammont, archevêque de Besançon, chevalier de Saint-Georges, de Pierre, chevalier de Malte, de Guillaume, chevalier de Saint-Georges, marié à Françoise de Citey, et de Simon de Grammont, chevalier de Saint-Georges, marié en 1559 à Anne de Saint-Mauris.

Ladite Françoise de Grammont ayant hérité de tous les biens de son fils par son testament

(*) GRAMMONT-GRANGES.

On trouve, pages 44 et 159, des notes qui donnent une idée de l'éclat et de l'antiquité de cette Maison baronnale d'origine, qui s'est constamment illustrée par l'exercice des premières charges à la cour et dans les armées, par les plus brillantes alliances, et par sa réception dans tous les hauts chapitres dès les temps les plus reculés : elle a contracté six alliances avec celles de Saint-Mauris ; et l'on voit, page 159, qu'elle tenait à tout ce qu'il y a de plus illustre.

qu'il fit avant son départ pour l'armée, où il fut tué, les porta en mariage à Claude-François comte d'Arberg et de Vallengin, qu'elle épousa en secondes noces, d'où les terres de Mathay, Roye, Longevelle et autres ont repassé dans la Maison des comtes de Lallemand, qui les possèdent encore aujourd'hui, par le mariage d'Olympie-Hyppolite comtesse d'Arberg-Vallengin, fille de Nicolas comte d'Arberg, et d'Anne comtesse de Daun, avec Charles-Baptiste comte de Lallemand, baron de Vaîte, fils de Claude-François et d'Anne de Coinctet. Jean eut de son mariage six enfans, qui suivent.

Son écu de présentation à Saint-Georges, que l'on voyait encore dans l'église des Carmes, est entouré de ses quatre quartiers, qui sont : 1.° Saint-Mauris, 2.° Grammont, 3.° Colombier, 4.° Ferrières.

S.T-MAURIS.

1. **FRANÇOIS** de Saint-Mauris, officier au service de S. M. I., et qui suit.

2. **GASPARD** de Saint-Mauris. Il est rappelé dans des titres, mais il paraît être mort jeune, et que c'est lui qui fut tué dans la même campagne que son frère, étant aussi au service de l'empereur.

3. **MARGUERITE** de Saint-Mauris, religieuse de l'abbaye noble de Baume-les-Dames vers 1580. Son existence est prouvée, mais on ignore l'époque de sa réception à ladite abbaye; seulement elle signe avec les autres dames une quittance dans un acte capitulaire présidé par Marguerite de Genève, abbesse qui occupait déjà cette place en 1584.

4. **SIMON** de Saint-Mauris, dont l'existence est avérée, mais on ne connaît pas ce qu'il est devenu.

5. **VALENTIN** de Saint-Mauris, écuyer, prouvé quant à son existence, mais que l'on croit être mort fort jeune.

6. **REMY** de Saint-Mauris, écuyer, prouvé quant à son existence, ainsi que celle de tous ses frères et sœurs, mais que l'on croit être tous morts fort jeunes.

3.e BRANCHE. 15.e DEGRÉ.

S.t-MAURIS.

1580.

FRANÇOIS.

François de Saint-Mauris, écuyer, tué en Flandre en 1583 au service de S. M. I., seigneur des châteaux et forteresses de Mathay, Bermont, de Roye, Allenjoye, Courcelle, Dung, Longevelle.

François de Saint-Mauris ayant été tué fort jeune en 1583, ainsi qu'un de ses frères cadets qui servait avec lui, en lui finit la branche des Saint-Mauris-en-Montagne, dite de Berchenet ou de Mathay. On ne voit pas qu'il ait contracté d'alliances et on ne peut le présumer, étant mort si jeune et ne rappelant que sa mère Françoise de Grammont dans son testament, qu'il fait son héritière universelle, et par lequel il lègue quatre cents écus d'or à Antoine d'Orsans, son cousin, cent écus d'or à François comte d'Arberg-Vallengin, aussi son cousin, etc., etc. ; laquelle Françoise de Grammont épousa en .... Claude-François comte d'Arberg et de Vallengin, à qui elle porta lesdites terres de Mathay, Roye, Longevelle, etc., qui sont depuis retombées à la Maison de Lallemand (qui les possède aujourd'hui) par le mariage en 1700 d'Olympie-Hyppolite comtesse d'Arberg-Vallengin, fille de Nicolas comte d'Arberg et de Vallengin, et d'Anne comtesse de Daun, avec Charles-Baptiste comte de Lallemand, baron de Vaîte, Lavigney, Cotte-Brune, Courmaillon, Lessey, d'abord chanoine de Saint-Claude, puis chevalier de Saint-Georges, fils de Claude-François comte de Lallemand, chevalier de Saint-Georges, mestre-de-camp de cuirassiers au service d'Espagne, et d'Anne de Coinctet de Châteauvert.

Quatrième Branche,

Issue de celle dite de Berchenet & qui prit quelquefois le surnom de Saint-Mauris-Bustal, parce qu'elle descendait de la dernière héritière de cette Maison, & qu'elle en écartelait en conséquence les armes.

4.e BRANCHE.

11.e DEGRÉ.

S.t-MAURIS. — BUSTAL.

1460.

GERARD.

Gerard-Berchenet de Saint-Mauris-en-Montagne, écuyer, seigneur audit lieu, Roye, Bustal, Guyonvault, Mezandans, Faimbe, Colombier, Longevelle, Saint-Mauris-sur-le-Doubs, Savoureux, Sainte-Suzanne, second fils de Thiébaud I.er et de Jeanne de Durnes, épousa en 1460 Agnès de Bustal (*), fille unique, héritière de Jacques de Bustal, damoiseau, seigneur-

(*) BUSTAL.

Cette antique Maison noble, de race d'ancienne chevalerie, tirait son nom de ses village et seigneurie de Bustal, du bailliage de Baume au comté de Bourgogne, relevant du comté de Montbéliard, aux archives duquel on trouve encore quantité de reprises de fiefs de ladite terre du courant des treizième et quatorzième siècles jusqu'en 1560, époque où elle s'est éteinte dans celle de Saint-Mauris, qui en a écartelé les armes et ajouté le nom après le sien, ayant par cette alliance réuni les terres de Bustal, Liste, Longevelle et Bretigney.

On trouve aux archives et cartulaire de Neufchâtel, fol. 470, 559, 578, et à l'officialité, cotes 6439, 6416, 1620, 1325, etc., nombre de titres des quatorzième et quinzième siècles, concernant ces seigneurs, tous qualifiés chevaliers ou damoiseaux, ainsi que beaucoup de rappelés comme hommes d'armes à ces époques dans les rôles de revues de la chambre des Comptes de Dijon.

Ses alliances étaient deux Beaumotte, Crosey, Orsans, Renedalle, deux Saint-Mauris, Silley, Trévillers, Vesoul, Valonne.

Cette Maison portait d'or à trois fasces de sable.

châtelain de Bustal et de Guyonvault, Longevelle, Faimbe, Colombier et Savoureux en partie, et à Lisle et Bretigney (d'une Maison marquante d'ancienne chevalerie, alliée plusieurs fois à celle de Saint-Mauris), et d'Adeline de Vesoul; ledit Jacques fils de Guillaume et de Catherine de Saint-Mauris, fille de Jean, chevalier, de la branche de Saint-Mauris-sur-Doubs, lequel Jacques était fils de Guillaume de Bustal et de Catherine de Saint-Mauris-Sauvaget, fille de Jean de Saint-Mauris, chevalier. En raison de cette alliance avec la dernière héritière du nom, des armes et des terres de l'ancienne Maison de Bustal, Gerard de Saint-Mauris et ses descendans en écartelèrent les armes, ainsi qu'il se voit sur nombre de leurs sceaux et sur leurs tombes. Il eut d'Agnès de Bustal quatre enfans, qui suivent.

S.T-MAURIS. — ORSANS.

1. **JEAN** de Saint-Mauris, cinquième du nom, chevalier de Saint-Georges, capitaine et gouverneur de Neufchâtel et de Lisle, qui continua la postérité par son mariage avec Gillette d'ORSANS; rapporté ci-après.

LE BŒUF. — S.T-MAURIS.

2. **JACQUETTE** de Saint-Mauris épousa vers 1480 noble seigneur Gengoux Le Bœuf (*), seigneur de Guyonvelle, chevalier de Saint-Georges, petit-fils de Jean Le Bœuf, seigneur de Guyonvelle, Rimaulcourt, etc., et de Charlotte de La Châteigneraye, et fils de Guyot Le Bœuf, mari d'Adeline de Trévillers, dont il eut Huguette, qui testa en 1468, et Anne Le Bœuf, mariée à Théodore de Senailly, chevalier de l'ordre du Roi, gentilhomme de sa chambre, gouverneur de Montéclair, baron de Gurgi, Humberville, etc.

Jacquette eut de cette alliance : 1.° Guy Le Bœuf, chevalier de l'ordre de Saint-Jean de Jérusalem et commandeur de La Romagne, de Thors et de Valeur; 2.° Guillaume Le Bœuf, chevalier de Saint-Georges en 1530; 3.° Anne Le Bœuf, mariée à Claude-Antoine d'Aubonne de Thiétry, tous d'une Maison chevaleresque d'origine.

Gengoux prouva à Saint-Georges : 1.° Le Bœuf, 2.° La Châteigneraye, 3.° Trévillers, 4.° Salins-La-Tour.

Guillaume y prouva : 1.° Le Bœuf, 2.° Trévillers, 3.° Saint-Mauris, 4.° et Bustal.

3. **PHILIPPE** de Saint-Mauris, écuyer, seigneur de ...., mort sans alliance.

4. **PIERRE** de Saint-Mauris, chanoine de l'église métropolitaine de Besançon en 1482, titre de l'officialité, cote 6121.

(*) LE BŒUF.

Cette ancienne Maison qui a, dès le treizième siècle, tous les caractères et qualifications qui constatent la race chevaleresque, paraît être étrangère d'origine, n'y ayant pas au comté de Bourgogne de village ni fief de ce nom; étant en outre éteinte depuis plus de deux siècles, on se trouve privé de renseignemens plus précis. On la voit posséder dès 1300 des fiefs à Lisle, Guyonvelle, Montmartin, etc.; s'allier vers cette époque aux grandes Maisons du pays; être reçue à Saint-Georges peu après la création de cet ordre, et à Malte très-anciennement.

On remarque Nicole, fille aînée de Briant Le Bœuf, seigneur de Nosay, qui épousa en 1235 Jeoffroy sire de Rieux. Jean de Rieux recueillit la succession de Susanne Le Bœuf, dame de Nosay, sa tante.

Jean Le Bœuf, seigneur de Guyonvelle, damoiseau, témoin, avec Eudes de Châtillon et Huguenin de Saint-Mauris (écuyers), d'une reprise de fief de Guillaume sire de Montjoye en 1326, et reprend de fief du comté de Montbéliard en 1336 de ce qu'il possède à Lisle, Val de Montmartin, etc.; père : 1.° de Anne, 2.° de Jeannette, mariée au seigneur de Blamont, 3.° de Marguerite, femme de Richard de Sancey, 4.° et de Pierre (archives de la Maison de Saint-Mauris), duquel Pierre est issu Jean II, seigneur de Guyonvelle, marié à Charlotte de La Châteigneraye; père : 1.° de Nicolas, 2.° de Guy, 3.° de Jean, 4.° de Claude, prieur de Jonvelle, 5.° et de Guyot, marié à Adeline de Trévillers, tous chevaliers ou damoiseaux, 1346, 1383, 1415, 1475 (officialité). Ce dernier fut père de Huguette, 2.° d'Anne, mariée à Thiébaud de Senailly, chevalier des ordres du Roi, 3.° et de Gengoux, chevalier de Saint-Georges en 1502, marié vers 1480 à Jacquette de Saint-Mauris; père : 1.° de Guy, commandeur de Malte en 1528, 2.° d'Anne, mariée à Claude d'Aubonne de Thiétry, 3.° et de Guillaume Le Bœuf, chevalier de Saint-Georges en 1530, seigneur de Guyonvelle, dernier connu de cette Maison.

Ses autres alliances sont : Anglure, Chevrecey, Clerembaux, Epenoys, Ossancourt, deux Sancey, Thiétry.

Cette Maison portait de gueules au lion d'argent.

4.e BRANCHE. | 12.e DEGRÉ.

S.T-MAURIS. — ORSANS.

1483.

JEAN, CINQUIÈME DU NOM.

Jean de Saint-Mauris-en-Montagne, dit Berchenet, cinquième du nom, chevalier de Saint-Georges, capitaine et gouverneur de Neufchâtel et de Lisle, seigneur des fortes maisons d'Allenjoye, de Bustal et Roye, et de Beaumotte, Guyonvault, Lomontot, Courcelle et Dung, épousa en 1483 Gillette d'ORSANS (*), fille de Jacques sire d'Orsans, chevalier, conseiller et chambellan du duc de Bourgogne et grand-maître-général de son artillerie, chevalier très-renommé et l'un de ses capitaines les plus distingués. Il fut blessé très-grièvement à la bataille de Gâvre contre les Gantois, où périt Jean de Poligny, et fut aussi dangereusement blessé Etienne de Saint-Mauris, tous commandant des divisions de l'armée du duc en 1448,

---

(*) ORSANS.

Cette Maison des plus marquantes et distinguées de celles d'origine d'ancienne chevalerie du comté de Bourgogne, également illustre par son ancienneté, ses hautes alliances, les grandes charges qu'elle a occupées tant à la cour que dans les armées, et sa réception dans les plus hauts chapitres depuis trois siècles, notamment à Remiremont, tirait son nom du bourg d'Orsans du bailliage de Baume, défendu par un château-fort, propriété originaire de ces seigneurs, connus depuis Lambert d'Orsans, nommé dans une charte de l'église métropolitaine, dont la filiation de 1088 se trouve dès-lors prouvée par titres consécutifs et multipliés, qui constatent leur brillante existence. On y voit qu'ils avaient, depuis le douzième siècle, droit de sépulture dans l'église métropolitaine de Saint-Etienne, et la possession depuis la même époque de la charge de maréchal impérial héréditaire de l'archevêché. Ils ont donné quantité de grands-officiers à la cour des ducs et de généraux dans

et fut tué devant Beauvais en 1472. Il était fils de Simon sire d'Orsans, échanson du duc Philippe-le-Bon, maréchal héréditaire de l'empereur à Besançon (d'une Maison chevaleresque et antique et florissante). Gillette d'Orsans eut pour mère Marguerite de Vellefaux, fille de Jean seigneur de Vellefaux et de Guillemette d'Igny, et veuve d'Antoine baron de Grammont-Granges, seigneur de Coligny-Fallon, de qui elle avait eu Marie de Grammont, mariée en 1480 à Adrien de Saint-Mauris, seigneur de Mathay, gouverneur de Neufchâtel, cousin dudit Jean cinquième, en sorte que ladite Gillette d'Orsans était sœur utérine de Marie de Grammont; et Marguerite, leur mère, épousa en troisièmes noces Simon de Champagne, dont elle eut Guillaume, qu'elle substitua aux nom et armes de Vellefaux, étant la dernière de son nom.

Jean V se maria en 1483, fut reçu à Saint-Georges en 1485, et mourut le 14 octobre 1513, inhumé à Mathay, où l'on voit encore son tombeau à côté de celui d'Adrien de Saint-Mauris, son cousin et son beau-frère, orné de ses armoiries en relief, accolées de celles d'Orsans et entourées de celles de ses quatre quartiers, savoir : 1.° Saint-Mauris, 2.° Durnes, 3.° Bustal, 4.° et Vesoul.

SÉROZ. — S.t-MAURIS. — CLÉRON.

1. **MARC** de Saint-Mauris, chevalier de Saint-Georges, qui continua la lignée par son mariage avec Pierrette de Cléron; rapporté ci-après.

---

leurs armées, tels que chambellans, échansons, écuyers, etc.; de généraux et de grands-maitres de l'artillerie, de lieutenans-généraux, de gouverneurs, de lieutenans-généraux et baillis du Charolais et de chevaliers et hommes d'armes distingués. Ils ont été reçus à Saint-Georges dès l'an 1445 par Simon d'Orsans, chevalier, échanson de Philippe-le-Bon. Marc fut le dernier de sa Maison, n'ayant eu qu'une fille (Lucrèce d'Orsans), mariée vers 1600 à Errard du Châtelet, maréchal de Lorraine. (Voyez archives du chapitre de Besançon, de l'abbaye de Saint-Vincent, de l'ordre de Saint-Georges, du chapitre de Remiremont et des Maisons du Châtelet, de Saint-Mauris et autres, qui constatent l'exactitude de sa généalogie, rapportée dans les auteurs de la province.)

Lambert d'Orsans, 1088, premier connu, aïeul de Guillaume I.er, chevalier, 1196; père de Renaud, 1224; père d'Hugues sire d'Orsans, chevalier; père de Jean, chevalier en 1357; père de Guillaume II, chevalier, marié à Jacquette de La Tour-Saint-Quentin, qui testa en 1389; père de Guillaume III, marié à Catherine de Leugney, testa en 1419; père de Simon, échanson de Philippe-le-Bon et maréchal héréditaire, marié à Marie de Lantenne, chevalier de Saint-Georges, 1449; père d'Henry, chevalier, marié à Jeanne de Domprey, tige de plusieurs branches et rameaux illustres, et de Jacques, chambellan du duc, grand-maître de l'artillerie, tué devant Beauvais en 1472, marié à Marguerite de Vellefaux; père de Gillette d'Orsans, mariée à Jean de Saint-Mauris en 1483, et de Pâris, maréchal héréditaire; père d'Antoine, marié à N... de L'Hulier; père d'Antoine II, chevalier, grand bailli du Charolais en 1580, marié : 1.° à Etiennette de Leugney, 2.° à Anne de Lallemand, 3.° à Antoinette de Clairon; père de Marc-Antoine, chevalier de Saint-Georges en 1652, mort la même année, dont il eut Lucrèce, Elisabeth, dernières de la Maison, mariées à Jean-Claude de Poligny, 2.° à Charles marquis du Châtelet. Ses autres alliances sont : Allemand, Aichstal, Adstal, Achey, deux Bougne, deux du Châtelet, Chauvirey, Cusance, Corbessaint, deux Clairon, deux Domprey, Gournay, deux Grammont, Grandvillars, Haraucourt, deux Lambrey, deux Leugney, deux Meligny, Montureux, Mandre, Montjoye-Tuillert, Mauffans, deux Oiselay, La Pallu, Pierrefontaine, deux Quingey, Roulans, Roppes, Roche, Secy, Sancey, deux La Tour Saint-Quentin, Thon, du Tartre, Voisey, Vy, deux Vaudrey.

Cette Maison portait d'argent au sautoir de gueules.

MELLINGEN. — S.T-MAURIS. — BEAUJEU.

2. **CATHERINE** de Saint-Mauris épousa : 1.° en 1514 Jean de Beaujeu (*) l'aîné, chevalier, homme d'armes dans la compagnie du grand-bailli de Dijon, puis gouverneur des Moustier, seigneur de Beaujeu, Chasenil (d'une Maison illustre de l'ancienne chevalerie, connue depuis l'an 1050, admise aux honneurs de la cour sur ses preuves), fils de Jean de Beaujeu, chevalier de l'ordre du Roi, et de Catherine de Mont-Saint-Ligier. Elle eut de ce mariage Jean de Beaujeu, chevalier de l'ordre du Roi, marié à Gilberte de Beaurepaire.

Elle épousa en secondes noces, vers 1521, Guillaume de Mellingen (**), écuyer, gentilhomme

---

(*) BEAUJEU.

Cette ancienne Maison chevaleresque', illustre et puissante dès son origine, remontant aux siècles les plus reculés, tirait son nom des forteresse et bourg de Beaujeu-sur-Saône; elle a établi sa preuve sur titres pardevant M. Chérin, pour être reçue et jurée à Metz et pour les honneurs de la cour, depuis Pome et Hirmin de Beaujeu, seigneurs dudit Beaujeu et de Seveux, et Clauda, leur sœur, femme d'Ulric de Traves, tous bienfaiteurs du monastère de Bèze en 1059 et 1083.

On y voit Hugues de Beaujeu, chevalier, cautionner en 1230 le duc de Méranie; Ferjeux de Beaujeu, maréchal de Bourgogne en 1245; Guillaume de Beaujeu, grand-maître du Temple, gouverneur de Saint-Jean d'Acre en 1292, tué à Ascalon; Jeoffroy, seigneur de Beaujeu-sur-Saône, qualifié de cousin par Marguerite de *France*, comtesse de Flandre, dans son testament de 1349; Hugues, qualifié homme noble et puissant en 1353, dont la fille fut abbesse de Montigny; et une multitude de chevaliers et hommes d'armes aux croisades, notamment Guichard en 1147 et dans les armées de Bourgogne. On voit ces seigneurs s'allier à tout ce qu'il y a de plus grand et donner dans les siècles derniers un grand nombre d'officiers-généraux en Espagne, en France, en Bourgogne et en Lorraine. Cette Maison, reçue à Saint-Georges en 1473, le fut aussi très-anciennement dans les chapitres de Lorraine et du comté, et conserve tous ses titres originaux aux archives du comte de Beaujeu.

Hugues de Beaujeu, témoin avec Guillaume d'Aucelle, d'une donation, 1130; père d'Hugues II, 1183; père de Guillaume, grand-maître du Temple, et d'Hugues III, chevalier, 1245, père de Huon, chevalier, sire de Beaujeu en 1285, marié à Isabelle; père de Thiébaud, chevalier, 1316; père de Jean, marié à Mathilde de Queutrey; père de Jean II, marié à Catherine de Charmes en 1428; père de Jean III, chevalier de l'ordre du Roi, marié à Marguerite de Soilley; 2.° à Catherine de Mont-Saint-Ligier, chevalier de Saint-Georges en 1473; père de Jean IV le jeune, tige d'une branche que l'on voit encore existante en 1678, et de Jean IV, l'aîné, gouverneur des Moustier, marié à Catherine de Saint-Mauris; père de Jean V, chevalier de l'ordre du Roi, marié à Gilberte de Beaurepaire; père de François, marié à Claude Deinéry; père de Jean VI, gentilhomme de la chambre du roi, marié à Catherine de Saint-Blaise; père d'Edme, marié à Geneviève de Beaugy; père de Louis-Charles, brigadier des armées du roi, commandant de Marsal, marié à Françoise de Pallas; père de Nicolas comte de Beaujeu, admis aux honneurs de la cour, maréchal-de-camp, chambellan de l'empereur Charles VII, marié à Jeanne baronne de Franken, dont il eut Charlotte-Louise de Beaujeu, chanoinesse de Metz, née en 1750, mariée au marquis de Surgère, chevalier du grand ordre de Saint-Lazare et lieutenant-général des armées du roi. Ses autres alliances sont: Achey, Boigne, Beaumont, La Beaume, Cusance, Choiseul, Champagne, Clermont-d'Amboise, Crécy, Durnes, Franquemont, Fonvent, Faucogney, Grancey, Grammont, Jaquelain, Leugney, Lavoncourt, deux Mont-Saint-Ligier, Montfort, Montot, Mornay, Mailly, Oiselay, Poictier, Pardessus, Rans, Saint-Andoche, trois Scey, Saint-Julien, Sombernon, Salins, Tramelay, Traves, Vienne, Vaîte, Vaudrey, Vy, Vergy.

Armes : burlé de gueules et d'argent de dix pièces.

Devise : A tout venant Beaujeu.

Adage : Renom de Beaujeu.

(**) MELLINGEN.

Cette Maison, qui paraît allemande d'origine, ne nous est connue que pour avoir tenu dans les treizième et quatorzième siècles des fiefs relevant des barons de Montjoye. On voit aux archives du comte d'Yselin de Lasnans, Berthe de Mellingen, fille de Jacques de Mellingen, chevalier, et de Nicole d'Eptingen, qui épousa : 1.° vers 1500 Wolfgang d'Yselin, dont elle eut Jacques, marié à Claudine de Branchette; ladite Berthe épousa, 2.° Jacquemard de Lasnans, chevalier, qui la fit son héritière, et elle donna la seigneurie de Lasnans à son fils du premier lit, Jacques d'Yselin.

Elle portait d'or aux lions de sable, l'un devant l'autre, au chef de sable.

allemand, capitaine au service de S. M. I., (d'une ancienne Maison éteinte, jurée dans les hauts chapitres de ce pays, anciennement vassale des comtes de Montjoye), dont elle eut Jean et Henriette de Mellingen, ses pupilles, pour lesquels elle reprend de fief en 1535.

MOUSTIER. — S.T-MAURIS. — LEUGNEY.

3. **MARGUERITE** de Saint-Mauris épousa : 1.° en 1514 Antoine de Leugney (*), écuyer, seigneur de Leugney et Landresse, châteaux et forteresses de ses aïeux, reçu chevalier de Saint-Georges en 1510, mort en 1524, d'une Maison chevaleresque ancienne et distinguée, fils d'Etienne, chevalier de Saint-Georges, et d'Alix de Cléron, et frère de François de Leugney, chevalier, puis chef et gouverneur de l'ordre de Saint-Georges, seigneur du Vernois, Salans, Cervain, gouverneur de Baume, Arguel et Montfaucon, marié en 1555 à Claudine de Saint-Mauris, fille d'Hugues, chevalier, gouverneur du comté de La Roche et de la Franche-Montagne, et de Claudine de Mugnans, 2.° de Jean, commandeur de Malte, 3.° et d'Isabelle.... Marguerite eut de ce premier lit Jeanne de Leugney, mariée en 1541 à Etienne d'Aubonne, seigneur de Buffignécourt, 2.° Jean, 3.° et Etienne de Leugney.

Marguerite épousa en secondes noces en 1531 Jean II de Moustier (**), écuyer, seigneur de

---

(*) LEUGNEY.

On trouve, page 65, une notice sur l'antique origine, les illustrations et la filiation de cette Maison d'ancienne chevalerie, et, page 191, la liste de ses alliances.

(**) MOUSTIER.

Cette ancienne Maison marquante parmi celles de race chevaleresque du comté de Bourgogne, où elle possédait depuis le onzième siècle les seigneuries et fiefs de son nom, fut admise aux honneurs de la cour de France en vertu de ses preuves, et aujourd'hui appelée à la pairie par ordonnance particulière du roi, qui admet le marquis Edouard de Moustier à succéder à la dignité de pair héréditaire du royaume, dont est décoré le comte de La Forest, son beau-père, ayant épousé sa fille unique. Cette Maison s'étant alliée deux fois à celle de Saint-Mauris, on trouvera, page 117, une notice qui la concerne. Suit sa filiation :

Etienne sire de Moustier, chevalier, 1189, père de Perrin, tige d'une branche, et de Renaud, chevalier, 1256; père de Guillaume, chevalier, marié à N... de Willaffans, 1318; père de Simon, chevalier, 1330; père de Pierre, chevalier, marié à Jeannette de Willaffans, 1351; père de Gerard, chevalier; père de Hugues, chevalier, marié à Pierrette de Noblat de Montbéliard, 1389; père de Simon II, chevalier, marié en 1455 à Claire du Terrail (tante du chevalier Bayard), chevalier de Saint-Georges en 1472; père de Jean, chevalier, marié à Marguerite de Grandvillars en 1496; père de Jean II, chevalier de Saint-Georges en 1531, marié à Marguerite de Saint-Mauris; 2.° et de Simon III, chevalier de Saint-Georges en 1518, marié à Louise de Cornon de Gorrevod en 1533; père de Pierre II, chevalier de Saint-Georges en 1536, marié : 1.° à Catherine de Bressey, 2.° à Françoise de Vy, 3.° à Marguerite de Trestondans; père de Desle, gouverneur de Saint-Georges en 1609, marié en 1589 à Antide de Pra; père : 1.° de Philibert, tué à l'attaque du château de Ray en 1642, marié à Claire de Vy, tige d'une branche éteinte; 2.° et de Gaspard, chevalier de Saint-Georges en 1648, gouverneur de Passavant, marié à Marguerite de Crosey; père : 1.° de Jacques-Nicolas, marié à Catherine de Pra, tige d'un rameau; 2.° et de Claude, chevalier de Saint-Georges, marié à Marie de Nassau, 1679; père de Philippe marquis de Moustier, chevalier de Saint-Georges en 1724, maréchal-de-camp, marié à Louise de Bournel; père : 1.° de Charles, maréchal-de-camp, chevalier de Saint-Georges, admis aux honneurs de la cour en 1767, marié à Gabrielle de Montbel, dont il n'eut qu'Adélaïde, mariée au comte Dulau-d'Allemand; 2.° d'Eléonor-François, chevalier de Malte, lieutenant-général, ambassadeur, marié à Antoinette de Millet en 1777; père de Clément-Edouard marquis de Moustier, chevalier de Saint-Georges, né en 1779, ambassadeur en Suisse, marié à Caroline de La Forest en 1788; père de Desle-Marie-Réné-François-Léonel, né en 1817, et d'Adélaïde-Caroline-Antide, née en 1809, mariée en 1829 au comte Edouard de Saint-Mauris; 3.° et d'Edouard-Antide-Léonel-Auderic, né le 10 juin 1823.

Ses autres alliances sont : Bouzey, Clermont-d'Amboise, Chauvirey, Chaussin, Crosey, Champagne, Cornon, Chantrans, Ygny, Longeville, Lantage, Montrichard, Maizières, Merlet, May, Precipiano, Rosières, Reculot, Sagey, Sainte-Croix, deux Vy, Vaudrey.

Armes : de gueules au chevron d'argent accompagné de trois alérions d'or.

Devise : Moustier sera maugré le Sarazin.

Moustier, Belmont, Nant, Adrisan, Chargey, Cubry, d'une Maison d'ancienne chevalerie, encore existante avec lustre (admise aux honneurs de la cour en vertu de ses preuves), fils de Jean I.er, seigneur desdits lieux, et de Marguerite de Granvillars, qu'il avait épousée en 1496, et petit-fils de Simon et de Claire de Bayard-du-Terrail.

Jean II de Moustier testa en 1540, fut inhumé à Moustier, près de ses ancêtres, et donna l'usufruit de ses terres à Marguerite de Saint-Mauris, sa femme, reversible aux enfans de Simon de Moustier et de Louise de Cornon, sa femme.

DIESSE. — S.t-MAURIS.

4. **JACQUETTE** de Saint-Mauris, mariée en 1508 à Didier de Diesse (*), sire de la haute montagne de Diesse et dépendances, près de Neufchâtel en Suisse, et de la tour forte de Diesse, qui défendait la porte à l'orient de cette ville (d'une Maison d'origine chevalersque éteinte dès long-temps). Elle eut de ce mariage Philippe de Diesse, seigneur à Champey et à Diesse en ...., rappelé cousin d'Etienne de Leugney dans un titre de l'officialité, cote 6051, attendu qu'Etienne de Leugney était fils d'Antoine de Leugney, chevalier, et de Marguerite de Saint-Mauris, sœur de Jacquette ci-dessus; 2.° et Olivier II, sire de Diesse et de Champey, chevalier, conseiller d'état, mort en 1576, dernier de sa Maison.

Didier était fils d'Olivier sire de Diesse, conseiller d'état et l'un des premiers vassaux du comté de Neufchâtel, 1480, lequel était fils de Jacques et de Claire de Neufchâtel.

5. **GUILLAUME** de Saint-Mauris, écuyer.

(*) DIESSE.

L'ancienne et illustre Maison de Diesse, noble de race, de nom et d'armes, et de l'ancienne chevalerie, sortait et tirait son nom de la haute montagne de Diesse, au sommet de laquelle se trouve un vallon de deux lieux carrées, où elle avait ses fiefs.

On trouve ces seigneurs qualifiés de chevaliers, de sires et de seigneurs de Diesse dès les premiers années du treizième siècle, et compter dès cette époque des chevaliers parmi leurs vassaux; ils possédaient en outre de toute antiquité des fiefs du premier rang à Neufchâtel et une très-vaste et forte tour, dite la tour de Diesse, antique monument que l'on y remarque encore aujourd'hui, et qui défendait alors la porte d'orient de cette ville dont ces seigneurs avaient le droit de garde; ils y tenaient, par la qualité de leurs fiefs, le premier rang aux audiences ou assises du pays : aussi les voit-on dès ces siècles reculés faire des fondations considérables dans des monastères et s'allier aux Maisons souveraines de Neufchâtel, d'Arberg-Vallengin, et à celles illustres de Vaumarcus, Tuillert-Montjoye, et autres de cet ordre.

On trouve en l'an 1231 et 1249 Burcard sire de Diesse, chevalier, et Thiery, son frère, damoiseau, rappelés comme bienfaiteurs dans des chartes de l'abbaye de Saint-Jean; Burcard II, fils du précédent, et Marguerite, sa sœur, qui font des dons à l'abbaye d'Autherive en 1277 et 1284; Claire, fille d'Eborard, chevalier, et femme d'Othon de Vaumarcus, qui font des donations au monastère d'Interlack en 1334, et en outre l'on trouve dans les actes de la Neuve-Ville, de l'officialité de Besançon, du baron de Chambrier et du marquis de Saint-Mauris, une foule de titres sur cette Maison depuis le commencement du treizième siècle jusqu'à Olivier de Diesse, seigneur de Champal, de la tour de Diesse et autres fiefs, conseiller d'état héréditaire du comté de Neufchâtel, qui mourut en 1570 sans postérité et dernier de sa famille; ayant dissipé de grands biens, ses fiefs furent dispersés et la tour acquise par les magistrats pour la ville. Une branche illustre de cette Maison s'était fixée en Lorraine, où elle s'allia grandement et prit rang aux assises et à la cour, dans le corps brillant de l'ancienne chevalerie de ce pays, selon l'auteur des *Dissertations Historiques sur l'ancienne chevalerie de Lorraine.*

Cette Maison a aussi nombre de titres dans les archives de l'évêché de Bâle, dont elle tenait des fiefs.

Cette Maison portait de gueules au sautoir d'argent, chargé de cinq feuilles de lierre du champ.

4.e BRANCHE.

13.e DEGRÉ.

SÉROZ. — S.t-MAURIS. — CLÉRON.

1526.

MARC.

Marc de Saint-Mauris, chevalier de l'ordre de Saint-Georges en 1524, seigneur des château-fort et seigneurie d'Allenjoye, Bustal, Beaumotte, Lomontot, Courcelle, Dung, et co-seigneur à Saint-Mauris-en-Montagne, Saint-Mauris-sur-Doubs, Mathay, etc., lieutenant-commandant en 1536 du corps d'élite de trois cents compagnons choisis, levés pour le service de l'empereur, épousa en 1526 Pierrette de Cléron (*), d'une Maison illustre d'ancienne chevalerie, encore

(*) CLÉRON.

Cette Maison de race chevaleresque du comté de Bourgogne, aujourd'hui élevée à la pairie, tire son nom de ses village et seigneurie à château-fort de Clairon, près d'Ornans. Elle forma deux branches; celle aînée éteinte dans sa patrie vers 1640; et l'autre établie en Lorraine, où elle prit rang dans le corps illustre de l'ancienne chevalerie, et où elle est encore florissante sous le nom de Clairon d'Haussonville.

Sa filiation a été établie sur celle dressée par M. Chérin, en vertu de laquelle elle fut admise aux honneurs de la cour de France. On y voit qu'elle contracta constamment depuis le treizième siècle les plus grandes alliances, et fut également illustre par sa réception dans tous les hauts chapitres de Lorraine, et de toute ancienneté dans tous ceux du comté de Bourgogne; son admission dans nombre d'ordres de chevalerie, tels que ceux du Saint-Esprit, Saint-Michel, de Saint-Georges depuis 1450, de Malte depuis 1500; et le nombre de généraux et de grands-officiers de la Maison de leur souverain, qu'ils ont donnés, tels que maîtres de l'artillerie, et quantité de chevaliers et hommes d'armes en Bourgogne, des grands-maîtres et généraux de l'artillerie, des grands-officiers de la Maison des ducs de Lorraine, et un grand-louvetier en France, lieutenans-généraux, inspecteurs, maréchaux-de-camp, gouverneurs de places, colonels.

Jean de Cléron, chevalier, seigneur de Cléron, marié en 1250 à Marguerite de Scey, était issu de Guy, chevalier, nommé dans une charte de 1160; il fut père d'Othenin, chevalier, 1338; père de Gerard, chevalier; père d'Humbert, marié à Isabelle de Lomont, 1385; père d'Othenin II, chevalier de Saint-Georges en 1454, marié à Etiennette Bourgeois; père de Simon, chevalier de Saint-Georges en 1454, marié à Jeannette de Domprey; père d'Othenin III, marié à Marie de Saigny en 1478; père d'Antoinette, mariée à Jean de Colombier; 2.o de Claude, chevalier de Saint-Georges en 1541, marié à Anne de Grammont, tige de plusieurs branches; 3.o Pierrette, mariée à Marc de Saint-Mauris; 4.o et Guy, marié à Philiberte de Moisy; père de Joachim, marié à Françoise de Pracomptal, 1566; père d'Antoine, marié à Philiberte de Damas; père de Claude, marié en 1620 à Gabrielle

florissante aujourd'hui sous le nom de Cléron d'Haussonville, admise, d'après ses preuves, aux honneurs de la cour, fille d'Othenin de Cléron, seigneur dudit lieu, de Saffre, etc., chevalier de Saint-Georges, et de Pierrette de Saigny, fille de Pierre de Saigny et de Roline de Choiseul; ladite Pierrette veuve de Jean de Brancïon, dont elle avait eu Hugues, Jeanne, Anne et Isabelle de Brancïon. Marc eut de cette alliance une seule fille, qui épousa : 1.° Guillaume baron de Meligny, 2.° Simon baron de Grammont-Granges, 3.° Jean baron de Gilley, souverain de Franquemont, baron de Marnoz, et un fils mort en bas âge. Il avait épousé, en premières noces, Philiberte de SÉROZ (*), d'une Maison d'origine chevaleresque, éteinte, dont on ne connaît pas de postérité, et mourut en 1552. Son écu suspendu dans l'église des Carmes, ainsi qu'il était d'usage pour les chevaliers de Saint-Georges décédés, portait pour ses huit quartiers : 1.° Saint-Mauris, 2.° Durnes, 3.° Bustal, 4.° Vesoul, 5.° Orsans, 6.° Vy, 7.° Vellefaux, 8.° et Igny.

Philiberte était fille de Jean seigneur de Séroz, et d'Humberte de Luirieux, et sœur de Jean, baron de Choye, marié à Adrienne d'Andelot, puis à Claudine de Scey; d'Antoine, marié à Claudine du Vernois; 3.° et de Jeanne, femme de Simon d'Andelot.

1. **CLAUDE** de Saint-Mauris, écuyer. Il paraît qu'il est mort très-jeune et que c'est sa sœur qui a hérité des biens de cette branche.

2. **ANNE** de Saint-Mauris, qui suit, qui fut la dernière de cette branche et contracta trois alliances : 1.° avec Guillaume de MELIGNY, 2.° avec Simon de GRAMMONT, 3.° avec Jean baron de GILLEY.

---

de Avershout; 2.° à Marguerite de Chaugy en 1632; père d'Antoine II, grand-maître de l'artillerie, marié en 1645 à Agnès de Raigecourt, fille de Bernard et de Barbe d'Haraucourt, lequel Antoine II fut père de Marie, mariée à Eric de Saint-Ygnon; 2.° et de Jean, grand-maître de l'artillerie, marié en 1692 à Louise du Hautoy; père de Charles-Louis, maréchal-de-camp, marié à Marguerite de Massembach, mort en 1754; père de Joseph, lieutenant-général, chevalier des ordres du roi, grand-louvetier, marié à Antoinette Regnier de Guerchy; père de Charles marquis de Cléron d'Haussonville, pair de France, marié à Anne de La Blache; 2.° N..., mariée à Aimé comte de Clermont-Montoison; 3.° Victoire, mariée à Eléazard marquis de Rosières-Soran; et 4.° N..., mariée à Louis comte de La Guiche.

Ils portent de gueules à la croix d'argent cantonné de quatre croisettes fleuronnées de même.

Devise : SONNE HAUT, CLAIRON, POUR L'HONNEUR DE TA MAISON.

Adage : FRANCHISE DE CLAIRON.

(*) SÉROZ.

Maison ancienne, d'origine chevaleresque, qui tirait son nom de ses seigneurie et fiefs du village de Séroz du bailliage de Poligny au comté de Bourgogne, sa plus ancienne possession connue depuis Ponce de Séroz, témoin, avec d'autres seigneurs, d'une charte des sires de Salins en 1189. On trouve plusieurs gentilshommes de cette Maison chevaliers et hommes d'armes dans les armées de Bourgogne, depuis Jean de Séroz, écuyer en 1336. Pierre de Séroz, écuyer du duc de Bourgogne en 1376, prit prisonnier Henry de Chamillard, chevalier, et fut loué et récompensé par le duc pour lui avoir rendu la liberté sans avoir exigé de rançon. Il se distingua aussi à la prise de Pontailler. Cette Maison, reçue très-anciennement dans plusieurs chapitres nobles de la province, le fut dans le haut chapitre de Remiremont en 1600, et dans l'ordre illustre de Saint-Georges depuis 1522, circonstances qui constatent qu'elle s'allia toujours à de grandes Maisons. Elle s'éteignit vers le commencement du dix-septième siècle dans celle de Saint-Mauris-Salins, dit de Crilla.

Le seigneur de Séroz, marié à Humberte de Luirieux, curatrice de ses petits-enfans en 1547, issue dudit Ponce, qui vivait en 1189, fut père : 1.° de Philiberte, mariée à Marc de Saint-Mauris; 2.° d'Antoine, marié à Claudine du Vernois; 3.° de Jeanne, mariée à Simon d'Andelot; 4.° et de Jean baron de Choye, chevalier de Saint-Georges en 1529, marié : 1.° à Adrienne d'Andelot, 2.° à Clauda de Scey; père de N..., mariée à N... de Saint-Mauris-Crilla; père de Claude, chevalier de Saint-Georges en 1590, marié à Benigne de Grammont; père de Claude-Benigne, marié à Claudine de Thomassin, 1652; père de Claudine de Séroz, dernière de son nom, baronne de Choye, qu'elle porta en mariage à Ferdinand-Mathieu de Saint-Mauris-Crilla, chevalier des ordres de Saint-Jacques et de Saint-Georges en 1662, général en Espagne.

Cette Maison portait de gueules à la croix ancrée d'argent.

4.e BRANCHE.

14.e DÉGRÉ.

S.t-MAURIS.

1546.

ANNE.

Anne de Saint-Mauris (dernière de la branche de la Maison de Saint-Mauris dite de Bustal), dame d'Allenjoye, Bustal, Guyonvault, Beaumotte, Lomontot, Saint-Mauris, Mathay, mariée trois fois : 1.° à Guillaume de MELIGNY (*), sire et baron de Dampierre et de Thil en Champagne, chevalier de Saint-Georges en 1550, d'une Maison illustre, que l'on croit issue des comtes de

(*) MELIGNY-CHAMPAGNE.

L'illustre Maison de Meligny était réputée issue des anciens comtes de Champagne, ainsi que l'attestent plusieurs généalogistes, notamment un ancien nobiliaire manuscrit de St.-Vincent; assertions qui sont encore confirmées par les possessions que cette Maison a toujours conservées en Champagne, notamment les baronnies de Thil et autres ; les mêmes noms de baptême, qu'ils ont assez constamment adoptés, et surtout par les armoiries pleines des anciens comtes de Champagne, qu'ils ont toujours conservées quoique fixés depuis plus de six siècles au comté de Bourgogne, où on les voit dès cette époque s'allier consécutivement à la plus haute noblesse ; entre autres, fréquemment aux Maisons de Vaudrey, Vesoul, Orsans, Valle, Mathay, Leugney, Citey, Lallemand, Culz, Grammont, Quingey, Montmartin, Saint-Mauris, Montureux, Pontailler, du Tartre, Lenoncourt, Mailly, Amontcourt, Angoulevant, etc. Le premier que les titres nous fassent connaître est Foulque de Meligny, chevalier, qui fait des dons à Theuley en 1208 ; dès-lors, on trouve beaucoup de titres qui font voir que cette Maison était déjà reçue à Saint-Georges en 1494, à Remiremont en 1500, et dans plusieurs chapitres nobles de la province ; que Robert de Meligny était maître d'hôtel du duc en 1416, et que ces seigneurs étaient déjà qualifiés barons dans des titres de l'an 1500, et ont fourni nombre d'ambassadeurs, d'échansons, de chevaliers et d'hommes d'armes aux ducs de Bourgogne.

Foulque de Meligny fait des dons à l'abbaye de Theuley en 1208; père, 1.° d'Aimon, 2.° de Jean VII, abbé de Saint-Paul, 3.° et Ponce, qui donne à Corneux en 1236, et fut père de Guy, chevalier, marié à Agnès de Pontailler; père de Jean baron et sire de Dampierre, Thil, Loos, etc., marié à Jeanne de Dampierre : elle testa en 1383; père de Guillaume,

Champagne et dont ils ont en effet conservé les armoiries pleines; fils de Jean III, sire de Dampierre, Meligny, Thil, et de Magdeleine de Quingey, dame de Montboillon, petit-fils de Jean II, chevalier, et d'Isabelle de Montureux, et frère de Nicolas, marié à Jeanne d'Orsans; 2.° de Simon, chevalier de Saint-Georges, marié à Mancie de Lallemand-Vaîte; 3.° d'Eve, mariée à Nicolas de Lallemand, baron de Lavigny; 4.° de Claudine, mariée à Olivier de Lenoncourt, puis à Jean d'Amoncourt, et Bonne, mariée à Claude de Leugney, puis au seigneur de Peloupe, gentilhomme de la chambre de l'empereur. Elle se remaria en secondes noces à Simon baron de GRAMMONT-GRANGES (*), seigneur de Grammont-Granges, Vezet, chevalier de l'ordre de Saint-Georges en 1558, d'une Maison branche des hauts barons de Granges, comme on l'a dit, et alliée six fois à celle de Saint-Mauris, fils de Bernard baron de Grammont-Granges, seigneur desdits lieux, mort en 1557, et de Marguerite d'Achey, qu'il avait épousée en 1523.

Simon était frère : 1.° de François de Grammont, archevêque de Besançon, chevalier de Saint-Georges; 2.° de Pierre, chevalier de Malte; 3.° de Guillaume, chevalier de Saint-Georges, marié à Françoise de Citey; 4.° de Françoise de Grammont, mariée à Jean de Saint-Mauris, chevalier de Saint-Georges, seigneur châtelain des forteresses de Mathay et de Bermont et dépendances, qui fut reçu à Saint-Georges en 1558 le même jour que Simon de Grammont, son beau-frère.

Anne de Saint-Mauris épousa en troisièmes noces, en 1563, Jean de GILLEY (**), l'aîné, gentilhomme de la Maison de S. M., chevalier, baron de Marnoz, souverain de Franquemont, Maison illustre de race militaire, fils de Nicolas de Gilley, chevalier, baron et seigneur de Marnoz et du Saint-Empire et de Franquemont, frère de François, seigneur de Port-Lesney, gentilhomme de la Maison de l'empereur, et son ambassadeur en Suisse et en Savoie, et de Jeanne de Marnix.

---

chevalier, maître d'hôtel du duc, et qui fit branche, 2.° Gauthier, marié à Marguerite de Valery, veuve du seigneur de Courtenay, 3.° et Robert, chevalier, maître d'hôtel, grand-échanson et ambassadeur du duc, marié : 1.° à Marguerite de Chevaney, 2.° à Hugonette de Mathay, dont Catherine, dame d'honneur de la duchesse et mariée à Jean de Bournans, 2.° d'Anne, mariée à Africain de Mailly, 3.° et Jean II, chevalier, marié à Isabelle de Montureux, 1437; père de Jean III, marié à Magdeleine de Quingey, 1494, dont Eve, mariée à Nicolas de Lallemand; 2.° Clauda, mariée : 1.° à Olivier de Lenoncourt; 3.° Guillaume, chevalier de Saint-Georges, 1550, marié à Anne de Saint-Mauris; 4.° et Nicolas, marié à Jeanne d'Orsans, 1538, dont il eut Pierrette, chanoinesse de Remiremont, puis mariée à Guy de Vesoul, 2.° Bonne, mariée à François de Grammont, 3.° et Desle, chevalier de Saint-Georges, 1571, marié à Peronne de Vaudrey, dont il eut Françoise, mariée à François de Vaudrey; 2.° Maxime, mariée à Christophe de Culz, baron de Cemboing, 3.° et de Jean de Meligny, baron de Dampierre, Montboillon, Thil, Loos, 1600.

Ses autres alliances sont : Angoulevant, deux Bournans, Citey, Chevigney, Leugney, deux Mathay, Montmartin, Ornans, deux Orsans, du Tartre, Thoraise, trois Vaudrey.

ARMES : ils portaient d'azur à la bande d'argent côtoyée de deux bandes d'or potencées, contre-potencées de sable.

(*) GRAMMONT-GRANGES.

On trouve, pag. 44 et 159, des notes sur l'antique et illustre origine des hauts barons de Grammont-Granges, et l'on y voit que cette Maison a contracté six alliances avec celle de Saint-Mauris.

(**) GILLEY.

Ces anciens gentilshommes de nom et d'armes paraissent avoir tiré leur nom des village et seigneurie de Gilley, du bailliage d'Ornans au comté de Bourgogne, relevant de Montfaucon. Les grandes baronnies et terres titrées qu'on leur voit posséder, notamment celle de Franquemont, en souveraineté, et où ils faisaient battre monnaie à leurs armes; celle de Marnoz et autres grandes seigneuries; les qualités de chevalier et d'écuyer, la suite de grandes charges, telles que conseillers d'état des ducs dès 1390, d'ambassadeurs, de gentilshommes de la chambre et de la Maison de l'empereur, de barons du Saint-Empire dès 1538, de gouverneurs et capitaines de la ville de Salins, de Pardessus, de la Saunerie, etc., dont on les voit revêtus; leur réception dans les chapitres, notamment à Château-Chalon vers 1450, et à Saint-Georges en 1640, ne permettent pas de douter que cette Maison ne soit de race d'origine chevaleresque. Cependant on doit à la vérité de dire

Lequel Nicolas était fils de Guillaume de Gilley et d'Adrienne de Saint-Mauris, dite de Crilla, Maison branche de celle de Crilla, qui vers 1310 prit le nom du village de Saint-Mauris, bailliage d'Orgelet, où elle bâtit une tour et se domicilia; puis ensuite s'établit à Salins, et s'éteignit au dix-septième siècle.

Cette Maison chevaleresque portait de gueules au chevron d'argent, accompagné de deux étoiles en chef, une rose en pointe.

Ledit Guillaume fils de Jean de Gilley, écuyer, seigneur d'Aigle-Pierre, Andelot, Marnoz, Belmont, Port-Lesney, Renne, du Châtelet, etc., et de Jeanne de Nozeroy.

Anne de Saint-Mauris eut de ce troisième lit : 1.° Claude-Philippe de Gilley, baron de Marnoz, de Franquemont, etc. etc.; 2.° Anne-Ursule de Gilley, mariée à François de La Tour-Saint-Quentin.

---

ici que l'auteur de l'Histoire de Salins, qui relate une grande partie de sa filiation, avance qu'elle a été anoblie. Est-ce erreur? Est-ce malveillance? Est-ce méprise, parce qu'il y aurait eu en effet une famille de ce même nom anoblie? Fâcheuse similitude, mais qui se rencontre dans plusieurs autres anciennes Maisons du pays. Quoi qu'il en soit, cette Maison étant éteinte lorsque cet auteur l'a entachée de cette citation, personne n'ayant intérêt à la faire rectifier, elle a dû sans doute lui faire tort, vu la disposition que l'on a toujours à adopter les flétrissures hasardées sur les anciennes Maisons. Parmi les vaillans chevaliers que celle-ci a produits, le plus réputé fut Jean baron de Marnoz, qui vainquit, près de Salins, trois fameux chevaliers français qui vinrent le défier sur sa haute réputation, et qui furent enterrés dans un lieu profond que l'on appelle encore aujourd'hui, à cause de cet événement, le Creux des Français.

Le sire de Gilley tenait en fief du comte de Bourgogne, Arguel et dépendances en l'an 1294; père de Guillaume, 1311; père d'Alexandre, marié à Philippe de Scey, et de Thiébaud, écuyer en 1362; père de Benoît, conseiller d'état du duc Philippe-le-Hardi, 1390; père de Philippe, écuyer, témoin en 1457; père de Jean, marié à Guillemette Correctier; père de Jean II, baron de Marnoz, etc., marié à Jeanne de Nauroy: elle testa en 1528; père, entr'autres, de Claudine, mariée à Bonaventure de Faletans, et de Guillaume II, marié à Adrienne de Saint-Mauris-Crilla en 1495, 2.° à Henriette de Bernauldt; père de Nicolas, chevalier, baron de Marnoz et souverain de Franquemont, gentilhomme de la Maison de l'empereur et son ambassadeur en Suisse et Savoie en 1530, marié à Jeanne de Marnix; père de Claude, gouverneur de Salins, marié : 1.° à Dorothée de Montfort, 2.° à Claudine de Fouchier; 2.° d'Etiennette, mariée à D. Pedre de Sosa de Castro, commandeur d'avis en Portugal; 3.° Jean III, marié à Anne de Saint-Mauris, et qui fit branche; 4.° et de Jean III, dit le Jeune, gouverneur de Salins, marié en 1567 à Eve d'Aubonne, qui testa en 1576, souverain seigneur de Franquemont; père de Jean-Claude, marié en 1619 à Peronne de Vaudrey; père de Marguerite, mariée à Clériadus comte de La Tour Saint-Quentin, et de Jean-Baptiste, chevalier de Saint-Georges, baron du Saint-Empire, 1650, marié à Susanne du Châtelet, dont il n'eut qu'une fille.

Ses autres alliances sont : deux Aubonne, Bougne, deux du Châtelet, Châtenois, Choux de Rochefort, Goux, Lavillette, deux La Tour Saint-Quentin, La Rochelle, Montaigu, Remilly, deux Scey, Serre, Vorne.

ARMES : d'argent à un chêne de sinople arraché.

Cinquième Branche,

Qui conserva les terres & le surnom de Saint-Mauris-en-Montagne ou Saint-Mauris-Sancey, ainsi que le commandement héréditaire de la Franche-Montagne, jusqu'à son extinction.

Cette Branche prit pour distinction ce surnom provenant du fief de Sancey apporté en dot en 1396 à Guillaume de Saint-Mauris, quadrisaïeul de Jean cinquième, qui en fut la souche, par Jeanne d'Aucelle, dernière de cette Maison du haut baronnage, qui le tenait de Jeanne de Sancey sa mère, aussi dernière de cette Maison d'ancienne chevalerie.

5.ᵉ BRANCHE. | 13.ᵉ DEGRÉ.

S.ᵀ-MAURIS. — AROS.

1565.

JEAN, CINQUIÈME DU NOM.

Jean V de Saint-Mauris-en-Montagne, chevalier de Saint-Georges, capitaine, gouverneur de toute la Franche-Montagne et du comté de La Roche, villes, châteaux et forteresses en dépendans, seigneur de Saint-Mauris-en-Montagne, Court-les-Saint-Mauris, Sancey, Fleurey, Ebey, Belherbe, Provenchères et à Charmoille, Battenant, Le Friolais, Granges, etc., fils d'Hugues de Saint-Mauris, armé chevalier par Charles-Quint, gouverneur des cantons de la province déclinés ci-dessus, et de Claudine de Mugnans, épousa en 1565 Anne d'Aros (*), fille

(*) AROS.

La Maison d'Aros ou Aroz, antique, chevaleresque et illustre dès son origine, puisque l'on voit, dans les histoires de Bourgogne et autres, que Renaud I.er, sire d'Aros, chevalier, accompagna Renaud de Bourgogne, fils de Guillaume-le-

de Gerard sire d'Aroz (d'une Maison très-marquante d'ancienne chevalerie), seigneur d'Uzel, Franquemont, Accolans, chevalier de Saint-Georges, où il prouva Aros, Mandres, Franquemont et Accolans, et de Louise de Jouffroy.

Jean V naquit au château de Saint-Mauris en 1530, fut chevalier de Saint-Georges en 1555, où il prouva : 1.° Saint-Mauris, 2.° Rougemont, 3.° Mugnans, 4.° et Amance; épousa, le 24 décembre, Anne d'Aroz, dont il eut sept enfans, et fut inhumé dans sa chapelle de l'église de Saint-Mauris (ainsi que sa femme) le 15 mai 1617. On voit encore leurs tombes dans le chœur de cette église.

Jean avait été inséparablement uni avec ses deux frères Nicolas de Saint-Mauris, tige de la branche établie et admise dans l'ancienne chevalerie de Lorraine, et Pierre de Saint-Mauris, baron de Châtenois, auteur de la branche de ce nom. Se trouvant réunis chez ce dernier, à son château de Sainte-Marie, ils y furent inopinément provoqués par trois chevaliers français vagabonds, dont deux restèrent sur le champ-clos, et l'autre, mis hors de combat, revint au château soigner ses blessures, de même que les vainqueurs; et ces derniers firent élever deux grandes croix de pierre sur le lieu du combat, à côté l'une de l'autre, sur un petit terte où furent enterrés les vaincus, monumens qui constatent l'événement tragique et qui en perpétue la tradition notoire, plus détaillée à la page 68.

POLIGNY. — S.t-MAURIS. — CUSANCE.

1. **FRANÇOIS** de Saint-Mauris, capitaine et gouverneur de la Franche-Montagne et de Châteauneuf, qui par ses alliances : 1.° avec Vandeline de Cusance, 2.° avec Catherine de Poligny, continua la ligne des seigneurs de Saint-Mauris-en-Montagne.

Grand, lorsqu'il conduisit des secours à Alphonse roi de Castille, tirait son nom des village et château-fort d'Aros au bailliage de Vesoul, comté de Bourgogne, terre considérable, qu'elle posséda dès le onzième siècle. Les donations qu'elle fit, dès ces temps reculés, aux abbayes de Cherlieu, Luxeuil, Theuley et La Charité, dont les actes portent constamment qualifications de sire d'Aroz et chevalier, sont des témoignages non équivoques de son existence brillante dès ces dates, qui sont des années 1140, 1150, 1189, 1209, etc. On donne ci-après un extrait de sa filiation, établie sur titres et les histoires de Bourgogne et de Salins.

Renaud I.er, sire d'Aros, chevalier en 1089, accompagna Renaud de Bourgogne; il fut père d'Evrard, chevalier, de Valon et de Renaud II, chevalier en 1140, sire d'Aros; père d'Hugues, chevalier, 1180; père de Jean I.er, chevalier, marié à Bonne de Cicon, 1240, dont Pierre, chevalier, 1290, marié à Mahaut de La Roche et à Jacquette de Rigney : il eut de la première Jean II, chevalier, 1354, marié à Clémence de Falon; père de Jean III en 1368, marié à Guillemette de Rupt; père de François, marié à Jeanne de Mathay; père de Nicolas, 1473, marié à Antoinette de Mandres; père d'Etienne, 1506, chevalier de Saint-Georges, marié à Clémence de Franquemont; père de Gerard, chevalier de Saint-Georges en 1525, consécutivement seigneur d'Aros et de Franquemont, d'Uxelle et d'Acoolans, marié à Louise de Jouffroy; père d'Anne, femme de Jean de Saint-Mauris, gouverneur du comté de La Roche ci-dessus; 2.° de Jean, marié à Antoinette de Préjus; 3.° François, marié à Nicole de Mathay; père d'Antoine, marié à Anne de Thon; de Anne, mariée à François de Crosey; père de Claudine, mariée à Humbert de Vesoul en 1648.

Ses autres alliances sont : Bassompierre, Châtillon, La Chapelle, Crosey, Chambornaye, Falerans, Montureux, Montjustin, Mugnans, Montéclaro, Port-sur-Saône, La Roche, Saquenay, Vellefaux.

Cette Maison portait de sable à la bande d'argent chargée de trois molettes d'éperon de gueules.

S.T-MAURIS. — POLIGNY-PARDESSUS.

2. **MARC** de Saint-Mauris, chevalier, capitaine de cent cuirassiers, capitaine et commandant de la Franche-Montagne pour le service de S. M. C., seigneur à Saint-Mauris-en-Montagne, du Friolais et à Saint-Hyppolite, épousa en 1602 Reine-Guillemette de PARDESSUS, fille de Renobert de Pardessus, dit de Poligny (comme étant d'une branche de cette illustre Maison), et de Jeanne de Beaujeu, et par cette alliance devint chef d'une sixième branche, qui suivra, dite de Saint-Hyppolite, sans doute parce qu'elle y possédait un fief et un hôtel et y eut son domicile.

3. **JEAN-CLAUDE** de Saint-Mauris, chevalier de Saint-Georges, chanoine, vicaire-général et grand-aumônier de l'abbaye noble de Saint-Oyant de Joux (aujourd'hui Saint-Claude) en 1607 et 1620. Selon l'attestation de ce chapitre il s'y nommait Jean-Claude, ainsi que dans les registres et relevés imprimés de Saint-Georges, où il fut reçu en 1605, et mort en 1620, et en était encore prébendier en 1618. Il y était déjà reçu à l'époque du testament d'Hugues de Saint-Mauris, son aïeul, daté de l'an 1582. Il est compris dans plusieurs actes capitulaires de 1586.

4. **DIDIER** de Saint-Mauris, chevalier de Malte, rappelé comme tel dans les pièces d'un procès de 1585 et dans un acte de partage fait par ses père et mère entre leurs enfans, après et à l'occasion de sa mort en 1604. Ses quartiers étaient : 1.° Saint-Mauris, 2.° Rougemont, 3.° Mugnans, 4.° Amance, 5.° Aroz, 6.° Franquemont, 7.° Jouffroy, 8.° Bigny.

ALLEMAND. — S.T-MAURIS.

5. **MARGUERITE** de Saint-Mauris épousa en 1594 Claude-François d'ALLEMAND-MOLPREY (*) (Maison connue avec lustre au comté depuis 1130, et que l'on croit cependant branche de celle illustre du Dauphiné), chevalier de Saint-Georges, seigneur de Molprey, Mucya, Conliége.

Elle fut mère et tutrice, le 7 mars 1596, de Henry, Charles et Emmanuel d'Allemand, ses fils, et de N..., fille, morte en 1626. Claude-François d'Allemand fut reçu à Saint-Georges; il y porta pour ses quatre quartiers : 1.° Allemand, 2.° Chissey, 3.° Pierrefontaine, 4.° et Orsans. Il était fils d'Amey d'Allemand-Molprey et de Clauda de Pierrefontaine, et cousin de ladite Marguerite, qu'il épousa en vertu de dispense de Rome de l'an 1594.

(*) ALLEMAND.

Cette ancienne et illustre Maison de race chevaleresque, connue au comté de Bourgogne sous la dénomination d'Allemand de Conliége, puis d'Allemand-Molprey, selon quelques auteurs, doit être une branche de l'antique Maison d'Allemand du Dauphiné, dont la généalogie énonce, en effet, qu'une de ses branches fleurit en Bourgogne. N'en ayant pas les titres, on se borne à rappeler qu'Eberhard Allemand fut bienfaiteur de l'abbaye des Trois-Rois, selon une charte de 1136 ; Gerard, Pierre et Théodoric, de celles de Theuley et de Clairefontaine, en 1163, 1158 et 1159 ; un autre Eberhard donne aussi aux Trois-Rois en 1200 ; Eudes, chevalier, en 1234, et Gerard II, son fils, tous ancêtres de Gerard, damoiseau, seigneur de Conliége, 1313 ; père de Fromont, tige d'un rameau, et de Jean, marié à Huguette de Pardessus-Poligny, 1324 ; père de Gerard IV, marié à Nicole de Chilley, père de Pierre, chevalier, marié à Jeannette de Grandval, qui eut un fils, Claude comte de Lyon, 1411 ; 2.° et de Jean II, marié à Jeanne de Malestat ; père de Pierre d'Allemand de Molprey, seigneur de Molprey-Conliége, marié à Anne de Molprey, héritière et dernière de cette Maison en 1440 ; père de Jean III, gouverneur de Bosinhan, marié à Philippotte de La Tour-Saint-Lupicin en 1464 ; père de Jean IV, marié à Marie de Villers, laquelle testa en 1504 ; père de Jean V, marié à Anne de Chissey en 1514 ; père d'Amey, marié à Clauda de Pierrefontaine en 1567 ; père de Philippe, grand-prieur de Baume et de Neuville, chevalier de Saint-Georges en 1613 ; et de Claude-François, chevalier de Saint-Georges en 1612, marié à Marguerite de Saint-Mauris, 1580 ; père d'Emmanuel, de Henry, de Charles et de Françoise, dernière de cette ancienne Maison, morte en 1626, mariée à Jacques de Crosey, à qui elle porta les terres de Molprey, Conliége et Mucya, d'où elles passèrent dans celles de Moustier.

Ses autres alliances sont : Chalant, Deschamps, Gonsans, Laubépin, La Beaume, Lotts, Montagu, Morel, Orsans, Vannots, Vannes.

Cette Maison portait de gueules à trois alérions d'or écartelés au deux et trois d'or, à trois bandes de gueules, qui est de Molprey.

LEUGNEY. — S.T-MAURIS.

6. **CLAUDINE** de Saint-Mauris épousa vers 1590 noble seigneur François de LEUGNEY (*), Maison fort distinguée, de race d'ancienne chevalerie, qui s'allia trois fois à celle de Saint-Mauris. Il était fils de Claude de Leugney, chevalier de Saint-Georges en 1518, et de Catherine de Broignon, et frère de Philiberte, mariée : 1.° à Pierre de Pelouppe, 2.° à Claude de Cusance, 3.° à Gerard de Watteville; de Claudine, abbesse de Migette, 1547, de Rose, femme de Louis de Willaffans; Catherine, mariée à Jean d'Aubonne.

(*) LEUGNEY.

On trouve page 65 la notice de cette Maison portant un précis de ses illustrations, de son antiquité et de sa filiation; On trouve page 65 on ajoute ici ses alliances, qui sont : Achey, Aigremont, Amance, Aubanton, Beaume (La), Beaujeu, Beaumotte, Bellemont, Bonnay, Broignon, Chantrans, deux Cléron, Crosey, Cusance, Falerans, Faletans, Florence, Grenans, Lantenne, Laviron, deux Longeville, Lorray, Meligny, Mezandans, Montby, cinq Orsans, Pelouppe, Peloux, Pierrefontaine, Poligny, Raucourt, Rosières-Soran, Roulans, Salins, trois Saint-Mauris, Tour-Saint-Quentin (La), Trévillers, Watteville, Vellefaux, Vercel, Vesoul, Ville-Châtel, Ville, Voisey, Vy, deux Willaffans.

ARMES : de gueules au sautoir engrêlé d'argent.

CROSEY. — S.T-MAURIS.

7. **JEANNE** de Saint-Mauris épousa vers 15.. noble seigneur Jacques de CROSEY (*), seigneur de Crosey, fils de Claude seigneur de Crosey, Rans, etc., et de Jeanne de Moustier, d'une très-ancienne Maison chevaleresque, alliée trois fois à celle de Saint-Mauris. Claudine de Saint-Mauris (sœur de Jean, père de ladite Jeanne), dans son testament du 18 mai 1607, publié en 1608, nomme ledit Jacques de Crosey, son neveu, son exécuteur testamentaire, et lui fait des legs; 2.° par un décret de 1622, où comparaît Marguerite de Saint-Mauris, veuve de François d'Allemand, fille de Jean de Saint-Mauris, et Jacques de Crosey, son beau-frère.

(*) CROSEY.

On trouve page 32 un précis des illustrations, de la filiation et des alliances de cette Maison chevaleresque.

5.e BRANCHE. 14.e DEGRÉ.

POLIGNY. — S.t-MAURIS. — CUSANCE.

1594.

FRANÇOIS.

François de Saint-Mauris, chevalier de Saint-Georges, capitaine et gouverneur du comté de La Roche, de la Franche-Montagne et des villes, forts et châteaux de Saint-Hippolyte, Châteauneuf, Maiche, Neufchâtel et autres en dépendans, seigneur de Saint-Mauris-en-Montagne, Court, Sancey, Fleurey, Provenchères et à Battenant, Ebey, Belherbe, la forte maison de Belvoir, etc., épousa en 1594 Vandeline de CUSANCE (*), Maison des plus puissantes du haut baronnage, fille de Claude sire de Cusance, baron de Belvoir, colonel de trois mille

(*) CUSANCE.

L'illustre Maison de Cusance, une des plus puissantes et des plus anciennes des deux Bourgognes, et qui réunissait à tous ces avantages celui d'être alliée à nombre de têtes couronnées, tirait son nom de sa terre de Cusance au bailliage de Baume, une des baronnies primitives du comté, défendue par un grand et fort château d'où relevaient plusieurs terres, châteaux et seigneuries considérables. Selon les auteurs et traditions, ces seigneurs descendaient de Vandelin et Hermaufroy de Cusance, qui fondèrent en 700 divers monastères; mais néanmoins nous ne citerons ici que ce qui nous est connu par titres. Ceux de l'abbaye des Trois-Rois rapportent des fondations faites en 1130, 1134, par Vernier, Vuillaume et Gerard sires de Cusance, et depuis cette époque l'on trouve dans toutes les archives du pays des preuves multipliées de leur grandeur, de la quantité de chevaliers bannerets qu'ils ont fournis (ayant d'autres bannerets sous leurs enseignes), ainsi que d'évêques, ambassadeurs, conseillers d'état, gouverneurs et baillis-généraux, et lieutenans-généraux du comté, de colonels et de grands-officiers de la cour des ducs dès l'an 1300 et siècles suivans; de chanoinesses à Remiremont et à Baume au treizième siècle, dont une abbesse en 1300, des chevaliers de Saint-Georges depuis vers l'an 1450, etc.; tous lesquels titres font connaître les hautes alliances que ces seigneurs ont contractées depuis leur origine jusqu'à leur extinction au dix-septième siècle dans l'auguste Maison de Lorraine et celle d'Aremberg. Vernier de Cusance, issu de Vandelin et Hermanfroy ci-dessus, fut co-fondateur de l'abbaye du Lieu-Croissant et bienfaiteur de celle de Balerne, 1130; fut père de Gerard I.er, 1147; père de N... de Cusance, inhumé à La Grâce-Dieu, rappelé par ses enfans, 1200; père de Gerard II, donne à l'abbaye de La Grâce-Dieu en 1314; père de Guy sire de Cusance, marié à Marguerite de Neufchâtel; père de

Bourguignons, et de Béatrix de Vergy, dont il eut trois fils et une fille, deux desquels furent tués fort jeunes, officiers au service de l'empereur, dont un chevalier de Malte.

François de Saint-Mauris épousa en secondes noces Catherine de POLIGNY (*), Maison également des plus anciennes et illustres du pays, sœur de Philibert, mariée à Benigne de Lenoncourt, et fille de Claude de Poligny, seigneur d'Eaugea, et de Claudine de Montrichard, dont il eut onze enfans, dont un seul, Hermanfroy, mestre-de-camp d'un terce de quinze cents montagnards, commandant d'un quartier de la province et de la Franche-Montagne, continua la postérité par son mariage avec Anne baronne de Sibricht-Néwerbourg, chanoinesse du haut chapitre de Munsterblitzen. François fut reçu chevalier de Saint-Georges en 1597, et

---

Gerard III, marié à Etiennette d'Oiselay; père de Thiébaud, tige d'un rameau, et de Jean baron de Cusance et de Belvoir, marié à Isabelle de Belvoir, branche de Vergy, fille de Jeanne de Scey; père, entr'autres, d'Agnès, mariée à Huart de Bauffremont, 2.° de Jean, bailli-général de Bourgogne, 3.° et de Vautier, marié à Marguerite de Neufchâtel, mort en 1361; père de Gerard IV, chevalier, marié à Simonne de Villersexel, testa en 1404; père de Jean II, marié à Jeanne de Beaujeu, 1413; père, entr'autres enfans, d'Agnès, mariée à Gauthier de Bauffremont (fille d'Alix de Rougemont), 2.° de Gerard V, chevalier, marié à Clauda de Mello, 1453; père de Ferry, conseiller, chambellan, capitaine de cent lances, tué à la bataille de Nancy, 1472, marié à Louise de La Beaume-Montrevel; père de Thiébaud, chambellan du roi des Romains, marié à Peronne de Savoisy l'an 1481; père de Claude, chevalier de Saint-Georges, marié: 1.° à Marie de Vercy, 2.° à Isabelle de Château-Vilain, mort en 1560; père de Claude II, chevalier de Saint-Georges en 1545, marié: 1.° à Philiberte de Lugny, 2.° à Jeanne de Breville; père: 1.° de Jeanne, mariée à Jean d'Oiselay, 2.° d'Hermanfroy, gentilhomme du roi de France, 3.° de Vandeline, mariée en 1594 à François de Saint-Mauris, 4.° et de Vandelin-Simon, marié à Béatrix de Vergy, chevalier de Saint-Georges en 1575; père de Claude-François, colonel de trois mille Bourguignons, marié à Ernestine de Wuitthem, marquise de Berghes, dont il eut: Marie-Henriette, femme de Ferdinand de Rye, puis de Charles prince d'Aremberg; 2.° Magdeleine, mariée au comte de Berghes; 3.° Clériadus de Cusance, qui releva le nom de Vergy, comte de Champlitte, baron de Belvoir, mort en 1633; 4.° et de Béatrix de Cusance, mariée en 1633 à Eugène d'Oiselay, comte de Cante-Croix, 2.° au duc Charles de Lorraine, troisième du nom, en 1637, morte en 1662.

Ses autres alliances sont: Arguel, Aucelle, Champdivers, Cicon, Ceys, Lenoncourt, Ligne, Montmartin, Montferrand, Monnet, Monsaugean, trois Oiselay, Pontailler, Ray, deux Rye, Saint-Seigne, Saulx, Thon, Varrax, deux Vergy, Vienne, deux Vennes, Willaffans, Vy.

ARMES: d'or à l'aigle éployée de gueules, couronnée de même.

Adage: GENTILLESSE DE CUSANCE.

(*) POLIGNY.

Maison illustre et très-considérable de l'ancienne chevalerie, qui s'éteint de nos jours, tirait son nom de la ville de Poligny, dont elle tenait les principaux fiefs et la châtellenie depuis l'an 1100, et vraisemblablement bien avant cette époque, car on la voit paraître puissante dès son origine, revêtue des premières charges et dignités et de grandes possessions et grandement alliée jusqu'au dernier siècle, et le nombre de branches et de Maisons chevaleresques qui l'ont réclamée pour souche, avec d'autant plus de titres, qu'elles en ont conservé les armoiries à quelques brisures près, telles que: Arlay, Molprey, Visemal, Pardessus, Reculot, etc.

Plusieurs généalogistes avancent l'opinion appuyée de titres du parlement, qu'elle est issue des souverains de Bourgogne; mais les rapprochemens passant les bornes d'une note, on se borne à citer ici qu'elle a tenu en fief depuis Savarie de Poligny, chevalier, en 1133, la charge de prevôt (ou lieutenant du comté), et celles de premier écuyer, de veneur, de maître de l'écurie (maréchal alors), célérier, maître d'hôtel des comtes (charte de l'abbaye de Rosières), et de capitaine et châtelain de Poligny. Elle se distingua dans les tournois et dans les armées de Bourgogne, où elle fournit nombre de chevaliers et de chefs de marque. Elle fut admise de toute ancienneté dans tous les grands chapitres, à Saint-Georges et à Malte, etc.

Savarie de Poligny, chevalier, prevôt de Poligny, et Odillon, son frère, dit le Veneur, rappelés dans une charte de 1133; père de Savarie II, qui fit branche, et de Josserans, aussi prevôt en 1147; père de Bernard, chevalier, 1206; père de Guillaume, qui fit branche, et d'Etienne, 1225; père de Renaud, 1253; père d'Odon, bailli et connétable de Bourgogne, et gouverneur de Poligny en 1259; père de Jeanne, mariée à Jean de Vaudrey, 2.° et de Jean, marié à Guillemette de Fontenaye en 1302; père d'Humbert, marié à Catherine de Granges, 2.° et d'Odat, marié à Guillemette de la Chassagne en 1309; père de Simon, marié à Jeanne d'Arguel, qui fit branche, et de Poinsard, chevalier, marié à Jeanne de Galafin en 1348; père de Simon, chevalier, marié à Jeanne de Savigny en 1380; père de Jean, chevalier, marié à Alix de Salins, testa en 1434, tué à la bataille de Gâvre d'un coup de canon; père de Guyot, marié à Jeanne de Sainte-Croix, 2.° à Jeanne de Montjouvent; père de Pierre, marié à Charlotte de Monconis, tige de plusieurs branches illustres, et de Hugues, chevalier, marié à Jeanne de Chantrans; père de François, marié en 1551 à Magdeleine de Salins; père de Claude, marié à Claudine de Montrichard; père de Henry, marié à Clauda Dupin; 2.° de Philibert, marié à Benigne de Lenoncourt; 3.° de Catherine, mariée à François de Saint-Mauris; 4.° et de François; père de François-Gabriel, marié à Claudine de Beaurepaire, 1656; père de Charles-Claude-Ferdinand, marquis de Poligny, chevalier de Saint-Georges en 1775, marié à Anne Mignot de la Bévière, dont quatre filles.

Ses autres alliances sont: Andelot, Aigremont, Augicourt, Achey, deux Bauffremont, Brancion, Courcelle, Courbouson, Chilley, Fraguier, Jouffroy, Leugney, Lezai, Mandre, deux Montfort, deux Mangerot, deux Montureux, Nance, Neufchâtel, Oiselay, Orsans, Ray, deux Scey, Tartre (Du), Toulongeon, Villette, Vautravers, Visemal, Vy, Vaulchier.

ARMES: de gueules au chevron d'argent.

Adage: PRUDENCE DE POLIGNY.

commandant du comté de La Roche, puis en 1624 gouverneur, comme ses pères, de la Franche-Montagne et des châteaux de Neufchâtel, Châteauneuf, etc., par la démission d'Adam de Saint-Mauris, baron de Châtenois, colonel de cavalerie, son cousin. Il se distingua en nombre d'occasions par sa valeur et son extrême fermeté pour la défense du pays où il commandait, et son dévouement à son souverain et à son pays, notamment dans la guerre de dix ans; mais singulièrement surtout lors du siége de la petite ville de Saint-Hyppolite, bicoque qu'assiégea le comte de Grancey en 1636 avec la division de l'armée du duc de Longeville qu'il commandait. Ce général avait perdu beaucoup de monde en divers assauts, où il fut toujours vigoureusement repoussé; mais le gouverneur voyant le peu de monde, de moyens de défense et de munitions qui lui restait, et que tous les secours espérés lui manquaient, ne consultant que son courage, celui de son frère, de ses fils et de ses officiers, prit la téméraire résolution de tenter une sortie nonobstant la prodigieuse disproportion de forces, ne lui restant qu'une compagnie d'infanterie, la bourgeoisie et quelques montagnards réfugiés, qui formaient toute sa garnison; et s'étant mis à leur tête avec son frère, ses fils et son beau-fils, *tous vaillans soldats*, ils l'exécutèrent avec tant d'intrépidité et de furie, qu'ils culbutèrent l'ennemi, qui les crut soutenus par des forces considérables, blessèrent grièvement le général Grancey qui combattait vaillamment, et mirent son corps en déroute si complète, qu'ils s'emparèrent de ses canons, de son camp et de tous ses bagages, tellement que dans cette confusion Grancey lui-même, hors de combat, eut peine à s'échapper par la fuite, *confessant que les places faibles valent autant que les hommes qui sont dedans*. Propres expressions des chroniques et manuscrits du temps, qui rapportent ces faits, savoir : Histoire de la guerre de dix ans de la Franche-Comté de Bourgogne; Précis de l'état, des droits et titres de la Confrérie des illustres chevaliers de Saint-Georges, petit ouvrage imprimé à Besançon au dix-septième siècle, qui indique que ce fut Saint-Mauris, gouverneur, qui combattit et blessa Grancey.

Ledit François mourut en 1537 et fut inhumé au milieu de l'église de Sancey, où l'on voit encore sa tombe, son épitaphe, ses armoiries et ses quartiers, mais fort effacés; sesdites armoiries se voient aussi accolées de celles de Poligny, avec le millésime de 16.., sur le portail de son ancienne maison à Sancey; et le tableau de son écu, présenté à Saint-Georges à sa réception, puis suspendu à l'église des Carmes à Besançon, portait : 1.° Saint-Mauris, 2.° Rougemont, 3.° Mugnans, 4.° Amance, 5.° Aroz, 6.° Jouffroy, 7.° Franquemont, 8.° et Accolans.

1. **HERMANFROY** de Saint-Mauris, écuyer, né le 1602. Il est désigné dans son extrait baptistaire fils de Vandeline de Cusance; il ne faut donc pas le confondre avec Hermanfroy qui suit, puisque ce dernier, dans son contrat de mariage avec la baronne de Sibricht, se qualifie fils de Catherine de Poligny.

2. **JEAN-ÉLÉONOR** de Saint-Mauris, écuyer, seigneur de Valleroy ou Vernois et à Rahon-les-Belvoye, tué à l'armée au service de S. M. C., où il venait d'obtenir de l'emploi. Né en 1600, testa le 10 mai 1619 en partant pour rejoindre l'armée de S. M. C., où il fut tué la même année (fils de la Cusance).

HUOT-D'AMBRE. — S.ᵀ-MAURIS

5. **BÉATRIX** de Saint-Mauris, née en 1594, mariée à Léonard de Huot-d'Ambre (*), écuyer, seigneur d'Ambre, Laviron, le 13 janvier 1618, fils de François, seigneur d'Ambre et de Laviron, et de Marguerite de Lullier, lequel François était fils de Jean III, ambassadeur du prince d'Orange, et d'Antoinette d'Andelot, fils de Pierre, marié en 1460 à Alix de Saint-Venant, tous issus de Jean de Huot, écuyer-panetier du duc Othon IV en 1302, et éteints dans Charles, dernier mâle de cette Maison, marié à Claire de Ferrette, dont il n'eut que deux filles.

Elle eut de ce mariage : Jean, Maximilien, Marguerite, Ernestine et Jeanne, dont elle fut tutrice en 1628 (fille de la Cusance).

4. **JEAN-BAPTISTE** de Saint-Mauris, chevalier de Malte, reçu le 14 décembre 1609, portait pour quartiers : 1.° Saint-Mauris, 2.° Mugnans, 3.° Aroz, 4.° Jouffroy, 5.° Cusance, 6.° Château-Vilain, 7.° Breville, 8.° et Saint-Martin; né à Sancey en 1598, tué officier au service de l'empereur en 1619, âgé de vingt-un ans.

Il est aussi rappelé comme tel dans la liste des chevaliers rapportés par M. de Vertot dans son Histoire de Malte, quoiqu'elle soit incomplète, ne rapportant en général que les chevaliers profès ou ceux morts à Malte.

(*) HUOT-D'AMBRE.

Ancienne Maison originaire de Bretagne, dont le premier qui nous soit connu est Jean Huot, écuyer-panetier d'Othenin IV, duc de Bourgogne, à qui ce prince fit un legs par son testament de l'an 1302. Le premier établi en Franche-Comté fut Jean, capitaine pour le service de S. M., fils de Frédéric seigneur de Chrisperg, chancelier de Brabant, qui vint s'établir à Dôle en 1420. Ses descendans contractèrent de grandes alliances, donnèrent des ambassadeurs et des gouverneurs de places et châteaux-forts, et qui s'éteignit en 1700. Jean de Huot, écuyer-panetier et légataire d'Othon IV en 1302; père de Frédéric, chancelier de Brabant, seigneur de Chrisperg; père de Jean II, capitaine de S. M., s'établit à Dôle en 1420; père de Jean III; père de Pierre de Huot d'Ambre, seigneur d'Ambre, gouverneur et capitaine des châteaux d'Oiselay, marié à Alix de Saint-Venant en 1460; père de Jean IV, ambassadeur du prince d'Orange en 1539, chevalier de Saint-Georges, marié à Antoinette d'Andelot; père : 1.° de Philippe, grand-forestier du prince de Nassau, marié à Claudine du Pin; 2.° et de François, marié à Marguerite de Lullier; père, entr'autres, d'Antoine, marié à Anne de L'Allemand; 2.° de Léonard en 1618 à Béatrix de Saint-Mauris; père de Jean-Louis, marié à Jeanne de Belot-Chevigney; père de Susanne, mariée à N... de Pillot-Chanterans, et de Hyacinthe de Huot d'Ambre, seigneur d'Ambre, Laviron, Mont-sous-Vaudrey, Roche, Rochelle, etc., dernier de sa Maison en 1700.

Ses autres alliances sont : Balay, Ferrette, Jouffroy, Remilly, Saint-Mauris-Montbarrey, Villeneuve.

Armes : de sable à trois têtes de levrier d'argent, colletées de gueules.

5. **CLAUDE** de Saint-Mauris, capitaine de cents arquebusiers bourguignons, tué fort jeune au siége de Thionville, lorsqu'il fut assiégé et pris sur les Espagnols par le grand Condé en 1643. Son brevet de capitaine, en langue espagnole, est de l'an 1635.

S.T-MAURIS. — SIBRICHT.

6. **HERMANFROY,** dit le baron de Saint-Mauris, mestre-de-camp d'un terce de quinze cents hommes, commandant de toute la Franche-Montagne et d'un quartier de la province, et inspecteur des troupes sous son commandement, qui continua la lignée par son mariage avec Anne-Marie baronne de Sibricht.

7. **ANNE** de Saint-Mauris, née en 1609, religieuse de l'abbaye noble de Migette, puis religieuse Annonciade en 1655 à Besançon.

8. **JEANNE** de Saint-Mauris, née en 1610, testa en 1684 : on ignore son sort, mais il paraît qu'elle ne contracta pas d'alliance.

9. **ÉLÉONORE** de Saint-Mauris, née en 1608. On ne connaît pas ce qu'elle est devenue.

10. **ANTOINE** de Saint-Mauris (dit Claude-Antoine à son chapitre) fut religieux et vicaire-général, grand-prieur et administrateur de la noble abbaye de Saint-Claude (dite alors de Saint-Oyant de Joux). Il prit l'habit en 1628, fut reçu en 1629, grand-prieur et vicaire-général en 1652. Il était né à Sancey (ainsi que tous ses frères et sœurs) en l'an 1615. Il fut seigneur de Saint-Romain de Roche ; on le voit nommé en qualité de grand-prieur en tête de plusieurs actes capitulaires des années 1657, 1659.

11. **DESLE-JEAN-CLAUDE** de Saint-Mauris (dit Claude-Antoine à son chapitre) fut religieux, grand-prieur, vicaire-général et administrateur de la noble abbaye de Baume-les-Messieurs au comté de Bourgogne en 1642. Il était né en 1623.

MARENCHES. — S.t-MAURIS.

12. **ANNE-VANDELINE** de Saint-Mauris, née en 1611, mariée en 1650 à noble seigneur Antoine de Marenches (*), chevalier de Saint-Georges en 1657, fils de François-Louis et de N... de Longeville.

Au rapport de Gollut et autres auteurs, appuyé de ses belles alliances et réceptions dans les corps de noblesse dès son début dans la province, cette Maison est d'origine chevaleresque, originaire du Piémont, quoique dans l'obscurité aujourd'hui.

13. **LÉONARDE-JEANNE** de Saint-Mauris, née en 1617. On n'a sur son existence nul autre renseignement que son baptistaire.

14. **DESLE** de Saint-Mauris, né en 1621. On ignore sa destinée.

15. **CLAUDE-ÉTIENNE-BAPTISTE** de Saint-Mauris, capitaine de cent hommes de pied au régiment de Bourgogne pour le service de S. M. T. C. par brevet du 1.er mars 1668, signé Louis; rappelé comme héritier universel dans le testament de Jean, son frère paternel, seigneur de Vallerois, Rahon, Vernois, du 10 mai 1619, et baptisé à Sancey, ainsi que tous ses frères et sœurs, dont les extraits de baptême ont été retirés en l'église dudit lieu.

(*) MARENCHES.

Cette Maison, qui est tombée dans les derniers siècles dans un état de médiocrité bien peu conforme à son antique extraction, par une suite d'infortunes qui a réduit ses descendans à contracter des alliances et occuper des places dans la robe et la magistrature, bien au-dessous de leur naissance, est originaire du Piémont, où elle existe encore avec lustre sous le nom des comtes de Marenchis; est une des plus distinguées des familles nobles de ce pays, qui tinrent et embrassèrent le parti impérial sous le règne de Philippe-Barbe-Rousse, en l'an 1180; hommage que lui rendent tous les auteurs qui ont écrit sur la Franche-Comté, notamment Gollut qui écrivait au seizième siècle, lorsqu'il cite que le duc de Bourgogne, voulant établir une université à Dôle et la faire diriger et présider par un sujet qui par sa naissance et son érudition pût lui donner plus de célébrité et de considération, jeta les yeux sur Anselme de Marenches, gentilhomme de Montréal, qui joignait à la noblesse de son extraction les talens les plus célèbres, et lui députa Humbert d'Orchamps, gentilhomme du comté, qui parvint à le déterminer à se rendre à Dôle pour organiser et présider cet établissement. Il devint la souche de cette branche de sa Maison, par son mariage avec Etiennette de Chassey, et dès-lors leurs descendans furent reçus à Saint-Georges et dans tous les chapitres nobles.

Jacques de Marenches, archevêque de Nice, co-fondateur du monastère de la Sancta-Maria en Piémont, en 1121, dont Constance de Marenchis fut abbesse; Nicolas, seigneur de Jussun et Brédule, père de François, qui reprit de fief, et de Raymond, qui reprend de fief de l'empereur Barbe-Rousse, de Jussun et Brédule, en 1186, seigneurie acquise par ses prédécesseurs en 1054; tous ancêtres d'Anselme dit de Marenches en français, que le duc attira à son service en le faisant maître des requêtes en 1460; il épousa Etiennette de Chassey; père de Louis, conseiller d'état du duc en 1517, marié à Claudine de Chauvirey; père de François, écuyer, marié à Reine de Boutechoux, tige d'une branche qui suivra ¶, et de Constant, premier de la chambre des Comptes, marié à Marguerite de Chavirey; père de François, marié à Huguette de Vandenesse; père d'Etienne, député vers le souverain, marié à Claudine Colard; père de Claude, marié: 1.° à Françoise Fauche, 2.° à Jeanne Froissard de Bersaillin; père de Constant-Gabriel, marié à Jeanne Alepy de Veaux, 1714; père de Jean-François, marié à Marie Grignet de Saint-Loup; père de François-Anselme, marié à Claude-Eugénie Malarmey de Roussillon; père d'Alexandre, Emile et Emilie.

¶ François, fils de Louis et de Claudine de Chauvirey ci-dessus, fut père de François-Louis, écuyer, marié en 1615 à Anne de Longeville; père d'Antoine, chevalier de Saint-Georges en 1657, marié en 1650 à Anne-Vandeline de Saint-Mauris.

Ses autres alliances sont: Arbonnay, Chauvirey, Chassagne, Dernon, Ferrière, Reculot, Roll, Salives, Tournon, du Tartre.

Armes: d'azur au lion d'or à trois bâtons de sable brochant sur le tout.

5.ᵉ BRANCHE. 15.ᵉ DEGRÉ.

S.ᵗ-MAURIS. — SIBRICHT.

1646.

HERMANFROY.

Hermanfroy, dit le baron de Saint-Mauris, mestre-de-camp d'un terce de quinze cents hommes de pied, commandant de toute la Franche-Montagne et d'un quartier de la province, et inspecteur des troupes qui se trouvaient dans ses commandemens pour le service de S. M. C., seigneur de Saint-Mauris-en-Montagne, Court-les-Saint-Mauris, Sancey, Fleurey, Vallerois, Ebey, Battenant, Belherbe, Belvoir en partie, etc., épousa en 1646 Anne-Marie baronne de SIBRICHT (*), chanoinesse du haut chapitre de Munsterbilzen, fille de Jean-Guillaume de Sibricht, baron dudit lieu, Distorf, Cens, Newerbourg, etc., et d'Anne baronne de Breitscheidt, et petite-nièce de Nicolas de Sibricht, chevalier de l'ordre Theutonique en 1600; ledit Jean-Guillaume fils d'Adam de Sibricht et de Sidonia-Maria de Sponheim, et Anne de

(*) SIBRICHT.

Cette ancienne Maison chevaleresque était de haute noblesse allemande, admise dans les tournois; l'on n'en possède que peu de titres domestiques, mais nombre d'attestations authentiques de hérauts d'armes et d'arbres de lignes jurées dans différens collèges d'ancienne noblesse d'Allemagne, de Flandre et de France, tous constatant qu'elle a été reçue de toute ancienneté et à différentes époques dans les hauts chapitres de Trèves, de Munsterbilzen, ainsi que dans l'illustre ordre Theutonique, où elle a donné très-anciennement des commandeurs et des chevaliers, à différentes époques, de même qu'à Malte, et postérieurement à Saint-Georges et dans les chapitres de la province; que ces seigneurs ont toujours contracté les plus grandes alliances dans ces divers pays, et ou donné des gouverneurs et commandans de Saarbruck, Thionville et autres places fortes, des conseillers d'état, des lieutenans pour le roi, des colonels et différens officiers supérieurs dans les quinzième et seizième siècles, date où on les voit déjà titrés barons de Distorf et de Newerbourg.

Breitscheidt, fille de Jean, seigneur de Pauly, Saône, Laveaux..., et d'Anne de Rochefort, dite de Daun; né en 1615, il fut capitaine d'une compagnie libre vers 1640, marié en 1646, capitaine commandant un corps de cinq cents hommes en 1654, à la tête duquel il se signala aux Pays-Bas et reçut un coup de feu et plusieurs blessures, ce qui le fit connaître du prince d'Aremberg, gouverneur du comté, qui le manda des Pays-Bas en 1668, lors des premières agressions des Français sur cette province, pour lui confier le commandement et l'inspection des frontières menacées et de tout le cours du Doubs depuis Pontarlier à Montbéliard (limite du commandement de François baron de Saint-Mauris, général-major de bataille, son cousin, avec lequel il devait correspondre pour la sûreté du pays). Il fut en 1669 en outre nommé commandant de toute la Franche-Montagne, avec pouvoir illimité de lever des troupes et commettre des officiers sous lui, en outre d'un terce de quinze cents montagnards, dont il fut commandant en chef et inspecteur; il conserva tous ces commandemens jusqu'en 1674, époque de la conquête dudit comté. Il fut dans ces circonstances chargé des expéditions les plus périlleuses, dont il s'acquitta avec autant de courage que de zèle et de talent, et se retira dans ses terres après l'assujétissement de son pays, ayant refusé constamment, à l'imitation de François de Saint-Mauris, son cousin et son émule, toutes places sous le nouveau gouvernement qui venait de les envahir. Il eut de son mariage quatre enfans ci-après.

1. **CHARLES-CÉSAR** comte de Saint-Mauris, lieutenant-général des armées du roi, inspecteur-général de sa cavalerie et dragons, commandant de la Haute-Alsace, gouverneur des deux Brisack, colonel d'un régiment de cavalerie de son nom, commandeur de l'ordre royal et militaire de Saint-Louis, chevalier et gouverneur de l'ordre de Saint-Georges, comte et seigneur de Saint-Mauris-en-Montagne, Court-les-Saint-Mauris, Sancey, Fleurey, Battenant, La Grange, Belherbe, Mont de Vougney, Menottey, Reinans, Gredissans, qui suivra.

2. **CHARLES**, dit le baron de Saint-Mauris, capitaine-major du terce du baron de Chevraux (dit de Vienne) en 1667.

Il paraît qu'il mourut jeune, et peu après cette époque, sans alliance. Il était né le 27 août 1649 à Bastoigne, dans les Pays-Bas, et fut tenu sur les fonts par Charles de Saint-Mauris, lieutenant-colonel d'un régiment de cuirasses, et Peronne de Vaudrey, comtesse de Laverne, qui avait épousé en premières noces Philippe de Saint-Mauris, gentilhomme de la chambre du duc de Lorraine, seigneur de Lambrey.

3. **CLAUDE-JOSEPH**, chevalier de Saint-Mauris, brigadier des armées du roi de France, colonel d'un régiment de cavalerie de son nom, chevalier de l'ordre de Saint-Jean de Jérusalem, de l'ordre de Saint-Georges et de l'ordre royal et militaire de Saint-Louis, avec pension du roi

---

Jean de Sibricht-Newerbourg baron de Distorf, marié à Magdeleine de Riedezel; père d'Anne, mariée à Adam de Hausen en 1527, et de Dudric, marié à Jeanne de Volckingen; dont il eut: 1.° Eve, mariée à Jean de Méternich; 2.° Nicolas, chevalier de l'ordre Theutonique; 3.° Adam, marié à Sidonie comtesse de Spanheim, dame de Bacharach; 2.° à Marie Schlöder, 1575; père, entr'autres, de François, lieutenant pour le roi et gouverneur de Thionville; 2.° d'Alexandre, conseiller de guerre et colonel pour S. M.; 3.° de Philippe-Othon, chevalier, commandeur de l'ordre Theutonique, 1615, et commandeur à Sarbruck en 1615; 4.° et de Jean-Guillaume de Sibricht-Newerbourg baron de Distorf, seigneur de Volckingen et de Sibricht, marié à Anne de Breitscheidt en 1603, dont quatre filles, Marie-Elisabeth de Sibricht, marié à Alexandre de Prevost seigneur de Pelousey; 2.° Magdeleine, mariée à Christophe de Culz en 1642, baron de Cemboing et de Magny; 3.° Marie-Magdeleine, mariée à Nicolas baron de Housse, mestre-de-camp général des armées de Charles III, 1631; 4.° et Anne-Claudine baronne de Sibricht-Newerbourg, mariée à Hermanfroy baron de Saint-Mauris, (chanoinesse de Munsterbilzen).

Ses autres alliances connues sont: Gondestorf, Lélich.

ARMES: d'argent à trois bandes de gueules.

de 3,000 liv. sur ce dernier, en récompense de ses actions et de ses blessures. Il fut chevalier de Malte en 1675, cornette de cavalerie en 16.., aide-major le 20 août 1688, capitaine de carabiniers au régiment de Saint-Mauris en 1689; il eut une jambe emportée d'un boulet de canon en chargeant et enlevant, à la tête de son régiment, une batterie qui venait d'être démasquée à la bataille de la Marsall le 4 octobre 1693, fut fait brigadier des armées du roi, chevalier de Saint-Louis et pensionné de 3,000 liv. sur cet ordre en 1704, en récompense du courage et des talens dont il avait donné des preuves très-réitérées. Malgré toutes ses blessures il fit encore une campagne avec une jambe de bois, dans laquelle il reçut de nouveau un biscaïen dont la commotion renouvela si dangereusement sa blessure, qu'il fut forcé de quitter le service, ce qui annula à la fleur de son âge la brillante carrière militaire qu'il paraissait devoir parcourir, sa valeur, ses actions, ses services si distingués étant encore relevés par ceux éclatans et la haute réputation de son frère. L'ayant forcé à se retirer dans ses terres de la Montagne, il se fit recevoir chevalier de Saint-Georges en 1703, son frère étant alors chef et gouverneur de cet ordre, et mourut en 1726, sans avoir contracté d'alliance. Il y prouva pour ses seize quartiers : 1.° Saint-Mauris, 2.° Mugnans, 3.° Aros, 4.° Franquemont, 5.° Poligny, 6.° Salins, 7.° Montrichard, 8.° Montrichard, 9.° Sibricht-Newerbourg, 10.° Volckingen, 11.° Spanheim, 12.° Obentraudt, 13.° Breitscheidt, 14.° Lélich, 15.° Daun, 16.° Danloy; et prouva à Malte pour ses huit quartiers : 1.° Saint-Mauris, 2.° Aros, 3.° Poligny, 4.° Montrichard, 5.° Sibricht de Newerbourg, 6.° Spanheim, 7.° Breitscheidt, 8.° et Daun de Rochefort.

GRIVEL. — S.T-MAURIS.

4. **ANNE-ÉLISABETH** de Saint-Mauris épousa le 25 juin 1672 Claude-François de Grivel (*), chevalier, seigneur de Perrigny, La Muyre, Nanquise, Villeneuve, capitaine de cavalerie au régiment du baron de Saint-Mauris-Lambrey, fils de Claude de Grivel, chevalier, seigneur desdites terres, et d'Ursule de Marnix.

(*) GRIVEL.

Cette ancienne famille noble, reçue de temps immémorial dans l'ordre de la chevalerie de Saint-Georges, l'est aussi fort anciennement dans la plupart des chapitres nobles de la province et dans ceux équestraux de Mürbach (actuellement Guebwiller) et de Lure, ainsi que dans l'ordre de Malte; aussi la voit-on s'allier consécutivement depuis plusieurs siècles aux plus grandes Maisons du pays, telles que Visemal, Marnix, Grachaux, Montrichard, Ségur, Montrichard, Champagne, Saint-Mauris, Lallemand, Montjoye-Vaufrey, Fontange, Saporta, Bouton, Vidempierre, Varenne, etc.; et donner des colonels et des officiers-généraux au service de France, et nombre de capitaines et officiers distingués.

Jonserand de Grivel, écuyer, reprend de fief du duc de Bourgogne, de ce qu'il tient à Montmoret, en 1344; Perrin

Ils eurent huit enfans : 1.° Henry-Gaspard, marié à Antoinette-Susanne de Montrichard; 2.° Claude-Melchior, marié à Susanne de Jacquot-d'Andelarre, dont il eut N..., mariée au baron de Saporta, et le général comte de Grivel, marié à Fidèle comtesse de Montjoye, dont un fils, qui a épousé en 1797 Joséphine comtesse de Ségur-Grandpuch, dont il a des enfans; 3.° Jean-Nicolas, capitaine de carabiniers, chevalier de Saint-Louis; 4.° Gaspard-Joseph, chanoine de Baume; 5.° et 6.° Marie-Josephe et Claude-Marguerite, chanoinesses de Montigny; 7.° et 8.° Anne-Reine et Françoise-Hyacinthe-Angélique, chanoinesses de Migette. Les trois frères de ladite Elisabeth étant morts sans postérité et sans testament, elle se trouva héritière des terres de Saint-Mauris-en-Montagne, Court-les-Saint-Mauris, Sancey, Fleurey, Battenant, Mont-de-Vougney, etc., qu'elle porta dans la famille de son mari et que possédait le comte de Grivel de Perrigny, chevalier de l'ordre de Saint-Georges et de l'ordre royal et militaire de Saint-Louis, maréchal des camps et armées du roi, colonel de chasseurs à cheval, son petit-fils, qui, de concert avec Marie-Claudine-Antoinette comtesse de Montjoye-Vaufrey, ancienne chanoinesse de Remiremont, son épouse, les revendit vers 1770 à Charles-Emmanuel comte de Saint-Mauris-Châtenois, lieutenant-général des armées du roi, gouverneur de Péronne, commandant-général des îles du Vent de l'Amérique, etc., qui par cette acquisition les fit rentrer dans sa Maison, sauf plusieurs démembremens qu'elles ont soufferts, et les fiefs de Sancey, qui sont encore possédés par Mme de Grivel, épouse du baron de Saporta et sœur du susdit comte de Grivel; Elisabeth morte et enterrée à Saint-Mauris le 8 janvier 1734.

Le comte Charles-Emmanuel de Saint-Mauris, acquéreur de cesdites terres, les a données par testament, en 1787, à Charles-Emmanuel-Polycarpe marquis de Saint-Mauris, colonel de dragons, chevalier de Saint-Georges, baron de Châtenois, chef du nom et des armes de sa Maison et son neveu, à la condition de les substituer à perpétuité.

---

de Grivel, écuyer, châtelain de Lons-le-Saunier, reprend de fief du comte d'Auxerre, en 1344; ancêtres de Pierre, écuyer, puis de Charles, aussi écuyer; père de Christophe, qui reprend de fief de Perrigny en 1558, marié à Adrienne Pariset; père de Gilbert, fait prisonnier durant les guerres de 1595, tige d'un rameau; 2.° de Louis-Gabriel, tige d'un rameau; 3.° et de Jean, chevalier, seigneur de La Muyre, Perrigny, en toute justice, membre des états en 1614; père de Claude, chevalier, par patente de 1640, en vertu de ses services, de ceux de Charles et de Christophe, dans les armées, rappelant aussi Jonserand, Perrin et Pierre, marié à Ursule de Marnix en 1664; père de Marie-Christine, chanoinesse de Montigny; 2.° d'Anne-Gasparine, mariée en 1672 à Charles de Champagne, chevalier de Saint-Georges, gouverneur d'Ornans; 3.° et de Claude-François, chevalier, seigneur de La Muyre, Villeneuve, Perrigny, Nanquise, etc., capitaine de cavalerie au régiment de Saint-Mauris, marié en 1672 à Anne-Elisabeth de Saint-Mauris; père de quatre filles, dont deux à Migette et deux à Montiguy; de Gaspard, chanoine de Baume; de Henry-Gaspard, marié en 1700 à Antoinette de Montrichard, qui suivra, et de Melchior, chevalier, marié en 1728 à Susanne de Jacquot de Rosey; père de Marie-Anne comtesse de Grivel, chanoinesse de..., mariée au baron de Saporta, et Claude-Joseph-Nicolas, comte de Grivel, maréchal des camps et armées du roi, chevalier de Saint-Louis et de Saint-Georges, marié à Marie-Claudine comtesse de Tuillert-Montjoye, chanoinesse de Remiremont; père d'Eléonore, chanoinesse de Lons-le-Saunier et de Malte; 2.° de Marie-Anne-Fidèle, mariée à Féréol de Chifflet, pair de France, premier président de la cour royale de Besançon; 3.° de Claude-Hartemann, chanoine de Baume, puis de Lure et de Guebwiller; 4.° de Conrad, capitaine au service de l'empereur en ....; 5.° d'Emmanuel, chevalier de Malte et de Saint-Georges, marié à Thérèse-Gabrielle comtesse de Varennes, qui fit branche, ci-après ¶; 6.° et de Claude-Alexandre-Fidèle comte de Grivel, chef d'escadron, chevalier de Saint-Louis et de Saint-Georges, maréchal-de-camp, inspecteur de gardes nationales, marié à Jeanne-Joséphine comtesse de Ségur; père d'Elie-Anne, Claudia, Louis, et de Melchior, né en 1801.

¶ Emmanuel ci-dessus, père de Marie, d'Adrienne, Laure, Timoléon, etc.

Ses autres alliances sont : Balay, Bouton, deux La Chaise, Grachaux, Lallemand, Malpas, Visemal.

Armes : d'azur à trois tafs d'or, deux et un.

5.e BRANCHE.

16.e DEGRÉ.

S.t-MAURIS.

1700.

CHARLES-CÉSAR.

Charles-César comte de Saint-Mauris, lieutenant-général des armées du roi, inspecteur-général de sa cavalerie et dragons, commandant de la Haute-Alsace, gouverneur des deux Brisack, commandeur de l'ordre royal et militaire de Saint-Louis, colonel d'un régiment de cavalerie de son nom, chevalier, chef et gouverneur de l'ordre de Saint-Georges, comte et seigneur de Saint-Mauris-en-Montagne, Court-les-Saint-Mauris, Sancey, Fleurey, Battenant, La Grange, Belherbe, Mont de Vougney, Varin, Friolais, Vauclusotte, Le Magny, Droit-Fontaine, Menottey, Reinans, Gredisans, né le

Charles-César termina trop tôt sa carrière pour jouir du fruit de ses services éclatans, de sa haute réputation, et de l'estime particulière qu'ils lui avaient acquise dans l'esprit du roi Louis XIV, de ses ministres, de tous les maréchaux de France et de tous ses généraux, services qui lui méritaient et paraissaient devoir lui assurer les premiers honneurs militaires et d'être placé en chef à la tête des armées.

Il entra fort jeune au service de France, fut capitaine de cavalerie en 1674, major en 1677 au régiment de Dugas, place qu'occupa ensuite Charles-Emmanuel comte de St.-Mauris, son cousin. S'étant signalé à la bataille de Cassel et à la prise de Fribourg cette année, ainsi que dans les campagnes de 1683 et 1684, où il fut blessé, ses actions lui méritèrent l'attention des généraux et des ministres et lui firent obtenir la faveur de lever un régiment de cavalerie de son nom, au renouvellement de la guerre en 1688. Ce grade le mettant à même de se faire connaître et de développer ses talens militaires, il obtint dès l'année suivante la charge de maréchal-général-des-logis de l'armée en Dauphiné, et en 1690 celle de major-général et de brigadier dans l'armée d'Italie; puis fut fait très-rapidement chevalier de Saint-Louis en 1694, maréchal-des-camps en 1696, inspecteur-général de la cavalerie et dragons, lieutenant-général, 23 décembre 1702; cordon rouge, 1.er octobre 1701, avec pension de 3,000 liv.; gouverneur des deux

Brisack et forts adjacens, lieutenant-général commandant en Alsace, etc., tous lesquels grades sont constatés par brevets, lettres et commissions du roi portant les expressions les plus flatteuses. .... L'hommage dû et généralement accordé à sa valeur, à ses actions distinguées, à son mérite et à ses talens, est également prouvé par une foule de lettres de Louis de Bourbon, de François-Louis de Bourbon, prince de Conti, du duc d'Elbœuf, du marquis de Chamillard, ministre de la guerre, et des maréchaux de Catinat, de Tallard, de La Feuillade, de Boufflers, de Fesse, de Villeroy, du général de Laubanie, etc., etc., etc., qui prouvent non-seulement que toujours employé il fut dans toutes les occasions importantes ou délicates l'ame du conseil de guerre des généraux avec lesquels il servait, mais surtout que, dans l'exécution, par son intrépidité et les savantes dispositions qu'il sut faire seul et de son propre mouvement, il contribua toujours à leurs succès, notamment qu'il fixa la victoire au maréchal de Villars lors de la bataille de Friedlingen, le 14 octobre 1702, par la supériorité de ses manœuvres et l'impétuosité de la cavalerie qu'il y commandait; fait connu et avéré, mais que ce général, ainsi que l'auteur de ses mémoires, cherchèrent trop à dissimuler (faiblesse dont les ducs d'Elbœuf et de La Feuillade se disant ses amis le blâment hautement dans quelques-unes de leurs lettres citées plus haut), mais dont néanmoins le roi le récompensa par le grade de lieutenant-général quelques jours après. Le maréchal de Tallard dut également audit comte de Saint-Mauris le gain de la bataille de Spire, le 15 novembre 1703, par la supériorité des manœuvres et déploiement que ce général fit faire à l'aile de l'armée qu'il y commandait, qui coupa et enfonça seule les ennemis, et décida cette victoire, ainsi qu'on le voit dans deux lettres de la propre main de ce maréchal, des mois de novembre et 16 décembre 1703, lequel, plus délicat que M. de Villars, s'empressa de le féliciter *sur la gloire qui lui était due, et dont il ne voulait rien lui ôter, reconnaissant que c'est par sa propre impulsion et d'après ses lumières seules qu'il s'est conduit dans toute cette action, et finissant par lui demander la relation de ce qui s'est passé à l'aile qui était sous ses ordres, pour en composer celle qu'il devait envoyer au roi*, et note des corps et des individus qui s'étaient le plus distingués. Le roi le gratifia à l'occasion de cette journée du cordon rouge et du gouvernement des deux Brisack. Le marquis de Chamillard, en lui en faisant compliment le 24 novembre 1703, le félicite sur la gloire qu'il vient encore d'acquérir à la bataille de Spire et au siége de Landau, etc., etc.

On juge aussi du crédit et de la haute considération dont jouissait le comte de Saint-Mauris par une foule de lettres flatteuses, dont les plus marquantes sont de MM. les chevaliers de Saint-Georges, qui l'élisent leur chef et gouverneur, quoiqu'il ne soit reçu dans l'ordre que de l'année précédente ...; des chapitres nobles de Saint-Claude, Baume, Lure, Gigny, etc., qui en corps réclament son appui et lui adressent des remercîmens ...; de la ville de Dôle, qui, par ses maire et magistrats, intercède sa protection, lui vote des remercîmens, l'assure de sa reconnaissance et de son respect, lui envoie des lettres de bourgeoisie, et reconnaît, entr'autres bienfaits, lui devoir l'embellissement de la ville, notamment le fameux Cours-Saint-Mauris, etc., etc.; par des lettres du grand-maître de Malte de 1682, qui le traite avec la plus grande distinction ....; de la princesse de Nassau, qui le traite de cousin, et, à titre de parente, sollicite un emploi dans son régiment pour un de ses parens ...; des marquis et abbé de Bauffremont, archevêque de Grammont, et autres des plus grands seigneurs de Bourgogne, ses parens et amis, qui tous affectent une grande déférence et considération pour lui : toutes pièces qui concourent à prouver que ce général, quoique peu courtisan, eut, par sa naissance et son grand mérite, infiniment d'influence et de crédit. Il mourut au château de Châtenois, chez le comte de Saint-Mauris, son cousin, et y fut enterré le 24 mai 1704. Charles-César, lors de sa réception à Saint-Georges, prouva pour ses seize quartiers, savoir : 1.° Saint-Mauris, 2.° Mugnans, 3.° Aroz, 4.° Franquemont, 5.° Poligny, 6.° Salins, 7.° Montrichard, 8.° Montrichard, 9.° Sibricht, 10.° Wolckingen, 11.° Spanheim de Bacharach, 12.° Obentraudt, 13.° Breitscheidt, 14.° Lélich, 15.° Daun de Rochefort, 16.° et Danloy.

Sixième Branche.

Ce Rameau était issu de la Branche de Saint-Mauris-en-Montagne, dite aussi de Sancey, & prit quelquefois pour distinction le surnom de Saint-Mauris-Saint-Hippolyte.

6.e BRANCHE.

14.e DEGRÉ.

St-MAURIS. — PARDESSUS-POLIGNY.

1602.

MARC.

Marc de Saint-Mauris, capitaine commandant un corps de cent cuirassiers au service de S. M. C., gouverneur et capitaine de la Franche-Montagne, forts, villes et châteaux en dépendans, après la mort de François son frère, qu'il avait si vaillamment secondé à la défense de Saint-Hippolyte et lors de cette glorieuse sortie où ils défirent l'armée du général comte de Grancey, le blessèrent lui-même grièvement, et lui enlevèrent son artillerie et ses bagages; co-seigneur avec son frère à Saint-Mauris, Court, à Saint-Hippolyte, où il avait un hôtel, et du Friolois; fils de Jean de Saint-Mauris, chevalier de Saint-Georges, gouverneur desdites places et pays, et d'Anne d'Aros; épousa en 1602 Reine-Guillemette de PARDESSUS-POLIGNY (*), fille de Renobert de Pardessus, chevalier, seigneur de Nénon, Marcilly, (d'une

(*) PARDESSUS-POLIGNY.

Maison de l'ancienne chevalerie du comté de Bourgogne, branche illustre de l'antique Maison de Poligny, qui comme cadette en brisa les armoiries de trois coquilles; ayant tenu en fief depuis 1200, et durant plusieurs siècles, du souverain, une des premières charges de l'état, désignée sous le nom de seigneur Pardessus des Saulneries, (place importante qui

branche de l'ancienne et illustre Maison de Poligny), et de Jeanne de Beaujeu, fille de Claude, chevalier, et de Jeanne de Mailly; et par cette alliance devint chef d'une sixième branche, dite de Saint-Hippolyte à cause qu'il y habitait et y avait un fief et un hôtel.

NEUVELIN. — S.T-MAURIS.

1. **ALIX** de Saint-Mauris épousa vers 1630 N... de NEUVELIN (*) ou NEWELIN, écuyer, capitaine pour le service de S. M. I., gentilhomme allemand, dont elle eut des enfans; ce qui se voit par le testament de son frère de 1659, où ils sont rappelés et où elle est dite défunte et jadis veuve de M. de Neuvelin, capitaine, etc.

2. **JEAN-ANTOINE** de Saint-Mauris, écuyer, rappelé dans le testament de son frère de 1659. Il paraît, selon d'autres titres, être né vers 1611. On ignore au surplus sa destinée.

était celle de surintendant et commandant-général des salines), finit par en adopter le nom, qu'elle conserva jusqu'à son extinction au dix-septième siècle; et sous ce nom seul on voit déjà ces seigneurs qualifiés chevaliers, damoiseaux, témoins d'hommage rendu par Guillemette de Comercy à Jean de Chalon, et plusieurs autres que l'on trouve dans le cartulaire de Chalon dès l'an 1250, 1290, etc., et dès-lors une multitude d'autres seigneurs de ce nom, ainsi qu'aux archives de l'officialité, des abbayes, de Dijon et des chapitres nobles, notamment de Migette, Mürbach, l'un et l'autre où elle fut reçue depuis l'an 1400; à Malte en 1600; et fournir grand nombre de chevaliers et hommes d'armes dans les armées de Bourgogne, dans tout le courant des quatorzième et quinzième siècles; faire à ces époques des fondations pieuses, et s'allier consécutivement aux anciennes Maisons de chevalerie du pays, et toujours conserver des droits et des fiefs à Poligny.

On trouve aussi dans les archives de différentes abbayes, de l'officialité, et des Maisons de Crécy et de Saint-Mauris, nombre de titres rappelant Hugues de Poligny dit de Pardessus, chevalier, marié à Jeanne de Chissey en 1307, dont une fille mariée à Etienne de Chilley; Huguette, mariée à Jean d'Allemand de Conliége, 1333; Humbert, attaché au service du duc en 1386; Jean, marié à Marguerite de Cly en 1380, dont il eut Claudine, mariée à Humbert d'Espineux; Pierre de Pardessus, du nombre des chevaliers qui installèrent l'archevêque en 1440, et une foule d'autres qu'on ne peut renouer, n'ayant pas les titres sous les yeux; tous ancêtres de Renobert de Pardessus seigneur de Nénon et Marcilly, marié à Jeanne de Beaujeu en 1570, qui n'eut que Reine-Guillemette, mariée à Marc de Saint-Mauris en 1602; ainsi que de Léonard de Pardessus, marié à Laurence de Balay, dont il n'eut que Anne-Claude de Pardessus, mariée à Claude-Emmanuel de Crécy en 1677, dernier de leur Maison.

Ses alliances sont : Bians, Beaujeu, Balay, Cly, Champjuif, Crécy, Chilley, Chissey, Carie, Dalaise, Espineux, La Beaume, Mailly, Mouchet, Montarlot, Mathay, Saint-Mauris, Tournon, Vaivre, Villemoriene, Villeneuve.

ARMES : de gueules au chevron d'argent (qui est de Poligny), brisé de trois coquilles de même.

(*) NEWELIN.

L'orthographe de ce nom, jointe à la qualité de capitaine au service de S. M. impériale que prend ce gentilhomme, fait présumer qu'il était d'une Maison allemande. L'on n'a rien pu découvrir encore sur ce nom. Elle portait taillé ondé d'or, soutenu de gueules.

S.T-MAURIS. — QUEVERT.

3. **CHARLES** de Saint-Mauris, colonel-lieutenant des troupes de S. M. I., et gouverneur de la Franche-Montagne, etc., marié à Martine de Quevert de Montjoux, qui suit.

4. **JACQUELINE** de Saint-Mauris, religieuse de l'abbaye noble de Migette en 1626.

5. **CLAUDINE** de Saint-Mauris. Rappelée dans le testament de son frère de 1659. L'on n'a point d'autres titres qui éclairent sur son sort.

6. **DENISE** de Saint-Mauris. Rappelée dans le testament de son frère de 1659. Sans autres renseignemens sur son compte.

6.e BRANCHE.

15.e DEGRÉ.

S.T-MAURIS. — QUEVERT.

1630.

CHARLES.

Charles de Saint-Mauris, chevalier, colonel; lieutenant de Son Exc. le général de Gallas, des troupes de S. M. I.; capitaine et gouverneur de la Franche-Montagne, villes et châteaux en dépendans; seigneur de Friolois et à Saint-Mauris-en-Montagne, Court, Fleurey, et d'un fief et d'un hôtel à Saint-Hippolyte.

Il épousa en 1630 Martine de Quevert (*) de Montjoux, d'une ancienne Maison flamande, dame desdits lieux, dont on ne connaît pas la postérité.

Charles fut d'abord lieutenant dans le corps de cent cuirassiers au service de l'empereur que commandait son père; fut successivement capitaine et lieutenant-colonel de cuirassiers, puis colonel et lieutenant de Son Exc. le général de Gallas, des troupes de S. M. I.; et capitaine-gouverneur de la Franche-Montagne (comme ses ancêtres), villes et châteaux

(*) QUEVERT.

L'on n'a pu jusqu'à présent se procurer aucun éclaircissement sur les Quevert seigneurs de Montjoux, qu'un ancien manuscrit de l'abbaye de Saint-Vincent de Besançon, de notes sur la noblesse, dit être d'une ancienne famille noble, originaire de Hollande.

On trouve un maréchal de Quevert qui a servi en Empire et en Hollande.

Quevert portait d'azur au huchet d'or virolé de gueules, posé en cœur.

en dépendans, où il se retira avec une grande réputation militaire, méritée par des actions qui l'avaient fait distinguer par Gallas, mais accablé de blessures, sous lesquelles il succomba le 17 février 1659, et fut inhumé devant le chœur de l'église du chapitre de Saint-Hippolyte, où se voit encore son tombeau en marbre noir, chargé au milieu de ses armoiries en relief, surmontées d'un haume couronné, et d'un nègre naissant pour cimier et deux nègres pour tenans, tous armés de sabres, le tout entouré d'un cartouche de branches de laurier, et environné de ses huit quartiers, savoir : 1.° Saint-Mauris, 2.° Mugnans, 3.° Aros, 4.° Franquemont, 5.° Pardessus dit Poligny, 6.° Vaivre, 7.° Beaujeu, 8.° et Poligny; le tout encore distinct, quoique fort mutilé durant la révolution. En lui finit la branche dite de Saint-Mauris-Saint-Hippolyte.

Septième Branche.

Cette Branche s'établit en Lorraine, où elle se distingua par ses services & ses alliances, & fut admise à siéger aux assises & à la cour parmi la haute noblesse du corps illustre de l'ancienne chevalerie de ce pays. Elle fut la première du nom dite de Saint-Mauris-Lambrey.

7.e BRANCHE. | 13.e DEGRÉ.

S.T-MAURIS. — NOGENT-LE-ROI.

1555.

NICOLAS.

Nicolas de Saint-Mauris, écuyer du duc de Mercœur, prince de Lorraine, comte de Vaudemont, etc., seigneur de Bifontaine, Valcsme, et co-seigneur avec ses frères de Saint-Mauris-en-Montagne, Court, Sancey, Fleurey, Battenant, Chassey, Belherbe, fils d'Hugues de Saint-Mauris, armé chevalier par Charles-Quint, gouverneur du comté de La Roche et de la Franche-Montagne, villes et forteresses en dépendans, et de Claudine de Mugnans, épousa en 1555 Françoise de NOGENT (*), fille de Dominique baron de Nogent, conseiller intime et

(*) NOGENT-LE-ROI.

Cette ancienne Maison de Champagne, baronnale d'origine, est éteinte depuis plus d'un siècle. Ses descendans transplantés en Lorraine vers 1500, y prouvèrent en 1550, par-devant le conseil d'état des ducs, présidé par le comte de

ministre d'état du duc de Lorraine, gouverneur de ses châteaux de Bouconville et de Valdervange, seigneur de Forcelle, Neuflotte, Saint-Gargonne, (dit le Champenois à la cour de Lorraine à cause de son origine, y ayant prouvé sa descendance des illustres barons de Nogent-le-Roi), et de Magdeleine de Gircourt dame de Bousey, etc. Françoise était sœur, 1.° de Catherine, mariée à François de Gourcy; 2.° de Magdeleine, mariée à Jean du Châtelet; 3.° de Anne, femme de Nicolas de Greiche; 4.° de Nicole, femme de Jean de Ligniville; 5.° et de Nicolas de Nogent, conseiller d'état, gouverneur de Valdervange, marié à Alix de Forcelle.

Ce mariage fixa Nicolas de Saint-Mauris à la cour de Lorraine ainsi que ses descendans, qui comme lui firent rang à la cour et aux assises des états parmi la haute noblesse dans le corps illustre de l'ancienne chevalerie de Lorraine, et occupèrent successivement des charges de grands officiers de la Maison des ducs. Il fut tige de la branche dite première des seigneurs de Lambrey, qui finit en Paul-François baron de Saint-Mauris, capitaine des gardes et gentilhomme de la chambre du duc, colonel de cavalerie, gouverneur de Gray, mort sans enfans de Louise comtesse de Montrichard, son épouse.

Nicolas naquit au château de Saint-Mauris en 1528, épousa Françoise de Nogent le 15 novembre 1555, et obtint peu après la charge d'écuyer du duc; on voit page 68 que se trouvant au château de Sainte-Marie, chez son frère Pierre baron de Châtenois, tige de la branche de ce nom, avec son frère Jean, tige de celle de Sancey, tous trois singulièrement unis, ils furent inopinément provoqués par trois chevaliers français, et assez heureux pour que deux des agresseurs succombassent dans le combat, et le troisième fort blessé revint avec les vainqueurs se faire soigner au château, ainsi qu'eux qui étaient plus ou moins maltraités; et qu'ils firent élever deux grandes croix de pierre l'une à côté de l'autre, sur le champ de bataille, où furent enterrés les vaincus, monumens qui constatent et ont perpétué dans la contrée cette tradition notoire.

Salm, maréchal de Lorraine, leur filiation exacte et consécutive par titres justificatifs et authentiques jusqu'à Vambert baron et seigneur de Nogent-le-Roi, chevalier, et dame Sophie de Rynnel, son épouse, vivant en 1243. Sur quoi ils obtinrent arrêt dûment signé et enregistré, et inscrit aux actes importans avec leur généalogie détaillée, en vertu duquel ils prirent à cette cour le rang que leur naissance et leurs grandes alliances leur assignaient parmi la haute noblesse, ainsi qu'aux assises de l'ancienne chevalerie du pays.

Ces seigneurs, à qui l'on a donné quelque temps le sobriquet de Champenois à cause de leur première origine, ont donné fréquemment des conseillers d'état et des ministres d'état, des gouverneurs et des capitaines de places fortes, ainsi que des grands baillis et officiers distingués dans les armées des ducs de Lorraine.

Wamberg de Soissons comte de Chaumont, baron de Nogent, marié à Sophie de Rynnel en 1243; père d'Hardouin baron de Nogent, marié à Blanche de Clermont; père de Samson, marié à Gertrude de Lamarche vers 1336; père de Robert, marié à Marguerite de Grandprey; père de Nicolas, marié à N... de Breuil; père de Jean, conseiller d'état du duc Réné II, marié à Françoise de Hemmonet, 1509; père de Gerard, qui fit branche, et de Dominique, conseiller d'état des ducs de Lorraine, gouverneur de leurs châteaux de Bouconville et de Valdervange, marié à Magdeleine de Gircourt vers 1533; père: 1.° de François, 2.° d'Anne, mariée à Nicolas de Greiche; 3.° de Catherine, mariée à François de Gourcy; 4.° de Françoise, mariée à Nicolas de Saint-Mauris, éuyer du duc de Lorraine en 1555; 5.° et de Nicolas, conseiller d'état, bailli d'Apremont, gouverneur de Valdervange, marié: 1.° à Jeanne Varin, 2.° à Alix de Forcelle en 1574; père de N..., mariée à Jean de Ligniville; 2.° de Magdeleine, mariée à Jean du Châtelet; 3.° et de Nicolas baron de Nogent, seigneur de Neuflotte, Forcelle, Mazirot, Saint-Gargonne, etc., bailli d'Apremont, marié en 1612 à Louise de Bichet; père d'Anne, mariée à Charles seigneur de Saint-Ouën; 2.° de Charlotte, mariée à Louis comte de Mauléon La Bastide; 3.° et de Robert baron de Nogent, officier dans les armées de Charles IV, tué à Maubeuge en 1653, dernier de sa Maison.

Ses autres alliances sont: deux Châtenois, deux du Châtelet, Damartain, Rainfaing, deux Xaubourel.

ARMES: d'azur semé de croix recroisettées, au pied fiché d'or; au lion de même sur le tout; au chef d'hermine, chargé d'un lambel de gueules, de trois pendans.

S.T-MAURIS. — HAUBERT.

1. **HUGUES** de Saint-Mauris, deuxième du nom, chevalier, qui par son alliance avec Rénée de HAUBERT continua la lignée, et qui suit.

FALETANS. — S.T-MAURIS. — AIGREMONT.

2. **FRANÇOISE** de Saint-Mauris épousa en 1575 Marc d'AIGREMONT (*), chevalier, chambellan héréditaire de l'archevêché depuis l'an 1200; fils de Guy d'Aigremont, chevalier, chambellan, et de Catherine de Prevost dite de Mathay, et issu de Jean d'Aigremont, son septième aïeul, et de Marguerite de Saint-Mauris-en-Montagne (Voy. page 129); frère de Regnaud, chevalier, qui fit la guerre à Jean de Vergy, tous descendans de Jean sire d'Aigremont, dont le fils Maurice accompagna aux croisades Ferry, archevêque de Besançon, où il mourut en 1191. En mémoire de ces circonstances, ses descendans obtinrent depuis cette époque la

---

(*) AIGREMONT.

On trouve sur cette Maison chevaleresque une notice page 129, qui fait connaître qu'elle tira ses armoiries des croisades, tint la charge héréditaire de chambellan depuis le treizième siècle, s'allia toujours grandement et se maintint dans tous les hauts chapitres de Lorraine et de Bourgogne de toute ancienneté.

Elle portait de gueules à trois croissans d'argent.

charge en fief héréditaire de chambellan de l'archevêché, et changèrent les armoiries de leur Maison, qui étaient trois roses, contre trois croissans, qu'ils ont toujours portés depuis.

Marc eut de cette alliance Antoine-François d'Aigremont, qui mourut sans postérité, et fit sa mère son héritière des terres de Busy et de Larnoz, qu'elle porta dans la Maison de Faletans en épousant en secondes noces le 30 mai 1595 Jean-Baptiste de FALETANS (*), seigneur de Montaissu, La Tour de Falerans, fils d'Errard de Faletans, et de Claudine de Grospain; dont elle eut : 1.° Jean-Baptiste, marié à Françoise de Jouffroy; 2.° Marguerite, à Benigne de Montureux; 3.° et Christine de Faletans, à Jean-Baptiste de Montureux.

De ladite Françoise de Saint-Mauris descend, au quatrième degré, Marie-Nicolas marquis de Faletans, chef d'escadron, chevalier de Saint-Louis et de Saint-Georges, inspecteur-général des gardes nationales du département du Doubs, marié en 1786 à Henriette-Charlotte-Christine marquise de Langeron, et issu d'une Maison très-distinguée d'ancienne chevalerie, encore existante, et qui a été admise aux honneurs de la cour sur ses preuves.

(*) FALETANS.

Cette ancienne Maison de race, de nom et d'armes et d'ancienne chevalerie du comté de Bourgogne, qui tire son nom des village et seigneurie de Faletans au bailliage de Dôle, et qu'on lui voit tenir depuis Thiébaud, son premier auteur connu, seigneur de Faletans, qui paraît dans un titre de 1182, a prouvé en 1789 pardevant M. Chérin, généalogiste des ordres du roi, sa filiation consécutive par titres originaux, en vertu de laquelle elle fut admise aux honneurs de la cour. En suivant cette généalogie on remarque qu'elle fut admise aux anciens tournois; qu'un seigneur de ce nom se distingua en 1506 à celui de Valladolid, et qu'un autre fut admis aux vœux formés pour une nouvelle croisade en Palestine, dit le vœu du Faisan, en 1453. Elle a aussi donné des chevaliers, hommes d'armes, et plusieurs grands-officiers de la Maison des ducs de Bourgogne dans les quatorzième et quinzième siècles. Ils ont été reçus à Saint-Georges dès l'an 1487 et ont donné un gouverneur à cet ordre en 1679, et des membres à la plupart des chapitres nobles de la province, notamment à Migette dès 1378. Une de ses branches se fixa en Lorraine, où elle s'est éteinte, et où elle avait été admise à prendre rang dans le corps illustre de l'ancienne chevalerie de ce pays, ayant contracté une suite de hautes alliances et donné nombre d'officiers de la Maison des ducs de Lorraine.

Thiébaud seigneur de Faletans, chevalier, 1182, père d'Estevenin, chevalier, 1259; père de Renaud, 1269; père de Jean, chevalier, marié à Béatrix d'Aubigny, tige de plusieurs branches, 1367, et d'Etienne II, chevalier, marié à Marguerite Cornu; père d'Amouroux, marié à Marie de Malpertuis; père, entr'autres, de Jean, marié à Yolande de La Rochelle, tige de plusieurs branches; 2.° d'Hugues, marié à N. Belin, tige aussi de plusieurs branches; 3.° d'Etienne III, marié à Jeanne de La Rochelle, écuyer tranchant du duc : il fut du nombre des chevaliers qui firent le vœu du Faisan en 1453; père de Frery, marié à Jeanne Bonvalot, 1473; père de Bonaventureux, marié à Claudine de Gilley, veuve en 1512; père de Jean écuyer tranchant du duc, qui fut d'un tournois à Nozeroy, et de Jean, chevalier de Saint-Georges en 1523, épousa Marguerite de Villette en 1545; père d'Erard, marié à Claudine de Grospain; père de Jean-Baptiste, seigneur de Faletans, Montonne, Busy, Larnoz, la Tour de Falerans, épousa en 1593 Françoise de Saint-Mauris; père de Marguerite et de Christine, mariées à Benigne et Jean-Baptiste de Montureux, 3.° et de Jean-Baptiste, marié en 1622 à Anne de Jouffroy; père de Claude, gouverneur de Saint-Georges en 1679, commissaire-général des montres d'armes, marié à Charlotte d'Iselin; père de Philippe, marquis de Faletans, chevalier de Saint-Georges, marié à Jeanne de Froissard de Broissia; père de Jean-Prosper, chevalier de Saint-Georges en 1724, marié en 1732 à Marie de Loriol de Chandieu; père de Paul, chevalier de Saint-Georges en 1765, marié à Marie-Anne de Klinglin; père de Bernard, chevalier de Malte et de Saint-Georges en 1788; 2.° et de Marie-Nicolas marquis de Faletans, chevalier de Saint-Georges en 1787, seigneur de Thieffrans, Busy, Larnoz, etc., chef d'escadron, maréchal-de-camp, inspecteur des gardes nationales, marié à Charlotte Andrault de Langeron, dont il n'a pas d'enfans.

Ses autres alliances sont: Aigremont, Bayer-Bopart, Color de Lindin, Donmartin, Deschamps, du May, du Vernois, Ferrière, Gondestrof, Lachaux, Leugney, Lavaux, Lallemand, Laubépin, La Roche, Mont-Saint-Ligier, Montrichier, Mathay, Moyria, Neuville, Portier, Rye, Saint-Maurice-Montbarey, Sagey, Velleguindry, Vaivre, Vornes, Vy, Vesoul, Vaudrey.

ARMES : de gueules à l'aigle éployée d'argent.

Devise : UNE FOY FALETANS.

Adage : MÉNAGE DE FALETANS.

GRAMMONT. — S.t-MAURIS. — COURBESSAINT.

3. **MARGUERITE** de Saint-Mauris épousa le 28 octobre 1576 Mathieu de Courbessaint (*), chevalier, seigneur de Courbessaint, Chauvillerain, Corravillers, La Rochotte, et de moitié du Saulcy, (d'une ancienne Maison chevaleresque, grandement alliée, mais éteinte dès longtemps); frère d'Anne de Courbessaint, première femme de Pierre de Saint-Mauris, baron de Châtenois; et fils de Claude de Courbessaint, gouverneur de Faucogney, et d'Antoinette de Vy.

Marguerite eut de ce mariage : 1.° François, mort sans postérité, et Chrétienne de Courbessaint, mariée à Pompée de Benoist, capitaine d'Arguel et de Montfaucon, chevalier, fils de Vincent de Benoist, capitaine de Joingney, ambassadeur en Suisse pour S. M. C.

Elle épousa en secondes noces, le 5 mars 1596, Claude baron de Grammont-Granges (**), seigneur de Grammont, Nomay, Bournois, veuf de Françoise de Chassey; fils de Jean baron de Grammont-Granges, seigneur de Nomay, chevalier de Saint-Georges, et de Françoise des Potots; et frère, 1.° de Remy de Grammont, marié à Simonne de La Roche; 2.° de Anne, femme de Claude de Vy; 3.° d'Adrienne, mariée à Claude de Crosey; 4.° de Françoise, mariée à Claude de Raincourt.

Cette Maison de Grammont, déjà citée comme branche des hauts barons de Granges, des plus illustres du pays, et encore existante; elle a contraté six alliances directes avec celle de Saint-Mauris.

(*) COURBESSAINT.

L'on a déjà donné, page 63, une note sur les anciens gentilshommes de race chevaleresque de nom et d'armes de cette Maison, qui s'est alliée trois fois à celle de Saint-Mauris.

Elle portait de gueules à un cuissard et grèves d'argent, cloué et éperonné d'or, posé en pal.

(**) GRAMMONT-GRANGES.

On trouve, page 44, un précis sur cette Maison du haut baronnage et sur l'antiquité de ses illustrations, de sa filiation et de ses alliances : on y en remarque six directes avec celle de Saint-Mauris.

Elle porte de gueules au sautoir d'or, qui est de Granges, écartelé au deux et trois d'azur à trois bustes de roi.

Ancien adage : Beauté de Grammont.

FALETANS. — S.T-MAURIS.

4. **JEANNE** de Saint-Mauris, mariée à Alain de Faletans, seigneur de Grandchamp et Villers-Robert, fils de Marc de Faletans, chevalier, membre du corps de l'ancienne chevalerie de Lorraine, et de Magdeleine de Bayer de Bopart; prouvé par la vente qu'il fit le 4 juillet 1606 de sa terre de Grandchamp à François de Choiseul. (Titre de la chambre des Comptes de Dijon.)

7.e BRANCHE. | 14.e DEGRÉ.

S.T-MAURIS. — HAUBERT.

1580.

HUGUES II.

Hugues de Saint-Mauris, chevalier, seigneur de Bifontaine, Lambrey, Augicourt, Gesincourt, Purgerot, Combeaufontaine, Faulx, Saint-Pierre, d'abord gentilhomme de la chambre de S. A. Mgr. le cardinal de Lorraine, puis...; épousa : 1.° Rénée de HAUBERT (*), fille de Florentin de Haubert, chevalier, seigneur de..., et d'Hermeline de Vosges, dont il eut six enfans.

Il naquit en 1569, fut gentilhomme de la chambre de S. A. Mgr. le cardinal de Lorraine vers 1592, marié à Rénée de Haubert le 2 octobre 1596, et mort le 19 mars 1611. Sa veuve épousa en secondes noces, vers 1616, Simon de Fresne, seigneur de Beaufort.

(*) HAUBERT.

N'ayant aucun titre ni renseignement sur les ancêtres de Rénée de Haubert, on ne peut encore hasarder aucune note sur ce nom, quoique l'on connaisse plusieurs anciennes Maisons de Haubert, ne pouvant déterminer de laquelle elle est issue.

Il porte d'azur à un haubert ou cotte de mailles d'or.

S.ᵗ-MAURIS. — VAUDREY.

1. **PHILIPPE** baron de Saint-Mauris, gentilhomme de la chambre du duc de Lorraine, qui continua la lignée par son mariage avec Peronne de VAUDREY, chanoinesse de Remiremont, et qui suit.

LA MARGELLE. — S.ᵗ-MAURIS.

2. **ÈVE** de Saint-Mauris, rappelée au testament de son père en 1611, mariée vers 1597 à Guillaume baron de LA MARGELLE (*), seigneur de Hauten, Kœnigsmachers, colonel, puis

---

(*) LA MARGELLE.

Cette Maison, très-marquante parmi celles de l'ancienne chevalerie de Bourgogne, avait contracté d'illustres alliances dans le comté, notamment celles de Vaugrenans, Saint-Mauris, Beaujeu, Dupin, Branceïon, L'Epinette, etc.; elle tirait son nom de ses château et village de La Margelle, et s'établit, dans le seizième siècle, dans les duchés de Luxembourg et de Trèves, et soutint dès-lors en Allemagne avec éclat son antique origine; faits rapportés par les hérauts d'armes et auteurs de ce pays, et constatés par sa réception consécutive dans l'ordre Theutonique et dans les hauts chapitres de Trèves, Reglinkausen, Maubeuge, Liége, Mons et Nivelle;

Ses grandes alliances, notamment celles d'Ansleurade, Bocholdz, Hœurbroul, deux Hœnsbruck, Gelœs, Vanderheyden;

Ses possessions considérables, telles que Kettenoven, Hauten, Kœnigsmachers, Heyden, et enfin les places et grades éminens auxquels elle a été élevée. Guillaume baron de La Margelle s'établit au pays de Luxembourg dans le courant du seizième siècle, y ayant été attiré par son service comme général et gouverneur de diverses places fortes; il eut nombre d'enfans. Son aîné, Alexandre, épousa Marguerite de Vanderheyden du Luxembourg; fut père de Jean, qui épousa Marie d'Ansleurade; père d'Arnold, seigneur d'Eysden, marié à Anne-Françoise de Bocholdz; père: 1.º de Vinand, chevalier de l'ordre Theutonique en 1667; 2.º de Marie-Alexandrine, chanoinesse de l'illustre chapitre de Reglinkausen en l'an 1673, mariée au comte Candide d'Hœnsbruck; 3.º de N..., chanoine de Liége; 4.º de Théodore-Amour, marié à Adolphine Sibille, baronne d'Hœnsbruck; 5.º et de Marie, épouse d'Othon de Bochow.

ARMOIRIES: d'azur à la fasce d'or, chargée de trois fermailles du champ, surmontée d'un levrier naissant d'argent.

maréchal-de-camp au service de S. M. C., et gouverneur des villes de Danvillers, Harlem et Grave, d'une Maison d'origine chevaleresque de Bourgogne (aussi florissante en Allemagne). Elle eut de ce mariage Alexandre baron de La Margelle, marié à Marguerite de Vanderheyden, du pays de Luxembourg, qui continua la postérité, et plusieurs autres fils et filles. Eve fut trisaïeule de Umand de La Margelle, chevalier de l'ordre Theutonique, 1667; et de Marie-Alexandrine, chanoinesse de Reglinkausen l'an 1673.

Guillaume commanda les Allemands sous le général Mansfeldt lors de la Ligue. Il fut enterré à Kettenoven, avec épitaphe portant ses titres.

3. **JEAN** de Saint-Mauris, rappelé au testament de son père de l'an 1611; sans autres renseignemens sur sa destinée.

S.T-VINCENT. — S.T-MAURIS.

4. **FRANÇOISE** de Saint-Mauris, mariée avant l'an 1630 à Louis baron de St.-Vincent (*), chevalier, gouverneur de Monterby-les-Ardennes, chambellan du duc de Lorraine, seigneur de Longwy, Grimaucourt; fils de Claude-Clériadus, baron de Saint-Vincent et d'Aulnoy et de Sorcy, chambellan du duc de Lorraine, et de Catherine de Thoulongeon; et frère: 1.° de Jacob baron de Saint-Vincent, premier grand veneur du margraviat de Burgavich, et grand maréchal du duché de Juliers en 1655, qui fut tige d'une branche illustre, grandement alliée en Allemagne, et jurée dans tous les hauts chapitres, par son mariage avec Marie-Barbe baronne de Leonrodt. Les autres branches furent également florissantes dès le treizième siècle au comté de Bourgogne, et depuis en Lorraine et en Champagne, par leurs brillantes alliances, leurs grandes charges et réceptions dans les hauts chapitres.

(*) SAINT-VINCENT.

Cette Maison, de haute noblesse chevaleresque de Biscaye, donna plusieurs branches, qui toutes furent classées au premier rang dans les divers pays où elles s'établirent. On voit par ses titres et la vérification authentique de noblesse faite par M. de Caumartin, intendant de Champagne, que Bernard de Saint-Vincent, baron de Montassin, amené de Biscaye par le fameux général d'Aguerre, son cousin, fut par lui présenté au duc Antoine de Lorraine, qui l'agréa pour page; s'étant extrêmement distingué à son service, il y fut porté aux premiers grades par le duc, qui le nomma successivement aux charges de gentilhomme de sa chambre, puis grand fauconnier, après l'avoir marié vers 1540 à Marguerite de Saulxure, d'une Maison distinguée de l'ancienne chevalerie de Lorraine, corps illustre auquel il fut, dès son début, également agrégé, ce qui fixa ses droits d'entrée à la cour, aux états et dans les grands chapitres, où se maintinrent pareillement ses descendans par leurs services et leurs hautes alliances.

On trouve dès vers l'an 1500, quatre branches existantes de cette Maison, distinguées entre elles par les qualifications de barons de Saint-Vincent, de barons d'Aulnoy et Jouy, de barons de Montassin, de barons de Narcy, toutes éminemment distinguées par leurs alliances, leurs grades et leurs admissions dans les plus hauts chapitres et colléges de noblesse.

On voit par les titres de l'officialité, sous cotes 6634, 6651,

DONCOURT. — S.T-MAURIS.

5. **MARIE** de Saint-Mauris épousa en 1630 François de DONCOURT (*), chevalier, seigneur de Récourt, Julvecourt, Telcombour, d'une Maison de l'ancienne chevalerie de Lorraine, fort illustre dans son origine et jusqu'au dix-huitième siècle, mais tombée dans la médiocrité; fils de Pierre de Doncourt, chevalier, seigneur desdits lieux, de la maison forte de Villers-sur-Meuse et de Tillombois, et de Jeanne de Rarecourt; et petit-fils de Thierry de Doncourt, chevalier, seigneur desdites terres, et de Anne de Xonot.

Marie de Saint-Mauris eut de ce mariage N..., mariée à Jacques de La Plume, écuyer; François de Doncourt, chevalier, commandant des chevau-légers de la garde du duc, seigneur

---

6909, etc., et autres archives du comté de Bourgogne, que dès le treizième siècle une branche marquante de ce tronc antique s'était déjà établie dans ce pays, et qu'elle s'était alliée aux Maisons de Cicon, Chabot, Boisgirard, Grammont, Gilley, Choix, Andelot, Thoulongeon, Saint-Mauris-en-Montagne, Saint-Mauris-Crilla, dit d'Orgelet, etc.

Bernard ci-dessus, mari de Marguerite de Saulxure, fut père: 1.° de Claude, mari de Catherine de Thoulongeon, qui suivra ¶; 2.° de René, marié en 1579 à Magdeleine de Roucy; père: 1.° de Claude, marié en 1596 à Marie de Cirecourt, dont il eut Daniel, marié à Susanne de Gournay, 2.° de René, chambellan d'Henry duc de Lorraine, marié à Gabrielle de Stainville, 3.° de Daniel, marié à Anne de Fiquelmont; père de Claude, marié à Henriette-Catherine-Philiberte de Joyeuse; père de Charles-François, colonel du régiment du Châtelet, marié à Françoise-Elisabeth de Cicon; père: 1.° de N..., mariée à Charles de Catteville, 2.° de Marie-Charlotte, mariée à Charles-Eudes, gentilhomme de la Maison du Roi.

¶ Claude, mari de Catherine de Thoulongeon, gentilhomme de la chambre du duc Charles, fut père: 1.° de Louis, gouverneur de Monterby, chambellan, marié vers 1615 à Françoise de Saint-Mauris, 2.° de François, lieutenant des chevau-légers de la garde, marié à Marguerite de Raude, 3.° de N..., marié à Alexandrine de Gilley, 4.° de Philibert, qui suivra ¶¶, 5.° de Jacques, chambellan et grand-veneur de l'archiduc Léopold et grand-maréchal du duché de Juliers en 1655, marié à Marie-Barbe de Léonroden, père de François, gentilhomme de la chambre d'Augsbourg, gouverneur de Dillingen, marié à Françoise de Reinschinsgen; père: 1.° de Marie-Jeanne-Thérèse, mariée à Christophe-Joseph de Schwarzach, 2.° de François-Christophe, chambellan de la cour palatine, conseiller d'état, marié à Marie-Sidonie de Hertz; père de deux garçons et de cinq filles.

¶¶ Philibert, marié à Claude de Clerget, fut père de Maximilien, capitaine de cavalerie, marié: 1.° à Antoine d'Anglure, 2.° à Charlotte de Carandeffey; père: 1.° de Philibert, marié à Elisabeth de Perrignon, dont il eut six garçons; 2.° de Joachim, marié à Angélique de Tance, dont un garçon et une fille.

Cette Maison portait d'or aux bœufs effarés de gueules, à queue fourchue, au franc canton dextre d'azur, à une croix potencée d'or, écartelé aux deux et trois d'or, aux beffrois de gueules bataillés d'or.

(*) DONCOURT.

L'ancienne Maison chevaleresque de ce nom, qu'elle tirait de ses fief et village de Doncourt en Lorraine, qu'elle possédait de toute antiquité, a toujours été attachée au service de ses souverains dans les charges les plus distinguées, tant à la cour que dans leurs armées, et siégeait déjà parmi les membres de l'illustre chevalerie de ce pays lorsque le duc fut à Remiremont en l'an 1391 pour y faire le serment de conserver les droits et privilégés de ce brillant chapitre, Jeanne d'Aigremont en étant alors abbesse, et Cunégonde de Doncourt doyenne, comme il se voit par l'énumération des dames pré-

desdites terres, marié le 15 février 1665 à Anne de Jacquot, fille de Claude de Jacquot, chevalier, gentilhomme de la chambre du roi, seigneur de Neuilly (d'une famille éteinte du duché de Bourgogne), et de Marguerite de Macheco. Lequel François de Doncourt fut père d'Arnaud-Charles-Louis de Doncourt, de Rarecourt, marié à Claudine de Toisy de Torcy; dont il eut Anne, femme du comte Louis de Foucault, et Charles-François de Doncourt, qui fut père de deux fils et de quatre filles établis en Lorraine.

AMBLY. — S.T-MAURIS.

6. **FRANÇOISE** de Saint-Mauris épousa en 1600 Jean d'AMBLY (*), seigneur dudit Ambly, Maison chevaleresque qui a fait ses preuves pour les honneurs de la cour, rappelée dans une

---

sentes. L'on trouve dans les titres et histoires de Lorraine que cette Maison depuis cette époque a occupé successivement les charges de gouverneur et bailli du duché de Bar, grand-écuyer de Lorraine, gouverneur et bailli du Bassigny. Humbert, chevalier (ainsi que ceux qui le précèdent), fut en 1517 un des tenans d'un fameux tournois avec deux Beauveaux et deux Stainville, et l'on voit beaucoup d'autres seigneurs et chevaliers de ce nom dans les armées de Lorraine et de Bourgogne, et qui ont même donné des grands-officiers de la Maison des ducs de ce dernier pays. Cette Maison vient de s'éteindre en Lorraine, Georges et Louis de Doncourt, tous deux colonels de cavalerie et chevaliers de Saint-Louis, derniers rejetons de ce nom, venant de mourir sans alliance depuis quelques années, dans une obscurité où les avaient entraînés des revers multipliés de fortune bien peu analogues au lustre de leur origine, causes qui les avaient privés de tous les titres qui pouvaient la constater, ce qui fait que l'on ne peut établir ici leur filiatiou suivie, n'en retrouvant des traces que dans les archives étrangères et les documens historiques. Le premier constaté par ses titres est Guillaume de Doncourt, témoin d'une reprise de fiefs de Jean de Rougemont, 1368; père, selon le temps, d'Amel seigneur de Doncourt, Loupy et Jalmène, marié à Anne de Nettancourt,(2.° et de Cunégonde, chanoinesse doyenne de Remiremont en 1369), dont il eut trois fils, tués à la bataille de Bugnéville en 1441 : 1.° Claude, 2.° Guyot, marié à Nicole de Landre, dont il eut Jacques et Amel, 3.° et Philibert, chevalier, gouverneur et bailli de Bar, marié à Guillemette, dame de Roppe, père d'Humbert, grand-écuyer de Lorraine, 1448; père d'Henry, chevalier, premier écuyer du duc Antoine, marié à Susanne de Serocourt; père de N..., gouverneur et bailli du Bassigny, marié à Jeanne de Flagy, 1540; père: 1.° de Jean Prevot de la Chaussée en 1501, 2.° de Thiébaud de Doncourt en 1510, 3.° de Jeanne, mariée vers 1520 à Jean seigneur d'Alveigne, 4.° d'Houllon, commandeur de Rhodes en 1500, 5.° d'Humbert, gouverneur du Bassigny, écuyer du duc, l'un des six tenans d'un fameux tournois avec deux Beauveaux et deux Stainville; père: 1.° de Françoise, mariée à François de Merbrich, 2.° de Thiéry, seigneur de Chevège et de la forte maison de Villers-sur-Meuse, mariée à Anne de Xonot; père: 1.° de Idette, mariée à Pierre de Bossu d'Henin, 2.° de Nicolas, marié à Louise de Monhay, dont il eut Nicolas, 3.° de Pierre, marié à Philippe Doley, 4.° de Marguerite, mariée à Philibert du Châtelet, 5.° de Pierre, marié à Jeanne de Rarecourt; père de Jacques, 2.° d'Antoine, 3.° et de François, chevalier, marié à Marie de Saint-Mauris; père de N..., mariée à Jacques de la Plume, 2.° de Philippe, 3.° et de François, commandant des chevau-légers de la garde du duc, marié à Jeanne de Jaquotrémont; père d'Arnaud-Charles-Louis, marié à Claudine de Toisy de Torcy, dont Anne, mariée à Louis comte de Foucault, 2.° de Jacques, maître d'hôtel du duc Réné, 3.° de Jean-Armand, 4.° de Charles-François, qui eut deux fils et quatre filles dont on ignore la postérité, qui s'éteignit au dix-neuvième siècle par la mort sans alliance de Georges et Louis de Doncourt, frères, tous deux colonels de cavalerie et chevaliers de Saint-Louis.

Portait de gueules à la tour d'or flanquée de deux roses de même.

(*) AMBLY.

Cette Maison de race chevaleresque, originaire de Champagne, porte d'argent à trois lionceaux de sable.

Elle a été admise aux honneurs de la cour en vertu de ses preuves, qui établissent sa filiation depuis Renaud, seigneur d'Ambly, du comté du Rételois, vivant encore en 1287, marié à N... de Milly, père de Perrad, chevalier, cham-

sentence du bailliage, datée d'Epinal le 17 janvier 1641, rendue à la requête de Françoise de Saint-Mauris, femme du seigneur de Saint-Vincent; de Marie de Saint-Mauris, femme du seigneur de Doncourt, et de Peronne de Vaudrey, veuve de Philippe de Saint-Mauris (frère des deux précédentes), et femme alors du seigneur de Laverne, à l'occasion de la succession de feue Françoise de Saint-Mauris, femme en son vivant de Jean seigneur d'Ambly, aussi leur sœur, etc. (Titres en original aux preuves.)

---

bellan du comte de Réthel, marié à Marguerite Motier de la Fayette; père de Renaudin, marié à Marie de Halwin, vivant en 1332; père de Jean I.er, gouverneur du Réthelois, marié à Marson de Barlemont, 1449; père de Simon, gouverneur du duché de Bouillon, marié à Alix de Varigny; père de Nicolas, gouverneur de Donchéry, marié: 1.º en 1550 à Jeanne de Riancourt, 2.º à Guillemette de Saint-Vincent, de laquelle il eut: 1.º Philippe, qui suit, 2.º François, marié à Guillemette de Launoy, branche dont la dernière fille, Marie-Jeanne, épousa Gaspard-François d'Ambly ci-après: ledit Philippe fut gouverneur de Donchéry, baron des Ayvelles, grand bailli du Réthelois, marié: 1.º à Diane des Ayvelles en 1576, dont il eut François II, qui suit, 2.º et Guillemette, mariée à Paul de Roucy; 2.º à Susanne de Joyeuse en 1587, dont il eut: Philippe Foucault, marié: 1.º en 1616 à Anne de Fiquelmont, 2.º à Anne de Rosières en 1635, 2.º Jean, marié à Françoise de Saint-Mauris, fille d'Hugues, gentilhomme du prince de Lorraine, 3.º et Henriette-Adrienne, fille d'honneur de la duchesse de Lorraine: le susdit François II capitaine de deux cents hommes, marié en 1604 à Gabrielle de Trumelet; père de Robert, capitaine de deux cents hommes, gouverneur de Donchéry, maréchal-de-camp, marié à Antoinette d'Allamont en 1633; père de François III, guidon de gendarmerie, marié: 1.º à Catherine de La Haye, 2.º en 1673 à Magdeleine-Diane de Mazancourt, de laquelle il eut Philippe-François, capitaine de dragons, marié en 1695 à Béatrix du Châtelet; père de Louis, colonel de cavalerie, marié en 1747 à Magdeleine de Sonnet; père de Gaspard-Ardouin-François, qui suit, 2.º François-Joseph, chevalier d'Ambly, mort sans alliance, 3.º et Charlotte, mariée en 1771 à Benigne comte de Montlezun: ledit Gaspard-Ardouin-François, chevalier de Saint-Louis et de Saint-Georges, capitaine de cavalerie, marié en 1773 à Jeanne-Louise-Antoinette-Catherine d'Ambly, dernière d'une branche issue de Nicolas ci-dessus et fille de Claude-Jean-Antoine, maréchal-de-camp; père d'Eugène-Charles-Antoine, chevalier de Saint-Louis, chef-d'escadron, marié en 1805 à Elisabeth-Charlotte de Montarcy, dont il a: 1.º Eugène-Charles, né en 1806, 2.º Charles-François-Louis, né en 1808, 3.º Henry-Jemma-Charles, né en 1811.

Les bornes d'une notice ne permettent pas de rapporter les autres branches de cette Maison, toutes éteintes; elles contractèrent, ainsi que celle ci-dessus, constamment de belles alliances.

7.e
BRANCHE.

15.e
DEGRÉ.

S.T-MAURIS. — VAUDREY.

1628.

PHILIPPE.

Philippe baron de Saint-Mauris, chevalier, seigneur de Lambrey, Purgerot, Augicourt, Gesincourt, Combeaufontaine, gentilhomme de la chambre du duc de Lorraine, épousa en 1628 Peronne baronne de VAUDREY (*), chanoinesse de Remiremont, fille de Jean baron de Vaudrey, seigneur de Saint-Remy, Vallerois et dépendances, Fay, Mailleroncourt, Vellechevreux, chevalier de Saint-Georges, et de Béatrix baronne de Grammont, fille de Marc baron de Grammont-Granges, seigneur de Conflandey, et d'Anne de Joux. Cette Maison chevaleresque

(*) VAUDREY.

Maison de race chevaleresque et baronnale des plus anciennes et florissantes des deux Bourgognes, remarquable par le grand nombre de chevaliers de ce nom qui se sont distingués de tous les temps dans les armées, aux tournois et à la cour par leur valeur, leur adresse, leur force et leur bonne mine; connue par les titres et les auteurs depuis Charles de Vaudrey, chevalier, favori du duc Hugues I.er, cité par les auteurs pour sa vaillance et sa beauté, et comme un des chevaliers les plus accomplis de son siècle et l'un des aïeux de Renaud de Vaudrey, chevalier, vivant en 1200, depuis lequel sa filiation n'est plus interrompue, et dont les descendans alliés à tout ce qu'il y a de plus grand, ont occupé presque consécutivement les premières charges de la cour et dans les armées de Bourgogne et même de France et d'empire, tels que conseillers d'état, grands-maîtres de l'artillerie, baillis et grands-gruyers, généraux, chambellans, pannetiers, échansons, écuyers d'écurie et tranchans, bannerets, chevaliers et hommes d'armes; et, dans les derniers siècles, nombre de lieutenans-généraux, maréchaux-de-camp et colonels de toutes armes, d'inspecteurs-généraux, commandans et gouverneurs de provinces et de villes; des chevaliers de l'ordre du roi, de Malte, depuis 1470, de Saint-Georges dès 1479, et de Saint-Louis dès sa création; et ont rempli des places dans tous les grands chapitres, tels que Remiremont dès 1500, Lyon, 1300, Saint-Claude, Pous-

et baronnale de Vaudrey était une des plus illustres et florissantes des deux Bourgognes, alliée plusieurs fois à celle de Saint-Mauris. Ledit Jean de Vaudrey, fils de Florent de Vaudrey, chevalier, et d'Anne-Henriette de Grammont, et veuf d'Eve d'Orsans, et sa femme veuve aussi de Claude de Cléron. Florent fut reçu chevalier de Saint-Georges en 1518.

Ladite Peronne de Vaudrey, étant veuve du baron de Saint-Mauris, épousa en secondes noces Louis comte de Laverne, mestre-de-camp d'un terce de quinze cents hommes, et commandant de Dôle. Elle était sœur d'Antoinette, aussi chanoinesse de Remiremont, 2.° de Claude-Antoine de Vaudrey, seigneur de Vallerois, marié à Anne de Salives : il était baron de Beveuge, Vaudrey, etc. ; 3.° d'Anne, femme de Jean-Baptiste de Vy; 4.° de Jean-Gabriel, marié à Etiennette de Montrichard, chevalier de Saint-Georges; 5.° de Claudine, femme de Claude de Cléron, puis de Claude de Montrichard ; 6.° et de Jeanne, mariée à Claude d'Andelot.

Peronne de Vaudrey eut de son mariage avec Philippe de Saint-Mauris, 1.° Paul-François, 2.° et Nicolas, qui suivent.

---

say, Baumé, Migette, Château-Chalon dès 1300, dont une abbesse en 1458. Cette Maison, qui vient de s'éteindre, avait pris son nom des château-fort et seigneurie de Vaudrey, situé au balliage de Dôle, qui avait de nombreux vassaux.

Elle portait émanché de gueules et d'argent, et son grand sceau portait un chevalier à cheval, armé de toutes pièces.

L'extrême multiplicité de ses titres et de ses branches est telle que l'on n'a pu en renouer que quatre ou cinq des plus marquantes, réunissant cent et quelques têtes, et principalement celles de Courlaou et de Beveuge, auxquelles la Maison de Saint-Mauris se trouve alliée deux fois et avoir beaucoup de titres, comme on voit ci-après.

Charles de Vaudrey, chevalier en 1075, favori du duc et de la plus haute réputation, célèbre par les auteurs, aïeul d'Aimon sire de Vaudrey en 1198, qui paraît père de Renaud, chevalier en 1210, prouvé père de Guillaume en 1261 ; père de Guy en 1292 ; père de Simon, tige des seigneurs de Mont et de Béveuge, qui suivront, et d'Hugues en 1325, tige de ceux de Courlaou et Vallerois et Saint-Phal ; père de Guy en 1358 ; père de Jean en 1384 ; père de Jacques, 13.. ; père de Guillaume et de Jean, qui firent branches, et de Philibert, chambellan, grand-maître de l'artillerie, marié à Catherine de Soyecourt ; père d'Artus, chambellan, marié à Catherine de Montot en 1481 ; père de Philibert, marié à Philippote de Fay ; père de Florent, chambellan, marié à Henriette de Grammont ; père de Peronne de Vaudrey, mariée à Philippe de Saint-Mauris, baron de Lambrey, etc., chambellan du duc de Lorraine, et en secondes noces à Louis de Laverne, colonel de trois mille hommes, commandant de Dôle, dont il soutint glorieusement le siége ; de Jean-Gabriel de Vaudrey, marié à Etiennette de Montrichard, qui fit branche, et de Claude-Antoine, qui continua celle de Courlaou et de Saint-Remy ; père d'Antoine baron de Saint-Remy, marié à Adrienne de Beaujeu, puis à Louise de Montrichard, veuve de Paul-François de Saint-Mauris, colonel de cavalerie, gouverneur de Gray ; père de Nicolas-Joseph, marié à Anne d'Andelot, puis à Charlotte de Rotembourg, dont il eut Jeanne-Octavie, mariée à Hermann marquis de Rosen.

Simon fils de Guy II de Vaudrey, chevalier ci-dessus, épousa vers 1315 Jeanne de Scey et en eut Jean, marié à Isabelle de Soran, puis à Guillemette d'Arlay, qui testa en 1341 ; père d'Huguenin, 1387 ; père d'Hugues, 1426 ; père de Pierre I.er, chambellan, 1437, marié à Anne de Sforce ; père de Philippe, grand-maître de l'artillerie, gruyer de Bourgogne, 1481 ; père de Philippe, qui fit branche, et de Pierre II, marié à Anne d'Accolans en 1505, dont il eut Pierre III, marié à Lucie de Saint-Mauris, fille d'Hugues et de Clauda de Mugnans ; il en eut Claude, marié à Marguerite de Gruffy ; père de Guillaume, marié à Anne de Présentevillers ; père de François, marié à Françoise de Meligny, fille de Desle et de Peronne de Vaudrey ; père de Claude, marié à Antoinette de Rossillon ; père de Jean-Antoine, marié à Isabelle de Brun ; père de Claude-Antoine-Eugène, marquis de Vaudrey, lieutenant-général commandant en Alsace, marié à Françoise de Blicterswick ; père de Claude-Henry-Eugène marquis de Vaudrey, mort venant d'être placé aux mousquetaires de la maison du roi ; de N..., marié au comte de Wall, mort lieutenant-général et grand'croix de l'ordre de Saint-Louis, et de N..., mariée à N... Bernard, seigneur de Rully.

ARMES : portait émanché de gueules et d'argent.

Et pour devise : J'AI VALU, VAULT ET VAUDREY.

Son ancien adage est : COUP DE LANCE DE VAUDREY.

S.T-MAURIS. — MONTRICHARD.

1. **PAUL-FRANÇOIS** baron de Saint-Mauris, capitaine des gardes et gentilhomme de la chambre du duc de Lorraine, mestre-de-camp d'un terce de cavalerie, sergent-major de bataille et gouverneur de Gray, qui continua la postérité par son alliance avec Louise comtesse de MONTRICHARD.

2. **NICOLAS** de Saint-Mauris, dont l'on ignore le sort.

7.e BRANCHE. | 16.e DEGRÉ.

S.T-MAURIS. — MONTRICHARD.

1664.

PAUL-FRANÇOIS.

Paul-François baron de Saint-Mauris, chevalier, capitaine des gardes et gentilhomme de la chambre du duc Charles IV, mestre-de-camp d'un terce de cavalerie bourguignone, sergent-major de bataille, lieutenant pour le roi et gouverneur de la ville de Gray, dont il soutint le siége contre le grand Condé, comte et seigneur de Lambrey, Equevilley, Augicourt, Gesincourt, Port-d'Atelier, Combeaufontaine, épousa en 1664 Louise comtesse de MONTRICHARD (*), fille de Jean comte de Montrichard, seigneur de Flammerans (fils d'Hector de Montrichard et de Claudine de Chassagne), et de Georgine de Montrichard, fille de Claude-Baptiste, seigneur de Fertans, et de Claudine de Vaudrey : laquelle Louise de Montrichard, étant veuve dudit

(*) MONTRICHARD.

Les anciens sires de Montrichard, d'une des meilleures Maisons d'ancienne chevalerie du comté de Bourgogne, tiraient leur nom des village et seigneurie de Montrichard, audit comté, qu'ils possédaient dès les siècles reculés, et que Richard sire de Montrichard, chevalier, vendit en 1335 à Jean de Chalon, mari de Jeanne de Montrichard. Cette Maison remonte, par titres de ses archives, sa filiation consécutive jusqu'à Gerard sire de Montrichard, chevalier, vivant en 1240, qui testa en 1285, et fut tige de plusieurs branches, dont une s'établit à Salins vers 1350. La branche qui subsiste aujourd'hui possède, outre cette filiation, beaucoup de titres épars beaucoup plus anciens que ceux ci-dessus. Ces seigneurs ont donné dans les quatorzième et quinzième siècles des chevaliers et des hommes d'armes qui se sont distingués dans les armées de Bourgogne, et des sujets dans tous les chapitres nobles de la province et de Lorraine depuis trois et quatre siècles (ainsi qu'à Liége),

baron de Saint-Mauris, épousa en secondes noces Antoine de Vaudrey, baron de Saint-Remy, veuf d'Adrienne de Beaujeu. Ladite Louise avait pour frère Claude-Baptiste, seigneur de Flammerans et de Fertans, gouverneur d'Auxonne, marié à Anne de Digoine.

Paul-François naquit en 1629; fut d'abord page de Charles IV, qu'il suivit dans toutes ses expéditions, d'abord comme enseigne, à quinze ans, puis lieutenant de ses gardes du corps, ce qui le mit à même de se distinguer sous les yeux de ce prince belliqueux et de mériter sa confiance, et il le fit successivement premier gentilhomme de sa chambre, capitaine de ses gardes, et lui donna le commandement d'un régiment de cavalerie bourguignone en 1674; fut depuis sergent-major de bataille, lieutenant pour le roi et gouverneur des ville et fort de Gray, où il commandait en 1668, lors du siége de cette ville qu'il soutint contre le grand Condé sous les yeux de Louis XIV en personne. Il mourut le 10 septembre 1683, âgé de cinquante-quatre ans, des suites des blessures dont il était criblé, à Auxonne, chez Jean-Baptiste de Montrichard-Flammerans, son beau-frère, gouverneur de cette ville. Sa veuve lui fit élever un tombeau près du chœur, dans l'église des religieuses de Sainte-Claire, chargé de ses armoiries en relief, de celles de ses huit quartiers, et de son épitaphe, portant en détail les faits, grades et qualités énoncés ci-dessus (constaté aux preuves par un relevé authentique). Ses huit quartiers étaient : 1.° Saint-Mauris, 2.° Nogent, 3.° Courbessaint, 4.° Pierrefontaine, 5.° Vaudrey, 6.° Grammont, 7.° Grammont, 8.° Joux.

En lui finit cette branche dite première des seigneurs de Lambrey. Ses enfans étant tous décédés avant lui et sans alliance, il fit sa femme son héritière universelle, laquelle, quoique remariée en secondes noces à Antoine de Vaudrey, eut la délicatesse de rendre toutes ses terres à la Maison de Saint-Mauris par son testament, et elles échurent en partage à Claude-Louis baron de Saint-Mauris, sergent-major de bataille au service d'Espagne, cadet de la branche des barons de Châtenois et cousin issu des issus de germain de feu son mari; lequel Claude-Louis, par son mariage avec Marie-Susanne comtesse de Ligniville, fut tige d'une seconde branche de Saint-Mauris, comtes et seigneurs de Lambrey.

---

dont plusieurs grands-prieurs et abbesses, notamment quatre dans celui de Migette. Ils sont reçus dans l'ordre de Saint-Georges depuis 1461, et dans celui de Malte au seizième siècle : aussi ont-ils toujours contracté de grandes et illustres alliances jusqu'au dix-huitième siècle.

Cette Maison ayant donné grand nombre de branches, les bornes d'une notice ne permettent de donner que celle qui a fini dans la Maison de Saint-Mauris, qui en conserve des titres.

Gerard sire de Montrichard, chevalier, vivait en 1230, testa en 1285, et rappelle sept fils, dont Guillaume, chevalier, marié à Guye d'Andelot; père de Jean I.er, marié à Magdeleine de Salins, 1332; père de Guillaume II, marié en 1352 à Marguerite de Merceret; père de Jean II, marié à Jeanne de Salins, 1414; père d'Alix, femme d'Antoine de Villerslafaye, et de Guyot, marié à Marguerite de Falerans, 1442; père de Claude, tige de plusieurs branches, notamment de celle encore existante dans la personne de Ferdinand comte de Montrichard, marié à Louise comtesse de La Rochefoucault, dont Armand, etc., qui, ainsi que les autres, a fait de grandes alliances, jusque vers le milieu du dix-huitième siècle, et de Pierre II, chevalier, seigneur de Nant, Flammerans, marié à Catherine de Flammerans; père d'Etienne, marié en 1522 à Magdeleine de Secy; père de Jacques, tige d'une branche distinguée, et de Pierre, chevalier de Saint-Georges en 1532, marié à Jeanne de Lantenne; père de Jean-Baptiste, marié en 1616 à Georgine de Montrichard; père de Claude comte de Montrichard, de Falerans et de Flammerans, lieutenant pour le roi, gouverneur d'Auxonne, marié à Anne Digoine (sans enfans), et de Louise comtesse de Montrichard, mariée en 1664 à Paul-François baron de Saint-Mauris, colonel de cavalerie, gouverneur de Gray, dernière de sa branche. Elle se remaria à Antoine baron de Vaudrey-Saint-Remy.

ARMES : porte de vaire à la croix de gueules sur le tout.

Devise : PRÆMIUM VIRTUTIS HONOS.

Antique adage : GRAVITÉ DE MONTRICHARD.

Huitième Branche,

Dite seconde des Seigneurs de Lambrey.

8.e BRANCHE. 16.e DEGRÉ.

S.T-MAURIS. — LIGNIVILLE.

1682.

CLAUDE-LOUIS.

Claude-Louis baron de Saint-Mauris, sergent-major de bataille au service d'Espagne, après avoir été capitaine, puis major et colonel de cavalerie, et guidon des chevau-legers de la garde du duc de Lorraine; seigneur de Lambrey, Sainte-Marie, Purgerot, Augicourt, Gesincourt, Port-d'Atelier, La Gillerie, La Proselière, Langle, Fessey, La Lanterne, Amage, Saint-Germain, La Mer, le Mont-Saint-Germain, etc.; fils puîné de François de Saint-Mauris, baron de Châtenois, général-major de bataille, commandant au comté de Bourgogne, colonel d'infanterie et de dragons, etc., et d'Hermeline comtesse d'Oyembrughes-Duras, ancienne chanoinesse de Maubeuge; épousa le 16 juillet 1682 Marie-Susanne comtesse de Ligniville (*), chanoinesse

(*) LIGNIVILLE.

On voit par la notice que l'on a donnée page 85 sur cette antique et puissante Maison, qu'elle est issue par mâles de l'auguste Maison de Lorraine; qu'elle a toujours pris le premier rang à la cour et aux Etats parmi les quatre premiers pairs de l'état, comme étant la seconde du pays après la Maison souveraine, et qu'elle a constamment soutenu l'éclat de son origine par ses grandes alliances, ses illustrations, ses décorations, sa réception dans les plus hauts chapitres, et ses grandes possessions.

Elle s'allia à celle de Saint-Mauris en 1679 et en 1682.

d'Epinal, fille de Nicolas-Réné comte de Ligniville, baron de Vannes, etc., issu de l'auguste Maison de Lorraine, et à ce titre la seconde des quatre Maisons revêtues de la pairie primitive et de la prééminence dans le corps illustre de l'ancienne chevalerie de Lorraine, chevalier des ordres du roi, gentilhomme de sa chambre et gouverneur des ville et pays de Toul, et de Catherine baronne de Pouilly, et sœur germaine de Marie-Françoise comtesse de Ligniville, qui avait épousé en 1679 Charles-Emmanuel comte de Saint-Mauris, baron de Châtenois, maréchal-de-camp et inspecteur-général de la cavalerie au service de France, frère dudit Claude-Louis.

Ledit Nicolas-Réné était fils de Jacques-Réné comte de Ligniville, chevalier des ordres du roi, capitaine de cinquante hommes d'armes, et de Louise baronne de Chenû; et ladite Catherine de Pouilly, fille de Daniel baron de Pouilly, capitaine et gouverneur de Conflans, et de Jeanne de Jaquelain, veuve de Jean de Mathay, chevalier.

Claude-Louis fut successivement cornette, capitaine-major et colonel de cavalerie, et guidon des chevau-légers de la garde du duc de Lorraine, pour actions distinguées, dit son brevet. Il passa de ce service à celui d'Espagne, où il fut sergent-major de bataille. Il succéda vers 1706 à Paul-François baron de Saint-Mauris, premier gentilhomme de la chambre et capitaine des gardes du duc de Lorraine, mestre-de-camp de cavalerie, sergent-major de bataille et gouverneur de Gray, qui mourut de ses blessures sans postérité, et fut le dernier de la branche dite première des seigneurs de Lambrey.

Il mourut à Luxeuil en septembre 1713, dans un vaste hôtel en colonnade dont on remarque encore l'architecture, et où l'on voit ses armes ainsi que sur la grille du jardin, et fut enterré, sous un mausolée en marbre, aux Bénédictins, ainsi que son épouse et le comte Louis de Ligniville, son beau-frère, colonel en Empire.

Claude-Louis eut de son mariage six enfans, rapportés ci-après.

S.T-MAURIS. — GOURCY.

1. **BALTHAZARD-HENRY** comte de Saint-Mauris, chevalier de l'ordre de Saint-Louis, capitaine de cavalerie, marié à Charlotte comtesse de GOURCY, chanoinesse d'Epinal, dame de l'ordre impérial de la Croix-Etoilée, qui suit.

2. **PIERRE-FRANÇOIS** (dit Amarin dans son chapitre) de Saint-Mauris, chanoine des chapitres nobles et équestraux de Lure et de Mürbach (actuellement transféré à Guebviller), auxquels il donna beaucoup de vases sacrés et d'ornemens d'église, où l'on voit encore ses armes. Il y prouva pour ses seize lignes ou quartiers : 1.° Saint-Mauris, 2.° Willaffans, 3.° Coinctet, 4.° La Tour-Saint-Quentin, 5.° Oyembrughes-Duras, 6.° Corswarem, 7.° Berloo, 8.° Loquenguien, 9.° Ligniville, 10.° du Châtelet, 11.° Chenû, 12.° Prie, 13.° Pouilly, 14.° Saint-Baussant, 15.° Jaquelain, 16.° Byans.

3. **LOUISE-MARTINE** comtesse de Saint-Mauris, chanoinesse et comtesse de l'illustre chapitre de Remiremont, où elle prouva les seize lignes ci-dessus, née le 9 avril 1692 à Sainte-Marie, et fut reçue et apprébendée le 23 novembre 1699, puis élevée par S. A. I. la princesse Charlotte de Lorraine, sœur de l'empereur, abbesse dudit chapitre, à la dignité de sa lieutenante, pour la représenter en son absence; et par son chapitre à celle de grande aumônière et trésorière. Elle hérita, à la mort de Balthazard-Henry son frère, des terres de Sainte-Marie, Lambrey et dépendances, à charge de 4,000 liv. de douaires envers sa veuve; terres qu'elle donna par testament à Charles-Emmanuel comte de Saint-Mauris, lieutenant-général des armées du roi, commandant-général des îles du Vent de l'Amérique, etc. etc., son neveu à la mode de Bretagne, par qui elles revinrent à la branche de Châtenois. Elle apprébenda M.me la comtesse de La Tour-en-Voivre, qui succéda, suivant l'usage du chapitre, à ses prébendes et à sa Maison, où l'on voit encore ses armoiries, et mourut le 1.er janvier 1768, âgée de 76 ans. Et ladite dame comtesse de La Tour, par reconnaissance, apprébenda en 1788 dame Charlotte-Mélanie-Athénaïs comtesse de Saint-Mauris, fille de Charles-

Emmanuel-Polycarpe, marquis de Saint-Mauris, et de Marie-Charlotte-Léopoldine marquise de Raigecourt, afin de rendre cette place à la famille de qui elle la tenait.

Louise-Martine tenait sa prébende de Mme Hilaire comtesse de Mechatin-Saint-Pardoux. Elle fit des fondations et des libéralités considérables aux églises et à l'hôpital de Remiremont et aux pauvres de cette ville. Son tombeau se voit au cimetière des dames de ce chapitre avec ses armes. Morte âgée de 76 ans, le 1.er janvier 1768.

4. **BARBE-GABRIELLE** comtesse de Saint-Mauris, chanoinesse et comtesse du haut chapitre de Remiremont, où elle fut reçue sur les preuves ci-dessus le 23 décembre 1700. Désirant vivre sous une règle encore plus sévère, elle quitta ce chapitre pour se faire recevoir chanoinesse dans celui de Baume-les-Dames le 14 février 1703; état que sa haute dévotion lui fit encore quitter pour se faire simple religieuse, et se jeta dans le couvent des dames Cordelières de Salins, où elle mourut en odeur de sainteté. Elle y fut inhumée.

5. **LOUISE** comtesse de Saint-Mauris, chanoinesse et comtesse de l'illustre chapitre de Remiremont.

Sa réception, ainsi que celle de ses sœurs, prouvée par attestation dudit chapitre du 23 février 1767, qui fixe sa réception au 3 décembre 1700.

6. **CHARLES-LOUIS-JOSEPH**, mort en 1707, âgé de 10 ans.

8.e BRANCHE. | 17.e DEGRÉ.

S.t-MAURIS. — GOURCY.

1755.

BALTHAZARD-HENRY.

Balthazard-Henry comte de Saint-Mauris, chevalier, capitaine, chef d'escadron de cavalerie au régiment de Royal-Etranger, fait chevalier de l'ordre royal et militaire de Saint-Louis pour actions d'éclat; comte et seigneur de Lambrey, Sainte-Marie, La Proselière, Langle, Fessey, La Lanterne, Saint-Germain, Le Mont, La Gillerie, Amage, La Mer, Purgerot, Augicourt, Gesincourt, Port-d'Atelier, Combeaufontaine, etc....; marié en 1755 à Marie-Charlotte comtesse de Gourcy (*), chanoinesse d'Epinal, dame de l'ordre impérial de la Croix-Etoilée, fille d'Ignace-Hyacinthe comte de Gourcy, major des dragons du prince Eugène au service de

(*) GOURCY.

Cette ancienne Maison de Gorcey, Gorcy ou Gourcy, issue par mâles des anciens et illustres lords d'Irlande de ce nom, remonte sa filiation consécutive par titres jusqu'à Jean de Gorcy, écuyer, premier seigneur de ce nom, qui s'établit en 1260 aux confins de la Lorraine et du Luxembourg et fit des acquisitions considérables à la châtellenie de Longwy. A cette occasion ledit seigneur Jean de Gorcy justifia en 1270 de son illustre origine au duc de Lorraine et en obtint, en cette considération, de reprendre en fief de lui lesdites seigneuries sous son nom de Gorcy, qu'elles ont toujours porté dès-lors; et à dater de cette époque, ses descendans ont toujours pris rang parmi la haute noblesse, tant à la cour qu'aux assises de l'ancienne chevalerie, aux Etats du pays; se sont distingués dans les premières charges, ainsi que dans les armées, et ont constamment contracté alliances avec les plus grandes Maisons: aussi les trouve-t-on de toute ancienneté dans tous les hauts chapitres de ce pays.

Jean de Gorcey ou Gorcy, gentilhomme irlandais, s'établit en Lorraine, près de Longwy, où il acheta différentes seigneuries, dont il reprit de fief en 1270 du duc de Lorraine, qui

l'empereur, seigneur de Récicourt, Paroy, Laville-au-Pré, Fleville, et de Marie-Eléonore comtesse de Gourcy. Ladite Charlotte était sœur de Joseph comte de Gourcy, chevalier de l'ordre de Saint-Etienne, marié à Anne comtesse de Vignacourt, d'Antoine-Nicolas, qui épousa Marie-Antoinette de Saint-Ygnon, de Joachim-Isidore, chambellan du duc Léopold, marié à Henriette-Louise comtesse du Hautoy, et de Nicole, dame chanoinesse de Poulangy.

Il mourut à Remiremont le 1.er mars 1757 sans laisser de postérité, âgé de cinquante-trois ans, laissant 4000 liv. de douaire à sa veuve et toutes ses terres à Louise-Martine comtesse de Saint-Mauris, chanoinesse de Remiremont, sa sœur. Ladite comtesse Charlotte de Gourcy lui fit élever dans l'église de cette ville un superbe mausolée orné de nombre de figures et trophées allégoriques, en marbre blanc, d'un beau travail, surmonté d'une renommée, au bas une épitaphe et ses armoiries accolées de celles de Gourcy, qui est une des illustres Maisons de l'ancienne chevalerie de Lorraine.

---

les inféoda sous son nom de Gourcy, qu'ils ont toujours porté depuis cette époque. Jean fut père de Varnier; il fut un des chevaliers de la suite du comte de Bloie qui combattirent dans un tournois à Tours; il reprit de fief du comte de Bar de terres de son père, en 1311; père de Grassillon, gouverneur de Longuyon en 1340, marié à Jacquemine de Mercy; père de Jaconnet, marié à Didette de Pouilly en 1370; père d'Erard, gouverneur et prevôt de Longuyon, marié à Jeanne d'Ancherin en 1404; père de Jean II, marié à Baptiste de Stoudinan; père de Jean III, marié à Marie du Hautoy, 1468, tige de plusieurs branches; 2.° de Jacquemin, marié: 1.° à Louise de Vannes, 2.° à Isabeau d'Assenay, tige d'une branche; 3.° et de Nicolas, marié à Marguerite de Ville-sur-Illon, et vivait en 1473; père de Gerard, marié à Marie de Failly, 1506; père de Gerard II, marié à Jeanne de Bar, 1539; père de François, gouverneur de Bouconville, gentilhomme du duc, marié à Catherine de Nogent, 1572; père: 1.° de Dominique, marié à Louise de Perecy, tige de plusieurs branches (dont une subsiste avec lustre en Allemagne, dont François-Hyacinthe comte de Gourcy, marié à Claire marquise d'Yves, dame de la Croix-Etoilée, dont il a Félix et Ernest); 2.° d'Antoine I.er, lieutenant-colonel, marié en 1593 à Clauda de Rarecourt; père de François II, lieutenant-colonel, marié à Louise de Xonot; père: 1.° d'Antoine-François II, capitaine de cavalerie, marié à Catherine de Bouzey, tige de la branche de Mainville, existante; et de Paul, marié à Salomée de Maillet de Récicourt, 1675; père d'Antoine, marié à Marie de Saint-Ygnon, et de Joachim, marié à Louise du Hautoy, qui formèrent deux branches; 3.° et d'Ignace-Hyacinthe comte de Gourcy et de Récicourt, major de dragons, marié à Marie de Gourcy en 1754; père de Marie-Charlotte de Gourcy, chanoinesse d'Epinal, dame de la Croix-Etoilée, mariée à Balthazard de Saint-Mauris, et d'Ignace-Joseph, chevalier de Saint-Etienne en 1760, marié à Adélaïde de Vignacourt; père de Charles-Innocent, marié en 1789 à Charlotte-Victoire comtesse du Houx-Vioménil, dont il a Amélie, mariée à M. de Boursier de Montureux, 2.° de Marie et de Léonie, 4.° de Charles, écuyer du roi, marié à N... de Bizemont; 5.° et de Conrad, chef de bataillon, né en 1790, marié à Céline de Larenommière.

Ses autres alliances sont: Beauffort de Flandre, Brion, Bressey, deux Custinès, deux Cléron, deux Carpentier, de Villechole, Chamissot, trois des Armoises, deux Everlanges, Bonafosse, Ferrage, Frêne, Gournay, Housse, deux Joyeuse, Ligniville, Lavaux, Lellich, Lopez-Gallo, La Pierre, Mérode, Musson, Rosières, Rolly, Reiffenberg, deux Serocourt, Souard, Serinchamp, Saint-Félix, deux Toustain, Vandevelle, Vandemberg, Waha, Walles, Verneuil, deux Xonot, Zoloff de Spitzemberg.

ARMES: Ils portent d'argent à neuf pointes d'hermine de sable, quatre, trois, deux, au chef de gueules, chargé de trois annelets d'or; quelques branches ont brisé de deux jumelles de gueules, d'autres d'un lambel de même.

Neuvième Branche,

Dite troisième des Seigneurs de Lambrey.

9.e BRANCHE. | 19.e DEGRÉ.

S.T-MAURIS. — RAIGECOURT.

1788.

LOUIS-EMMANUEL-ALEXANDRE.

Louis-Emmanuel-Alexandre comte de Saint-Mauris-Châtenois, chevalier de l'ordre de Saint-Jean de Jérusalem, puis page du grand-maître de Malte, capitaine de dragons, chevalier de l'ordre de Saint-Louis et de celui de Saint-Georges, chef d'escadron de cavalerie; fils de Charles-Emmanuel-Xavier marquis de Saint-Mauris, officier-général, et de Gabrielle-Françoise-Bernarde marquise de Raigecourt;

Comte et seigneur de Lambrey, Sainte-Marie, Augicourt, Gesincourt, La Gillerie, Amage, La Proselière, Saint-Germain, Fessey, Langle, La Lanterne, et co-seigneur avec ses frères à Saulny, Spincourt, Scellières; épousa le 28 janvier 1788 Anne-Marie-Gabrielle-Joséphine marquise de Raigecourt (*), chanoinesse du haut chapitre de Remiremont, sa cousine

(*) RAIGECOURT.

Cette antique Maison, marquante parmi celles les plus distinguées qui formaient le corps illustre de l'ancienne chevalerie de Lorraine, fût admise aux honneurs de la cour de France en vertu de ses preuves, puis élevée à la dignité de pair héréditaire du royaume. S'étant alliée trois fois à celle de Saint-Mauris, on trouve, page 107, une notice qui relate partie de sa filiation, de ses illustres alliances et des honneurs, grades et illustrations qu'elle a constamment réunis.

Elle porte d'or à la tour de sable.

Et pour devise : Avec honneur.

germaine (sœur de Caroline, mariée au marquis de Saint-Mauris, maréchal-de-camp, frère dudit Alexandre), et fille de Christophe marquis de Raigecourt, chevalier, comte du Saint-Empire, chambellan de LL. MM. II., seigneurs de Gros-Yeux, Augny, Busy, Bitzerberg, Vignot, Merckïngen, Everlange, Useldange, La Chaussée, Bayonville, etc.; et de Marie-Joséphine comtesse de Saint-Ygnon, fille unique, héritière d'Adrien comte de Saint-Ygnon, maréchal des camps et armées de S. M. C., capitaine de ses gardes et colonel d'infanterie, seigneur d'Everlange, Useldange, Merckingen, Bitzerberg, etc., et d'Anne-Marguerite-Thérèse baronne de Haan; ledit Christophe, fils de Louis-Antoine marquis de Raigecourt, maréchal des camps et armées de S. M. T. C., et de Anne-Marie comtesse de Gournay, dernière de cette antique Maison;

Fut d'abord, comme cadet, reçu chanoine de l'illustre chapitre de Liège, dont son oncle était prince..... Cette Maison de Raigecourt, déjà citée comme une des plus illustres parmi celles de la haute noblesse qui formaient le corps de l'ancienne chevalerie de Lorraine.

Ledit Alexandre naquit le 11 février 1759; reçu page du grand-maître de Malte et chevalier de cet ordre le 10 février 1771, prouva pour ses huit lignes : 1.° Saint-Mauris, 2.° Lignivile, 3.° Lallemand, 4.° Rahon, 5.° Raigecourt, 6.° des Armoises, 7.° Gournay, 8.° Berghes.

Il entra au service au régiment de Lorraine, dragons (où son frère était capitaine), en 1773, passa sous-lieutenant au régiment d'Orléans, dragons, le 14 août 1775, capitaine au régiment de Durfort, dragons, en 1778, se maria en 1778, obtint du grand-maître de continuer à porter la croix de Malte, quoique marié la même année; il sortit du royaume de concert avec ses deux frères et ses neveux en janvier 1791, pour rejoindre les armées royales, où il servit à l'avant-garde, à ses frais, dans la brigade de Monsieur, jusqu'au licenciement; rentré en France, repoussa toute place, et ne reprit les armes que pour offrir avec tout ce qui portait son nom, ses services et ceux de son fils, âgé de 16 ans, à Monsieur, à sa rentrée en France, qui daigna le recevoir chevalier de Saint-Louis de sa main (et placer son fils garde-du-corps du roi, son frère, avec rang de lieutenant le ...), chevalier de l'ordre de Saint-Georges en 1816, chef d'escadron de cavalerie le 31 janvier 1796.

Il eut de son mariage trois enfans : 1.° Joséphine-Alexandrine-Zénéïde, 2.° Victor-Alexandre, 3.° et Amélie-Georgette-Joséphine-Florentine, qui suivent.

S.T-MAURIS. — DOLOMIEU.

1. **VICTOR-ALEXANDRE** comte de Saint-Mauris, qui suit, marié à Emilie marquise de Dolomieu, en 1827.

S.T-MAURIS.

2. **BERNARDINE-JOSÉPHINE-ALEXANDRINE-ZÉNÉIDE** de Saint-Mauris, née le 27 octobre 1788, morte à Thionville au mois de février 1803.

S.T-MAURIS.

3. **AMÉLIE-GEORGETTE-JOSÉPHINE-FLORENTINE** de Saint-Mauris, née le 29 mars 1801, modèle de vertu et de piété, et douée également des avantages de la figure, qui vécut et finit d'une manière si notoirement édifiante à l'âge de 23 ans, à Pont-à-Mousson, le 15 mai 1824, que le peuple accourut en foule à son lit de mort pour obtenir de ses parens quelques parcelles de ses vêtemens.

9.e BRANCHE. — 20.e DEGRÉ.

St-MAURIS. — DOLOMIEU.

VICTOR-ALEXANDRE.

Victor-Alexandre comte de Saint-Mauris, garde-du-corps de S. M. Louis XVIII, avec brevet de lieutenant de cavalerie, lieutenant dans la garde royale, chevalier de l'ordre de Saint-Georges, gentilhomme d'ambassade en 1822.

Né le 11 mars 1797, ainsi que toute sa famille il s'empressa d'offrir ses services à S. A. R. MONSIEUR tout à son arrivée en février 1814, et fut placé instamment par ce prince chéri garde-du-corps du roi son frère. Il suivit ce monarque à Gand lors de la déplorable invasion de l'usurpateur, et rentra à Paris, avec les fidèles de son corps, à la suite de S. M., le 8 juillet 1815; fait officier de carabiniers, puis lieutenant dans la garde royale, troisième régiment, le .... 1816; admis chevalier de l'ordre de noblesse de Saint-Georges en 1816, reçu le 25 mai, ayant prouvé pour ses seize quartiers : 1.° Saint-Mauris, 2.° Ligniville, 3.° Lallemand, 4.° Rahon, 5.° Raigecourt, 6.° des Armoises, 7.° Gournay, 8.° Berghes, 9.° Raigecourt, 10.° des Armoises, 11.° Gournay, 12.° Berghes, 13.° Saint-Ygnon, 14.° Roucy, 15.° Haan, 16.° et Cools.

Nommé par le roi gentilhomme d'ambassade à la cour de Naples en 1822, secrétaire d'ambassade en 1823, chevalier de la Légion-d'Honneur en 1825, marié le 2 décembre 1827 à Emilie-Jeanne-Raymondine comtesse de DOLOMIEU (*), fille unique et riche héritière

(*) DOLOMIEU.

L'ancienne Maison de Gratet, originaire du Dauphiné, encore existante en deux branches, séparées depuis le seizième siècle, l'une titrée comte du Bouchage, élevée à l'éminente dignité de pair du royaume, l'autre de marquis de Dolomieu,

d'Alphonse-Guy-François marquis de Dolomieu, colonel d'infanterie, chevalier des ordres de Saint-Louis et de Saint-Jean de Jérusalem, et de Christine-Zoé comtesse de Montjoye-d'Hirsingen, ancienne chanoinesse de Remiremont, dame d'honneur de S. A. R. Madame la duchesse d'Orléans.

Les seize quartiers d'Emilie étaient : 1.° Dolomieu, 2.° Vuirieu, 3.° Maugiron, 4.° Sassenage; 5.° Béranger, 6.° Simiane, 7.° Orsay, 8.° Le Grain, 9.° Montjoye, 10.° Reinach, 11.° Montjoye; 12.° Montjoye, 13.° Reinach, 14.° Seckingen, 15.° Eptingen, 16.° et Ramschwag.

Elle fut la même année nommée dame de S. A. R. Mademoiselle d'Orléans.

---

tire primitivement son nom du fief de Gratet situé dans ce pays, caractère distinctif des Maisons d'ancienne chevalerie, confirmé en outre par les hautes et illustres alliances qu'elle a constamment contractées, par ses grandes possessions et terres titrées, sa réception depuis plusieurs siècles dans l'ordre de Malte, auquel elle a donné nombre de commandeurs et de chevaliers; son admission, dans le siècle dernier, parmi les officiers supérieurs des gardes-du-corps, et enfin par les expressions flatteuses énoncées par le roi dans des lettres patentes de 1680, d'érection en marquisat de la terre de Dolomieu, constatant leur ancienne noblesse, rappelant particulièrement les importans services rendus aux rois Henri III et Henri IV par Pierre-Jacques de Gratet, seigneur de Dolomieu et de Gramien, capitaine de cent hommes d'armes, à la tête desquels il se signala en plusieurs occasions, notamment à l'époque de la Ligue, de la manière la plus brillante et la plus remarquable. On voit cette Maison, à l'instar des plus illustres du Dauphiné, se distinguer à la tête des cours royales comme à la tête des corps militaires; néanmoins, le nombre de terres distraites de ses possessions par ses alliances, a tellement entraîné la dispersion de ses titres, que, jusqu'à plus amples informations, à prendre près de ses différentes branches, on n'a pu remonter sa filiation que jusqu'au neuvième aïeul d'Emilie de Dolomieu, comtesse de Saint-Mauris, lequel avait épousé une demoiselle de Civa; dont il eut Antoine, marié à Angéline d'Orgeoise; père de Pierre-Jacques, marié à N... de Rabot; père de François, marié vers 1540 à Laurence de Ferrus; père de Pierre baron du Bouchage, marié à Marguerite de Clermont-Montoison, dont descend le comte du Bouchage, aujourd'hui pair de France, marié à une comtesse de Planelli-Lavalette; 2.° Claude marquis de Dolomieu, marié à Marguerite comtesse de La Poëpe; père de François, marié à Catherine comtesse de Vuirieu; père de Charles, marié à Thérèse de Maugiron; père de François, marié à Françoise comtesse de Béranger; père d'Alphonse-Guy-François, marié à Christine-Zoé comtesse de Montjoye; père d'Emilie-Jeanne-Raymondine comtesse de Dolomieu, dernière de sa branche, mariée en 1827 à Victor-Alexandre comte de Saint-Mauris.

Ses alliances sont : Béranger, Borel, Clermont-Montoison, Civa, Corbeaux, Drée, Ferrus, Manuel, Maugiron, Montjoye, Muzy, Orgeoise, La Poëpe, Praigne, Planelli-Lavalette, Rabot, Saint-Mauris, Virieu, Vuirieu.

Elle porte d'or au griffon d'azur.

RÉCAPITULATION

De tous les Gentilshommes de la Maison de Saint-Mauris qui ont été élevés à la dignité éminente de Chevalier, dès l'époque du lustre de cette institution jusqu'à celle de son déclin, c'est-à-dire dans les onzième, douzième, treizième et quatorzième siècles;

De tous les Seigneurs et Dames de cette Maison qui ont été admis dans les différens Corps, Colléges ou Chapitres de noblesse d'hommes et de femmes, depuis le douzième siècle; décorés de différens Ordres militaires de chevalerie; ou qui ont pris rang à la Cour ou parmi les grands Officiers de leurs souverains.

CHEVALIERS.

Elevés au rang de Chevalier dans les onzième, douzième, treizième et quatorzième siècles [18].

RICHARD I.er de Saint-Mauris, chevalier vers 1090, marié à Adeline de Montjoye.

HENRY I.er de Saint-Mauris, chevalier vers 1090; frère du précédent.

HUGUES de Saint-Mauris, chevalier, chambellan de l'archevêché en 1130, 1140; fils de Richard I.er, chevalier, et d'Adeline de Montjoye.

RODOLPHE de Saint-Mauris, chevalier, marié à Damnaz de Parcey, 1140; fils de Richard I.er, chevalier, et d'Adeline de Montjoye.

HENRY II de Saint-Mauris, chevalier, 1141; fils de Richard I.er et d'Adeline de Montjoye.

JEAN I.er de Saint-Mauris, chevalier en 1200; fils de Pierre I.er

RODOLPHE II de Saint-Mauris, chevalier, 1211; fils de Pierre I.er

HUMBERT I.er de Saint-Mauris, chevalier en 1200; fils de Pierre I.er

JEAN II de Saint-Mauris, chevalier, 1221, 1250; fils de Jean I.er, chevalier.

THIÉBAUD de Saint-Mauris, chevalier, 1230; fils de Jean I.er, chevalier.

RICHARD II de Saint-Mauris, chevalier, 1241, 1278, 1304, marié à Marguerite de Saint-Mauris; fils de Jean II, chevalier.

CONRAD de Saint-Mauris, chevalier, 1280, 1306, marié à ; fils de Jean II, chevalier.

JEAN III de Saint-Mauris, aîné, chevalier, 1280, 1302, marié à Jeanne de Tramelay; fils de Richard II de Saint-Mauris, et de Marguerite de Saint-Mauris.

JEAN III de Saint-Mauris, chevalier, le jeune, qui suivit aux croisades le comte de La Roche, son parent, lequel le maria à Simonne de Vennes, aussi sa parente, 1288, 1302, 1304, 1310; fils de Richard II de Saint-Mauris, chevalier, et de Marguerite de Saint-Mauris.

JEAN III de Saint-Mauris, chevalier, 1306, 1316, 1326, 1336, marié à N...; fils de Conrad de Saint-Mauris, chevalier, et de N...

GUY de Saint-Mauris, chevalier, 1330; fils de Richard II, chevalier, et de Marguerite de Saint-Mauris.

BERCHIN de Saint-Mauris, chevalier vers 1348, 1390, marié à Jeanne de Trévillers; fils de Jean III l'aîné, chevalier, et de Jeanne de Tramelay.

MÉTROPOLE.

Reçus aux Chapitres de la Métropole de Saint-Jean et de Saint-Etienne [6.]

PIERRE de Saint-Mauris, reçu en 1147, mort, selon le nécrologe, en 1169; fils de Richard de Saint-Mauris, chevalier, et d'Adeline de Montjoye.

JEAN de Saint-Mauris, chanoine et garde-des-sceaux de Saint-Jean et de Saint-Etienne, mort en 1160; fils de Bernard de Saint-Mauris.

LAMBERT de Saint-Mauris, chanoine de Saint-Jean et de Saint-Etienne, mort en 1184; fils de Bernard de Saint-Mauris.

JEAN-SAUVAGET de Saint-Mauris, chanoine de Saint-Jean en 1349, curé de Logre; fils de Jean II de Saint-Mauris, dit Sauvaige, chevalier.

ANNET, dit Sauvaiget, de Saint-Mauris-en-Montagne, chanoine de Saint-Jean en 1449; fils de Jean IV de Saint-Mauris-en-Montagne et de N. d'Epenoys.

PIERRE de Saint-Mauris, dit Berchenet, chanoine de Besançon et de Montbéliard en 1482, mort en 148.; fils de Gerard de Saint-Mauris-en-Montagne et d'Agnès de Bustal.

SAINT-CLAUDE.

Reçus au Chapitre de Saint-Claude ou Saint-Oyant de Joux [4].

JEAN de Saint-Mauris, grand-prieur, abbé du Miroir, chevalier de Saint-Georges, reçu en 1545, mort en 1622; fils d'Hugues de Saint-Mauris-en-Montagne, chevalier, capitaine-gouverneur de la Franche-Montagne, comté, villes et châteaux en dépendans, et de Claudine de Mugnans.

MARC de Saint-Manris, grand-prieur, vicaire-général, chevalier de Saint-Georges, reçu à Saint-Claude en 1570, mort en 1628; fils d'Hugues de Saint-Mauris, chevalier, et de Claudine de Mugnans.

JEAN-CLAUDE de Saint-Mauris, grand-prieur, chevalier de Saint-Georges, reçu à Saint-Claude en 1580, mort en 1620; fils de Jean de Saint-Mauris-en-Montagne, chevalier de Saint-Georges, capitaine-gouverneur de la Franche-Montagne, comté de La Roche et dépendances, et d'Anne d'Aroz.

CLAUDE-ANTOINE de Saint-Mauris, reçu en 1628, mort en 1660; fils de François de Saint-Mauris-en-Montagne, gouverneur, ainsi que ses ancêtres, de la Franche-Montagne, etc., chevalier de Saint-Georges, et de Catherine de Poligny.

BAUME-LES-MESSIEURS.

Reçus au Chapitre de Baume-les-Messieurs [2].

MICHEL de Saint-Mauris, en l'an 1450, était du nombre des nobles religieux de Baume; fils de Guillaume de Saint-Mauris, homme d'armes du duc de Bourgogne, et de Jeanne d'Aucelle.

DESLE-JEAN-CLAUDE, dit Claude-Antoine à son chapitre, grand-prieur de l'abbaye de Baume en 1642; fils de François de Saint-Mauris, chevalier de Saint-Georges, capitaine-gouverneur, comme ses ancêtres, de la Franche-Montagne, comté, villes et châteaux en dépendans, et du château de Châteauneuf, et de Catherine de Poligny.

MURBACH.

Reçus au Chapitre de Mürbach, Guebwiller et Lure [3].

PIERRE de Saint-Mauris, grand-prieur de Mürbach et de Lure, reçu en 1498, mort en 1560; fils de Pierre de Saint-Mauris-en-Montagne, capitaine-gouverneur de Châtillon, chevalier de Saint-Georges, et de Françoise de Rougemont.

PIERRE de Saint-Mauris, grand-prieur de Mürbach et de Lure, reçu en 1550, mort en 1585; fils d'Hugues de Saint-Mauris, chevalier, et de Claudine de Mugnans.

PIERRE-FRANÇOIS, dit Amarin de Saint-Mauris, reçu en 1704, mort en 17..; fils de Claude-Louis de Saint-Mauris, comte de Lambrey, sergent-major de bataille, colonel de cavalerie, et de Susanne comtesse de Ligniville.

CHARTREUSE.

Grand-Prieur de la Chartreuse de Bon-Lieu [1].

PIERRE de Saint-Mauris, grand-prieur de l'ordre de la Chartreuse de Bon-Lieu, reçu en 1325, grand-prieur en 1350; fils de Richard II de Saint-Mauris, chevalier, l'un des seigneurs qui composaient le conseil de régence du jeune duc Philippe-le-Rouvre, et de Marguerite de Saint-Mauris.

BAUME-LES-DAMES.

Reçues au Chapitre de Baume-les-Dames [7].

YSABELLE de Saint-Mauris, fille de Richard II de Saint-Mauris, chevalier, et de Marguerite de Saint-Mauris, en 1355 et 1356.

JEANNE de Saint-Mauris, reçue en 1483; fille de Thiébaud de Saint-Mauris, chevalier de Saint-Georges, et d'Henriette de Bougne.

JACQUETTE de Saint-Mauris, reçue en 1523; fille d'Adrien de Saint-Mauris-en-Montagne, chevalier de Saint-Georges, lieutenant pour le roi de Bohême au comté de Bourgogne, gouverneur de Lisle et de Neufchâtel, et de Marie de Grammont.

JEANNE de Saint-Mauris, reçue en 15.., morte en 1588; fille de Pierre II de Saint-Mauris, chevalier de Saint-Georges, gouverneur de Châtillon, et de Françoise de Rougemont.

YSABELLE de Saint-Mauris, reçue en 1550, morte en 1605; fille de Thiébaud III de Saint-Mauris, chevalier de Saint-Georges, capitaine-gouverneur et grand-bailli de Neufchâtel et de Lisle, et de Claudine de Colombier.

MARGUERITE de Saint-Mauris, reçue en 1590; fille de Jean V, chevalier de Saint-Georges, et de Françoise de Grammont.

BARBE-GABRIELLE de Saint-Mauris, d'abord chanoinesse comtesse de Remiremont, puis reçue chanoinesse de Baume en 1703; fille de Claude-Louis baron de Saint-Mauris, comte de Lambrey, officier-général et colonel de cavalerie au service d'Espagne, et de Marguerite-Susanne comtesse de Ligniville.

MIGETTE.

Reçues au Chapitre de Migette [14].

JEANNE de Saint-Mauris, abbesse de l'abbaye noble de Migette en 1419; fille de Richard III de Saint-Mauris, chevalier, et de Jeanne de Willaffans.

ANNE de Saint-Mauris, reçue en 1437; fille de Guillaume et de Jeanne d'Aucelle.

MARGUERITE de Saint-Mauris l'aînée, reçue en 1447; fille de Guillaume et de Jeanne d'Aucelle.

MARGUERITE de Saint-Mauris cadette, reçue, avec sa sœur, en 1447; fille de Guillaume et de Jeanne d'Aucelle.

ROSE de Saint-Mauris, reçue en 1516; fille de Pierre II, chevalier de Saint-Georges, gouverneur de Châtillon, et de Françoise baronne de Rougemont.

ETIENNETTE de Saint-Mauris, reçue en 1600; fille de Pierre III, baron de Châtenois, et de Philiberte de Willaffans.

ROSE de Saint-Mauris, reçue en 1600, vivante en 1628.

ANTOINETTE de Saint-Mauris, reçue en 1602, vivante en 1620.

MARGUERITE de Saint-Mauris, reçue en 1625; fille d'Adam baron de Châtenois, colonel de cavalerie, chevalier de Saint-Georges, gouverneur de la Franche-Montagne, et de Bonne de Coinctet.

JACQUELINE de Saint-Mauris, reçue en 1626; sœur de la précédente.

ANNE-BÉATRIX de Saint-Mauris, reçue en 1655; fille de François baron de Châtenois, général de bataille, commandant au comté de Bourgogne, etc., et d'Hermeline comtesse d'Oyembrughes-Duras.

ANNE de Saint-Mauris, reçue en 1690; sœur de la précédente.

LOUISE-MARTINE de Saint-Mauris, reçue en 1723; fille de Paul-François marquis de Saint-Mauris, et de Bernarde-Joséphine comtesse de Lallemand.

ANNE-THÉRÈSE de Saint-Mauris, reçue en 1723, puis doyenne du chapitre; fille de Paul-François marquis de Saint-Mauris, baron de Châtenois, capitaine des cuirassiers du roi, et de Bernarde-Joséphine comtesse de Lallemand; morte en 1805.

CHATEAU-CHALONS.

Reçue au Chapitre de Chateau-Chalons [1].

ALIX de Saint-Mauris, dame reçue à Château-Chalons vers 1459; fille de Colin de Saint-Mauris-en-Montagne, damoiseau, et de Jeanne de Provenchères.

MONTIGNY.

Reçues au Chapitre de Montigny [2].

MARGUERITE de Saint-Mauris, vivante en 1602; fille de Pierre III de Saint-Mauris, baron de Châtenois, gouverneur, ainsi que ses ancêtres, de la Franche-Montagne et dépendances, chevalier de Saint-Georges, et de Philiberte de Willaffans.

ANNE de Saint-Mauris, dame-abbesse en 1622 dudit chapitre, en vertu de patente du souverain; fille d'Adam de Saint-Mauris, baron de Châtenois, chevalier de Saint-Georges, colonel de cavalerie, gouverneur de la Franche-Montagne, ainsi que ses ancêtres, et de dame Bonne de Coinctet de Châteauvert.

REMIREMONT.

Reçues au Chapitre de Remiremont [8].

JEANNE-CLAUDE comtesse de Saint-Mauris, reçue en 1690, puis mariée en 1728 à Humbert comte de Precipiano, chevalier de Saint-Georges; fille de Charles-Emmanuel comte de Saint-Mauris, baron de Châtenois, chevalier de Saint-Georges et de Saint-Louis, officier-général de cavalerie au service de France, et de Françoise comtesse de Ligniville.

MARIE-THÉRÈSE comtesse de Saint-Mauris, reçue chanoinesse en 1696, puis grande sonrière du chapitre et lieutenante de la princesse de Lorraine, sœur de l'empereur, son abbesse; fille de Charles-Emmanuel comte de Saint-Mauris, officier-général et colonel de cavalerie en France, et de Françoise comtesse de Ligniville.

LOUISE comtesse de Saint-Mauris, reçue en 1700; fille de Claude-Louis comte de Lambrey, officier-général et colonel de cavalerie en Espagne, et de Susanne de Ligniville.

BARBE-GABRIELLE comtesse de Saint-Mauris, reçue en 1702, puis chanoinesse à Baume; fille de Claude-Louis et de Susanne de Ligniville.

MARTINE comtesse de Saint-Mauris, reçue en 1703 grande trésorière du chapitre, puis lieutenante de la princesse abbesse; fille de Claude-Louis et de Susanne de Ligniville.

CHARLOTTE-Catherine-Alexandrine comtesse de Saint-Mauris, reçue en 1785; fille de Charles-Emmanuel-Polycarpe marquis de Saint-Mauris, baron de Châtenois, maréchal des camps et armées du roi, etc., et de Caroline marquise de Raigecourt, dame de l'ordre de la Croix-Etoilée.

CHARLOTTE-MÉLANIE-Athénaïs comtesse de Saint-Mauris, reçue chanoinesse en 1789; sœur germaine de la précédente.

N. de Saint-Mauris, reçue en 1656, selon une attestation de ce chapitre.

MAUBEUGE.

Reçue au Chapitre de Maubeuge [1].

THÉRÈSE-JOSÉPHINE-ZOÉ, admise chanoinesse en 1786, fille de Charles-Emmanuel-

Polycarpe marquis de Saint-Mauris, baron de Châtenois, maréchal des camps et armées du roi, inspecteur-général des gardes nationales du département, chevalier de Saint-Louis, de Saint-Georges et de Saint-Jean de Jérusalem de Russie, et de Marie-Caroline marquise de Raigecourt, dame de l'ordre impérial de la Croix-Etoilée de Marie-Thérèse.

CROIX-ÉTOILÉE.

Reçues Dames de l'Ordre impérial de la Croix-Etoilée [4].

MARIE-Charlotte comtesse de Gourcy, femme de Balthasard-Henry comte de Saint-Mauris, comte de Lambrey, capitaine de cavalerie, chevalier de l'ordre de Saint-Louis.

GABRIELLE-Françoise-Bernarde marquise de Raigecourt, femme de Charles-Emmanuel-Xavier marquis de Saint-Mauris, baron de Châtenois, brigadier des armées du roi, reçue par patente de 1768.

MARIE-CAROLINE-Elisabeth marquise de Raigecourt, ancienne chanoinesse de Remiremont, femme de Charles-Emmanuel-Polycarpe marquis de Saint-Mauris, baron de Châtenois, maréchal des camps et armées du roi, etc., reçue par patente de 1783.

FERDINANDE-Françoise-Nicole comtesse de Villerslafaye, femme de Charles-Emmanuel-Auguste vicomte de Saint-Mauris-Châtenois, capitaine de cavalerie, chevalier des ordres de Saint-Louis et de Saint-Georges, reçue par patente de l'impératrice de décembre 1821.

ORDRE DE MALTE.

Reçus dans l'Ordre de noblesse de Saint-Jean de Jérusalem de Malte [10].

DIDIER de Saint-Mauris, reçu vers 1590; fils de Jean de Saint-Mauris, chevalier de Saint-Georges, gouverneur de la Franche-Montagne et du comté de La Roche, et d'Anne d'Aroz.

JEAN-BAPTISTE de Saint-Mauris, reçu en 1609, tué en 1619; fils de François, gouverneur du comté de La Roche, et de Vandeline de Cusance.

ANTOINE-PIERRE, commandeur de l'ordre, reçu en 1670, colonel de cavalerie au service de France, chevalier des ordres de Saint-Louis et de Saint-Georges; fils de François de Saint-Mauris, baron de Châtenois, général-major de bataille, commandant au comté de

Bourgogne, mestre-de-camp d'un terce d'infanterie et d'un corps de dragons, et d'Hermeline comtesse d'Oyembrughes-Duras, chanoinesse de Maubeuge.

CLAUDE-JOSEPH, en 1675, brigadier des armées du roi, colonel d'un régiment de son nom, à la tête duquel il eut une jambe emportée à la bataille de la Marsaille, chevalier de Saint-Louis et de Saint-Georges; fils d'Hermanfroy baron de Saint-Mauris, mestre-de-camp d'un terce de quinze cents montagnards, commandant d'un quartier de la province et de la Franche-Montagne, et de Anne-Marie baronne de Sibricht, chanoinesse de Münsterbiltzen.

JOSEPH-LOUIS, chef de brigade des carabiniers, avec grade de colonel, chevalier de Saint-Louis ; fils de Charles-Emmanuel comte de Saint-Mauris, baron de Châtenois, maréchal des camps et armées du roi, inspecteur-général de toute sa cavalerie, et de Marie-Françoise comtesse de Ligniville, ancienne chanoinesse d'Epinal.

ARDOUIN-ALEXANDRE baron de Saint-Mauris, reçu vers 1715, chef-d'escadron au régiment de Chabrillant, chevalier pensionné de l'ordre de Saint-Louis, marié à Marie d'Eshierres; fils de Paul-François marquis de Saint-Mauris, baron de Châtenois, capitaine des cuirassiers du roi, et de Bernardine comtesse de Lallemand.

CHARLES-EMMANUEL comte de Saint-Mauris, page du grand-maître en 1720, lieutenant-général des armées du roi, gouverneur de Peronne, commandant-général des Iles-du-Vent, colonel d'un régiment de son nom, inspecteur d'infanterie, chevalier de Saint-Louis et de Saint-Georges; frère germain du précédent.

LOUIS-EMMANUEL-ALEXANDRE comte de Saint-Mauris, page du grand-maître en 1770, officier supérieur de dragons, chevalier des ordres de Saint-Louis et de Saint-Georges; marié à Gabrielle marquise de Raigecourt, chanoinesse de Remiremont; fils de Charles-Emmanuel-Xavier marquis de Saint-Mauris, baron de Châtenois, colonel et brigadier des armées du roi, et de Françoise marquise de Raigecourt, dame de l'ordre de la Croix-Etoilée, ancienne chanoinesse de Remiremont.

GABRIEL-BERNARD comte de Saint-Mauris, reçu de minorité en 1774, chef d'escadron de cavalerie, et, par brevet du roi, colonel chef d'état-major de la garde nationale, chevalier de Saint-Louis et de Saint-Georges; frère du précédent.

CHARLES-EMMANUEL-ACHILLE chevalier de Saint-Mauris, reçu de minorité en 1787, officier de chasseurs à cheval à l'armée royale commandée par S. A. R. Monseigneur le prince de Condé, où il périt, âgé de treize ans; fils de Charles-Emmanuel-Polycarpe marquis de Saint-Mauris, baron de Châtenois, maréchal des camps et armées du roi, chevalier de Malte, de Saint-Louis et de Saint-Georges, et de Caroline marquise de Raigecourt, dame de l'ordre de la Croix-Etoilée, ancienne chanoinesse de Remiremont.

CHARLES-EMMANUEL-POLYCARPE marquis de Saint-Mauris, baron de Châtenois, maréchal des camps et armées du roi, inspecteur-général de gardes nationales, chevalier de Saint-Louis et de Saint-Georges, admis par l'empereur de Russie dans l'ordre de Saint-Jean de Jérusalem, lorsque Monseigneur le prince de Condé, sous les ordres duquel il servait, en fut fait grand-prieur, vers 1799; marié à Caroline marquise de Raigecourt, dame de l'ordre de la Croix-Etoilée, chanoinesse de Remiremont; fils de Charles-Emmanuel-Xavier marquis de Saint-Mauris, baron de Châtenois, colonel et brigadier des armées du roi, et de Françoise marquise de Raigecourt, dame de la Croix-Etoilée, ancienne chanoinesse de Remiremont.

ORDRE DE SAINT-GEORGES.

Noms, dates de réception et Quartiers des Chevaliers de Saint-Georges de la Maison de Saint-Mauris-en-Montagne ou Châtenois, depuis la restauration de cet ordre en 1390, au nombre de vingt-neuf chevaliers, dont deux gouverneurs chefs de l'Ordre, le premier en 1409 [29].

MARC de Saint-Mauris fut reçu chevalier de Saint-Georges en 1409 et mourut en 1426. Ce fait est prouvé par différens certificats authentiques délivrés à différentes époques par MM. les gouverneurs et chevaliers de Saint-Georges. Les titres prouvent qu'il était fils de Richard II de Saint-Mauris, chevalier, membre du conseil de régence du duc Philippe-le-Rouvre, et de Jeanne de Willaffans, et que ses quartiers étaient : 1.° Saint-Mauris, 2.° Vennes, 3.° Willaffans, 4.° et Say.

THIÉBAUD II de Saint-Mauris, chevalier de Saint-Georges, de la branche de Berchenet, seigneur audit Saint-Mauris, et des châteaux-forts et seigneuries de Mathay, Roye, Bustal, reçu en 1430 : d'anciens certificats en font foi. Ses titres prouvent qu'il avait épousé Henriette de Bougne (ou Boigne); qu'il était fils de Thiébaud de Saint-Mauris I.er, damoiseau, et de Jeanne de Durnes; que ses quartiers étaient : 1.° Saint-Mauris, 2.° Jasney, 3.° Durnes, 4.° Vergy, et qu'il était en 1444 homme d'armes dans les armées de Bourgogne.

JEAN IV de Saint-Mauris-en-Montagne, chevalier de Saint-Georges (de la branche de Sancey), écuyer, puis chambellan du duc de Bourgogne, puis du roi Louis XI, seigneur audit lieu, Court, Fleurey, Sancey, etc.; reçu en 1430. Il fut du nombre des anciens chevaliers qui signèrent et paraphèrent le registre et les réglemens qui commencent l'an 1448. Les titres prouvent qu'il épousa : 1.° Guillemette de Blandans, 2.° Marie de Rougemont, et qu'il était fils de Guillaume de Saint-Mauris, homme d'armes du duc de Bourgogne, et de Jeanne d'Aucelle, qu'il avait épousée en 1396, et que ses quartiers étaient : 1.° Saint-Mauris, 2.° Willaffans, 3.° Aucelle, 4.° et Sancey.

JEAN V de Saint-Mauris-en-Montagne, chevalier de Saint-Georges (de la branche de Berchenet), capitaine et gouverneur de Neufchâtel et de Lisle, seigneur des fortes maisons d'Allenjoye et de Bustal; marié à Gillette d'Orsans; fils de Gerard de Saint-Mauris, damoiseau, et d'Agnès de Bustal; reçu en 1485, mort en 1513. Ses quartiers étaient : 1.° Saint-Mauris, 2.° Durnes, 3.° Bustal, 4.° et Vesoul.

PIERRE II de Saint-Mauris-en-Montagne, chevalier de Saint-Georges, capitaine et gouverneur des château et place de Châtillon, seigneur de Saint-Mauris, Court, Fleurey, Sancey; marié à Françoise de Rougemont; et fils de Jean IV de Saint-Mauris, écuyer et chambellan du duc de Bourgogne, et de Guillemette de Blandans; reçu en 1478; ses quartiers étaient : 1.° Saint-Mauris, 2.° Aucelle, 3.° Blandans, 4.° et Montureux.

ADRIEN de Saint-Mauris-en-Montagne, chevalier de Saint-Georges, lieutenant pour le roi de Bohême au comté de Bourgogne, capitaine et gouverneur de Neufchâtel et de Lisle, seigneur des châteaux-forts de Mathay, Bermont et Tantonville; marié à Marie de Grammont; fils de Thiébaud II de Saint-Mauris, chevalier de Saint-Georges, et de Marguerite de Bougne; fut reçu en 1498, mort en 1533; ses quartiers étaient : 1.° Saint-Mauris, 2.° Durnes, 3.° Bougne, 4.° Buffignécourt.

MARC II de Saint-Mauris-en-Montagne, chevalier de Saint-Georges, seigneur des forteresses et seigneuries d'Allenjoye, Bustal, Beaumotte, et à Saint-Mauris, lieutenant de trois cents compagnons d'élite, choisis pour le service de l'empereur; marié, 1.° à Pierrette de Clairon, 2.° à Philiberte de Séroz; il était fils de Jean V de Saint-Mauris, chevalier de Saint-Georges, et de Gillette d'Orsans, et fut reçu en 1524, mort en 1552; ses quartiers : 1.° Saint-Mauris, 2.° Bustal, 3.° Orsans, 4.° Vellefaux.

HUGUES de Saint-Mauris, armé chevalier par Charles-Quint pour ses faits d'armes, capitaine et gouverneur de la Franche-Montagne et comté de La Roche, villes et châteaux en dépendans, chevalier de Saint-Georges, seigneur de Saint-Mauris, Court, Sancey, Ebey, Fleurey, Belherbe; marié en 1525 à Claudine de Mugnans; fils de Pierre II de Saint-Mauris, capitaine et gouverneur de Châtillon et chevalier de Saint-Georges, et de Françoise de Rougemont; reçu chevalier de Saint-Georges en 1525, selon les attestations et la liste de Gollut page 957, qui le désigne seulement N. de Saint-Mauris, n'ayant sans doute pu lire le nom : il mourut en 1582; ses quartiers : 1.° Saint-Mauris, 2.° Blandans, 3.° Rougemont, 4.° Sainte-Agnès.

JEAN de Saint-Mauris-en-Montagne, chevalier de Saint-Georges; fils de Pierre II de Saint-Mauris, capitaine-gouverneur de Châtillon, chevalier de Saint-Georges, seigneur, etc., et de Françoise de Rougemont; fut reçu à Saint-Georges, selon d'anciens certificats de l'ordre et conformément à la liste partielle de Gollut, en 1525, à la même assemblée que son frère, qui précède : il mourut vers 1530 fort jeune; ses quartiers : 1.° Saint-Mauris, 2.° Blandans, 3.° Rougemont, 4.° Sainte-Agnès.

THIÉBAUD III de Saint-Mauris-en-Montagne, chevalier de Saint-Georges, capitaine et gouverneur de Neufchâtel et de Lisle, seigneur des châteaux et seigneuries de Mathay, Bermont, Roye, Allenjoye, et à Saint-Mauris; fils d'Adrien de Saint-Mauris, chevalier de Saint-Georges, et de Marie de Grammont; épousa Claudine de Colombier, fut reçu en 1528, mort en 1562; ses quartiers : 1.° Saint-Mauris, 2.° Bougne, 3.° Grammont, 4.° Vellefaux.

JEAN V de Saint-Mauris-en-Montagne, chevalier de Saint-Georges, seigneur châtelain de Mathay, Bermont, Roye, Allenjoye et dépendances; marié à Françoise de Grammont; et fils de Thiébaud III de Saint-Mauris, chevalier de Saint-Georges, et de Claudine de Colombier; reçu en 1558, mort en 1575; ses quartiers sont : 1.° Saint-Mauris, 2.° Grammont, 3.° Colombier, 4.° et Ferrière-Villers.

JEAN de Saint-Mauris-en-Montagne, chevalier de Saint-Georges, capitaine et gouverneur, ainsi que ses ancêtres, de la Franche-Montagne et du comté de La Roche, villes et forteresses en dépendantes, seigneur de Saint-Mauris, Court, Ebey, Belherbe, Sancey, Provenchère, Fleurey; marié en 1565 à Anne d'Aroz; fils d'Hugues de Saint-Mauris, chevalier, gouverneur de la Franche-Montagne, etc., et de Claudine de Mugnans; reçu en 1569, mort en 1617, selon lesdits certificats, et Gollut page 957. Ses quartiers étaient : 1.° Saint-Mauris, 2.° Rougemont, 3.° Mugnans, 4.° Amance.

PIERRE III de Saint-Mauris-en-Montagne, chevalier de Saint-Georges, baron de Châtenois, seigneur de Sainte-Marie et dépendances, et à Saint-Mauris, Court, Sancey, etc., capitaine et gouverneur, ainsi que ses ancêtres, de Châteauneuf, de la Franche-Montagne, comté de La Roche, Saint-Hyppolite et Maiche, député de la noblesse vers le souverain en Espagne et en Flandre en 1574; marié : 1.° à Anne de Courbessaint, 2.° à Philiberte de Willaffans; fils de Hugues de Saint-Mauris, armé chevalier par Charles-Quint, et de Claudine de Mugnans; reçu en 1570, mort en 1585; ses quartiers étaient : 1.° Saint-Mauris, 2.° Rougemont, 3.° Mugnans, 4.° Amance.

JEAN de Saint-Mauris, chevalier de Saint-Georges, grand-prieur et vicaire-général de l'abbaye de Saint-Claude (dite alors Saint-Oyant de Joux), et abbé de Notre-Dame du Miroir; fils d'Hugues de Saint-Mauris, armé chevalier par Charles-Quint, capitaine et gouverneur de la Franche-Montagne et comté de La Roche, villes et forts en dépendans, chevalier de Saint-Georges, et de Claudine de Mugnans. Il fut reçu en 1592 et mourut en 1622. Ses quartiers : 1.° Saint-Mauris, 2.° Rougemont, 3.° Mugnans, 4.° Amance.

MARC de Saint-Mauris-Sancey, chevalier de Saint-Georges, frère du précédent, grand-prieur de l'abbaye de Saint-Claude (dite alors Saint-Oyant de Joux); fils d'Hugues de Saint-Mauris, chevalier, gouverneur de la Franche-Montagne, et de Claudine de Mugnans; reçu en 1594, mort en 1600; ses quartiers : 1.° Saint-Mauris, 2.° Rougemont, 3.° Mugnans, 4.° Amance.

FRANÇOIS de Saint-Mauris-Sancey, chevalier de Saint-Georges, capitaine-gouverneur, ainsi que ses ancêtres, de la Franche-Montagne, comté et châteaux de La Roche, Châteauneuf, etc., seigneur de Saint-Mauris-en-Montagne, Court-les-Saint-Mauris, Fleurey, Sancey, etc.; marié, 1.° à Vandeline de Cusance, 2.° à Catherine de Poligny; fils de Jean de Saint-Mauris, gouverneur desdits pays, et d'Anne d'Aroz; reçu en 1597, mort en 1636. On ne sait pourquoi l'écusson dudit François, suspendu à l'église des Carmes, portait huit quartiers au lieu de quatre seulement qu'on y blasonnait d'ordinaire, savoir : 1.° Saint-Mauris, 2.° Rougemont, 3.° Mugnaus, 4.° Amance, 5.° Aroz, 6.° Jouffroy, 7.° Franquemont, 8.° Accolans.

JEAN-CLAUDE de Saint-Mauris-Sancey, grand-prieur de l'abbaye de Saint-Claude, frère du précédent; fils de Jean de Saint-Mauris, gouverneur de la Franche-Montagne, villes et châteaux en dépendans, et de Anne d'Aroz; reçu en 1605, mort en 1620; ses quartiers : 1.° Saint-Mauris, 2.° Mugnans, 3.° Aroz, 4.° et Jouffroy.

ADAM de Saint-Mauris, baron de Châtenois, chevalier de Saint-Georges, colonel de cavalerie au service de S. M. C., gouverneur, comme ses ancêtres, de la Franche-Montagne et de Châteauneuf, seigneur de Sainte-Marie, Lambrey et dépendances, marié à Bonne de

Coinctet de Châteauvert, chanoinesse-novice à Baume; fils de Pierre de Saint-Mauris, baron de Châtenois, gouverneur desdites places, et de Philiberte de Willaffans; reçu en 1625, tué en 1636; ses quartiers : 1.° Saint-Mauris, 2.° Mugnans, 3.° Willaffans, 4.° Lambrey.

FRANÇOIS de Saint-Mauris, baron de Châtenois et de La Villeneuve, Saulx et dépendances, chevalier de Saint-Georges, général-major de bataille, commandant au comté de Bourgogne, mestre-de-camp d'un terce d'infanterie, envoyé extraordinaire du duc de Lorraine au prince de Parme pour les mesures de défense du comté de Bourgogne; marié à Hermeline comtesse d'Oyembrughes-Duras, chanoinesse de Maubeuge; fils d'Adam de Saint-Mauris, baron de Châtenois, colonel de cavalerie, gouverneur de la Franche-Montagne; reçu en 1662, mort en 1680; ses quartiers étaient: 1.° Saint-Mauris, 2.° Willaffans, 3.° Coinctet-Châteauvert, 4.° et La Tour Saint-Quentin.

CHARLES-EMMANUEL comte de Saint-Mauris, baron de Châtenois, La Villeneuve, Saulx et dépendances, chevalier de Saint-Georges, major-général, maréchal-général-des-logis et maréchal des camps et armées du roi, inspecteur-général de toute sa cavalerie; marié à Marie-Françoise comtesse de Ligniville, chanoinesse d'Epinal; fils de François de Saint-Mauris, baron de Châtenois, général de bataille, commandant au comté de Bourgogne, et d'Hermeline comtesse d'Oyembrughes-Duras; reçu en 1681, mort en 1719. Son écu, aux Carmes, portait : 1.° Saint-Mauris, 2.° Willaffans, 3.° Coinctet, 4.° La Tour Saint-Quentin, 5.° Oyembrughes-Duras, 6.° Corswarem, 7.° Berloo, 8.° Loquenghien.

ANTOINE-PIERRE de Saint-Mauris-Châtenois, commandeur de l'ordre de Malte, colonel de cavalerie et chevalier des ordres de Saint-Louis et de Saint-Georges; fils de François de Saint-Mauris, baron de Châtenois, général de bataille, commandant au comté de Bourgogne, et d'Hermeline comtesse d'Oyembrughes-Duras; reçu en 1692, mort en 1706; ses quartiers : 1.° Saint-Mauris, 2.° Coinctet-Châteauvert, 3.° Oyembrughes-Duras, 4.° Berloo.

CHARLES-CÉSAR marquis de Saint-Mauris, lieutenant-général des armées du roi, commandeur de son ordre de Saint-Louis, commandant de la province d'Alsace, gouverneur de Brisack, inspecteur-général de toute sa cavalerie et dragons, colonel d'un régiment de cavalerie de son nom, seigneur de Saint-Mauris-en-Montagne, Court, Sancey, Menotey, Raynans, etc.; fils d'Hermanfroy de Saint-Mauris, mestre-de-camp d'un terce de quinze cents hommes de pied, commandant d'un quartier de la province et de la Franche-Montagne, et de Marie baronne de Sibricht, chanoinesse de Münsterbiltzen; reçu chevalier de Saint-Georges en 1700, puis élu chef et gouverneur de l'ordre en 1701, mort en 1704; ses huit quartiers étaient : 1.° Saint-Mauris, 2.° Aroz, 3.° Poligny, 4.° Montrichard, 5.° Sibricht, 6.° Spanheim, 7.° Breitscheidt, 8.° et Daune.

CLAUDE-JOSEPH de Saint-Mauris-Sancey, brigadier des armées du roi, colonel d'un régiment de cavalerie de son nom, chevalier de l'ordre de Saint-Jean de Jérusalem, de l'ordre militaire de Saint-Louis et de celui de Saint-Georges; fils d'Hermanfroy baron de Saint-Mauris, mestre-de-camp d'un terce de quinze cents hommes de pied, commandant, ainsi que ses ancêtres, de la Franche-Montagne et d'un quartier de la province, et d'Anne-Marie baronne de Sibricht, chanoinesse de Münsterbiltzen; reçu en 1703, mort en 1718; ses quartiers : 1.° Saint-Mauris, 2.° Poligny, 3.° Sibricht, 4.° Breitscheidt.

CHARLES-EMMANUEL comte de Saint-Mauris-Châtenois, lieutenant-général des armées du roi, gouverneur des ville et château de Peronne, commandant-général des Iles-du-Vent de l'Amérique, inspecteur d'infanterie, colonel d'un régiment de son nom, chevalier des ordres de Malte, de Saint-Louis et de Saint-Georges, comte et seigneur de Lambrey, Saint-Mauris-en-Montagne, Sainte-Marie, Court, Courcelle, etc.; fils de Paul-François marquis de Saint-Mauris, comte de Saulx, baron de Châtenois et de La Villeneuve, capitaine des cuirassiers du roi, et de Bernarde-Joséphine comtesse de Lallemand; admis en 1787 dans l'ordre de Saint-Georges, mort la même année; ses quartiers : 1.° Saint-Mauris, 2.° Ligniville, 3.° Lallemand, 4.° et Rahon.

CHARLES-EMMANUEL-POLYCARPE marquis de Saint-Mauris, pair de France, colonel de dragons au service du roi de France, chevalier de son ordre militaire de Saint-Louis et des ordres de Saint-Georges, de Saint-Jean de Jérusalem de Russie, maréchal des camps et armées du roi, comte de Saulx, baron de Châtenois et de La Villeneuve et dépendances, marquis de Genevrey, seigneur de Saint-Mauris-en-Montagne, Court, Courcelle, Bellemont, Lamotte, etc., inspecteur-général des gardes nationales de la Haute-Saône; marié à Marie-Charlotte-Léopoldine marquise de Raigecourt, comtesse du Saint-Empire, chanoinesse du haut chapitre de Remiremont, dame de l'ordre impérial de la Croix-Etoilée de Marie-Thérèse; fils de Charles-Emmanuel-Xavier marquis de Saint-Mauris, baron de Châtenois, brigadier des armées du roi, et de Gabrielle-Françoise-Bernarde marquise de Raigecourt, ancienne chanoinesse de Remiremont, dame de la Croix-Etoilée; fut reçu en 1788, gouverneur de l'ordre en 1823. Ses seize quartiers sont : 1.° Saint-Mauris, 2.° Oyembrughes-Duras, 3.° Ligniville, 4.° Pouilly, 5.° Lallemand, 6.° Choiseul, 7.° Rahon, 8.° Bachelier, 9.° Raigecourt, 10.° Bauffremont, 11.° des Armoises, 12.° Haraucourt, 13.° Gournay, 14.° Fiquelmont, 15.° Berghes, 16.° et Renesse.

LOUIS-EMMANUEL-ALEXANDRE comte de Saint-Mauris-Châtenois, comte et seigneur de Lambrey, Sainte-Marie et dépendances, capitaine, puis chef d'escadron de dragons, chevalier des ordres de Saint-Louis, de Saint-Jean de Jérusalem et de Saint-Georges; marié en 1788 à Gabrielle marquise de Raigecourt, ancienne chanoinesse de Remiremont; fils de Charles-Emmanuel-Xavier marquis de Saint-Mauris, baron de Châtenois, brigadier des armées du roi, et de Françoise-Bernarde marquise de Raigecourt, ancienne chanoinesse de Remiremont; reçu en 1816; ses quartiers : 1.° Saint-Mauris, 2.° Lallemand, 3.° Raigecourt, 4.° et Gournay.

GABRIEL-BERNARD comte de Saint-Mauris, dit le chevalier Gabriel de Saint-Mauris, chef d'escadron de cavalerie, chevalier des ordres de Saint-Louis, de Saint-Jean de Jérusalem et de Saint-Georges; fils de Charles-Emmanuel-Xavier marquis de Saint-Mauris, baron de Châtenois, brigadier des armées du roi, et de Françoise-Bernarde marquise de Raigecourt, ancienne chanoinesse de Remiremont; reçu le 8 mai 1816. 1.° Saint-Mauris, 2.° Lallemand, 3.° Raigecourt, 4.° et Gournay.

CHRISTOPHE-MARIE-Charles-Emmanuel-Auguste marquis de Saint-Mauris-Châtenois, capitaine de cavalerie, chevalier de l'ordre royal et militaire de Saint-Louis et de Saint-Georges, marié à Marie-Ferdinande comtesse de Villerslafaye, dame de la Croix-Etoilée (dit le vicomte Emmanuel de Saint-Mauris); fils de Charles-Emmanuel-Polycarpe marquis de Saint-Mauris-Châtenois, pair de France, maréchal des camps et armées du roi, chevalier de Saint-Louis, de Saint-Georges et de Saint-Jean de Jérusalem de Russie, inspecteur-général des gardes nationales, et de Marie-Caroline marquise de Raigecourt, dame de l'ordre de la Croix-Etoilée, ancienne chanoinesse de Remiremont; reçu le 8 mai 1816. 1.° Saint-Mauris, 2.° Raigecourt, 3.° Raigecourt, 4.° Saint-Ygnon.

VICTOR-ALEXANDRE comte de Saint-Mauris-Châtenois, garde-du-corps du roi, puis lieutenant dans sa garde royale, gentilhomme d'ambassade, et secrétaire d'ambassade au Brésil en 1824; fils de Louis-Emmanuel-Alexandre comte de Saint-Mauris, comte de Lambrey, officier supérieur de dragons, chevalier de Saint-Louis, de Saint-Jean de Jérusalem et de Saint-Georges, et de Marie-Gabrielle marquise de Raigecourt, ancienne chanoinesse de Remiremont; reçu le 25 mai 1816. 1.° Saint-Mauris, 2.° Raigecourt, 3.° Raigecourt, 4.° et Saint-Ygnon; marié à Emilie comtesse de Dolomieu, dame de Madame la duchesse d'Orléans.

ORDRE DE SAINT-LOUIS.

Chevaliers de l'Ordre militaire de Saint-Louis [14].

CHARLES-CÉSAR marquis de Saint-Mauris, lieutenant-général des armées du roi, commandeur de son ordre de Saint-Louis, commandant de la province d'Alsace, gouverneur de Brisack, inspecteur-général de toute sa cavalerie, colonel d'un régiment de cavalerie de son nom, chevalier, chef et gouverneur de l'ordre de Saint-Georges, reçu chevalier de Saint-Louis à l'époque de la création de cet ordre, 1693, et commandeur en 1703; fils d'Hermanfroy, mestre-de-camp d'un terce de quinze cents montagnards, commandant d'un quartier de la province et de la Franche-Montagne, et d'Anne-Marie baronne de Sibricht-Néwerbourg, chanoinesse de Münsterbiltzen.

CHARLES-EMMANUEL comte de Saint-Mauris, baron de Châtenois, maréchal des camps et armées du roi, inspecteur-général de toute sa cavalerie, chevalier de Saint-Georges, reçu chevalier de Saint-Louis vers 1700; marié à Marie-Françoise comtesse de Ligniville, chanoinesse d'Epinal; fils de François de Saint-Mauris, baron de Châtenois, général-major de bataille, commandant au comté de Bourgogne, mestre-de-camp d'infanterie et de dragons, et d'Hermeline comtesse d'Oyembrughes-Duras, chanoinesse de Maubeuge.

CLAUDE-JOSEPH chevalier de Saint-Mauris, brigadier des armées du roi, colonel d'un régiment de cavalerie de son nom, chevalier de Malte et de Saint-Georges, reçu chevalier de Saint-Louis après la bataille de la Marsaille en 1693, où il eut une jambe emportée en enlevant une batterie à la tête de son régiment; fils d'Hermanfroy baron de Saint-Mauris, mestre-de-camp d'un terce de quinze cents montagnards, commandant d'un quartier de la province et de la Franche-Montagne, et d'Anne-Marie baronne de Sibricht-Néwerbourg, chanoinesse de Münsterbiltzen.

ANTOINE-PIERRE de Saint-Mauris, commandeur de Malte, colonel de cavalerie, chevalier de Saint-Georges, reçu chevalier de Saint-Louis en 1694; fils de François de Saint-Mauris, baron de Châtenois, général-major de bataille, commandant au comté de Bourgogne, colonel d'infanterie et de dragons, et d'Hermeline comtesse d'Oyembrughes-Duras, chanoinesse de Maubeuge.

JOSEPH-LOUIS chevalier de Saint-Mauris, chevalier de Malte, capitaine, puis chef de brigade des carabiniers, rang de colonel; reçu chevalier de Saint-Louis en 1734; fils de Charles-Emmanuel comte de Saint-Mauris, baron de Châtenois, maréchal des camps et inspecteur-général de toute la cavalerie, chevalier de Saint-Louis et de Saint-Georges, et de Marie-Françoise comtesse de Ligniville, chanoinesse d'Epinal.

CHARLES-EMMANUEL-XAVIER marquis de Saint-Mauris, baron de Châtenois, colonel, puis brigadier des armées du roi; reçu chevalier de Saint-Louis en 17..; marié, 1.° à Henriette baronne de Quadt-Landskronn, 2.° à Françoise marquise de Raigecourt, dame de l'ordre de la Croix-Etoilée, chanoinesse de Remiremont; fils de Paul-François marquis de Saint-Mauris, capitaine des cuirassiers du roi, et de Bernarde comtesse de Lallemand.

ARDOUIN-ALEXANDRE comte de Saint-Mauris, chef-d'escadron au régiment de Chabrillant (cavalerie), chevalier de l'ordre de Malte, reçu en 17.. chevalier de Saint-Louis; marié à Marie d'Eshierres de Bonneval; frère du précédent.

CHARLES-EMMANUEL comte de Saint-Mauris, lieutenant-général des armées du roi, gouverneur de Peronne, commandant-général des Iles-du-Vent, inspecteur d'infanterie, colonel d'un régiment de son nom, chevalier des ordres de Malte et de Saint-Georges et de celui de Saint-Louis en 17..; frère des deux précédens.

BALTHASARD-HENRY comte de Saint-Mauris, comte de Lambrey, capitaine, chef d'escadron au régiment de Royal-Etranger (cavalerie), chevalier de l'ordre de Saint-Louis en 17.., marié à Charlotte comtesse de Gourcy, dame de l'ordre de la Croix-Etoilée, chanoinesse d'Epinal; fils de Claude-Louis comte de Lambrey, colonel de cavalerie, sergent-major de bataille en Espagne, et de Susanne comtesse de Ligniville, chanoinesse d'Epinal.

CHARLES-EMMANUEL-POLYCARPE marquis de Saint-Mauris, baron de Châtenois, maréchal des camps et armées du roi, inspecteur-général des gardes nationales, chevalier de Saint-Georges et de Saint-Jean de Jérusalem et de Saint-Louis en 1792; marié à Caroline marquise de Raigecourt, dame de la Croix-Etoilée, chanoinesse de Remiremont; fils de Charles-Emmanuel-Xavier marquis de Saint-Mauris, baron de Châtenois, colonel, puis brigadier des armées du roi, et de Françoise marquise de Raigecourt, chanoinesse de Remiremont, dame de l'ordre de la Croix-Etoilée.

LOUIS-EMMANUEL-ALEXANDRE comte de Saint-Mauris, chef d'escadron de dragons, chevalier de Malte, de Saint-Georges, et de Saint-Louis reçu de la main de MONSIEUR en 1814; marié à Gabrielle marquise de Raigecourt, chanoinesse de Remiremont; frère du précédent.

GABRIEL-BERNARD comte de Saint-Mauris, chef d'escadron de cavalerie; par brevet du roi colonel chef d'état-major de la garde nationale; chevalier de Malte, de Saint-Georges et de Saint-Louis en 1815; frère du précédent.

CHARLES-EMMANUEL-AUGUSTE marquis de Saint-Mauris, capitaine de cavalerie, chevalier de l'ordre de Saint-Georges, reçu chevalier de Saint-Louis en 1815 de la main de MONSIEUR; marié à Ferdinande comtesse de Villerslafaye, dame de la Croix-Etoilée; fils de Charles-Emmanuel-Polycarpe marquis de Saint-Mauris, pair de France, baron de Châtenois, maréchal des camps et armées du roi, inspecteur-général des gardes nationales, chevalier de Saint-Louis, de Saint-Georges et de Saint-Jean de Jérusalem de Russie, et de Caroline marquise de Raigecourt, dame de l'ordre de la Croix-Etoilée, chanoinesse de Remiremont.

GRANDS OFFICIERS DE LA COUR.

Note des Seigneurs de la Maison de Saint-Mauris-en-Montagne ou Châtenois, que l'on trouve rappelés parmi les grands Officiers ou Seigneurs de la Maison et de la Cour des Ducs de Bourgogne et autres Souverains, ou qui ont servi dans les compagnies d'hommes d'armes de leurs armées dans les quatorzième et quinzième siècles, et qui se trouvent rappelés dans les titres de la Chambre des comptes de Dijon et rapportés par différens Historiens, tels que D. PLANCHER, GOLLUT, DUNOD, Olivier de la MARCHE; l'auteur des Mémoires pour servir à l'Histoire de France et de Bourgogne; Mémoires de COMMINES; extrait de PINCEDEY, de la Chambre des comptes, et titres de famille.

HUGUES de Saint-Mauris, chambellan de l'archevêché de Besançon en 1130; fils de Richard I.er de Saint-Mauris, chevalier, et d'Adeline de Montjoye.

HUGUES de Saint-Mauris, écuyer et gentilhomme de la Maison du duc de Savoie en 1268; fils de Jean II de Saint-Mauris, chevalier.

RICHARD III de Saint-Mauris, chevalier du nombre des seigneurs et grands du pays qui composaient le conseil de régence durant la minorité du duc Philippe-le-Rouvre en 1349; il était fils de Jean III de Saint-Mauris, chevalier, qui avait suivi aux croisades le comte de La Roche, son parent, qui le maria en 1302 à Simonne de Vennes, aussi sa parente : Richard III épousa Jeanne de Willaffans.

GAUTHIER de Saint-Mauris, écuyer, homme d'armes en 1349; rappelé dans un titre de cette date de l'officialité, cote 6043, et dans un rôle de revue d'hommes d'armes chez M. Thoumin, dépositaire d'actes originaux; nommé avec d'autres seigneurs des duchés et comté de Bourgogne; fils de Jean de Saint-Mauris, chevalier, et de Simonne de Vennes.

HOTTENIN de Saint-Mauris, damoiseau, homme d'armes en 1358, selon des extraits expédiés par M. Pincedey, garde-notes des archives de la Chambre des comptes de Dijon. Une vente faite de la seigneurie de Belherbe par Marguerite de Saint-Mauris, veuve de Richard de Saint-Mauris-en-Montagne, chevalier, en 1304, à Jean de Saint-Mauris, chevalier, son fils aîné, où se trouve rappelé Hottenin de Saint-Mauris, damoiseau, son fils, prouve sa filiation.

PERRIN, THIÉBAUD et RICHARD de Saint-Mauris, frères, fils de Jean de Saint-Mauris, chevalier, et de Simonne de Vennes; tous trois hommes d'armes, compagnie de Jacques de Vienne, ainsi qu'Etienne de Saint-Mauris, en 1358, selon un extrait de rôle de revue envoyé par M. Pincedey. Il paraîtrait assez que tous quatre étaient frères, dans ce cas tous fils de Jean de Saint-Mauris, chevalier, et de Simonne de Vennes.

ETIENNE de Saint-Mauris, homme d'armes, compagnie de Jacques de Vienne, capitaine-général; reçu à Avalon le 13 janvier 1358, nommé le dixième sur le rôle de revue; fils de Jean de Saint-Mauris, chevalier, et de Simonne de Vennes.

JEAN de Saint-Mauris, homme d'armes, compagnie de Jacques de Vienne, capitaine-général; reçu à Avalon le 13 janvier 1359, nommé le troisième sur le rôle de revue; fils de Jean de Saint-Mauris, chevalier, et de Jeanne de Tramelay.

HOTTENIN de Saint-Mauris, écuyer, cité par Gollut page 524, comme un des gentilshommes de marque de l'hôtel et de la cour du jeune duc Philippe-le-Rouvre, dont il a trouvé mémoire en 1361; fils de Richard de Saint-Mauris, chevalier, et de Marguerite de Saint-Mauris.

ETEVENON de Saint-Mauris, damoiseau du nombre des gentilshommes de marque qui composaient la cour du jeune duc Philippe en 1361. Il était fils de Jean de Saint-Mauris, chevalier, et de Simonne de Vennes.

RICHARD de Saint-Mauris, chevalier, se trouve nommé dans la liste des plus marquans d'entre les gentilshommes qui furent convoqués par l'archevêque de Besançon en 1366 pour briser les fers de l'abbé de Saint-Paul, détenu dans les prisons de Besançon par nombre de gentilshommes coalisés. Ce Richard est le même que celui qui était un des membres du conseil de régence formé en 1349 des seigneurs et grands du pays, et qui furent consultés à cette époque par le duc de Normandie, régent, sur l'émission de différentes lois que ce conseil sanctionna; conséquemment fils de Jean III de Saint-Mauris, chevalier, et de Simonne de Vennes; mari d'Alix de Willaffans.

GUILLAUME de Saint-Mauris, chevalier, homme d'armes, qui se rendit à Châtillon-sur-Seine pour aller au secours du duc en Artois en 1414, et se ranger sous la bannière de Louis de Chalon sire d'Arguel. Il était fils de Richard de Saint-Mauris, chevalier, et de Jeanne de Willaffans, et avait épousé en 1396 Jeanne d'Aucelle, dame de Sancey.

ETIENNE de Saint-Mauris, damoiseau, homme d'armes en 1414, compagnie de Champdivers.

JEAN de Saint-Mauris, damoiseau, homme d'armes, compagnie de Neufchâtel; reçu à Beauvais en 1417, le dernier août; fils de Guillaume et de Jeanne d'Aucelle; marié à Louise de Rougemont.

ETIENNE ou ESTEVENIN de Saint-Mauris, homme d'armes, compagnie du sire de Montaigu (Bourgogne); reçu à Beauvais le dernier août 1417.

PERRIN de Saint-Mauris, écuyer, homme d'armes, compagnie du sire de Montaigu (Bourgogne); reçu à Beauvais le dernier août 1417.

GUILLAUME de Saint-Mauris, chevalier, compagnie de Louis de Chalon sire d'Arguel, qui était une des plus nobles et des plus belles. D. Plancher dit n'en rapporter que les plus distingués et mieux connus, et nomme Guillaume des premiers. Il fut reçu à Avalon le dernier août 1417. Il était fils de Richard et de Jeanne de Willaffans, et marié en 1396 à Jeanne d'Aucelle.

THIÉBAUD de Saint-Mauris, écuyer, homme d'armes, compagnies de Castellain, de Wast; reçu à Beauvais en 1417. Il était fils de Jean de Saint-Mauris, damoiseau, et de Jeanne de Jasney; et marié à Jeanne de Durnes.

HUGUENIN de Saint-Mauris, écuyer, homme d'armes, rappelé dans deux rôles de revue de 1418 et 1429, selon des extraits expédiés par ledit sieur Pincedey, garde-notes des archives de Dijon; fils de Guillaume de Saint-Mauris et de Jeanne d'Aucelle, qu'il épousa en 1396.

PERRIN de Saint-Mauris ayant donné des avis et conseils importans à la duchesse, elle le nomma son envoyé extraordinaire vers le duc de Savoie à cette occasion, en 1419. Il était fils de Jean III, chevalier croisé, et de Simonne de Vennes.

ETIENNE de Saint-Mauris, cité parmi les principaux seigneurs qui firent hommage au duc en 1422, étant alors assemblés aux états de la noblesse; fils de Richard III, chevalier, et de Jeanne de Willaffans.

PERRIN de Saint-Mauris, cité au nombre des principaux seigneurs qui firent hommage au duc en 1422, étant alors un des membres de la noblesse assemblée aux états; fils de Jean III de Saint-Mauris-sur-le-Doubs, et de Marguerite de Damblin.

JEAN de Saint-Mauris fut du nombre des chevaliers de marque qui assistèrent l'archevêque de Besançon en 1440, lorsqu'il prit possession de ce siége. Cette charte, aux archives de la chambre des comptes de Dijon, est rapportée par Dunod et autres auteurs. Il était fils de Guillaume de Saint-Mauris et de Jeanne d'Aucelle, et fut écuyer et chambellan du duc de Bourgogne, et marié : 1.° à Guillemette de Blandans, 2.° à Louise de Rougemont.

ETIENNE de Saint-Mauris, un des capitaines généraux du duc de Bourgogne en 1446, fut grièvement blessé dans la guerre contre les Gantois, où il commandait une division de cavalerie et d'infanterie. Il était fils de Guillaume de Saint-Mauris, homme d'armes du duc de Bourgogne, et de Jeanne d'Aucelle.

ETIENNE de Saint-Mauris, damoiseau, signa, avec plusieurs autres seigneurs bourguignons, comme garant, un traité passé le 6 septembre 1452 entre le maréchal de Neufchâtel, au nom du duc de Bourgogne, et les citoyens de Besançon; fils de Guillaume de Saint-Mauris et de Jeanne d'Aucelle, et frère de Jean de Saint-Mauris, chevalier de Saint-Georges, écuyer et chambellan du duc de Bourgogne; marié : 1.° à Guillemette de Blandans, 2.° à Louise de Rougemont.

JEAN de Saint-Mauris, homme d'armes, puis chevalier de Saint-Georges vers 1430, écuyer du duc en 1460 (titres de la chambre des comptes). Il était fils de Guillaume de Saint-Mauris et de Jeanne d'Aucelle; marié à Louise de Rougemont.

ANTOINE de Saint-Mauris, écuyer d'écurie du duc de Bourgogne en 1460 (titre de la Chambre des comptes). Il était fils de Thiébaud de Saint-Mauris et d'Agnès de Durnes.

ETIENNE de Saint-Mauris, écuyer-pannetier du duc en 1460 (titre de la Chambre des comptes, dans les comptes de H. de Faletans, receveur-général des finances de 1463, fol. 63 et 84.) Il était fils de Guillaume de Saint-Mauris, homme d'armes du duc, et de Jeanne d'Aucelle.

PHILIBERT de Saint-Mauris, homme d'armes en 1472, selon les extraits expédiés par ledit Pincedey, garde-archives de la Chambre des comptes à Dijon. Il était fils et rappelé au testament de Jean de Saint-Mauris, chevalier de Saint-Georges, écuyer, puis chambellan du duc de Bourgogne et de Louise de Rougemont; et marié en 1488 à Agnès de Bauffremont, fille de Pierre sire de Bauffremont, et de Marguerite de Coublans.

JEAN de Saint-Mauris, chambellan du duc de Bourgogne, rapporté en cette qualité dans un état des restes des gages et pensions dues aux officiers du duc Charles de Bourgogne pour les années 1473, 74, 75 et 76; fils de Guillaume de Saint-Mauris et de Jeanne d'Aucelle; et marié à Guillemette de Blandans, puis à Louise de Rougemont.

JEAN de Saint-Mauris, chambellan du roi de France Louis XI en 1476; rapporté par Commines, qui est le même que le précédent.

NICOLAS de Saint-Mauris, écuyer du duc de Lorraine en 1555; fils d'Hugues de Saint-Mauris, armé chevalier par Charles-Quint, et de Claudine de Mugnans; et marié à Françoise baronne de Nogent, et admis dès cette époque héréditairement dans le corps illustre de l'ancienne chevalerie de Lorraine.

PIERRE de Saint-Mauris, baron de Châtenois, seigneur de Sainte-Marie, Saint-Mauris, Court, Sancey, chevalier de Saint-Georges, capitaine-gouverneur, ainsi que ses ancêtres, du comté de La Roche et de la Franche-Montagne, député de la noblesse des états vers le souverain, en Espagne et en Flandre en 1574; marié : 1.° à Anne de Courbessaint, puis à Philiberte de Willaffans; fils d'Hugues de Saint-Mauris, armé chevalier par Charles-Quint, gouverneur desdits comté et pays, et de Claudine de Mugnans.

HUGUES de Saint-Mauris, gentilhomme de la chambre de S. A. Monseigneur le cardinal de Lorraine en 1580; fils de Nicolas de Saint-Mauris, écuyer du duc de Lorraine, membre des états et du corps de l'illustre chevalerie de Lorraine.

PHILIPPE baron de Saint-Mauris, seigneur de Lambrey, chambellan du duc de Lorraine;

fils d'Hugues de Saint-Mauris et de Rénée de Hautbert; et marié en 1628 à Péronne baronne de Vaudrey, chanoinesse de Remiremont.

FRANÇOIS de Saint-Mauris, baron de Châtenois, La Villeneuve, Saulx et dépendances, chevalier de Saint-Georges, général-major de bataille, commandant au comté de Bourgogne, mestre-de-camp d'un terce d'infanterie et d'un corps de dragons, envoyé extraordinaire du duc de Lorraine vers le prince de Parme, gouverneur des Pays-Bas pour les mesures de défense du comté de Bourgogne; marié à Hermeline comtesse d'Oyembrughes-Duras, chanoinesse de Maubeuge; fils d'Adam de Saint-Mauris, baron de Châtenois, chevalier de Saint-Georges, colonel de cavalerie, commandant de la Franche-Montagne et de Châteauneuf; et de Bonne de Coinctet de Châteauvert, ancienne chanoinesse novice à Baume.

PAUL-FRANÇOIS baron de Saint-Mauris, seigneur de Lambrey, capitaine des gardes-du-corps et gentilhomme de la chambre du duc de Lorraine. Il fut aussi mestre-de-camp d'un terce de cavalerie bourguignone, et gouverneur de Gray; fils de Philippe de Saint-Mauris et de Péronne de Vaudrey. Il épousa en 1664 Georgine comtesse de Montrichard.

CHARLES-EMMANUEL-POLYCARPE marquis de Saint-Mauris, baron de Châtenois, etc., colonel de dragons; admis aux honneurs de la cour de France en 1786 en vertu de ses preuves affirmées par le généalogiste de la cour et déposées au cabinet du roi, étant fils de Charles-Emmanuel-Xavier marquis de Saint-Mauris, colonel et brigadier des armées du roi, et de Françoise marquise de Raigecourt, dame de la Croix-Etoilée; marié à Caroline marquise de Raigecourt, chanoinesse de Remiremont, dame de la Croix-Étoilée. Il fut depuis maréchal des camps et armées du roi, inspecteur-général de sa garde nationale, et chevalier de Saint-Louis, de Saint-Jean de Russie, chef-gouverneur de celui de Saint-Georges, et pair du royaume.

ALFRED-MARIE-CHARLES-EMMANUEL comte de Saint-Mauris, reçu page du roi le 10 octobre 1826, puis officier de dragons dans sa garde; fils de Charles-Emmanuel-Auguste marquis de Saint-Mauris, et de Ferdinande-Françoise comtesse de Villerslafaye, dame de l'ordre de la Croix-Étoilée.

APERÇU

Des preuves de noblesse rigoureusement exigées pour être élevé à certains Honneurs, ou admis dans divers Ordres, Associations, Corps, Colléges, et aux Chapitres de noblesse désignés ci-après.

HONNEURS DE LA COUR DE FRANCE.

Pour être admis aux honneurs de la cour de France d'après l'ordonnance de 1760, il fallait établir sa filiation et sa noblesse consécutive, sans lacune ni dérogeance, depuis le quatorzième siècle, par au moins trois titres originaux sur chaque degré : ces preuves se faisaient avec une telle rigueur que le généalogiste de la cour stipulait inexorablement sur toutes les admissions : *admis en vertu de ses preuves*, ou *admis par ordre du roi*, ce qui évitait toute confusion entre les admissions de justice et celles de faveur, distinction importante pour constater que ces dernières n'étaient qu'individuelles, et non un titre héréditaire de famille.

ORDRE DE SAINT-GEORGES.

Quoique le parlement eût souvent refusé à cette illustre association la dénomination d'ordre de chevalerie, nonobstant nombre d'actes authentiques par lesquels cette qualification lui est déférée par le roi et ses primitifs souverains, sous prétexte qu'elle n'était pas spécialement patentée ni fondée en revenu, elle a toujours du moins obtenu la qualification d'illustre confrérie des chevaliers de Saint-Georges. Il est également constaté que, comme association religieuse et chevaleresque, elle est la plus ancienne et une des plus illustres qui existent, puisqu'au rapport de tous les anciens auteurs et chroniques des deux Bourgognes, elle y était connue depuis le commencement du quatorzième siècle, qu'il en est fait mention dans un titre du parlement de 1366, comme fondée par les souverains de Bourgogne, et que tous les auteurs, documens et manuscrits, s'accordent à affirmer qu'elle fut restaurée en 1390 par Philibert de Molans, l'un des grands-officiers du duc, à son retour de Palestine, d'où il avait rapporté des reliques de S. Georges; lequel se réunit à nombre de preux et vaillans chevaliers pour baser sur de nouveaux réglemens une pieuse et chevaleresque institution en l'honneur de Dieu et de la fidélité à son souverain et à son pays, sous l'invocation de ce patron : principe respectable, qui a reçu successivement dès-lors tous les développemens dont il était susceptible.

Dès son origine on n'y admit que des chevaliers des Maisons les plus anciennes et illustres : aussi y remarque-t-on nombre de membres issus du sang de ses souverains, et constamment de Maisons les plus marquantes du pays; fait constaté par leurs antiques registres, dévorés par la révolution.

Dans le seizième siècle, la faveur ayant introduit quelques dérogeances à cette base, croyant y obvier, on stipula en 1555 des preuves de seize quartiers; mais ayant presque aussitôt remarqué que ce réglement avait introduit nombre de familles nouvelles en faveur de leurs alliances, on s'empressa, mais un peu tardivement, pour y parer, du moins pour la suite, d'y ajouter que le présenté, outre ses seize quartiers, serait tenu de prouver sa noblesse jusqu'à son dixième ascendant, telles qu'elles se sont constamment maintenues dès-lors, ainsi que l'usage de réunir annuellement tous les chevaliers, sous la domination et présidence d'un chef inamovible, sous la qualification de gouverneur, élu parmi eux à l'unanimité des voix, pour, conformément à leurs statuts, s'occuper de cérémonies religieuses, d'actes de bienfaisance, et de protéger et secourir les colléges et individus de la noblesse, et en général les malheureux et les opprimés de toutes classes.

Ces chevaliers portent pour distinction un Saint-Georges à cheval terrassant un dragon, lequel, tant qu'ils furent sous la domination de la Bourgogne et de l'Espagne, fut suspendu à un cordon rouge à l'instar de la toison d'or; mais, depuis la conquête de la province, Louis XIV leur assigna le bleu céleste, couleur du cordon de son ordre du Saint-Esprit.

HAUT CHAPITRE DE REMIREMONT.

Ce haut chapitre, considéré généralement et cité par les auteurs comme tenant le premier rang parmi les plus illustres de la chrétienté, paraît en effet mériter cette distinction lorsque l'on considère : 1.° le lustre de ses fondateurs; 2.° l'antiquité de cette fondation de l'an 620; 3.° le nombre considérable de dames qui le composaient, étant doté pour quatre-vingt-quatre prébendes; 4.° que dans tous les siècles on remarqua parmi elles des princesses des augustes Maisons de France, de Lorraine, de Bourgogne, d'Autriche, de Saxe, et autres souveraines; 5.° que, dès l'origine de ce corps jusqu'à son extinction, il fut constamment et sans aucune exception, composé de demoiselles de la plus haute naissance, issues de Maisons de la haute et ancienne noblesse chevaleresque; 6.° enfin les avantages et brillantes prérogatives dont il était doué, tels que d'avoir joui constamment de nombre de droits régaliens, de celui de seigneurs suzerains des villes de Remiremont, Plombières, territoires et communes en dépendans, et de forêts et domaines immenses, tant en Lorraine qu'en Franche-Comté, etc. etc.

La magnificence de son église, de son palais abbatial et des maisons particulières de chacune des chanoinesses, la dignité de leur costume, la pompe de leurs cérémonies, le ton et les manières nobles et élevées qui régnaient parmi elles, concouraient également à rendre cette réunion des plus imposantes qu'on puisse rencontrer.

Dans le seizième siècle on crut (peut-être mal-à-propos) ajouter à tant de lustre en stipulant des preuves, que l'on trouve par nombre de réceptions avoir été portées à trente-deux quartiers, puis à seize, puis enfin, sous Louis XV, seulement à huit lignes, mais avec injonction précise qu'elles seraient toutes sans connaissance d'origine ou anoblissement et remontées à deux cents ans de filiation de noblesse militaire, même plus haut en cas de soupçon d'anoblissement, et affirmées par quatre chevaliers dont les lignes soient déjà admises dans le chapitre; preuves que ces dames convinrent entr'elles de continuer à exiger, nonobstant et en outre de celles fixées par le roi, qui se bornaient à remonter seulement la ligne paternelle et la maternelle à deux cents ans de noblesse, ne pouvant être forcées, comme les autres chapitres de Lorraine, à adopter celles-ci exclusivement, n'étant pas comme eux soumises au droit de joyeux-avénement, qui seul pouvait leur forcer la main à cet égard, puisque chaque chanoinesse était appelée à choisir sa coadjutrice, sous le titre de nièce, pourvu qu'elles eussent sept ans accomplis et préalablement satisfait aux preuves exigées par les anciens et nouveaux réglemens; lesquelles succédaient alors de droit à leur place, leur maison et leur prébende. Du jour de leur réception, elles prenaient le titre de comtesse, comme leurs tantes, et portaient comme elles la décoration décernée par le roi Louis XV à ce chapitre, qui consistait dans une croix émaillée à huit pointes, où se voyait l'effigie du roi S. Romaric, leur fondateur, entourée d'un disque émaillé portant l'époque de sa fondation et celle de cette décoration, suspendue à un large ruban bleu, tel que celui du cordon-bleu, mais liseré de rouge, et qui se portait de même en écharpe en cérémonie, mais journellement seulement attaché sur la poitrine à un flot de pareil ruban, mais plus étroit; l'habit d'église était un grand manteau noir garni et doublé d'hermine, à longue queue traînante. Les dignitaires portaient en outre un Saint-Esprit brodé en argent sur la poitrine.

Si l'on a pu remarquer quelques erreurs ou relâchemens dans les preuves des quartiers, il est certain du moins que parmi les noms des chanoinesses admises on n'en aperçoit aucun d'équivoque, non plus que dans la liste des grands-prevôts et grands-sénéchaux, grands-officiers de ce chapitre, toujours composé des mêmes noms que les chanoinesses et rigoureusement sujets aux mêmes preuves. Cet illustre chapitre n'admettait point de vœux.

CHAPITRES D'EPINAL, POUSSAY, BOUXIÈRES
ET SAINT-LOUIS DE METZ.

Ces chapitres distingués de Lorraine, moins célèbres que le précédent, étant moins antiques, moins nombreux, moins riches et moins puissans, avaient néanmoins été fondés à peu près sur les mêmes preuves et statuts : aussi les voit-on composés dans les premiers siècles et jusqu'au dix-huitième, souvent des mêmes noms; dès-lors seulement ils perdirent un peu de leur splendeur par l'adoption forcée des nouveaux réglemens de preuves imposés par Louis XV et Louis XVI, à la sollicitation d'un grand nombre de Maisons de la cour qui s'en trouvaient expulsées par des mésalliances multipliées, influence qui ne put agir sur celui de Remiremont, parce que ces dames avaient seules le droit de nommer leurs successerices, et qu'elles observèrent toujours rigoureusement de n'en jamais désigner aucune qu'elle n'eût préalablement satisfait sévèrement aux réglemens des anciennes preuves avant d'établir les nouvelles auxquelles furent obligés de se borner les chapitres dénommés ci-dessus. Celui de Bouxières fut encore postérieurement transféré à Nancy et les preuves en furent fixées à cette époque au même réglement que celles qui venaient d'être imposées à celui de Saint-Louis, de Metz, c'est-à-dire absolument conformes à celles exigées pour les honneurs de la cour dont il a été fait mention précédemment. Dans tous ces chapitres on ne prononçait aucun vœu.

CHAPITRES NOBLES DU COMTÉ DE BOURGOGNE.

Cinq d'hommes : 1.° Métropolitaine, 2.° Saint-Claude, 3.° Baume-les-Messieurs, 4.° Lure, 5.° et Gigny;

Et cinq de femmes : 1.° Baume-les-Dames, 2.° Château-Chalons, 3.° Migette, 4.° Lons-le-Saulnier, 5.° et Montigny.

1.° Le chapitre de la métropole fut, dès son origine, composé des premiers noms de la province, parce que c'était parmi eux qu'ils élisaient l'archevêque prince de l'empire. Depuis l'établissement des preuves de seize quartiers, ceux qui ne pouvaient y satisfaire pouvaient être admis par doctorat, ce qui présentait un mélange remarquable dans la composition.

2.° Saint-Claude, connu sous la dénomination de Saint-Oyant, dans le Jura, jusqu'au quatorzième siècle, avait été fondé dans le cinquième par S. Romain. Il fut toujours compté parmi les plus illustres colléges de noblesse. Il était composé de vingt-deux religieux; leur abbé jouissait dès les premiers siècles de hautes prérogatives, même de plusieurs droits régaliens, notamment de celui d'anoblir, battre monnaie, légitimer, etc., qui lui furent enlevés au seizième siècle. A dater de 1555, ils adoptèrent, à l'imitation de Messieurs de Saint-Georges, les preuves de seize quartiers, n'ayant jusque là, comme eux, admis que sur preuves testimoniales et de constante notoriété que celles de quatre quartiers, à l'instar de l'ancienne chevalerie, et toujours été composé des plus anciennes Maisons des deux Bourgognes, ce qui est également remarquable dans tous les autres chapitres de la province, qui suivirent successivement cet exemple. Dès 1271, on les voit fraterniser tellement avec les comtes de Lyon, que ceux-ci leur accordèrent le titre de chanoines honoraires. Depuis 1668 ils furent décorés d'une croix d'or épiscopale, suspendue à un ruban noir liseré d'or. Ils furent sécularisés vers 1742, époque où la ville de Saint-Claude obtint un siége épiscopal, dont ils devinrent le chapitre.

3.° L'abbaye de Baume-les-Messieurs fut fondée par S. Désiré, archevêque de Besançon au quatrième siècle, pour n'y recevoir que d'anciens gentilshommes de nom et d'armes. On la voit en effet composée de noms illustres, principalement jusqu'à l'époque de l'admission des preuves de seize quartiers, qu'elle adopta dans le courant du seizième siècle, ainsi que les autres chapitres de la province. Ces nobles religieux furent sécularisés en 1759, fixés au nombre de dix chanoines. Leur décoration était une croix à huit pointes, suspendue à un ruban noir liseré d'or. Nombre de grandes terres et de grands seigneurs relevaient de ce chapitre.

4.° L'abbaye de Lure, fondée en 620 par S. Desle, fut constamment intimément affiliée à celle de Mürbach, fixée depuis à Guebwiller. Ces nobles religieux concouraient également avec ceux de Guebwiller à la nomination du prince leur abbé, choisi parmi eux. Ils furent sécularisés vers 1760, leur nombre fixé à huit chanoines, et leurs preuves à huit quartiers, avec clause de n'y admettre que la noblesse d'épée; mais le parlement s'étant refusé à enregistrer les exclusions que comportait cette expression, elle ne put être de rigueur. On y voit dans tous les temps des noms illustres d'Allemagne et des deux Bourgognes. Chaque chanoine avait sa Maison et l'apanage de son canonicat en fonds de terre et propriétés indépendantes.

5.° L'abbaye noble de Gigny, fondée par S. Bernon, fils d'Odon comte de Bourgogne, fit, dès son origine, des preuves testimoniales, et l'on voit constamment parmi ses religieux les anciens noms des deux Bourgognes. Ils furent en général moins riches et moins nombreux que les autres chapitres du pays. Sécularisés en 1752, ils furent fixés à treize chanoines, tenus à faire preuves de huit quartiers de noblesse, puis décorés d'une croix à huit pointes suspendue à un ruban bleu liseré de rouge, qui était aussi celui de Remiremont, choisi sans doute pour rendre hommage à quelques prérogatives que ce haut chapitre avait conservées sur celui de Gigny. Ce dernier fut supprimé en 1786 et ses fonds destinés à augmenter les dotations de ceux de Migette et de Lons-le-Saulnier.

1.° Le noble établissement de Baume-les-Dames, extrêmement distingué par son antiquité, ses prérogatives, une affiliation remarquable avec le haut chapitre de Remiremont, ayant eu mutuellement des chanoinesses qui ont passé de l'un à l'autre chapitre, dont une de la Maison de Neufchâtel, chanoinesse de Remiremont, fut en même temps abbesse de Baume; joint à sa régularité et à la considération dont il a toujours joui, paraît, selon différentes chroniques et auteurs, avoir été fondé par S. Germain dans le quatrième siècle, et confirmé par Garnier, maire du palais de Bourgogne, mort en 599, pour recueillir les demoiselles d'ancienne naissance; et l'on voit par les listes que ses intentions furent parfaitement remplies, n'y trouvant que des noms des Maisons les plus distinguées tant des deux Bourgognes que des pays voisins. On y remarque que dès le treizième siècle elles avaient été qualifiées comtesses, quoiqu'elles eussent négligé dès-lors d'en prendre le titre. Plus particulièrement affiliées encore à l'ordre de Saint-Georges que les autres chapitres, elles en adoptèrent le cordon, la décoration et les preuves depuis l'admission de 1555, c'est-à-dire qu'elles exigeaient outre les seize quartiers que l'on remontât la ligne paternelle de la dame présentée jusqu'à son dixième aïeul, et que les quatre gentilhommes jureurs fussent pris parmi les chevaliers de cet ordre. Elles étaient au nombre de douze dames prébendées, sans compter l'abbesse ni les professes et nièces non prébendées, laquelle abbesse était élue par ses compagnes. Grand nombre de terres et seigneuries titrées relevaient de cette illustre abbaye, dont les quatre grands-officiers étaient toujours pris parmi des gentilshommes de marque.

2.° L'abbaye noble de Château-Chalons fut fondée vers le milieu du septième siècle par Patrice Norbert, gouverneur du canton, et sacrée par S. Léger, évêque d'Autun, au nombre de quinze dames prébendées, à peu près à l'instar et dans le même but que la précédente; aussi la voit-on également composée des noms les plus illustres du pays et états voisins. On y adopta de même et aux mêmes époques les preuves de seize quartiers; dès-lors les abbesses furent à la nomination du souverain et les dames adoptèrent pour décoration un ruban noir liseré d'or, supportant une médaille représentant l'image de S. Benoît.

3.° La noble abbaye de Migette près Salins fut fondée par Marguerite fille d'Hugues IV, duc de Bourgogne, femme de Jean de Châlons, qui mourut en 1309, également que les deux précédentes, pour recueillir les demoiselles d'ancienne naissance, et assujétie à peu près aux mêmes réglement, vœux et statuts. Elle fut pareillement composée des noms les plus distingués, quoique les prébendes fussent encore plus modiques et au nombre de dix-huit, non compris les nièces, qui étaient à la nomination des dames tantes et succédaient aussi à leur maison et mobilier. Il paraît qu'elles n'adoptèrent qu'en 1725 les preuves de seize quartiers, par ordonnance du roi, qui leur accorda depuis pour décoration une croix émaillée à huit pointes suspendue à un large cordon bleu liseré de blanc. L'extrême modicité des revenus de ce chapitre l'avait forcé, depuis l'adoption des preuves, à se relâcher de leur sévérité en faveur de quelques dames bienfaitrices. Le roi lui avait dévolu moitié des revenus du chapitre de Gigny lors de l'abolition de ce dernier.

4.° La fondation de l'abbaye noble de Lons-le-Saulnier eut lieu par une demoiselle de la Maison de Vienne, dans le treizième siècle, dans les mêmes intentions que toutes les précédentes, et composé de noms de l'ancienne chevalerie jusque vers l'an 1600, époque où elles adoptèrent les preuves de huit quartiers, qui furent portés jusqu'à seize en l'an 1636; mais la modicité des revenus de ce chapitre le força souvent à y déroger pour y recevoir des bienfaitrices. Le roi leur avait accordé, lors de l'abolition du chapitre de Gigny, d'en partager les revenus avec celui de Migette.

5.° L'abbaye noble de Montigny près Vesoul, fondée par Alix de Bourgogne, vicomtesse de Vesoul, confirmée en 1286 par Othon de Bourgogne, son neveu, comme établissement pieux en faveur des demoiselles d'ancienne noblesse et de bonnes Maisons bien connues, mais seulement de rigueur pour la ligne paternelle. Ces dames adoptèrent, dans les derniers siècles, les preuves de huit quartiers. Elles étaient peu nombreuses et peu riches; elles portaient pour décoration une croix d'or épiscopale.

HAUT CHAPITRE DE LYON.

Le chapitre de Lyon, d'autant plus célèbre qu'il fut établi dans une très-grande ville et richement doté, fondé dans le deuxième siècle, commença à exiger des preuves dès le douzième, et fut presque toujours composé des premiers noms de France. Les prébendes pouvaient porter jusqu'à douze mille francs, et les chanoines jouissaient de grandes prérogatives, même à la cour. Le réglement des preuves exigeait seize quartiers, réduits depuis à huit, mais avec injonctions de les remonter jusqu'avant l'an 1400, sans lettre d'anoblissement ni connaissance d'origine; mais la faveur, la corruption, ou parfois l'ineptie des généalogistes, laissaient remarquer quelques dérogeances à cette sévérité, ce qui sans doute décida ce chapitre à faire examiner ses preuves par le généalogiste de la cour pour être à l'abri de ces surprises. En 1751 le roi les décora d'une croix d'émail à huit pointes, suspendue à un cordon rouge liséré de bleu. Vers 1780 il s'établit une sorte d'affiliation de preuves entre ce chapitre et celui de Remiremont, qui assurait d'autant la sévérité des preuves de ces deux corps illustres.

HAUT CHAPITRE DE LIÉGE.

Ce chapitre, des plus illustres, composé de soixante chanoines, dont les moindres prébendes étaient de 12,000 francs, et qui avaient le droit d'élire parmi eux leur évêque, prince souverain du pays qui faisait partie du cercle de Westphalie, compta parmi ses membres des princes souverains, des cardinaux, et les noms les plus illustres de la chrétienté. Sa décoration était une croix d'émail bleu patée, suspendue à un ruban ponceau. Ses preuves étaient de seize quartiers sévèrement exigés.

HAUT CHAPITRE DE MAUBEUGE.

Cet illustre chapitre fut toujours composé de la plus haute noblesse de Flandre et autres pays. On y remarque cependant, comme dans tous les grands chapitres, quelques noms qui s'y sont glissés sans doute par surprise. Le réglement des preuves est de huit quartiers de noblesse chevaleresque, chacun remonté jusqu'au dixième ascendant, et plus haut si on a quelques soupçons d'anoblissement; conséquemment à peu près équivalentes à celles de

Remiremont. Ces dames avaient pour décoration un sorte de médaille suspendue à un cordon bleu liseré de jaune; elles pouvaient être reçues à l'âge de trois ans, et de ce jour jouissaient d'une prébende de 4000 francs. Elles n'étaient point admises à vœux, non plus que les trois autres chapitres de Flandre ci-après.

ANDENNE, NIVELLE ET MONS.

Ces trois hauts chapitres avaient été, ainsi que le précédent, fondés par trois princesses sœurs, et sur les mêmes bases, preuves et réglement, quoique celui de Maubeuge semble avoir plus d'éclat, ce qui tenait sans doute à quelques avantages de dotation, localité et circonstances, puisque dans le fait ils furent toujours composés des mêmes noms et jouissaient de la même considération. Celui de Mons cependant souffrit une altération par un réglement de Joseph II, qui atténua les preuves de mère. Celui-ci était décoré d'un grand cordon vert contenu par une épaulette d'or.

PREUVES DES PAGES.

Dans tous les temps les pages des souverains, même des très-grands seigneurs et des chevaliers de grand renom, furent pris parmi les gentilshommes, mais depuis longtemps les preuves de ceux du roi et des princes du sang étaient fixées à deux cents ans de noblesse paternelle rigoureusement constatée. Louis XVI avait fixé qu'à l'avenir elles remonteraient toujours jusqu'à l'an 1550.

OFFICIERS DES GARDES-DU-CORPS.

Les réglemens exigeaient pour les officiers qui ne sortaient pas du corps par leur rang de grade et d'ancienneté, les mêmes preuves que celles rapportées ci-dessus pour les pages; mais quelques capitaines, pour donner plus de lustre à leurs compagnies, leur imposaient de faire les preuves fixées pour les honneurs de la cour; cependant, comme ce n'était que par tolérance du roi, ils pouvaient déroger à volonté à cette condition lorsque cela leur convenait.

VESOUL, IMP. DE C.-F. BOBILLIER.
Juin 1830.

www.ingramcontent.com/pod-product-compliance
Lightning Source LLC
Chambersburg PA
CBHW061440060726
47597CB00002B/401
9782012935655